为新三板市场发展提供专业领跑智力支持

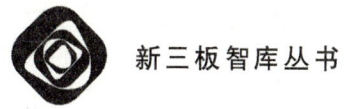 新三板智库丛书

新三板:政策洞见与行业研究

罗党论　主编

徐舜　邱翼　吴文轩　副主编

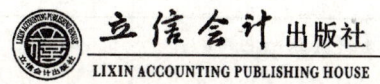
立信会计出版社
LIXIN ACCOUNTING PUBLISHING HOUSE

图书在版编目(CIP)数据

新三板:政策洞见与行业研究/罗党论主编. —上海：立信会计出版社,2016.1
(新三板智库丛书)
ISBN 978-7-5429-4877-9

Ⅰ.①新… Ⅱ.①罗… Ⅲ.①中小企业—企业融资—研究—中国 Ⅳ.①F279.243

中国版本图书馆CIP数据核字(2016)第007402号

策划编辑　　孙　勇
责任编辑　　方士华　孙　勇
封面设计　　周崇文

新三板:政策洞见与行业研究

出版发行	立信会计出版社	
地　　址	上海市中山西路2230号　　邮政编码　200235	
电　　话	(021)64411389　　传　真　(021)64411325	
网　　址	www.lixinaph.com　　电子邮箱　lxaph@sh163.net	
网上书店	www.shlx.net　　电　话　(021)64411071	
经　　销	各地新华书店	
印　　刷	浙江省临安市曙光印务有限公司	
开　　本	720毫米×1 000毫米　　1/16	
印　　张	21.75　　插　页　3	
字　　数	457千字	
版　　次	2016年1月第1版	
印　　次	2016年1月第1次	
书　　号	ISBN 978-7-5429-4877-9/F	
定　　价	40.00元	

如有印订差错,请与本社联系调换

新三板智库丛书编委会名单

主　编
　　　　罗党论　　中山大学

副主编
　　　　徐　舜　　新三板智库
　　　　邱　翼　　新三板智库
　　　　吴文轩　　武汉大学

编　委
　　　　郑国坚　　中山大学
　　　　余明桂　　武汉大学
　　　　夏立军　　上海交通大学
　　　　应千伟　　四川大学
　　　　吉　利　　西南财经大学
　　　　李颖琦　　上海立信会计学院
　　　　陈　俊　　浙江大学
　　　　方　芳　　北京师范大学
　　　　吴文轩　　武汉大学

我们需要建设一个什么样的三板市场

中国资本市场二十余年来在探索中前进,在改革中创新,深刻地影响着国民经济和社会发展。如今,市场活力蓬勃显现,结构性调整日益深化,政策的天花板也如期打开,场外市场建设恰逢其时,而我们身在其中,有幸见证这一市场的初创、发展与繁荣。我们亲切地称全国性场外市场为"新三板",因为以制度创新构建的新市场,必然孕育着超乎想象的新机遇,也必然会形成独具特色的新面貌。"新三板"建设不仅仅是对现有场内市场的补充与延展,更是要打造中国经济"新兴+转轨"特色下全新的"金融生态"。

新三板是一个"小众"市场,挂牌公司与场内市场中的公司情态迥异,交易方式更加灵活多样,投资判断需要更强大的专业识别和风险承受能力。新三板市场的特点注定要求高准入标准的投资者以市场"优胜劣汰"的方式遴选优质标的,而优质企业也同样在海量挂牌企业"大浪淘沙"中产生。新三板又是一个"大众"市场,它让"大众创业,万众创新"的倡导变成实实在在促进小微企业利用资本市场做大做强的手段,让创新、多元化的金融产品化解"两多两难"顽疾,促进普惠金融实现。如果说,中小板市场是中小企业"隐形冠军"的摇篮,创业板市场是创业创新的"助推器",那么场外市场则是中国经济转型中新兴金融业态的"试验田"。"新兴业态"不仅包含了新技术、新服务、新模式的中小企业,也包含了新的投资理念、新的交易方法和新的盈利模式,更包含了新的制度探索、新的研究方向和新的市场环境。新三板建设的梦想也正是形成并发展全市场共识下进步的兼容合力,造就全新"金融生态"的梦想。

同时,新三板的企业增长空间巨大,孕育着新的技术、产品与盈利模式,可能引导并改变各自产业发展的方向,它们正代表着中国经济未来的希望。我们和这些企业休戚与共、砥砺前行,也正是践行中国梦、与创新创业的时代共同成长的过程。

新三板的建设与发展,承担着深化金融改革发展全局的历史责任。新三板成立伊始,从无到有,万般头绪,千般羁绊,更需要全市场凝聚大视野、大智慧、大勇气。这种大视野、大智慧、大勇气不是虚化的概念,它要求市场监管者在深入研究的基础上全面、系统推进场外市场建设的顶层设计和总体规划,清晰勾勒出新三板发展的市场定位、路线图和时间表,在把角色定位细化成管理理念,把管理理念演变为操作手段,把"公开、公正、公平的"监管原则转化成"主观利己,客观利他"的市场约束机制。它也要求市场参与者充分利用制度环境的变革激发的活力,围绕诚信和规则的底线,大胆创新业务模式。每次出台的新三板制度既不是扼杀市场自由的藩篱,也不是囚禁

"魔鬼"的潘多拉盒子，它应该是全市场充分博弈形成的共识。在统一的共识下，我们应共同呵护市场秩序、完善市场功能，使其走在健康正确的轨道上。

新三板的政策优势、制度优势、空间优势和位置优势均是暂时的，市场建设更要制度的设计者和各类市场的参与者把这些短期优势转化为"以市场需求'客户化'为导向，以信息披露'透明度'为中心，以交易驱动'分级制'为抓手，以资源整合'共享化'为平台"的长期发展理念。

社会需要的是基于前人成果上的缜密、前沿的系统分析能力和思维，这也是社会不断发展进步的推动力。它一方面，物化为我们能够在书本上看到的科学、技术、案例与经验等，这些作为知识与方法能够被后世传承、仿效或重复；而另一方面，它的伟大作用更在于启迪后继者通过学习形成更强大的能力和更深邃的思维，从而产生足够的智慧去解决未知的问题。场外市场建设正是如此：从无到有，从小到大，天天需创新，处处要思考。我们敬畏市场，深知自己学识的浅薄和经验的不足。我们只有从现有市场建设中积累的知识和经验中总结提炼出处理不同事情的共性方法并创新发展来面对市场建设中的困难。

带着梦想出发，梦想就是你我。不是优秀者才做梦，而是善做梦者才优秀。作为中国新三板的参与者，我们别无所倚，唯有对期许的追求；我们别无所长，唯有对承诺的执著。

是为序。

王　洋

（王洋，武汉大学会计学博士，深圳证券交易所博士后。先后供职于平安证券投行部、证监会创业板发行监管部、全国股转系统挂牌业务部。现任深圳证券交易所京津东北区域主任、北京股权交易中心副总经理。）

目　录

第一部分　新三板发展大家谈

新三板研究：一个教学、科研及实务结合的完美机会　/ 罗党论 …………… 2
研究创造价值：新三板公司研究在路上　/ 徐　舜 ……………………………… 4
新三板与中国复兴　/ 夏立军 ……………………………………………………… 6
新三板：创新企业价值发现的平台　/ 李颖琦　王婷玉 ………………………… 9
挂牌新三板的利弊得失　/ 应千伟 ………………………………………………… 11

第二部分　新三板故事——菜鸟老罗的新三板征途

新三板的诱惑：咱们也挂牌吧　/ 吴文轩 ………………………………………… 16
新三板挂牌路上：规范是绕不过去的坎　/ 吴文轩 ……………………………… 19
新三板挂牌路上：公司治理不可不懂　/ 吴文轩 ………………………………… 23
新三板的融资：挂牌即定增，打响挂牌第一炮　/ 吴文轩 ……………………… 26
新三板挂牌的游戏规则：新三板交易方式知多少　/ 吴文轩 …………………… 29
从菜鸟到新鸟：关于市盈率　/ 吴文轩 …………………………………………… 31
资本市场门道多：当心股份支付陷阱　/ 吴文轩 ………………………………… 33
收购：新三板成长之路（一）　/ 吴文轩 ………………………………………… 35
收购：新三板成长之路（二）　/ 吴文轩 ………………………………………… 37

第三部分　新三板政策研究篇

纳斯达克与新三板全比较：40年的经验值得借鉴　/ 邱　翼 …………………… 42
资本市场转板和分层管理机制　/ 陈　珂　李木秀 ……………………………… 46
向来英雄起布衣——从兴柜到新三板，创业者的摇篮　/ 徐　舜　邱　翼 …… 51
详解VIE拆分上新三板历程　/ 向晶晶 …………………………………………… 69
全面认识新三板（1）：天下没有免费的午餐　/ 邱　翼 ………………………… 75
全面认识新三板（2）：新三板优质"终身伴侣"怎么找　/ 邱　翼 ……………… 78
全面认识新三板（3）：新三板进入做市商2.0时代　/ 邱　翼 …………………… 80

天了噜,科创板要来了,与新三板试比高 / 吴文若 …… 82
隐形的翅膀:揭秘新三板企业政府补助 / 孙艳阳 …… 85
细数新三板挂牌各类费用及补贴 / 龚彩鳞 …… 96
股东过多,定增何去何从 / 李木秀 …… 103
定增还是发债——图解新三板企业历年融资方式选择 / 孙艳阳 …… 108
谁说鱼和熊掌不可兼得——图解新三板股权质押贷款 / 孙艳阳 …… 115
新三板大发展与股权价值提升,股权质押为挂牌公司开辟融资
　　新渠道 / 徐舜 邱翼 …… 124
新三板借壳上市——福音or陷阱 / 宁心 …… 143
新三板借壳风生水起,四招齐发能否抑制 / 曾力 程玲 …… 147
数据说话:"解密"新三板做市商怎样选择优质企业 / 龚彩鳞 …… 150
数据解密:新三板对赌游戏怎么玩 / 吴文若 …… 155
做市满意度调查结果:50%以上的企业认可部分做市商 / 吴文轩 …… 158
新三板监管趋严,这些底线不能碰 / 袁向前 …… 163
新三板的逐利者今安在(上) / 林莺 …… 167
新三板的逐利者今安在(下) / 林莺 …… 170
躺着挣钱终将成为过去时:分层深度剖析之做市商篇 / 徐舜 …… 175
上市公司待遇,准备好了吗:分层深度剖析之企业篇 / 徐舜 …… 179

第四部分　新三板行业研究篇

微信生态化,第三方开发蓝海孕育巨擘 / 徐舜 …… 184
带你了解新三板优质医药器械公司 / 徐舜 钟慧慧 …… 199
带你了解新三板优质中药公司 / 徐舜 钟慧慧 …… 203
带你了解新三板优质西药公司 / 徐舜 钟慧慧 …… 206
带你了解新三板优质医疗服务公司 / 徐舜 钟慧慧 …… 210
带你了解新三板优质化学原料药公司 / 徐舜 钟慧慧 …… 213
带你了解新三板优质其他分类医药公司 / 徐舜 钟慧慧 …… 216
新三板信托是个啥 / 郭晓渝 吴文轩 …… 219
互联网金融指导意见来袭,不知道这7家新三板企业你就out了 / 苏林茗 …… 222

第五部分　新三板公司研究篇

详解硅谷天堂战略 / 罗党论 …… 232
四大PE 2015年中报过招:硅谷天堂低调称王 / 吴文轩 …… 236

东海证券终上花轿　陪你掀起它的盖头来 ／ 万家欢 …………………… 240
迟迟不见天涯"拿号"，真相原来在这 ／ 吴文轩 …………………………… 243
扑朔迷离的又一家"中枪"企业——东方科技 ／ 谭舒丹　罗晓雪 ………… 246
华图教育"借壳"失利，教育市场新三板之旅才悄悄拉开帷幕 ／ 李木秀 …… 250
新三板的"黑天鹅" ／ 李木秀 ………………………………………………… 254
互动派：下一站独角兽 ／ 徐　舜　赵慧婷　陈江月 ……………………… 258
华立科技：游戏游艺行业龙头，分享体验式娱乐盛宴 ／ 邱　翼　王本浩 … 275

第六部分　新三板公司价值研究篇

价值投资，就看新三板价值榜 ／ 谢　昊　殷鹏煜 …………………………… 290
潜力股是如何创造价值的 ／ 许双丽 …………………………………………… 293
如何理解新三板公司的未来价值 ／ 吴玉琳 ………………………………… 295
新三板公司全扫描之一：盈利性与成长性孰更重要 ／ 祝　强 ……………… 297
新三板公司全扫描之二：成长性与安全性孰重要 ／ 祝　强 ………………… 300
新三板公司全扫描之三：谁是行业弄潮儿 ／ 吴玉琳 ………………………… 302
新三板公司全扫描之四：你何时才能成为董事长 ／ 许双丽 ………………… 305
新三板公司全扫描之五：谁是最牛团队 ／ 许双丽 …………………………… 307
新三板公司全扫描之六：热门行业最具创新能力的10大公司 ／ 谢　昊 …… 310

第七部分　新三板的并购时代

新三板——并购的下一个主战场 ／ 徐　舜 ………………………………… 314
新三板思维与新三板企业并购 ／ 韩惠源 …………………………………… 317
国内资本市场并购重组趋势分析 ／ 陈长洁 ………………………………… 321

附录　首届新三板企业并购高峰论坛实录

现阶段新三板企业并购论坛之举办意义深远 ／ 郑国坚 …………………… 328
新三板智库——打造新三板领域BAT ／ 罗党论 …………………………… 329
专访新三板智库CEO徐舜——坚持到无能为力，拼搏到感动自己 ………… 332
专访新三板智库研究总监邱翼——打造新型互联网金融平台，改变三板市场
　　业态 ……………………………………………………………………… 334
首届新三板企业并购高峰论坛引起市场热议 ………………………………… 336

第一部分
新三板发展大家谈

　　新三板是我国继主板、中小板和创业板之后的一个全新的资本市场,旨在为创新、创业型中小微企业融资提供服务。新三板对企业挂牌实行类注册制,在交易方面设计了竞价交易、协议转让和做市交易等交易方式。

　　新三板是一个全新的市场化导向的资本市场,是财经领域的一片新大陆。为投资、科研、教学提供了全新的素材和多元的机会。

　　本部分主要展示了来自实务界的专家、教学一线的高校教师和科研工作者对新三板的未来发展的看法,为读者理解新三板的重要地位提供了不同的视角。

新三板研究：一个教学、科研及实务结合的完美机会

罗党论[①]

我自己一直是游走在学术研究与实务之间的，类似我这样的高校老师应该也有不少。我们都不安逸于目前的研究工作，想在研究之余看能否将研究与教学、实务结合起来，一来可以实现一些财富的目标，二来也能增加研究以及教学的感觉。

对教学来说，新三板可以为我们提供优质教素材。

从新三板市场启动开始，我就高度关注。以前上财务报表分析课程，要求学生研究的都是上市公司的案例，现在我要求他们只研究新三板公司。原因在于：①新三板的公司小，研究起来更有不确定性，对学生的锻炼更大；②A股的公司很多专业研究员在研究，学生们的作业基本上没有超越他们的研究水平，而新三板的公司太小，A股的研究员基本没有兴趣去研究，导致这块研究是空白，这样学生们可以在模仿中进行独立研究，每份研究报告基本都是首创；③新三板的研究市场大有作为，很多券商、投资机构都需要新三板方面的实习生，经过一个学期的学习，学生们可以顺利找到工作。我按照这样坚持了2个学期，几乎整个学院的学生都跟我一起来研究新三板，这样我快速在学生中普及了新三板的知识，同时通过他们的分析，也让我加深了对这个市场的了解。实际的效果是，这批学生中有大量的学生后面实习乃至工作都在新三板相关的公司。

再以公司治理这门课程为例，我还是以新三板公司为样本，这些公司的特点是小，而且公司治理基本不完善，这跟上市公司不一样。因此公司治理要完善的地方还有很多，如股权设计、薪酬激励、信息披露等，每个公司都是一个鲜活的案例，更重要的是，由于选修这门课的学生都是有工作经验的，甚至不少就是自己在创业的，所以新三板这些案例对他们来说跟他们都很贴近，他们参与感也会很强。

同样的，新三板对审计这门课来说也具有一定意义。我们可以观察到，2014年所有新三板公司的审计报告出具的都是标准无保留意见，但实际上这是不可能的。因为中小公司典型的问题就是财务问题，这么多不规范的公司都能拿到标准无保留意见，这说明我们的审计质量肯定存在巨大问题。我们带着这些问题来分析公司的财务报表，就会发现这些公司的财务问题，再回头结合审计相关知识，这样实操性会很强。

对我们研究来说，新三板也提供了一个难得的研究市场。

[①] 罗党论，中山大学岭南（大学）学院副教授，新三板智库联合创始人。

其一,新三板的制度变革很多涉及资本市场的发展,比如注册制、竞价交易、分层管理等,更重要的是,这是一个难得的市场化发展的资本市场,政府目前对这个市场的发展其实也是没有定位得很清楚,这需要我们的研究来推动。

其二,以前我们很难获得这么多中小企业的信息,现在因为它们都来挂牌,信息披露是必然的,从而我们有了更多的样本。目前这个市场挂牌的公司已经超过了5 000家(截至2015年12月),2016年应该有10 000家,这么多的样本给我们的研究带来了足够多的机会。

其三,这些中小企业挂牌后的一些情况分化也给我们很多研究的话题。按照我的预测,80%的公司挂牌后业绩其实都一般,但总是有20%多的公司会充分利用新三板这个市场,如新三板融资、并购从而得到增强。

总之,大家之前研究的很多话题其实在新三板这个舞台上都可以找到更佳的切入点。

新三板也为青年教师创业,进而从事公司治理、管理实务工作提供了平台。

以我为例,我跟几位志同道合的朋友联合创建了新三板智库这个平台,这是一个专业的新三板服务机构。运行一年多,完成了新三板价值分析比赛、新三板价值排行榜等重要项目,在市场上有巨大的影响力,也获得了顶级风投的投资。

我们身处一个美好时代,曾经的A股市场起步,我们没有经历,但我们有幸经历或者参与了新三板这个市场的起步及发展。

我始终认为,新三板对中国经济的转型发展具有深远意义。这个市场虽然目前还处于起步阶段,相关政策还不是很明朗,更多的人持有保守态度。但站在中国经济转型发展的顶层来看,这个市场的快速及健康发展,对中国千千万万个中小企业的发展是具有重大意义的,也只有让勇于创新、善于创新的企业得到更多的资本孵化,这些企业才能成为优秀的企业,同样才能鼓励更多的人参与创新及创业。"实业兴邦",但如果让做实业的人很艰难,那么更多的人不敢投身于实业。

这个市场需要我们高校老师的持续投入。

研究创造价值:新三板公司研究在路上

徐 舜[①]

2014年,我从专门研究主板上市公司转为专门研究新三板公司。彼时新三板公司研究尚处于萌芽阶段,我们的研究一经推出即受到市场各参与方的强烈反响。如今,新三板研究已吸引了越来越多的专业人士。专业的新三板公司研究对新三板知识的普及、吸引投资机构的参与以及新三板挂牌公司实现资本目的提供了相当大的帮助。一个市场的繁荣需要专业的研究,在新三板这个新兴的市场尤其如此。监管部门也越来越意识到专业研究的重要意义,股转系统总经理谢庚在2015年10月20日讲话中曾提及:竞价交易推出的3个前提条件之一就是与市场规模相匹配的研究分析服务。

新三板研究从知识普及到政策研究再到市场研究已有相当的进步,然而新三板的行业、公司研究却是远远不够。截至2015年10月23日,新三板挂牌企业达3 803家,相信到明后年很有可能达到万家的量级。与之形成鲜明对比的却是公司研究服务的极端不匹配。从研究人数来看,新三板研究的正规军——券商分析师不到百人,即使加上民间的第三方机构,专业的研究人员不会超过200人。从研究范围来看,行业、公司研究没有形成规范、系统的体系,深入研究极少,吸引眼球的"娱乐"研究大行其道。

市场对新三板公司研究有非常大的需求。一方面,企业需要专业的研究服务来展现自身的投资价值。企业到新三板挂牌,一个核心的诉求就是融资。而现实却是大量的企业都被湮没,即使是优秀的企业,要想脱颖而出也有相当大的难度。另一方面,对投资机构而言,面对如此多的企业,如何挑选投资标的也是一件非常头痛的事情。对新三板公司的研究好比是一座桥梁,连接着企业和投资者,通过研究挖掘企业的价值,减少双方的信息不对称成本和风险。

新三板公司研究有非常大的价值。对新三板公司的研究相对上市公司研究溢价更高、价值更大,因为新三板是一个信息不对称更明显的市场,这与新三板公司的特征相关。首先,新三板公司差异大。新三板顶层设计奉行的是市场化理念,挂牌类似注册制,门槛低、无财务条件,这使各种各样的企业都充斥其中,既有光鲜亮丽的互联网"新贵",也有举步维艰的传统企业。其次,新三板公司所处行业"新、特、奇"。新三板的包容性吸引了各种与主板市场有极大差异的细分行业的企业挂牌,其中既有大量的新兴行业,最典型的是互联网和移动互联网;也有某些特别的细分行业,比如性

[①] 徐舜,CFA、CPA,新三板智库CEO。

用品、自媒体、创意设计行业。最后,新三板公司不确定性大。挂牌公司大都处于成长期的早中期,业务成熟度低,商业模式调整概率大。

新三板公司研究对研究员的要求更高,提供的机会更多。新三板公司研究是一片全新的领域,基本的研究框架与上市公司类似,但具体的研究逻辑和方法却是有很大的差异。在对新三板公司进行研究时,难点是对一些"新、奇、特"的行业经常有无从下手之感,而跟企业的交流却能更深入、更坦诚。这对研究员的要求更高,研究员既要有扎实的行业公司研究功底,也要有创新的"妙思奇想"。而研究员通过这样的研究,也往往能更深入地了解产业,特别是与很多新兴的行业一起成长。

新三板公司研究是创造价值的研究,是能实实在在帮助到企业、帮助到投资者,以及帮助到研究员的研究,希望越来越多的专业人士能够投身其中,与新三板市场一起成长。

新三板与中国复兴

夏立军[①]

近年来,新三板越来越受到各界的关注。把新三板与中国复兴联系起来,似乎有点"标题党"。但我认为新三板确实需要这一高度,为什么?简单来说,中国的复兴之路已经到了特别需要创新、创业的新阶段,而创新、创业又特别需要新三板的支撑。

一、中国的复兴需要创新、创业

中国自1978年改革开放以来,经历了长达30多年的高速经济增长。从国家统计局的数据(见图1)我们可以看到,过去30多年里,中国的GDP绝对量已经从1978年的0.37万亿元增长到2014年的63.6万亿元,中国已成为世界第二大经济体。从体量来讲,和30多年前相比,不可同日而语。这么大的经济体量,要维持高速增长已经越来越难。这和一家企业类似,当企业的规模大到一定程度后,维持高速成长极其困难。

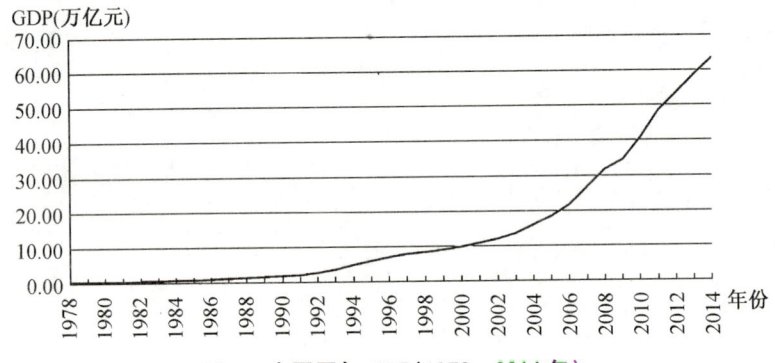

图1 中国历年GDP(1978—2014年)

数据来源:国家统计局网站。

图1展示了中国历年GDP增长率,又从图2来看,1978年改革开放以来的30多年里,虽然中国GDP增长率年度间经常发生很大的波动,但中国始终保持着较高的经济增长速度,GDP增速始终处于4%~15%之间的区间。然而,2008年全球金融危机之后,中国的GDP增速从2007年的14%一路下滑到2014年的7%左右。拉动GDP的三驾马车投资、消费、出口不再那么有力,传统的投资领域"铁公基"、房地产行业的投资已经逐渐饱和,而消费和出口的疲软使传统行业的产能也已严重过剩。在目前巨大的经济体量下,要维持较高的经济增长速度,除了继续挖掘传统的增长动力,越来越需

[①] 夏立军,上海交通大学安泰管理学院教授,博士,新三板智库资深顾问。

要寻求新的经济增长动力,而新的增长动力只能从各行各业的创新中来。

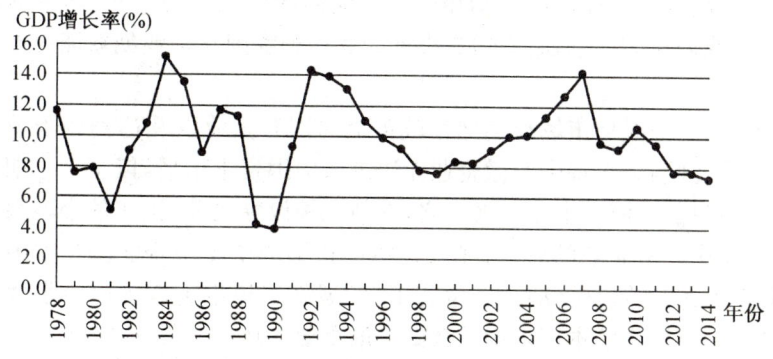

图2 中国历年GDP增长率(1978—2014年)

数据来源:国家统计局网站。

中国距离全面复兴也许只有一步之遥,跨过中等收入陷阱,中国很可能重回世界之巅。但中国跨越中等收入陷阱的这一步,有赖于传统和新兴的两大增长动力顺利地实现此消彼长。在传统增长动力逐渐消失的情况下,推动万众创新、大众创业,形成新的增长动力极其重要。

二、创新、创业需要新三板支撑

创新、创业的载体常常是中小微企业。这毫不奇怪,因为创新总是在边缘发生,创新总是意味着对传统的革命。这不是说大型企业就没有创新,但是大型企业在规模大到一定程度之后,其思考力、行动力、组织灵活性常常变得跟不上时代的发展。因此,现实中我们可以看到,无论是现在的BAT,还是比亚迪、特斯拉等创新型企业,最初的创新想法都不是来自既成的大企业。当企业家有了创新的想法之后,实现其创新想法的载体便是一个个中小微企业。

然而,在过去几十年里,中国正式的金融系统并没有能够有效地支持中国中小微企业的发展,如Allen、Qian和Qian(2005)的研究所揭示的,中国的中小微企业之所以能够诞生和发展,很大程度上缘于非正式的家族金融的支持,而不是正式的金融系统[1]。大量文献研究表明,中国国有银行主导的银行系统长期偏爱于将贷款投向国有企业、大型企业。Hsu、Tian和Xu(2013),Brown、Martinsson和Petersen(2013)的研究则进一步表明,银行系统与股市系统在促进企业创新中所起的作用有天壤之别[2][3]。

---

[1] Allen, Qian, Qian. 2005. Law, finance, and economic growth in China[J]. Journal of financial economics.

[2] Brown J, Martinsson G, Petersen B. 2013. Law, Stock Markets, and Innovation[J]. Journal of Finance.

[3] Hsu P, Tian X, Xu Y. 2013. Financial Development and Innovation: Cross Country Evidence[J]. Journal of Financial Economics.

创新意味着风险,银行系统的债权融资天然地回避风险,而股市系统的股权融资则偏好高风险、高收益,与企业创新活动相匹配。他们的研究发现,一个国家的股票市场越发达,其企业创新能力越强,而债券市场的发达程度则与企业创新能力不相关甚至负相关。

遗憾的是,中国股票市场长期地在政策上向国有企业以及达到相当规模和利润要求的民营企业倾斜,大量中小微企业无法进入中国资本市场,以至于早期很多优秀的互联网企业只能在海外上市。换言之,在新三板设立之前,正式的金融系统始终无法有力地支持中小微企业的发展,尤其是对创新型的中小微企业。在中国的经济转型越来越需要创新、创业驱动的新常态下,发展新三板市场以支撑中小微企业的发展,将填补中国多层次资本市场中长久缺失的重要一环。

新三板助推中小微企业发展的潜能将来自很多方面:首先,新三板可以为源源不断成立的中小微企业提供快速、便捷的融资渠道,降低中小微企业的融资成本,其中股权融资可以支持这些企业的研究开发和创新活动,挂牌企业债权融资能力的提升则可以进一步支撑企业稳定发展;其次,新三板可以为大量中小微企业提升信息披露和公司治理水平,激励企业创新和发展,实现优胜劣汰;最后,新三板将为风投、私募机构实现股权退出提供平台,激励风投、私募资金积极投资中小微企业。然而,要充分发挥这些潜能,新三板还任重道远。

三、新三板的未来不是梦

新三板本身可以说是中国多层次资本市场"创新、创业"的结果。作为一个新兴市场,新三板本身也是一个创新型的"中小微"企业。在快速发展的同时,新三板在流动性、信息披露质量、投资者参与度、挂牌企业的创新能力和发展空间等方面还存在着诸多不足,挂牌、交易、转板、摘牌、投资者准入、信息披露监管等方面的制度还存在着很多创新和改进的空间。放眼未来,一方面新三板需要借鉴国外先进市场的各种制度;另一方面政府也需要因地制宜地设计和发展能够支撑和激励中国源源不断成立的中小微企业创新、创业的制度架构。

我们期待着,新三板终将成为中国中小微企业发展的强力助推器。我们期待着,在不久的将来,万千中小微企业在新三板同台竞争,优胜劣汰,源源不断,生生不息,为中国中小微企业的创新、创业,为中国的经济转型,为中国的复兴作出重要贡献。

新三板:创新企业价值发现的平台

李颖琦[①] 王婷玉[②]

  创新企业普遍存在流动资金紧张的困难,而融资方面的问题已经成为创新企业持续健康发展的瓶颈,尤其是处于创业期的中小或微型科技企业面临更为窘迫的资金状况。研发是创新企业生存和发展的必要途径,若研发资金得不到保证,创新企业的发展将难以为继,企业亟须外部融资的支持,而信息不对称、估值不合理等因素导致创新企业极易因融资困难而出现经营危机:

  (1) 创新企业大多经营规模有限,缺乏专业的研究分析人员,缺少一个全国性的信息公开平台。投资者与被投资企业之间信息难以有效流通,双方需求无法被充分获悉。

  (2) 传统的企业估值通常采用现金流折现或分红折现的方法,这对于创立时间较短、还未产生稳定现金流或分红的企业来说,无法真正体现企业价值。政府、银行等机构对于企业的创新能力、发展前景缺乏科学、合理的评估,造成了一些业务很有市场前景的企业出现融资难,政策扶持不到位,人才断档甚至倒闭的现象。

  而新三板恰恰具备了信息披露和估值定价这两个基本功能。随着企业信息的公开、充分披露,越来越多的机构投资者、专业研究员开始将目光转移到新三板的企业。大量研究报告让投资者更加了解企业的信息和需求。新三板作为全国性的证券交易系统,为企业融资提供了广阔的平台。同时,新三板的公开转让和交易制度,为挂牌企业价值的合理评估提供了途径。虽然新三板市场暂时也存在价值泡沫,但随着信息披露的愈加充分,投资者认知的深入,监管的日益严格与完善,新三板市场定会形成一种良性的价值识别与淘汰机制,为真正有能力、有潜力的创新企业提供展示其价值的舞台,并得到投资者的青睐。这是新三板市场设立的初衷,也是对其他资本市场处于发展初期的企业无法运用传统估值模式进行价值评估的良好补充。新三板的发展给创新、创业战略的实施提供了最坚实的资本支持。

  对于中小型创新企业,新三板降低了进入资本市场的门槛,哪怕初创两三年的公司也可以挂牌,一旦挂牌就可以进行增发,获得资金支持。2013年新三板正式揭牌后,挂牌企业数量不断增加,2013年新增156家,2014年新增1 216家,截至2015年10月,新三板挂牌企业数量已经达到3 800多家,多层次的资本市场金字塔结构正在形成。新三板之所以发展迅猛,一个重要原因在于其创新的市场准入方式,对拟挂牌

---

① 李颖琦,上海立信会计学院教授,博士,新三板智库资深顾问。
② 王婷玉,上海财经大学,新三板智库研究员。

企业过去的财务指标没有要求,而是更看重企业的创新能力和未来发展潜力,并且只设定了最低的底线标准。对于挂牌企业,只要信息披露符合要求就可以进行融资,至于对公司成长性的评判则完全交给市场决定。正是这一特点,为广大创新企业实现创业梦提供了可能。

新三板是我国创新战略实施落地的最佳试验田。中共十八大之后,国家大力支持发展新三板市场,为多层次资本市场金字塔结构的形成建立坚实的塔基,为大量富有创新和活力的中小企业提供更为市场化的平台,为中国经济结构战略转型构筑重要的金融创新平台。

挂牌新三板的利弊得失

应千伟[①]

有一次打球偶然碰到担任某中小企业协会会长的老兄,我顺便问他协会里是否有企业想上新三板,结果他反问"什么是新三板"?虽然我知道并不是所有的业界人士都对新三板这一新兴的资本市场有充分的了解,但作为一个中小企业协会的会长,对新三板毫无所知,还是让我有点惊讶的。毕竟在这个创新、创业时代,对中小企业来说,新三板可能是离中小企业最近也是最为重要的资本市场了。果不其然,几个月之后再碰到这位会长,他跟我说,他的协会已经倒闭了。

目前,市场上存在太多这样的中介机构,它们都知道资源的重要性,都想做一个"掮客",在链接资源的过程中想办法吃点"回扣",但真正专业的、懂得资本市场的运作规律,懂得企业的价值发现和价值创造,并能够为企业和投资者同时带来价值的机构真的很少。大多数机构都只是想逮着一些"猪都会飘起来"的机会做点"拉皮条"的生意。而在市场行情下行的时候,大批这样的机构会纷纷倒闭。我想新三板智库区别于其他平台的一个非常重要的地方在于它是以厚实的研究力作为基础的,新三板智库不仅致力于成为最专业的新三板研究和咨询机构,同时也会借助专业的研究团队,为企业和投资者同时提供持续的专业服务,降低市场的信息不对称和非理性因素,为投融资的需求提供一个最佳的资金匹配。进一步地,新三板智库将把专业服务逐渐沉淀为一个全面和专业的互联网金融平台,引导企业和投资者做最有效的交流和资本配置。我的理解是,新三板智库不做价值的"搬运工",而做价值的发现者和创造者。我深深认同新三板智库的核心价值观"让企业更出众,让投资更省心"!

创新、创业已成为我国最重要的经济发展战略之一,而为创新、创业提供资金支持的新三板市场无疑将是一个时代的投资机会。自2012年年底新三板扩容开闸以来,其发展的速度应该是超过了大多数人的想象。在此之前,2006—2011年新三板的挂牌公司数量分别是10家、14家、17家、20家、16家和25家。而2012年该数据急剧增加,达到了105家。在此之后,新三板市场挂牌数量呈现爆发式增长,到目前为止(截至2015年11月5日),新三板挂牌数量已达3 954家,距离突破4 000家也只剩一步之遥,已经远超沪深主板上市公司数目的总和。按照这个趋势发展下去,很快就会突破10 000家,因此说新三板会成为中国版的纳斯达克一点不为过。新三板未来甚至可能成为全中国乃至全世界最为重要的资本市场之一。这也是为什么现在有这么多的企业对新三板挂牌争先恐后,渴望占据先机的原因。随着排队的公司数目越来越多,单个企业实现挂牌的速度也会相应减缓。虽然新三板挂牌的门槛条件本

---

① 应千伟,四川大学商学院副教授,博士,新三板智库西南地区负责人。

身不高,一些优质的督导券商在忙得接不过来活的情况下对"客户"的资质要求也越来越高,对单个客户的处理速度也会变慢,从而进一步延缓了整个挂牌的进度。虽说挂牌费用本身不高,挂牌成功也几乎只是迟早的事而已,但不少企业为了赶上行情快速实现挂牌,也不惜通过花更多钱来买已经挂牌的"壳",主要目的就是为了节约时间成本。目前新三板公司"空壳"的价格已经被炒到了千万元级别。

然而在这股潮流中,很多身在其中的企业其实并没有完全搞清楚新三板市场的特点,以及挂牌新三板的利弊得失,而在更大程度上只是随波逐流,或者是渴望一夜暴富的异想天开。我接触过不少企业的企业主,说起挂牌新三板的目的,其实最直接的目的就是想"圈钱"或者"套钱"。一方面是想看看自己的股权能不能变现,实现个人财富翻几番和财务自由的愿望;另一方面也是希望通过新三板市场来融资。有些企业甚至问过我这样一个问题,"上了新三板以后是不是就可以发公司债券了"?要知道即便对于大部分主板的上市公司来说,发行公司债也是一件只能奢望的事情,更何况是新三板企业?当然,新三板市场的确也能带来一些比较直接的融资便利,比如挂牌后,可以通过向市场中的投资机构和投资者定向增发筹资。同时,挂牌后,公司也可以更方便地利用股权质押来获得银行贷款。然而需要注意的是,不管是交易变现,还是股权融资,并不是所有的挂牌企业都能实现的,事实上在这么多挂牌公司中,真正受到投资者关注,交易活跃或成功融到大额资金的公司也就只有10%~20%。

新三板市场的确给原本不够条件上板的中小企业提供了一个新的对接资本市场的机会。这个机会是前所未有的,然后这个机会并不是给每一个中小企业的。事实上只有那些真正有"本事"的企业才有机会在这场资本盛宴中分得一杯羹。所谓有"本事",按照我的理解指的就是"发展空间大""核心竞争力强""商业模式好"的企业。换句话说,就是那种"万事俱备,只欠资本"就能飞起来的公司。一般的传统竞争性行业中的中小企业,如果没有特别的创新和亮点,基本上很难在这市场中找到机会。没有真"本事"的企业要在这个市场中"忽悠圈钱"可不是件容易的事,因为这是一个专业的机构投资者占主导的市场,每个机构投资者都不是傻子。因此,一个企业在选择上新三板挂牌之前,一定要找准自己的定位,看清自己的能力和潜力,掂量清楚挂牌新三板的利弊,否则就会错失机会或徒增不必要的成本和麻烦。为此,我认为有必要简单地梳理一下挂牌新三板主要的利弊得失。

一、挂牌新三板的利得

1. 挂牌条件容易满足,"上市"门槛较低

经常有企业会问我,在新三板挂牌需要满足什么条件?企业资产规模要有多大,净利润要有多少,营业收入要有多少,等等。事实上,新三板挂牌在这几方面都没有特别硬性的条件。挂牌条件只需满足以下几条:

(1) 企业存续期要满两年且须改制为股份有限公司。这里有一点需要特别说明,有限责任公司按原账面净资产值折股整体变更为股份有限公司时,按照规定,其存续时间是可以从有限责任公司成立之日起开始计算的。

(2) 有规范、合法的财务报表,业务明确且具有持续经营能力。企业可以经营多

项业务,但必须有一项明确的主业,并且主要营业收入和利润来自这项业务。在申请挂牌上市时,企业需要详细清楚地阐述自己的主营业务,并且提供合法的财务数据以证明其持续经营能力。这里涉及财务报表的规范性,由于不少企业存在隐瞒收入、偷税漏税的情况,在规范时可能会涉及补税等数额不菲的成本。

(3) 主办券商推荐并持续督导。企业要想在新三板上市,必须至少一个具备相关资格的券商对企业进行推荐,双方须签订"推荐挂牌并持续督导协议",并且主办券商要承诺将尽职尽责完成内部审核程序。

(4) 公司治理机制健全,合法规范经营。挂牌公司需要按照规定建立"三会一层"(股东大会、董事会、监事会和高级管理层)的组织架构,依照相应的公司治理制度规范经营。

(5) 股权明晰,股票发行和转让行为合法合规。挂牌公司须披露主要持股股东、实际控股人等信息,以保证股权持有的公开透明。存在非法转让的企业,不管是对投资者还是对新三板市场都会带来恶性影响。

上述条件中除了第(1)条和第(3)条是比较硬性的条件外,其他条件事实上都是相对宽松的,具有较大的调节空间,能否挂牌成功更大程度上取决于有无券商愿意推荐和督导。

2. 提供新的融资和交易渠道

在新三板成功挂牌后,在35人次限制之内①,可以多次定增,而且不需要经过监管部门严格审批。从定向增发的灵活性上来说,除了有人数限制外,发行方式和审批都比主板还要便捷很多。这也是为什么像"九鼎投资"这样的公司在新三板市场短短几个月之内就实现了100亿元的航母级定向增发,这在主板也是难以想象的壮举。同样,还有越来越多的优质中小企业挂牌之后从过去"我去求钱"变成了"钱来求我"的状态。新三板市场为盈利前景好的企业提供了新的平台,在其达不到主板或中小板上市条件下为其提供了新的融资和交易渠道。

3. 规范企业运营,提升企业的知名度和信誉度

规范的财务制度和公司治理是中小企业获取金融服务的基础前提。主办券商、律师事务所、会计师事务所等专业中介机构将帮助公司建立起以"三会一层"为基础的现代企业法人治理结构,梳理、规范财务报表,业务流程和内部控制制度,大大提升企业经营决策的有效性,信息的透明度和风险防控能力。同时,新三板市场的信息公示机制和主办券商及股权系统的第三方监管制度,有利于扩大企业知名度、提升企业形象、增强潜在客户对企业的了解和信任。把企业的信息通过交易所和媒体公开,在一定程度上可以起到广告宣传无法达到的效果。同时,企业在新三板挂牌,也就确立了企业规范运作的形象,这将为企业取得银行贷款等间接融资起到积极作用。不少企业之所以选择上新三板,主要目的就是为了提升企业的知名度和信誉度,以便获取更多的政府支持和销售订单。

4. 转板机制

在新三板挂牌并不影响企业在主板的IPO申报。而且未来还可能进一步推出优

---

① 即对35人以下定增,不需要证监会审批。

质新三板企业的自动转板机制。新三板市场的分层制度可能很快就会推出，属于最高层次，即创新层的企业未来可能会实行和主板类似的竞价交易，而在达到一定条件时还有可能自动转为主板上市公司。

二、挂牌新三板的代价

1. 信息公开给企业经营管理带来压力

企业挂牌之后，作为公众公司，公司的经营状况、财务报表、法人治理结构、内部控制制度等都需按照规定进行公开披露，而且这些信息今后将直接影响到该企业股票在创业板或者中小板的发行和上市，这必将给企业的经营管理带来压力。这些披露的信息会使企业更多地暴露在了竞争对手的眼前，增加竞争压力。同时，基于规范管理的要求，企业挂牌后在财务数据上进行调控的可能性减少。

2. 额外业务成本增加

公司挂牌需要一些费用，包括支付给主办券商的（80万～150万元）、支付给律师的（15万～30万元）、支付给会计师的（20万～30万元），费用大约在120万～220万元，而且随着想挂牌的企业越来越多，券商等中介的资源和精力也越来越紧缺，使得挂牌费用目前还有涨价的趋势。

在新三板挂牌之后，企业每年需要增加另一笔开销，就是给券商的督导费，这是因为挂牌企业需要继续接受券商的长期督导，以及会计师事务所的审计费用、法律咨询等其他服务。总体来看，企业挂牌后新增管理成本会在20万元左右，这对于利润并不高的中小企业来说也是一笔不小的成本。

此外，还有规范管理带来的成本增加，比如社保费用将增加、员工工资特别是高级管理人员报酬的增加、税收的增加等。

3. 舆论压力增加

在新三板挂牌给企业增加知名度的同时也会引来群众、媒体和监管部门对企业的关注，稍有不慎就容易涉及违规操作并受到舆论的负面冲击和监管层的处罚，增加企业营运压力。

综上所述，对于想要在新三板挂牌的企业，必须仔细权衡利弊，作出明智的、有前瞻性的选择。新三板市场的确未来潜力巨大、充满机会的市场，但并非每个企业都适合在新三板挂牌。目前新三板市场中大概只有不超过20%的企业能真正施展拳脚，通过融资和交易帮助企业迅速成长。只有那些具有强劲发展潜力的、商业模式有创新的、运作规范、管理有方的中小企业，才能在新三板市场中受到投资者的青睐，真正达到借助新三板挂牌融资和交易的目的。有大量在新三板挂牌的企业其实并没有真正理清楚挂牌意义所在，其中很多可能只是想挂牌上去之后再把"壳"卖给别的企业赚取短期差价，而并没有用长远的眼光去关注企业未来价值的提升。未来随着新三板挂牌企业数目的急速增长和审批流程的规范，"壳"将会越来越不值钱，如果只是把目标盯着"卖"壳上将来一定会得不偿失。从长远的角度来看，大部分的企业真正要做的是如何完善自己的商业模式、团队结构和经营管理水平，找到创新点和突破点，努力成为未来新三板市场中最为活跃的那20%中的一员。

第二部分
新三板故事——菜鸟老罗的新三板征途

新三板市场的火爆让众多中小企业看到了希望,然而技术出身的老总们常常会被资本市场搞得晕头转向。什么样的企业适合挂牌?挂牌面临哪些成本和风险?怎么进行融资?交易方式有哪些?资本运作有哪些门道?一个小企业在资本市场慢慢摸爬滚打中会遇到哪些问题?让菜鸟老罗带您踏上新三板的征途。

新三板的诱惑:咱们也挂牌吧

吴文轩[①]

老罗是武汉大学软件学院的博士高才生,两年前,老罗凭借自己开发的移动办公软件,创办了一家高新技术企业,由于近年来移动互联网的普及,老罗的软件公司市场前景十分广阔,获得了多家风投的青睐,也拿到了不少的融资,沃伦·包就是主要的注资人之一,也是老罗的好朋友兼顾问。

老罗的移动软件客户群体非常广阔,每天都会有大批新企业在老包公司的软件平台注册,由于市场还处在培育期,老罗的软件并没有采取收费模式,也并不盈利。看到每天这么多流量进来,老罗想,干脆采取收费模式,让公司扭亏为盈。他找来了老包商量,老包听了,马上提出了自己的看法:"老罗,现在移动互联网领域刚刚开始起步,尤其是你这个移动办公软件,很多公司都在慎重选择,此时我们的目标,一是抢占市场,增强客户粘性;二是提升产品价值,满足企业核心需求,打响知名度。如果在前期败下阵来,那么后面再想抢占市场就非常困难了。其实收费是必然的,不过现在还不是时候。"

老罗听得惊出了一身冷汗,又想到面对如此多的竞争对手,心中不由得泛起了嘀咕:虽说现在公司获得了不少的风投入资,可是要想在这么大的市场中独占鳌头,推广和运营费用肯定不少,目前的资金根本不够用啊。老包似乎看出了老罗的心思,微微一笑,说道:"老罗,你对自己的软件有没有信心?"老罗虽说对资本市场一窍不通,但是对于自己开发的软件,自然是信心爆棚,拍拍胸脯说道:"当然啦,别看我们规模不大,我们的软件无论是模式,还是用户体验,在全国都是数一数二的。"

老包神秘一笑,接着说:"我们可以'上市'!""上市?"老罗似乎觉得老包太不专业了,"我说老包,虽然我是'财务大白',但是据我所知,想要上市,最起码的条件是持续盈利。刚才你也说了,我们现在的目标是'烧钱'打开市场,这基本的条件我们都达不到啊。"老包笑道:"此'上市'非彼'上市',准确地说,我们是要挂牌,因为新三板是存量股份上市。不知道你有没有关注,最近国家为了支持像我们这种未来前景广阔,但是又缺乏资金,不满足主板上市条件的高新技术企业,加速了新三板的建设。其实新三板的定位,就是美国的纳斯达克。我们到新三板挂牌,只要企业模式创新,不愁融不到资金。至于挂牌条件嘛,来,我给你画一张表。"

老包轻松几笔,就画出了新三板挂牌和主板、中小板和创业板上市条件的区别,老包把表(见表1)交给老罗,老罗看了看说:"新三板的挂牌要求真的要低不少啊,没

---

① 吴文轩,武汉大学,新三板智库研究员。

有财务和规模条件,只要求有持续经营能力,看来我们也可以投身资本市场了!"老包笑了笑说:"你先别急,我先给你讲讲新三板挂牌的利弊,你权衡一下,我们再做决断。"老罗听了,赶紧准备好纸笔,俨然一副学生的样子准备做好记录。

表1　　　　　新三板挂牌与创业板、主板和中小板上市条件的区别

板块 项目	新三板	创业板	主板和中小板
上市主体资格	证监会核准的非上市公司	公开发行股票	公开发行股票
股东人数	可超过200人	不少于200人	不少于200人
存续时间	存续满2年	存续满3年	存续满3年
盈利要求	具有持续经营能力	最近2年连续盈利,最近2年净利润累计不少于1 000万元;或最近1年盈利,最近1年营业收入不少于5 000万元	近3个会计年度净利润为正,累计超过3 000万元,净利润以扣除非经常性损失前后较低者为计算依据
现金流要求	无	无	近3个会计年度现金流累计超过5 000万元;或近3个会计年度营业收入超过3亿元
净资产要求	无	最近一期期末净资产不少于2 000万元,且不存在有弥补亏损	最近一期期末无形资产占净资产比例不高于20%
股本总额	无	公司股本总额不少于3 000万元	公司股本总额不少于5 000万元
其他条件	主券商推荐并持续督导	持续督导期为上市当年剩余时间及其后3个会计年度	持续督导期为上市当年剩余时间及其后两个会计年度

"首先,新三板本就是一个新兴的资本市场,在初期,肯定会有一些制度上的红利,比如,未来很可能会开放竞价交易制度、转板机制、降低投资门槛等,这些对于新三板市场都将是利好的消息;其次,你看我们的财务报表,是不是几乎没有借款?因为我们本身就是轻资产的企业,银行信贷很难支持我们,而登陆新三板后,我们的股票具有了流动性,同时我们可以通过股权质押贷款,也不排除未来可能进行可转债、优先股的发行,未来新三板市场对于我们自身的融资支持力度很可能加大;再次,在新三板挂牌后,公司治理完善了,接触的私募股权投资机构多了,自然获得融资的机会也就比较大,你可以看看新三板最近的定增形势,我这有篇广证恒生的文章,里面说到'2015年前4个月已经有211家企业进行了定向增发,累计融资122.3亿元,超过了2014年挂牌企业全年的融资数量',定增市场的持续发酵,让融资机会大大增加;最后,我们的技术过硬,模式具有创新性,在新三板挂牌后,肯定能引起不小的关注,对于提高公司知名度有着大大的好处!"

老包停了停,给老罗一点消化的时间,接着说:"凡事有利肯定会有弊,老罗,你说说你的想法,我们挂牌后会有哪些弊端?"老罗想了想说:"我看到挂牌条件中有一条是'券商持续督导',我们是不是要付给券商督导费?这样就增大了我们平时的

成本。"

老包竖起了大拇指:"老罗你真是一点就透,没错,在新三板挂牌的主要弊端之一就是挂牌费用,虽然新三板交易所以服务为原则,收取的费用比主板低了不少,但是对于规模较小的企业来说,还是一笔值得考量的费用,如挂牌初费和年费、审计费还有你刚才说的券商督导费,林林总总,算下来,要想挂牌,没个一两百万元是很难搞定的,尤其是前不久全国范围内在新三板挂牌政府补贴已暂停发放,税收减免等政策也相应取消,挂牌成本是需要认真考虑的一个问题;挂牌的另一个问题,就是我们需要将自己暴露在更严格的监管之下,包括审计、信息披露,都有一套严格的标准,处理得不好的话,很可能要被请去喝茶;另外,随着股票流动性的增加,我们自己的控制权流失风险也会加大,要有一个准备。暂时想到的就是这么多,我的想法是,虽然有成本和风险,但如果一个企业想要做大、做强,就必须去主动拥抱资本市场,当前的新三板既是机遇,也是挑战,也希望你认真考虑。"

表2　　　　　　　　　　新三板挂牌的利弊

利	弊
制度红利	挂牌费用较多
获得信贷支持	监管严格
融资机会增多	控制器流失风险增大
提高公司知名度	—

老罗听完之后,心里默默地总结了一下在新三板挂牌的利弊(见表2),同时,他更展现出一个企业家的信心与激情,不但没有退缩,反而觉得更加兴奋,说道:"真是听君一席话,胜读十年书,我对我们的公司有信心,下一步我们就拥抱资本市场,成为移动互联网时代的巨头!"老包说:"去挂牌还要有一个前期的准备工作,我也见到过不少因为不满足条件而挂牌失败的例子,今天不早了,先给你留个作业,这两天在股转系统官网上看一下《挂牌政策解读》,我们下次好好研究,争取挂牌成功!""好!"老罗激动地说。

望着灯火阑珊的资本大厦,老罗的心中似乎燃起了熊熊火焰。

新三板挂牌路上：规范是绕不过去的坎

吴文轩[①]

自从和老包讨论了新三板挂牌的事情之后，老罗每天都坐立难安，做梦都在想着敲钟挂牌，仿佛马上就要步入人生巅峰。老包见状，感觉是时候给老罗泼一盆冷水了。这天，两人又坐到了一起。

"老罗，上次给你看的《挂牌条件解读》看得怎么样了？"老包问道，"早就看完了，不过似乎也没什么特殊的要求，挂牌条件除了要求'存续2年'这个硬性条件，其他的都是定性指标，没什么可看的。"老罗回答说。老包眉头一皱，严肃地说："如果你这样想，可就大错特错了，我可是见过不少企业因为不满足条件而难以挂牌的案例。"这句话似乎给了老罗当头一棒，把这几天的飘飘然打得烟消云散。"老包，你可别吓我，看来今天又要好好记笔记了。"

"哈哈，今天我们就探讨一下如何做好挂牌的充足准备。"老包笑笑，对老罗说，"老罗，先来讲讲'课本上'是如何确定新三板挂牌条件的？"

"这个简单，我都背得滚瓜烂熟了。我也照猫画虎，列一个表格。"老罗想起上次老包通过表格的形式来教学，感觉既生动又直观，也学习了这种方式来总结，便列出了新三板挂牌的要求及具体内容（见表1）。

表1　　　　　新三板挂牌的要求及具体内容

要　　求	具　体　内　容
存续时间	依法设立且存续满2年
业务能力	业务明确，具有持续经营能力
公司治理	公司治理机制健全，合法规范经营
股权要求	股权明晰，股票发行和转让行为合法合规
券商督导	主办券商推荐并持续督导
其他	全国股份转让系统公司要求的其他条件

"嗯，不错，乍一看挂牌条件似乎只有硬性的存续时间限制，其实不然，最近也出现了很多因不符合其他条件而难以挂牌的案例，我来给你细细讲讲挂牌条件的玄机。"

老罗马上拿出了随身携带的纸笔，又做起了学生。

"首先，除了你列的这6个条件，要想在新三板挂牌，必须满足一个大前提，就是

---

① 吴文轩，武汉大学，新三板智库研究员。

企业必须是股份有限公司,也就是说,想要挂牌的企业如果是有限责任公司,就必须改制为股份有限公司,才能挂牌。从这点出发,衍生出来的结论就是个人独资企业和合伙制企业与新三板挂牌无缘了,因为两者都是无限责任公司的组织形式,这种企业形式无法改制成股份有限公司,因而也就无法在新三板挂牌。"

老罗暗自庆幸,自己的软件公司是有限责任公司,希望大大的,问道:"老包,你上次说新三板挂牌有利有弊,那么企业改制肯定也一样吧?"

"是的,看来你已经参透唯物辩证法的精髓!改制对于公司来说必然有改制成本,比如建立三会(董事会、监事会、股东大会)的成本,虽说决策还是大股东说了算,但是有了决策程序,一切都要走程序了;规范历史经营中的遗留问题的支出(改制前监管不严,可能存在资本不到位、偷税漏税的问题,有的企业根本没怎么交过税);股权激励支出(要给员工一个美好的明天才能共创未来嘛);中介机构费用;信息披露(可能引来竞争对手的窥探、供应商的讨价还价)等等。但同时,改制对于企业来说也有着极大的益处,如规范治理结构、提高企业管理水平,有利于企业做大做强、投身资本市场。"老包回答道。

"当初成立公司的时候只考虑到了成本因素,注册的企业组织形式是有限责任公司,我们该怎样改制呢?"老罗后悔没能早点学习资本市场理论,急忙问道。

"别担心,企业改制并不困难,很多企业改制只是找个机会让券商、会计师和律师开始介入公司事务,帮忙为挂牌做准备,其实更重要的是让企业实现真正的股份制形式。改制流程比较简单,主要包括准备阶段、具体操作阶段和收尾阶段,我们只需要按照股转系统发布的公司改制流程图改制就可以了。"老包顺手给老罗递了一份公司改制流程图(见表2)。

老罗看了看,说道:"看来还真是不难,就像工厂的流水线一样,一步一步走就行了。"

"老罗,改制只是个形式而已,就像一个人换了名字,但是人还是那个人。重要的是改制的准备工作,因为这关系到公司经营是否规范、财务是否健康,对将来发展有着至关重要的作用。"老包解释道。"就像重新塑造了一个人的性格。"老罗若有所思地说。

"没错,一般来说,改制要重点关注以下准备工作。"老包边总结边说。

老罗看了老包写的挂牌准备工作(见表3),对比现在公司的组织架构,不由感慨:"这些才是公司改制的实质性工作啊!""对,做到了这些,才是抓到了改制的精髓。"老包点头道。

"最后,关于改制,我要说一点,有一个关键的地方和挂牌条件的第一条——存续期间,有着紧密的联系。"老罗接着讲道,"既然是有限公司改制为股份公司,核心问题就涉及折股,折股又分为按审计值折股和按评估值折股。在股改中,我们最好使用审计值折股,而不要用评估值,因为如果股改时有限责任公司是按评估值折股改制为股份有限公司,则视同新公司成立,存续期间自股份有限公司完成工商变更之日起计算。相反,用审计值折股,存续时间则可以从有限责任公司成立之日计算。也就是说,要想现在上马新三板,不慎采取了评估值折股,可就要再等2年了。"

表2　　　　　　　　　　　公司改制流程

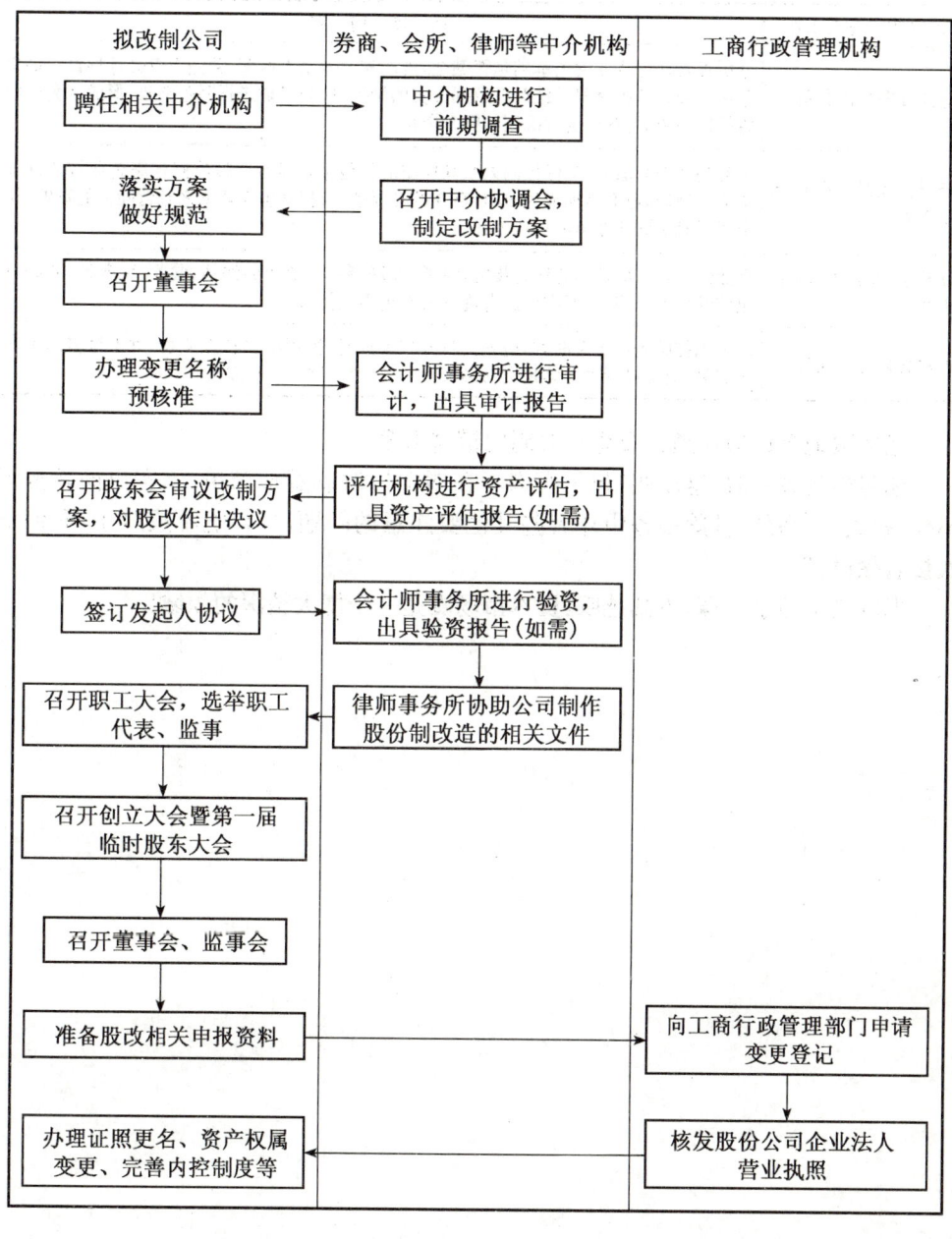

表3　　　　　　　公司改制的重点工作及具体内容

改制中的重点工作	具体内容
梳理企业的历史沿革	分析企业设立、变更程序合规性及公司股东、董事、监事及高级管理人员的任职适格性。重点关注出资是否及时到位，出资方式是否符合有关法律、法规的规定
企业资产是否完整	盘点、清查公司财务，进行账实核对，往来账项核对。企业应对盘盈盘亏、废旧毁损、财务坏账等进行财务处理，追回企业被违规占用的资金、资产

(续表)

改制中的重点工作	具 体 内 容
财务数据是否真实	分析报告期内企业财务基础是否健全,资产和业务是否匹配,关注重点会计科目。如果存在因会计基础薄弱导致财务数据失实的情况,应当考虑进行财务整改,形成一套以原始凭证为依据,符合会计准则的财务资料
分析企业是否存在同业竞争	了解公司控股股东、实际控制人及其控制的其他企业是否与拟改制挂牌企业构成同业竞争,了解同业竞争形成的原因、存在的必要性、对拟挂牌企业未来经营能力的影响,初步探讨避免同业竞争的可能方案
分析企业经营的合法性	企业经营业务应该是合法合规的,除了一般的环保、消防的评估、验收、税务外,有些行业监管更加严格,需要在合法合规方面作出很大努力
关联交易是否规范	认定拟挂牌企业的关联方,整理关联方相关资料,梳理出关联方关系,对于过多的关联方交易,应尽量减少并体现交易必要性和公允性,制定整改方案

老罗边记笔记边说道:"没想到改制门道这么多。"

老包笑笑说:"对,这就叫'包子有肉不在褶上',改制看似简单,其实里面暗藏了不少"机关"。另外,挂牌准备中还有些其他要注意的问题,一口吃不成胖子,我们下次接着探讨。"

老罗又学习了一课,不禁感叹:资本市场真是一个博大精深的领域!

新三板挂牌路上:公司治理不可不懂

吴文轩[①]

自从和老包讨论企业规范和挂牌的事宜之后,老罗便着手规范公司治理,进行股份制改造。不仅建立了三会、完善了决策程序,更是建立了销售部、研发部、财务部等一系列职能部门,他的公司俨然一副大牌上市公司的形象。老罗准备近期便申请挂牌,但是鉴于上次的疏忽让自己栽了跟头,便想再向老包请教一番,看看有什么遗漏和问题。

"老包,你看,我们的公司经过此番规范治理之后,是不是达到挂牌要求了?"老罗看着焕然一新的公司景象,拿出了公司最新的组织结构图(见图1),向老包请教道。

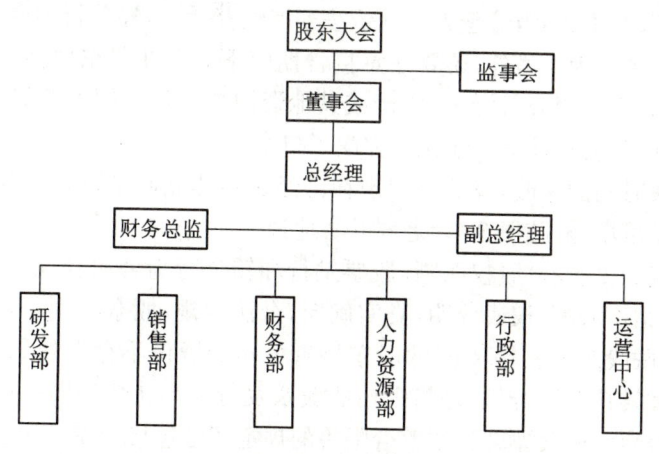

图1　老罗公司的组织结构图

"没想到老罗你效率这么高,短短时间就开始了规范公司治理结构。"

"互联网时代发展太快,没办法啊,尤其是像我们这种高科技公司,更是要快人一步。"

"没错,看来又要赶快给你'充电'了。那么讲完了改制,我们今天就讨论一下剩下的挂牌条件,力争做一家新三板挂牌的软件'急先锋'!"

"嗯,好!"老罗边说边拿出了笔记本。

"首先是'业务明确,具有持续经营能力',单从字面上解读,业务明确,就是说公司能够明确、具体地阐述其经营的产品或服务、用途及其商业模式;持续经营能力,就

[①] 吴文轩,武汉大学,新三板智库研究员。

是在可预见的未来,公司有能力按照既定目标持续地经营下去。

那么,在实际操作中,主营业务的经营状况良好,是挂牌成功的先决条件,主营业务收入是否能够稳定增长、原料供应来源是否稳定可靠等都是要考虑的因素。比如,如果我们的公司需要某种软件技术作为基础来研发自己的产品,而这种软件技术高度依赖于某一家公司供应,出于政策管制或是其他原因,导致我们与其继续签订协议的不确定性过大,这些问题会影响公司正常经营,进而影响公司的持续经营。这种情况就属于'主营业务不突出,无持续经营能力'而无法挂牌。"

老罗挠挠头,心想:还好自己技术过硬,不需要依靠外部扶持,果然还是自己最靠得住。

老包笑了笑,接着讲:"下面是'公司治理机制健全,合法规范经营'。这条要求其实和我们之前讲的改制有些重复,实质都是为了规范公司治理,主要还是解决公司和管理层的'底子'问题。公司治理机制健全,是指公司按规定建立股东大会、董事会、监事会和高级管理层(简称"三会一层")组成的公司治理架构,制定相应的公司治理制度,并能证明有效运行,保护股东权益;合法合规经营,是指公司及其控股股东、实际控制人、董事、监事、高级管理人员须依法开展经营活动,经营行为合法、合规,不存在重大违法、违规行为。另外,还要注意报告期内不应存在股东包括控股股东、实际控制人及其关联方占用公司资金、资产或其他资源的情形。同时要设有独立财务部门进行独立的财务会计核算。"老包说完喝了口水。

"经过这段时间的整改,我的公司现在已经逐步建立起了良好运作的治理机制,现在可谓'麻雀虽小,五脏俱全'。"老罗开心地说。

"接下来我们来看看'股权明晰,股票发行和转让行为合法合规'。股权明晰,是指公司的股权结构清晰,权属分明,真实确定,合法合规,股东特别是控股股东、实际控制人及其关联股东或实际支配的股东持有公司的股份不存在权属争议或潜在纠纷;股票发行和转让合法合规,是指公司的股票发行和转让依法履行必要内部决议、外部审批(如有)程序,股票转让须符合限售的规定。"老包接着说,"关于这一点,我看到过一则案例,讲的是控股股东低价买入所控股公司的专利,短期内又将该专利以评估价作为注资注入所控股公司。这件事涉及两方面的问题:一是控股股东以低价买入公司专利,公司存在贱卖公司资产、损害公司利益的嫌疑;二是控股股东短期内将该技术以评估价注资,存在通过交易安排变相以自有无形资产高评增资、导致出资不实的嫌疑。这很容易造成'股份发行和转让行为不合法合规'而难以挂牌。"老包严肃地说。

"最后一点是'主办券商推荐并持续督导'。这一点要求企业须经主办券商推荐,双方签署'推荐挂牌并持续督导协议';同时,主办券商应完成尽职调查和内核程序,对公司是否符合挂牌条件发表独立意见,并出具推荐报告。

券商对于新三板挂牌公司是终身持续督导,所以公司历史沿革最好不要太过复杂,规范也不要太过曲折。虽然不同券商对于客户的选择都有着自己的偏好,比如有些券商属于饥渴型,只要公司没有重大瑕疵,一般都会接受;另外一些则比较谨慎,会反复筛选。但是对于像我们这种概念比较诱人、成长性良好、营运环境优异、拥有核心技术和团队的中小公司而言,无论是今后转板,还是并购,都存在比较大的潜能,券商们还是比较偏爱的。"

老包接着讲:"老罗,这些天了解了挂牌的基本条件,加上你的努力,我们可谓挂牌在望!"老包说完把自己细化的表格(见表1)递给了老罗。

表1　　　　　　　　　　在新三板挂牌的要求条件及具体内容

要求条件	具体内容
业务明确,具有持续经营能力	公司能够明确、具体地阐述其经营的产品或服务、用途及其商业模式
	在可预见的未来,有能力按照既定目标持续地经营下去
公司治理机制健全,合法规范经营	公司按规定建立股东大会、董事会、监事会和高级管理层(简称"三会一层")组成的公司治理架构,制定相应的公司治理制度,并能证明其治理架构能有效运行,保护股东权益
	公司及其控股股东、实际控制人、董事、监事、高级管理人员须依法开展经营活动,经营行为合法、合规,不存在重大违法、违规行为
	报告期内不应存在股东包括控股股东、实际控制人及其关联方占用公司资金、资产或其他资源的情形。同时要设有独立财务部门进行独立的财务会计核算
股权明晰,股票发行和转让行为合法合规	公司的股权结构清晰,权属分明,真实确定,合法合规,股东特别是控股股东、实际控制人及其关联股东或实际支配的股东持有公司的股份不存在权属争议或潜在纠纷
	公司的股票发行和转让依法履行必要内部决议、外部审批(如有)程序,股票转让须符合限售的规定
主办券商推荐并持续督导	企业须经主办券商推荐,双方签署了"推荐挂牌并持续督导协议"
	主办券商应完成尽职调查和内核程序,对公司是否符合挂牌条件发表独立意见,并出具推荐报告

老罗也坚定了决心:下一步,就是拥抱资本市场!

新三板的融资:挂牌即定增,打响挂牌第一炮

吴文轩[①]

经过一段时间的忙前忙后,老罗的软件公司终于获得了挂牌资格,老罗也终于松了一口气,准备好好庆祝一下。谁知,老包的一个电话又让老罗放松的神经紧绷了起来。

"老罗,我们准备一下,争取在挂牌的同时就融到第一笔资金!"老包在电话里说道。

"还有这样的好事?"老罗再一次被资本市场的魅力所折服。

"当然,最近火热的'挂牌即定增'说的就是我们要讨论的获得第一笔融资的方式。我们也可以来一个开门红,打响挂牌第一炮!"

老罗喜上眉梢,心想:所谓良师益友莫不过如此吧!

老包接着讲道:"2013年开始实行的《全国中小企业股份转让系统业务规则(试行)》中有这样的规定,'申请挂牌公司申请股票在全国股份转让系统挂牌的同时定向发行的,应在公开转让说明书中披露'。这一规定就明确了企业在新三板挂牌的同时,可以进行定向融资,也就是后来我们熟知的'挂牌即定增'。而定增尤其是挂牌即定增从此一路高歌猛进,成为新三板市场中的'香饽饽'。目前来看,在定增这个市场,个人基本都拿不到额度,只有机构而且是有背景的机构才能有所斩获。就在2014年,新三板市场完成了300多次的定增,平均每天一次,融资总额更是达到了2013年全年的近11倍。而仅仅2015年的第一季度,新三板市场已经发布了400多次的定增预案,预计融资总额超过2014年全年融资额。"

老罗挠挠头,显然似懂非懂,问道:"老包,这样说来定增应该是个很火热、很不错的选择,可我是个门外汉,你不介意先给我普及普及'新三板定增'到底是什么吧?"

老包笑着说:"你看我一激动把这茬给忘了,来,我先给你讲讲新三板定增的基本概念,让你有一个大致的理解。新三板定增,顾名思义,就是在新三板市场上进行定向增发,又叫新三板定向发行,是指申请挂牌公司、挂牌公司向特定对象发行股票的行为。与主板公司定增一样,定增的目的主要是筹资,由于新三板主要面向中小企业,这类企业对资金的需求更为迫切,所以定增成为新三板市场中的重要环节。而通过允许新三板挂牌的企业在挂牌时进行定向增发,加强了新三板市场的融资功能,同时也给挂牌企业提供了引入投资者、扩充资本的机会。"

经过老包的指点,老罗也渐渐地明白了这个新三板"宠儿"的含义,若有所思:

---

① 吴文轩,武汉大学,新三板智库研究员。

"这似乎是和主板 IPO 企业'上市即融资'有异曲同工之妙。"

老包夸奖道:"老罗你悟性真高,理解得很对。为了最大限度地体现资本市场融资的便利性,挖掘新三板市场的潜力,新三板市场中'挂牌即定增'也是蛮拼的,也因此被一些专业人士称为'小 IPO'。其与主板定增的区别在于新三板定增服务于中小微企业,突出自身'小额、便捷、灵活、多元'的融资特点,体现在以下几个方面:

第一,在发行要求方面,企业可以在挂牌时、挂牌后定向发行融资,发行后再备案;第二,新增的股份不强制限售,不设立锁定期;第三,定价方面,实行市场化定价,投资者可以与企业协商谈判确定发行价格;第四,企业符合豁免条件则可进行定向发行,无须审核;第五,在信息披露方面,不强制披露募投项目的可行性分析、盈利预测等信息。最后注意一点,新三板定增属于非公开发行,针对特定投资者,不超过 35 人。"老包说完也写完了,把具体内容列成了表(见表1)。

表1　　　　　　　　新三板定增的发行标准与注意事项

发行标准	注意事项
发行要求	企业可以在挂牌时、挂牌后定向发行融资,发行后再备案
限售期	新增的股份不强制限售,不设立锁定期
定价	实行市场化定价,投资者可以与企业协商谈判确定发行价格
审核	企业符合豁免条件则可进行定向发行,无须审核
信息披露	不强制披露募投项目的可行性分析、盈利预测等信息
投资人数	属于非公开发行,针对特定投资者,不超过 35 人

老罗听后,觉得新三板定增的条件要宽松很多,不由得激动起来,毕竟这么长时间的准备为的就是为公司筹集能够壮大企业的资金。不由得问道:"老包,那我们要准备哪些流程呢?"

老包就喜欢老罗这种说干就干的武汉精神,笑着对老罗讲:"新三板定增主要分为下面几个流程:

(1) 确定发行对象,签订认购协议。
(2) 董事会就定增方案作出决议,提交股东大会通过。
(3) 证监会审核并核准。
(4) 储价发行,发行后向证监会备案。
(5) 披露发行情况报告书。

而挂牌即定增的流程(见图1)和定向增发的流程是差不多的,根据 2015 年 10 月 20 日修订的《全国中小企业股份转让系统股票挂牌业务操作指南(试行)》规定,挂牌即定增在确定发行对象之前,'可在报送申请挂牌材料后向全国股份转让系统公司挂牌业务部提出和披露定向发行意向,以便提高投融资对接效率'。"

老包给老罗看完流程后接着说:"最后我来说一下新三板定增的主要用途(见表2),帮助你更好地理解定向融资。"老包给老罗列示了定增用途后继续说,"定增说到

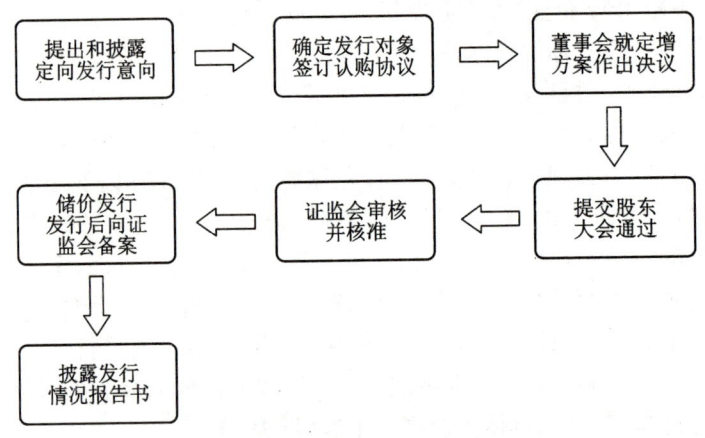

图 1　挂牌即定增发行流程

底还是筹资,不过筹资的用途可就千奇百怪了,一般来说,会有如下几种用途:并购、重组、整体上市、举牌、补充流动资金、扩大生产规模和研发。而作为汇集中小微企业的新三板市场,定增资金的用途主要还是在于最后两条。虽然现在新三板定增成为创造财富的重要来源,有助于企业筹集资金,同时为做市交易提供库存,但是随着市场回归理性,定增中两极分化也会愈演愈烈,甚至会出现一些公司定增无人问津的情况。

表 2　　　　　　　　　新三板定增的用途及具体内容

定增用途	具 体 内 容
并购	筹资并收购其他公司
重组	向新控股股东发行股票使之成为第一大股东
举牌	通过积极认购股票实现股权争夺
补充流动资金	补充经营资金
扩大生产规模和研发	扩大规模,研发新产品,营销推广等

老罗,下一步,我们就是要做好定增前的准备工作,将我们自身的竞争优势、创新的商业模式展现出来,相信在挂牌那一天,我们这块大金子一定会发光!"

老罗点点头,心中期待着那一天的到来。

新三板挂牌的游戏规则:新三板交易方式知多少

吴文轩[①]

经过一段时间的精心准备,老罗的软件公司终于如愿登陆新三板,并成功地进行了第一轮定增。凭借其创新的商业模式和在互联网领域的竞争优势,老罗的软件公司在披露公开转让说明书之后,便得到了众多投资机构和媒体的关注。在首次定增中,罗氏软件便获得了千万元级别的融资,成为新三板市场中的又一明星企业。

老罗这段时间更是忙得不可开交,由于公司采取的协议交易方式,每天都会收到各种投资者用各种方式发送的股票交易意向。面对意想不到的火爆情况,老罗一时间也乱了阵脚。这天,终于找到老包一起吃饭,来请教关于新三板市场的交易方式情况。

作为一路并行的伙伴,老包当然毫不吝啬地答疑解惑:"老罗,新三板市场中共有三种股票转让方式,分别为协议转让、做市转让和竞价转让。而竞价转让方式相关条件尚未明确,实际上目前新三板市场中采取的股票转让方式只有协议转让和做市转让两种方式。"

老罗不解,问道:"既然明确了会采取三种方式,为什么竞价转让方式没有同步推出呢?"

"这个问题提得好,这也是很多投资者关心的话题。竞价交易的前提是企业信息充分公开且投资者数量众多,早期新三板市场上主要以战略投资者的大宗批量交易为主,主要交易对象也集中在少数最好的企业,因此并无竞价交易的必要。另外,新三板市场的未来方向是采取分层交易机制,竞价转让方式很可能与分层交易机制相结合,也就是优质企业采取竞价或竞价结合做市的方式,次优企业采取做市方式,普通企业曾采取协议转让方式。而分层是个系统性工作,其本质是对风险进行差异化管理。没有实施竞价交易方式,一是对于新三板市场运行机制缺乏经验,需要市场有一个接受过程;二是需要对竞价交易在内的机制做一个统筹研究,保证良性运转。目前,分层机制也进入了最后的部署阶段,股转系统公司副总经理隋强不久前就表示,'将在2016年5月正式实施'。分层交易机制、竞价交易方式的推出将会成为新三板市场的又一政策红利。"

想起这段时间投资者打来的应接不暇的电话,老罗说:"老包,你看我理解得对不对啊,我们现在采取的是协议交易方式,也就是私底下来协商转让价格和数量,然后再到股转系统上确认。而做市交易的话,相当于找了券商做中介,通过券商报价来交易。"

老包笑着说:"你的理解基本上是正确的,不过可不要小看了做市交易,做市商发挥的作用可不仅仅是中介。由于新三板面对的是初创企业,这类企业往往风险比较大,这就需要有专业市场和投资者对早期的企业进行合理定价。这也就意味着新三

---

① 吴文轩,武汉大学,新三板智库研究员。

板市场流动性要差于主板市场,这就需要做市商来履行成交义务,做市商利用自有资金持有公司股票,报买价和卖价,大幅增强市场的流动性。另外,券商通过自己的专业优势,为股票交易提供合理估值、科学定价,对企业和投资者都是有好处的。2015年6月,新三板采取做市交易的企业在300家左右,不到总挂牌企业数量的15%,但是成交额已经可以和协议交易平分秋色。"老罗和老包你一言我一语地比较了协议转让和做市转让两种交易方式(见表1)。

表1　　　　　协议转让和做市转让的比较

类型	交 易 方 式	风　险
协议转让	买卖双方线下议定价格,通常买卖方直接洽谈,然后通过股转系统(新三板)交易	风险很大,买方需要有较强专业知识
做市转让	买卖双方通过主办券商(证券公司)报价交易	券商通过专业评估,给出较为合理估价,具有一定风险规避作用

老罗不禁又心动起来,既然自己的公司这么受欢迎,何不更上一层楼,采取做市交易。老包一眼就看穿了老罗的心思,准备再给老罗普及一下变更做市交易的知识。

"根据《股票转让细则》规定,协议转让和做市转让两种方式只能选择其一,由企业自主选择。另外,'已挂牌的公司申请在协议和做市之间变更股票转让方式的,需要有2家以上做市商愿意为挂牌公司提供做市报价服务,或者做市商同意退出做市。'也就是说,在实际操作中,除了要求挂牌公司向股转系统提交相关申请外,还需要做市商明确表明其同意做市或自愿退出做市的意见。就目前的公司情况来看,除了我们的主办券商,已经有不少券商和我们沟通,想和我们合作,这一点应该是不成问题的。"

老罗小鸡啄米似地点头,最近公司的电话都被打爆了,看来真应了老包说的大金子总会发光那句话了,忙请教老包变更流程的事情。

老包拿出笔纸,颇有培训师的风范,利落地将流程图(见图1)画了出来,递给了老罗,说道:"老包,我相信,我们很快就会成为新三板的弄潮儿。"

老罗看着手中的"教材",长舒一口气,点点头,望着窗外的车马人流,心里的火焰渐渐燃烧起来。

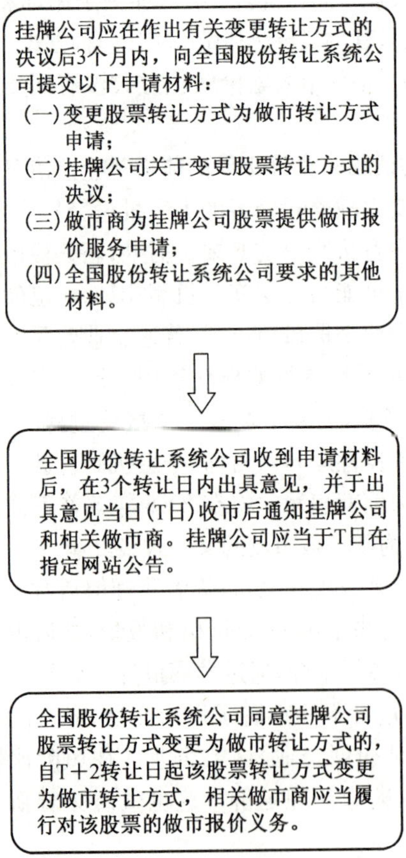

挂牌公司应在作出有关变更转让方式的决议后3个月内,向全国股份转让系统公司提交以下申请材料:
(一)变更股票转让方式为做市转让方式申请;
(二)挂牌公司关于变更股票转让方式的决议;
(三)做市商为挂牌公司股票提供做市报价服务申请;
(四)全国股份转让系统公司要求的其他材料。

全国股份转让系统公司收到申请材料后,在3个转让日内出具意见,并于出具意见当日(T日)收市后通知挂牌公司和相关做市商。挂牌公司应当于T日在指定网站公告。

全国股份转让系统公司同意挂牌公司股票转让方式变更为做市转让方式的,自T+2转让日起该股票转让方式变更为做市转让方式,相关做市商应当履行对该股票的做市报价义务。

图1　新三板变更股票转让方式的流程

从菜鸟到新鸟:关于市盈率

吴文轩[①]

在新三板挂牌以来,老罗的公司无论是在技术圈还是资本圈,都获得了巨大的关注度。机构投资者、券商纷纷抛来橄榄枝,想要来投资公司。老罗是技术出身,看到各种估值指标,头都大了,赶忙找来公司的财务总监小王求助。

小王耐心地解释道:"罗总,估值可是一门大学问,讲上三天三夜都讲不完,这次我们就先了解下目前实务界比较常用的 PE(市盈率)吧。"老罗摸摸头,说:"不错,这些天听的最多的专业名词就是 PE,现在就像单曲循环一样在脑子里转。"小王笑着说:"就目前来说,新三板还没有形成一个很完善的估值模型,所以很多时候,对于新三板企业的估值,会参考同行业主板公司或新三板公司的 PE,给一个折扣区间,然后根据情况进行修正。当然,更多时候,市盈率往往是公司和投资者协商谈判的结果。"小王顿了顿,看着不明就里的老罗,决定还是从最基础的开始讲起,"罗总,我们先认识一下市盈率吧,市盈率英文叫做 price-to-earning ratio,翻译过来就是本益比,指的是每股市价除以每股盈利,通俗地讲就是按照当前股价,投资者多长时间能够收回投资。举一个简单的例子,当初组建公司的时候,包总出资 100 万元,拥有公司 40% 的股份,两者相除可以得到公司当时的估值是 250 万元。当时公司每年能赚 100 万元,那么包总要 2.5(250÷100)年才能收回投资。其中公司净利润就是 100 万元,包总每年能赚 40 万元,这个数值除以股份数,就是每股收益 EPS,2.5 年的成本回收期就是公司 PE 2.5 倍。那么经过这 2 年时间的发展,特别是在新三板挂牌之后,公司逐步被资本市场看好,公司的市盈率会有一个迅速的攀升。最近有一家投资机构和我们协商,准备出资 1 000 万元,购买公司 10% 的股份,那罗总您看我们公司目前的市盈率是多少呢?"老罗学习能力一点也不含糊,马上答道:"那就应该是这样的,1 000 万元除以 10% 等于 1 亿元,同时我们公司净利润是 500 万元,市盈率 PE 就应该是 20 倍(1 亿元/500 万元)。"小王竖起大拇指:"罗总看来你已经掌握了市盈率的基本概念了!"

老罗当然开心,不过心里还是有个疑团,又向小王请教:"小王,你看为什么短短 2 年时间,我们的公司估值就翻了这么多倍,投资机构要多花那么多钱?"小王很钦佩老罗的求知精神,解释道:"罗总,这个问题就不得不提到投资界有名的'戴维斯双杀效应'了,在新三板市场,很多公司都处在成长阶段,市场对其盈利预期比较乐观,也就比较愿意给出一个较高的市盈率估值;这种不断抬高的预期配合不断抬高的 PE 定位

[①] 吴文轩,武汉大学,新三板智库研究员。

水平,带来了净利润和市盈率叠加的乘数效应,就是戴维斯双杀效应。"

老罗渐渐地有了头绪,慢慢对市盈率有了一个全新的认识。小王接着讲道:"刚才我们对市盈率的计算是一般交易所采取的计算方法,其结果叫做静态市盈率,即计算当日的股价除以上一年年报中每股收益数据的结果。静态市盈率计算简便、数据易得,但同时,由于采取的是上一年度的报表数据,存在一定的滞后性。一般而言,为了解决静态市盈率的问题,一般会采取过去12个月利润计算市盈率,也就是动态市盈率(TTM)。"

提到市盈率计算,老罗又想起另一个问题:"我们经常会碰到计算整个板块市盈率的情况,是不是用每一个公司市盈率加总求和的呢?""罗总你说得很对,算术平均法是最简单的计算方法,但同时却是最不准确的,对小企业的倾斜较大。更准确的做法是计算整体市盈率,所谓整体市盈率,是将整个市场视作一个大公司,将所有股票的市值相加,同时将所有公司的利润相加来计算市盈率。这样做就避免了对中小企业的不恰当倾斜。"小王认真地解释道。

老罗听完感叹:"看来这估值门道确实复杂啊!"小王一笑,说道:"罗总,市盈率仅仅是估值的冰山一角,新三板市盈率更是有自己的特点,下面我简单谈一下我个人的理解。

市盈率也有自身的缺陷,如一些亏损和利润未体现的公司就没有市盈率;净利润是可以被操纵的;以及当前利润并不能反映公司未来的盈利能力等。而新三板市盈率除了通常的特点外,也体现了新三板市场自身的特点:

第一,在投资者方面,由于新三板市场的投资者主要为机构投资者,相对于主板市场,投资群体更为理性,所以在股市火爆时期,相对于创业板上百倍的市盈率情况,新三板市场50倍左右的市盈率状况更显冷淡。

第二,由第一点引申出来的一点就是,行业里财务指标较好的挂牌企业,往往会有很大可能性登陆主板,因而提早拥有其股权,之后会有很大的套利机会,因此也易受到投资者追捧,市盈率往往很高。

第三,在交易板块方面,由于新三板自身独特的交易制度特点,做市交易方式为企业提供了相对更大的流动性,所以市场给予这类企业更高的市盈率。

第四,在交易量方面,新三板市场的初级阶段,流通股本、股东数量远远不及主板市场,而在交易额较少的情况下,企业的股价通常主要取决于供需关系,市盈率的估值方法也因此会受到限制。"

老罗看着自己密密麻麻的笔记,对未来更加期待。

资本市场门道多：当心股份支付陷阱

吴文轩[①]

股份支付是指企业为获取职工和其他方提供服务而授予权益工具或者承担以权益工具为基础确定的负债的交易。这一句官方的解释，让很多公司误以为以较低的价格向员工增资才可能被认定为股份支付。然而，大股东持有的老股转让也有可能被认定为股份支付，老罗差点就为此付出惨痛的代价。

老罗的软件公司在新三板市场上一路高歌，技术出身的他怎么也不会想到自己的公司竟然在资本市场上顺风顺水。在上个月月初，在双方进行了友好的会晤后，公司以投后1.5亿元的估值引入了风投A，一举成为软件行业的估值先锋。老罗准备一鼓作气，人力资源作为软件公司的核心资产，必然是老罗优先布局的方面。就职于H大的史密斯·齐在大数据技术领域造诣很深，老罗准备吸引小齐（老罗自己称史密斯·齐为小齐）加入创业的梦幻团队，老罗心想，公司未来潜力非常之大，又受到资本界的热捧，什么最有诱惑力和升值空间？当然是股票！于是，本月初，老罗准备将自己所持有的公司1%的股份按公司整体估值5 000万元的价格转让给小齐，这样既可以吸引人才共享企业增值成果，又不用急于付现，给企业留足原料能源，可谓一举两得。

谁知"理想很丰满，现实却很骨感"，老罗提出自己的计划后，财务总监小王给了老罗提了个醒："罗总，您的想法很好，可是在会计上，您的计划很可能要归为股份支付，需要付出比较大的成本的。"老罗也算在资本市场上经历过风雨的人，多多少少了解一些基本术语，自信地说："小王，我多多少少也了解一些资本市场了，一些基本规则我还是知道的，你说的股份支付，不是以较低价格向员工增资才会涉及，我这个大股东转让也算吗？""罗总，看来您已经对资本市场了解颇多了，想必您也懂得会计基本原则之一——实质重于形式吧，您想想看，这两种交易的本质是不是一样的呢？"小王反问老罗。老罗想了想，顿悟道："你是说股东代替了企业向员工支付权益工具？"小王竖起大拇指说："罗总您真是一点就透。其实，股东支付员工权益工具在实质上可以视为两项交易的结合，一项交易是主体在不支付对价的情况下重新获得权益性工具，另一项交易是主体接受服务作为向雇员发行权益性工具的对价。"老罗眉头一紧，问小王："这样一来成本就很大了吧？"小王点点头说："主要有两大成本需要注意：

首先，公司必须确认100万元[(15 000−5 000)×0.01]的成本，而且必须一次性计入成本；

[①] 吴文轩，武汉大学，新三板智库研究员。

其次，罗总转让的这部分股份必须缴纳个人所得税，且股份转让的价格得按1.5亿元的估值计算，假设罗总您这1%股权的取得成本是10万元，那么罗总转让的税收为28万元[(15 000×0.01－10)×20%]。"

老罗心如刀割，本以为自己也能"出师"了，现在看来，资本圈还真是博大精深。小王看出老罗的心思，鼓励道："罗总，虽然这次方案失败了，可是从中可以学到不少股份支付的知识，也算是为您的资本大师之路添砖加瓦了！我们来总结一下股份支付需要关注的几点：

首先，股份支付有两大特点：一个是低于市价，另一个是换取服务。如果大股东、老股东通过低于市价、为了换取转让对象对企业的服务的方式转让股份，就很有可能被认为是股份支付。

对于企业集团内部的不同企业之间的股份交易，虽然政策解释很拗口，但本质上道理是一样的。如果企业以获取服务为目的、低于市价转让股份或其他资产，则很可能被归为股份支付。

相关政策依据是财政部的《会计准则讲解2010》中企业集团内涉及不同企业的股份支付交易的处理：

企业集团（由母公司和其全部子公司构成）内发生的股份支付交易，应当进行以下处理：

(1) 结算企业以其本身权益工具结算的，应当将该股份支付交易作为权益结算的股份支付处理；除此之外，应当作为现金结算的股份支付处理。

结算企业是接受服务企业的投资者的，应当按照授予日权益工具的公允价值或应承担负债的公允价值确认为对接受服务企业的长期股权投资，同时确认资本公积（其他资本公积）或负债。

(2) 接受服务企业没有结算义务或授予本企业职工的是其自身权益工具的，应当将该股份支付交易作为权益结算的股份支付处理。

接受服务企业负有结算义务且授予本企业职工的是企业集团内其他企业权益工具的，应当将该股份支付交易作为现金结算的股份支付处理。

其次，对于未挂牌的企业，如果在较为接近的时间区间内有其他机构入股。其他机构入股的价格很有可能被视为是公允价格。

最后，老股东由于获得股票的初始成本不高，在股份支付中可能会有比较高的税收成本。"

老罗笑了笑，说道："看来，天下没有免费的午餐啊！"

收购:新三板成长之路(一)

吴文轩[①]

经历了1年多时间的历练,罗氏软件凭借自己优异的运营模式以及业绩指标,获得了资本市场的认可,一步步壮大起来,也算是新三板市场的"门面担当"了。看着自己的公司渐渐成长,老罗心里也开始描绘更大的蓝图,力图建立属于自己的移动办公帝国。

作为罗氏软件扩张版图的重要组成部分,办公会议软件自然不可或缺,然而目前市场上零零散散有着许多会议软件,虽说罗氏软件在这个市场中占据半壁江山,但继续扩张的步伐似乎遇到了阻力。

这天,老罗约来了老包,准备再次向这位"老江湖"请教。老包倾听了老罗的困惑后,笑着说:"老罗,你有没有想过收购?""收购?"老罗挠挠头,"只是听说过,还真的没想到过。"老包说:"老罗,我们现在不能一味地求大求全,毕竟一个企业的资源是有限的,通过资本市场的资本运作进行收购,往往能达到事半功倍的效果,况且,我们现在的融资已经不成问题,直接收购能够为企业省下不少精力来进行其他方面的运作。过去,新三板市场是主板市场并购的猎物,而随着这2年新三板市场的壮大,已有不少挂牌公司成为猎手,比如最近曝光频率很高的中科招商,过去几个月连续举牌上市公司,俨然已成为头号猎手。"

老罗听得两眼放光,赶忙问道:"老包老包,快给我讲讲收购,看来这还真是个法宝!"

老包就知道老罗一定会这么问,便开始了自己的"培训师"课堂:"老罗,我先给你简单介绍一下收购的含义。

目前,市场对收购的定义并不明确,不同法律规定和经济环境,对收购的定义也不一样。不过,通常从广义上来讲,所谓收购,指的是收购方通过合法途径取得另一公司控制权的行为。站在财务管理的立场,收购与兼并相对应,兼并通常是将被兼并方全部净资产购买,同时注销该企业,完全吃掉被兼并方,也就是A+B=A;而收购,通常是收购方取得被购买方的控制权,但完成收购后,被收购方仍然保持独立的法人资格并继续经营,也就是A+B=A+B。

以新三板市场上正在进行的首例换股吸收合并案——君实生物换股吸收合并众合医药为例,根据公告,君实生物将于满足'在全国股份转让系统挂牌'的前提条件后,以1:19.87的换股比例吸收合并众合医药,而合并后,众合医药将依法解散,这就是典型的兼并案例;而九鼎投资的一系列扩张则带有明显的收购痕迹,比如,九鼎投资曾公告称拟收购富通亚洲控股有限公司,在这种情况下,为了整合资源,扩张版图,通常会保留被收购公司的法人地位,被收购公司持续经营,结果就是A+B=A+B,这就是收购。"

"老包你这么一举例子,我就明白多了!"老罗竖起大拇指。

"就目前来看,收购将成为大多数公司做大做强的重要手段。以新三板为例,一

---

① 吴文轩,武汉大学,新三板智库研究员。

方面想挂牌的公司争先恐后,预计今年可能会达到4 000~5 000家,2016年或许会超过1万家,但另一方面优秀的公司总是少数,优秀公司能占到20%就已经是很不错了,新三板市场是一个大浪淘沙的舞台。除了自然淘汰外,并购也就成为一个重要淘汰工具,或并购别人,或被人并购,这两者,都是企业价值的体现!"老包兴奋地说。

老罗在兴奋之余,也有些许不解,并购究竟有何神奇,不就是大鱼吃小鱼的生物链吗?

打了这么多年交道,老包早就洞悉了老罗的心思,喝口水继续说道:"有关收购的作用的理论有很多,但目前最流行的就是效率理论了。效率理论侧重于分析收购产生的协同效应,认为通过合理有效的收购,能提高本企业的经营业绩、降低经营风险,产生'1+1>2'的结果。效率理论的代表假说包括经营协同假说、管理协同假说以及财务协同假说,因为我主要是给你普及下收购的概念,所以我们简单交流,不做深入研究。

经营协同是建立在规模效应基础之上的,老罗你是技术出身,最初的团队也都不懂营销和资本运作,而一步步发展到现在,有专门的市场部门、财务部门,虽然不是收购过来的,但是里面的逻辑是一样的。运用到收购上面,就是指双方在某些要素方面并没有充分利用,而在另一些要素方面没有充分投入,因而产生了相结合的需求。

同样,举一个现实中的例子——九鼎投资,九鼎投资为了达到大资管平台的战略目标,这2年可没少忙活,包括收购鹰皇金佰仕、中捷保险等,通过相互协同,共同打造产业闭环,这就是典型的经营协同效应。"

"老包你这么一说我就明白了,那么我来讲讲管理协同,你看我理解得对不对啊?"老罗学着老包的语气,讲述自己的理解,"所谓管理协同,指的是市场上存在低效率的管理团队,而此时市场上又有管理效率溢出的企业,通过管理效率溢出的企业收购管理效率低下的公司,既有助于提高个体企业效益,又能带动整个社会的效率水平。"

老包不由得赞叹老罗的悟性,伸出大拇指说:"老罗你理解得很对,经营协同和管理协同是从企业的两个方面来考虑的,经营协同主要考虑成本,因而经营协同假说又称成本协调,管理协同假说主要考虑的是管理能力,因而又称差别管理效率假说。

拿新三板收购市场来说,轰动一时的英雄互娱(北京英雄互娱科技股份有限公司)借壳塞尔瑟斯(北京塞尔瑟斯科技有限公司)挂牌,虽然收购前后公司的主营业务变了,和管理协同有点出入,但是收购后管理层的一系列变更,也多少体现出管理协同的特点。

财务协同主要存在于混业经营的企业,其产生根源是企业的内外部融资成本存在差异。而通过混合并购,企业自身就形成了一个小型的资本市场,通过内部的资源分配,能有效克服外部融资约束,从而降低融资成本。

上面这三个就是当前比较流行的关于收购作用的理论。当然,有关企业收购的作用的理论远远不止这些,还包括诸如代理理论、税收优惠理论等等,老罗你如果有兴趣也可以去看看,因为今天主要是给你做一个简单介绍,这里我就不一一梳理了。"

老罗一边忙着记笔记,一边回答:"好的好的,真的是受益匪浅啊!看来接下来又要好好补补课了!"

老包点点头,说:"关于收购今天先简单介绍这么多,老罗你先消化消化,对于中小企业以及新三板市场的收购规则,我们近期找个时间聊一聊。"

老罗兴奋地点点头,心想:看来,又要大干一场了。

收购：新三板成长之路（二）

吴文轩[①]

上次和老包探讨收购问题之后，老罗又像被打了鸡血，开始苦心钻研有关收购的研究资料，可是一旦涉及具体的收购标的，老罗又感觉无从下手，刚发现这个公司的收入规模大，又觉得另一家公司毛利率高，一时慌了神，赶紧约了老包，准备向他请教一番。

老包听了老罗的困惑后，笑了笑说道："老罗，收购可不能只看公司的报表呀！你想想，这些公司都没有上市或者挂牌，本来报表就很不规范，而且这本外账，又能真实反映企业多少信息呢？"老罗回想起刚刚创立公司时由于各种原因对报表进行的修饰，不由心领神会，点点头。

"那我们如何来选择收购标的呢？"老罗犯了难，问道。

"其实，针对不同的收购目的，对收购标的的指标选择会有所不同，有些企业看重标的公司的资产，更加关注的是资产的质量；有些关注标的公司的人才，那么团队建设就成了首要关注重点。对于中小企业的收购，按照我的理解，更加接近于VC、PE的投资逻辑。"

"嗯嗯，这个我知道，"由于公司在市场上颇受关注，老罗也接触了不少投资机构，"VC就是Venture Capital，即风险投资，PE就是Private Equity，即私募股权投资。"

"没错，因为两者的投资都是寻找高成长、高潜力的初创企业，在企业创立期间通过权益性投资进入，等待资本增值后再退出的模式，有句话叫做'天使看人、看理想，A轮看产品，B轮看数据，C轮看收入，上市看利润'，所以他们更加关注企业的潜力，和收购中小企业有着比较相近的逻辑思路。

具体来说，我把中小企业收购要关注的指标总结为'WHW'，即What、How、Where：

所谓What，指的是一个公司的概况，比如公司从事什么业务；处在产业链的哪个环节，有没有强大的议价能力；面对什么样的客户群体；研发支出大不大，有没有强大的技术资源储备，等等。

而How，指的是目标公司的运作方式，也是需要关注的最为重要的一点。比如公司如何吸引新用户，增强老用户黏性；公司团队协同性、执行能力、专业能力如何；核心管理人员风格、社会背景如何；公司如何应对竞争，有无壁垒？是不是单纯地靠成本竞争；与政府关系如何，等等。一个公司的'How'通常代表了一个公司的底子，

[①] 吴文轩，武汉大学，新三板智库研究员。

也是在报表中很难看到的。

Where,指的是公司所处的行业地位以及前景。一个公司的发展与其行业前景密切相关,公司所处行业将何去何从,也在很大程度上决定了标的公司的生死存亡。举个例子,风靡一时的O2O模式已不被大多数投资机构看好,原因就在于该行业门槛低,导致竞争极为血腥。对通过价格战砸钱换用户的模式要打上一个大大的问号。"

老罗认真地记着笔记,点点头,说道:"看来真是应了那句话,'尽信书则不如无书'啊,还是听听实务界大佬的经验才有用!"

老包笑着说:"以老罗你的悟性和勤奋程度,用不了多久你也成为大佬啦!"

老罗挠挠头,嘿嘿一下,说道:"老包你快给我讲讲在新三板市场怎么进行收购吧,我也好早点出师!"

"好,但是在讲具体规则之前,按照惯例还是要介绍一下股转系统收购的特点,也好让你有一个宏观层面的认识。不过,股转系统只对挂牌公司,也就是对非上市公众公司收购进行规定,对于非挂牌公司,因为不涉及公众利益,也就由双方私下协商了。但是为了老罗你的软件帝国的扩张计划,今天我们就学习一下挂牌企业收购的相关规定。我认为,新三板市场收购存在着三个明显的特点:一为市场化,二为简约化,三为自律化。

市场化建立在投资者准入门槛较高的基础之上,因为新三板市场主要面向高净值、高风险承受能力的投资者,所以政府对于收购的行政管制非常少,力图充分发挥市场的约束机制,因而新三板市场收购管理以信息披露为核心;至于简约化,在披露核心的基础之上又简化了披露内容,规定除了要约收购或者收购活动导致第一大股东或实际控制人发生变更的,其他收购只需要披露权益变动报告书。而要求的收购报告书和要约收购报告书披露内容也大幅减少了,侧重于客观事实披露,弱化主管分析的信息披露。通过对比可以发现,新三板市场对收购的披露要求较上市公司的相关要求减少了超过一半;关于自律化,由于建立在市场化和信息披露核心化的基础上,新三板市场要求收购责任主体加强自我约束,并加强了市场的自律监管,比较典型的例子就是对于相关责任主体作出公开承诺的,要求同时披露未能履行承诺时的约束措施。

"我们来看一下近期有哪些企业作出了公开承诺吧。"老包打开电脑,登陆到股转系统中,找出一条控股股东、实际控制人减持限制承诺公告,对老罗说:"老罗,你看这则公告,控股股东、实际控制人对自己减持价格作出了承诺,公告里面也相应披露了约束措施,称'承诺期间,若违反上述承诺减持公司股份,承诺人自愿将减持股份的全部所得上缴公司',这就是一种市场自律行为,也是股转系统比较重视的一点。"

"嗯嗯,我了解了,那么,既然这么重视信息披露,信息披露重点要披露什么呢?"老罗求知若渴地问道。

"挂牌公司收购中的信息披露主要是指权益披露,所谓权益披露,指的是对控制权变动的预警性披露。因为在通常情况下,收购是一个过程,收购公司在进行收购时,往往会先取得一部分目标公司的控制权,为之后的收购活动奠定一个基础。因此,当公众公司的股票大量、快速汇集到一个市场主体时,很可能会出现潜在的并购行为。因为公众公司涉及大量投资者,为了保持信息对称性,就需要相关持股主体进行持股情况的持续披露。权益披露又分为首次触发和持续触发,根据股转系统的培训材料,我把他们汇总成了这张表。"老包拿出"备课材料"(见表1),递给了老罗。

表1　　　　　　　　　权益披露中有关首次触发和持续触发的内容

	触发时点	披露时点	交易限制	备注
首次触发	投资者及其一致行动人持有挂牌公司的股份(拟)达到或者超过10%之时	相关信息披露主体自触发时点事实发生之日起2日内编制并披露权益变动报告书,报送全国股份转让系统,并通知该挂牌公司	自发生应当披露权益变动报告书的事实之日至披露后2日内,相关投资者及其一致行动人不得再买卖该挂牌公司的股票	该交易限制仅针对触发权益披露的个别投资者,公司股票并未被实施暂停转让
持续触发	在满足首次触发时点后,投资者及其一致行动人拥有权益的股份占该公众公司已发行股份的比例每增加或者减少5%(即其拥有权益的股份每达到5%的整数倍时)	应当比照首次触发时的要求进行权益披露,即该事实发生之日起2日内编制并披露权益变动报告书,报送全国股份转让系统,并通知该挂牌公司	自发生应当披露权益变动报告书的事实之日至披露后2日内,相关投资者及其一致行动人不得再买卖该挂牌公司的股票	该交易限制仅针对触发权益披露的个别投资者,公司股票并未被实施暂停转让

老包等老罗看完后接着上起课来:"同时,在收购接近尾声时,发生控制权变动就成为必然结果,对挂牌公司控制权变动也有相应的规定,即相关投资者及其一致行动人要在挂牌公司控制权变动事实发生之日起2日内编制收购报告书,并将收购报告书连同财务顾问专业意见和律师出具的法律意见书一并披露。"老包说完又给老罗递上一份"备课材料"(见表2)。

表2　　　　　　　　　对挂牌公司控制权变动的有关规定

	内容	披露要求	限售要求	备注
控制权变动	是指通过全国股转系统的证券转让,投资者及其一致行动人拥有权益的股份变动导致其成为公众公司第一大股东或实际控制人;或者通过投资关系、协议转让、行政划转或者变更、执行法院裁定、继承、赠与、其他安排等方式拥有权益的股份变动导致其成为或拟成为公众公司第一大股东或实际控制人且拥有权益的股份超过公众公司已发行股份的10%	要求相关投资者及其一致行动人要在挂牌公司控制权变动事实发生之日起2日内编制收购报告书,并将收购报告书连同财务顾问专业意见和律师出具的法律意见书一并披露,报送全国股份转让系统,同时通知挂牌公司	收购人成为挂牌公司第一大股东或者实际控制人的,收购人持有的被收购公司股份,在收购完成后12个月内不得转让。但是,收购人在被收购公司中拥有权益的股份在同一实际控制人的不同主体之间转让不受前述12个月的限制	收购公众公司股份需要取得国家相关部门(如国资、外资管理部门等)批准的,收购人应当在收购报告书中进行明确说明,并持续披露程序进展情况

等老罗消化之后,老包又开讲了:"举个例子来说,我们来看这家嘉华网络的收购报告书,"老包熟练地打开股转系统网站,找到一份《收购报告书》,"报告书中称,'本

次收购完成后,收购人翁立峰直接持有嘉网股份 3 237 500 股,直接可支配嘉网股份 46.25%的股份,成为嘉网股份控股股东及实际控制人',而同时披露的,还有齐鲁证券关于本次收购的财务顾问报告以及德和衡律师事务所出具的法律意见书。这是很标准的披露程序。"

"明白,老包,我常听人说要约收购什么的,要约收购指的是收购的方式吗?"老罗问道。

"没错,根据收购方式,收购可以分为协议收购和要约收购。协议收购比较好理解,一般来说指的是收购公司通过协商的方式与目标公司签订收购协议,收购方式较为灵活方便,因为是私下协商,往往双方沟通更加频繁、善意,一般情况下属于善意收购。

要约收购,指的是通过向目标公司所有股东发出要约购买其持有的公司股份的方式进行的收购。与协议收购相比,要约收购要求更加规范,收购环节更多,相应的成本也就更大。但正是由于其复杂的操作要求,使要约收购更加规范化和市场化,减少了收购过程中的水分。根据股转系统的培训资料,我们可以将要约收购过程简单用下图表达。"老包顺手又画起了图(见图1)。

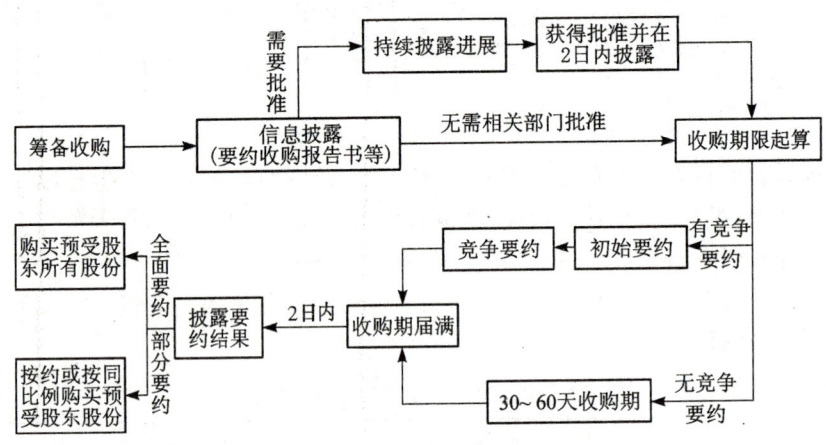

图1 要约收购过程简图

目前,新三板市场上的收购还是以协议收购为主,要约收购并不多见,根据我了解到的信息,只有今年5月,思考投资(浙江思考投资管理股份有限公司)发布了关于重大事项的停牌公告,称公司于5月10日收到其他机构要约收购信息。"老包一口气说完了要约收购的过程。

听了这么多收购的术语,老罗感觉头都大了,连连叫苦:"老包,看来这收购真是博大精深啊!"

老包喝了口茶,说:"老罗,别看收购单单两个字,但是真的掰开揉碎讲,恐怕三天三夜也难讲全。我这两天只是给你普及一下收购的基本常识,商业知识,还是要在实践中学习才能进步啊。"

老罗用力点点头,心想:看来,路还很长。

第三部分
新三板政策研究篇

　　新三板作为一个全新的资本市场,从其诞生到如今如火如荼地发展,离不开政府政策的支持、引导和规范。

　　本部分通过24篇深度研究报告,从不同的方面对新三板政策进行了全面解读。既对新三板的政策红利进行了阐述,也对新三板的监管措施和挂牌风险进行了分析。

纳斯达克与新三板全比较:40年的经验值得借鉴

邱 翼[①]

隋强大哥是我这个新入行的新三板研究员的重大"客户",只要隋大哥一讲话,我就得反反复复一字一句地去听,去推敲,去写他字里行间透露出的政策风向。现在好了,身为智库小编的我对新三板有了一定的了解了,对新三板目前存在的问题也有了一些自己的看法,关于新三板,很多媒体、研究员都把它称为是中国的纳斯达克,但是隋强大哥在一次采访中又表示,中国的新三板并非纳斯达克。今天小编就来研究一下中国新三板和美国纳斯达克的区别。

隋强大哥在一次接受《中国经济周刊》记者采访的时候表明,中国的新三板不是纳斯达克,它跟纳斯达克有很大的区别。这话说得好啊,感觉纳斯达克"老大哥"一直高高在上地感叹着"一直被模仿,从未被超越"的时候,我们新三板说:"我才不模仿你,我要来个弯道超越!"但是,弯道超越之前也得先紧跟其后啊!但紧跟其后并不是单纯地模仿,而是有选择地学习。纳斯达克毕竟有着40年的历史,也走过很多弯路才有今日的辉煌,我们不应该抱着"我不模仿"的心态而全盘拒绝纳斯达克,而更应该抱着"择善而从"的态度去学习纳斯达克。总结下来就是一句话:取人之长补己之短,纳斯达克40年的经验值得我们学习。

一、异常交易频发,熔断机制来护驾

今年以来,新三板市场异常交易频频发生,2015年1~7月,共出现3 856次异常交易,而异常交易以低价交易为主,10元以下的异常交易次数占比为74.14%(在图1中保留到整数位)。而1分钱成交出现206次,1元以内(含1元)交易达到691次,占比达到17.92%(在图1中保留到整数位)。

由于新三板市场目前不设涨跌幅限制,而且异常交易也不需要披露具体原因,因此,新三板市场交易规则的漏洞完美地迎合了某些股东的需求,导致了异常交易的产生。以今年齐鲁银行利用1分钱进行协议转让事件为例,有业内人士称"卖方或避税700多万元"。漏洞已经出现,可能还存在着利用漏洞来获取私利的交易者,这是一个完善市场所不允许的。

关于这一点,我们不妨给新三板引入一个类熔断机制。所谓熔断机制,是指在某一合约达到涨跌停板之前,设置一个熔断价格,使合约买卖报价在一段时间内只能在一定价格范围内交易的机制。通过熔断点的设置,可是让市场足够消化异常交易带来的波动。

---

① 邱翼,新三板智库研究总监。

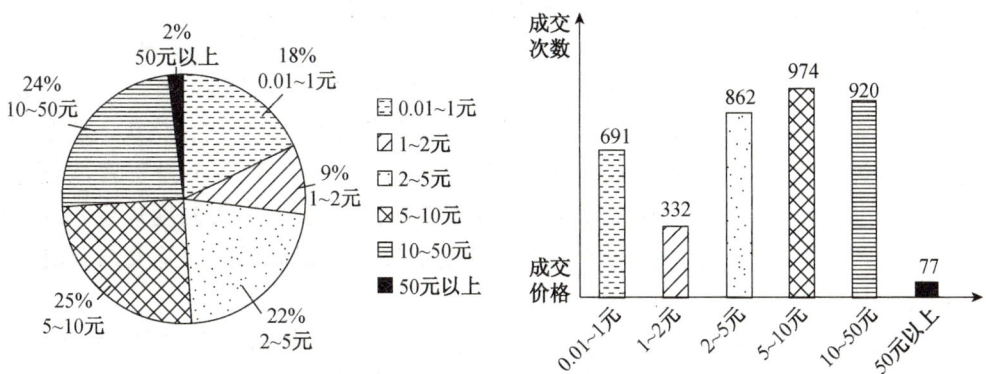

图 1　2015 年 1~7 月异常交易情况统计

数据来源：东方财富 choice，新三板智库。

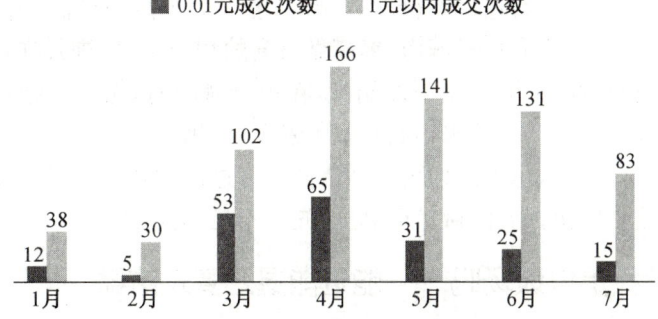

图 2　2015 年 1~7 月低价异常交易统计

数据来源：东方财富 choice，新三板智库。

针对异常交易带来的扰乱市场秩序问题，纳斯达克在 2010 年全面实行了熔断机制，针对不同股价的股票设置不同"熔断点"。熔断机制的设立为市场交易提供了一个"减震器"，其实质就是在涨跌停板制度启用前设置的一道过渡性闸门，给市场以一定时间的冷静期，提前向投资者警示风险，并为有关方面采取相关的风险控制手段和措施赢得时间和机会。

其实，熔断机制并不是纳斯达克初创的或特有的机制。它最早出现在美国的期货市场，股灾之后才普及到美国资本市场，而中国的股指期货交易也早就引进了熔断机制。好的制度应该得以传播应用，千万不可因为"纳斯达克已经使用而我们不模仿纳斯达克"的稚气理由而放弃掉一个对自身有利的制度。

二、做市商制度先天缺陷——混合交易制度可填补空白

自从 2014 年 8 月以来，新三板推出了做市商制度。做市商制度的引入在很大程度上缓解了新三板流动性差、交易量小的问题。但是没有一项制度是十全十美的，做

市商制度也有先天的不足,而且一直被大部分人所忽略。

做市商制度先天不足在于:做市商报价时买卖价差不得超过5%。从另一个角度上来理解,就是可以有5%的买卖价差。假设做市商报出买一价:10元,卖一价10.5元,这是满足要求的。此时,市场有一个投资者,愿意以10.25元的价格买入股票,但是做市商说不卖,说至少也要10.5元才卖;而市场上还有另外一个投资者,愿意以10.25元的价格卖出股票,做市商说不买,说至多给你10元。做市制度规定,交易者只能跟做市商交易,也就是说,本来在协议交易制度下可以做成的一笔交易,在做市商制度下反而无法进行了!

其实,要解决这个先天不足的问题很容易,让那两个投资者的10.25变成买一价和卖一价不就可以部分或全部成交了吗?这正是纳斯达克的做法。纳斯达克也曾面临过做市商制度低效率的阶段,他们就开创了做市商制度和竞价制度相结合的混合交易制度。

所谓混合交易制度,是指在原有的做市商交易制度中引入竞价交易制度,以达到相互补充的作用。一方面,通过竞价交易制度,能大大提高股票流动性,扩大交易市场的交易范围,并对做市商形成压力,提高做市商的积极性,促进其在定价、维护股价方面的功能的发挥;此外,通过做市商制度,在市场遇冷时,做市商通过其交易义务,能够依然提供流动性,起到"流水不腐户枢不蠹"的作用。

这确实是个好方法,也可以作为从做市商制度过渡到竞价交易制度的一个措施,这能在很大程度上解决提到的做市商制度"先天不足"的问题。

三、新三板是垃圾场吗——能进能退乃真正法器

2015年年初以来,新三板挂牌企业有增无减,已从年初的不到1 600家迅速上升到11月份的4 000多家。但是,除了5月份因为年报未按时披露而暂停交易的20多家企业使新三板市场泛起微微波澜外,新三板市场退市企业寥寥无几。给人一种宽进不出的感觉,无形中提高了投资者的风险,甚至有投资者认为新三板成了垃圾场,生怕踩到雷。

说那么多,其实就是想问,资本市场的退出机制何时出台?其实市场呼唤退出机制已经很久了!中国的资本市场畸形发展主要体现在两个方面:一个是"倒三角"结构①,一个就是没有退出机制。所以诞生了中国特色的壳资源,不断新增的企业不停地向资本市场吸血,却从未放血。资本市场再好的体魄也顶不住这般折磨。智库小编认为,新三板扩容就是为了把这倒三角正回来,然后就会有转板机制,"好企业"可以往上"爬","坏企业"被往下挤,最后也会被挤出资本市场。这泄水的关口就开在新三板上。古语有言,活水才能不朽!退市制度势在必行,关键是如何去执行。这一点,我们也可以参照纳斯达克的做法。

---

① 按照成熟资本市场的体系设计,场外市场挂牌公司数量应多于创业板公司,创业板公司数量应多于中小板公司,而中小板公司数量应多于主板公司。目前中国的情况正好相反。

纳斯达克有着一套严格的退市制度,除了自愿退市外,强制退市有着一套明确的标准,也就是所谓的无法持续满足上市最低标准,包括:①有形净资产低于200万美元;②市值低于3 500万美元;③净收益最近1个会计年度或最近3个会计年度中的2年低于50万美元;④公众持股量低于50万股;⑤公众持股市值低于100万美元;⑥最低报买价低于1美元30天;⑦做市商数少于2个;⑧股东人数少于300人。

从1985年到2008年,纳斯达克有11 820家挂牌上市,而同期退市数达到12 965家,实际增长为负数。而2008年之后,纳斯达克市场的企业数量始终在3 000家以下,严格的退市制度使纳斯达克市场保持了很强的流动性,能够不断接纳新企业、淘汰不符合市场规律的老企业,保持自身活力,净化自身。

[智库点评] 中国的新三板不是美国的纳斯达克,这是我们的共识。纳斯达克的制度我相信股转系统领导也清楚,有些可以借鉴的好制度暂时没有推出自有其考量,但是新三板既然被当作改革的试验田,在三板企业纷纷创新突破的情况下,也希望政府能发挥带头作用,创新的步子再迈大一点,再果断一点。

资本市场转板和分层管理机制

陈　珂　李木秀[①]

一、转板——刺破创业板泡沫的一根尖针

3月5日,中国证监会主席肖钢在接受媒体采访时表示,今年将试点新三板和创业板之间的转板机制,制定该转板方案是今年改革的重要工作之一。

目前多家新三板企业已经着手准备转板事宜,并已把转板计划纳入了公司的决策预案中。

有经济学家表示,新三板转板是刺破创业板泡沫的一根尖针。

转板是怎么回事?其他地区的转板有什么条件?本文将作如下几点分析。

1. 各地区转板机制对比分析

所谓转板,顾名思义,就是指企业在不同层次的证券市场间流动的制度,而新三板市场的转板通道,是指新三板挂牌企业在不同层次的证券市场流动的通道。

中国大陆转板机制主要如图1所示。

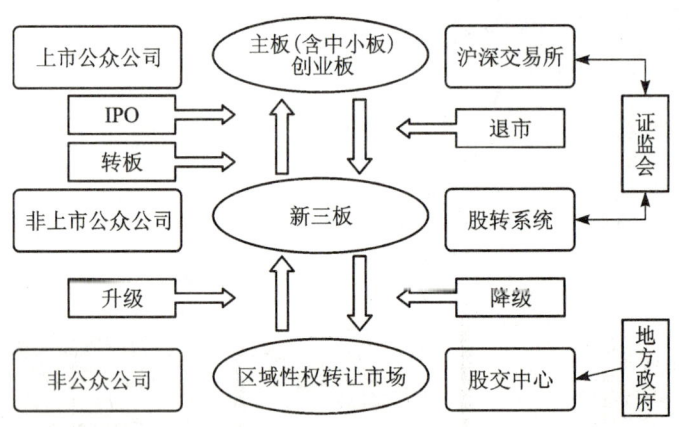

图1　中国内地的转板机制

美国的转板机制和条件如图2所示。
日本的转板机制和条件如图3所示。
中国台湾转板机制和条件如图4所示。

---

① 陈珂,中山大学岭南(大学)学院,新三板智库研究员;李木秀:中山大学岭南学院,新三板智库研究员。

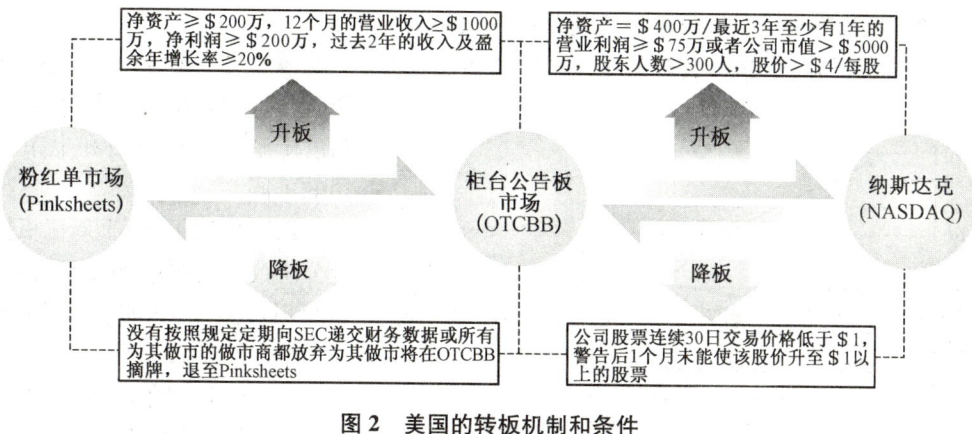

图 2　美国的转板机制和条件

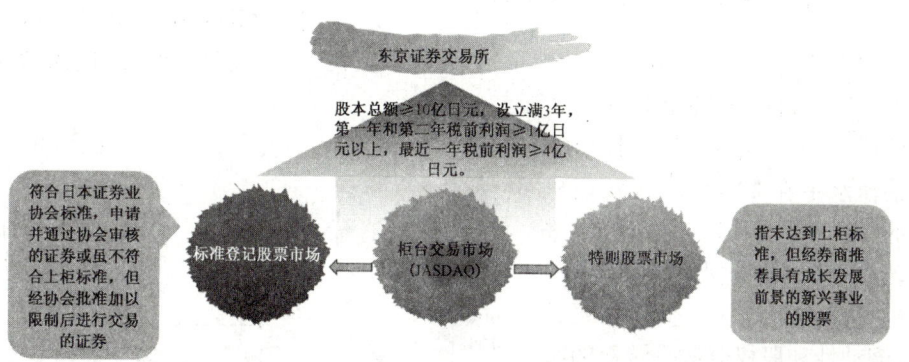

图 3　日本的转板机制和条件

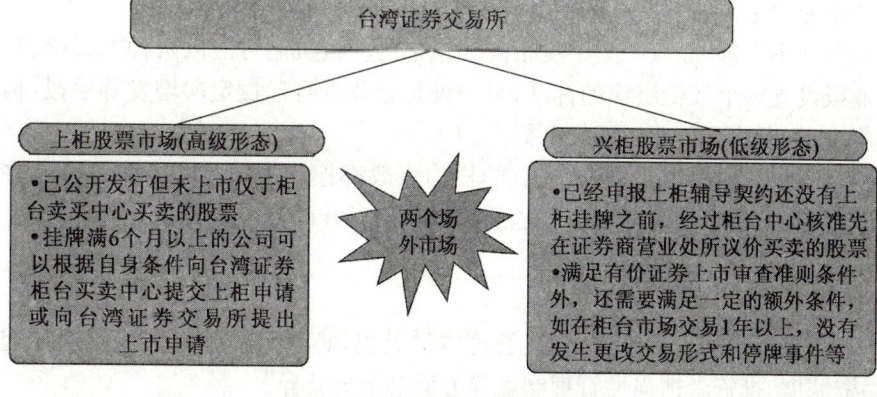

图 4　中国台湾转板机制和条件

目前我国新三板各层级的转板条件还没明朗化,对有些中小微公司来说,挂牌新三板即相当于小 IPO,甚至会有超乎预期的融资额和效果,那就完全没有必要转板;对有些公司来说,挂牌新三板是"曲线救国",最终目的是为了转板,到主板或者创业板能有更大的利好。

2. 从 PE 和收入增长两个角度论述转板的价值所在

转板为何会引起那么多关注？其价值何在？下面我们从上市（或挂牌）公司平均PE值和平均收入增长率两个角度了解新三板公司和上市公司的不同。

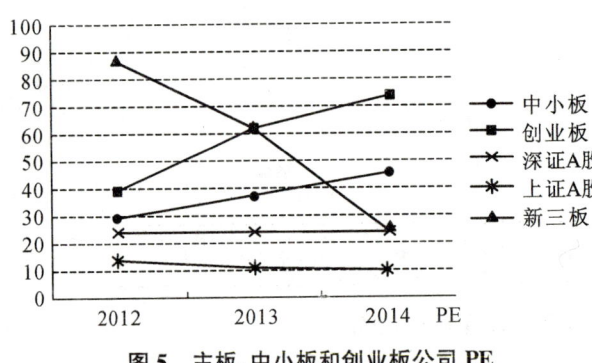

图5 主板、中小板和创业板公司 PE

PE角度：由于近期新三板挂牌公司数量大幅增加，新三板公司的PE大幅下降，明显低于创业板和中小板，如图5所示。

收入增长率角度：新三板公司的平均收入增长率明显高于中小板和创业板，如图6所示。

我们认为新三板公司的流动性匮乏，风险程度大，是造成新三板公司估值折价的根本原因。目前，创业板市场的整体估值在70倍左右，新三板市场的估值水平在20倍左右，转板机制的打通将大幅提升未来可能进行转板的企业估值水平。

我们认为新三板企业想要转板，流动性和股权分散是转板的必要条件。尤其是股权的集中度问题，我们知道，新三板公司多以中小民营企业为主，这些公司的公司

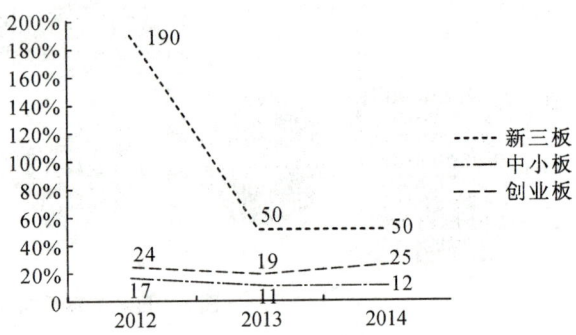

图6 主板、中小板和创业板公司收入增长率

治理机制并不完善，股权的集中度很高。未来的转板机制可能以两种方式推出，一种是创业板设立一个较低层次的标准，另一种是企业本身通过定向增发等手段，稀释股权的集中度，以达到创业板的较高标准。

从新三板的退出方式来讲，现有的机构一般都把寻求被并购当作一个主要的退出方式之一，转板机制的推出有可能为机构投资者开辟一个新的退出途径。

二、分层管理制度

观察海外市场，不难看出，分层管理本质就是风险分层，不同市场层次在交易制度、融资制度、投资者适当性管理制度等方面会形成差异。

1. 纳斯达克市场的分层管理

纳斯达克市场分层管理的发展历程如图7所示。

一方面分层可以容纳更多公司，提升市场的包容度；另一方面内部差异化也满足了不同上市公司和不同投资者的多样化需求。分层也是纳斯达克最终走向综合性交易所的一大关键基础制度设计。

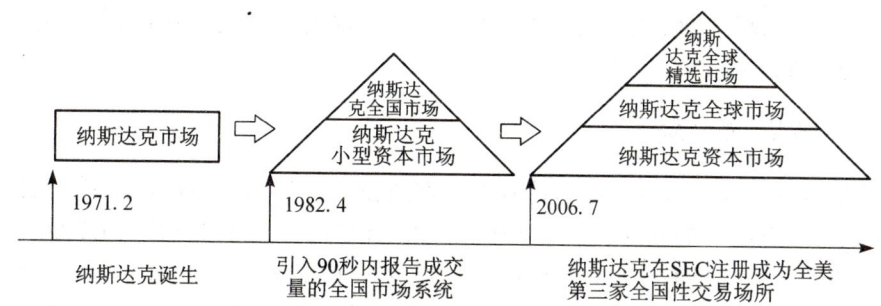

图7 纳斯达克市场分层管理的发展历程

上市公司可以在任何时间段内申请在不同层次之间转换。一般来说，企业选择从纳斯达克全球精选市场或者纳斯达克全球市场降低至纳斯达克资本市场是因为不能维持高层次市场的持续在市标准。从股东权益、市值、公众持股数量、公众持股市值、股东人数等条款上来看纳斯达克资本市场低于纳斯达克全球市场的要求，因此这种转换可以避免企业被迫退市。

海外市场的分层标准一般分为三类：一类以财务标准为主，如美国的纳斯达克、日本的JOSDAQ、韩国的KOSDAQ等。较高层次版块通常有较高的财务、流动性、公司治理标准，符合要求的企业才能进入，如果已经挂牌（上市）的企业不能达到维持标准，那么会被降至较低板块或者退出市场。信息披露已经维持在上市公司的标准，采用财务指标可以将经营状况更好的企业挑选出来。

另一类是以信息披露为主要的划分方式，主要是美国的OTC Markets中的OTCQB和OTC Pink层次和日本的绿单市场等，只愿意披露很少信息的公司列于较低层次市场，愿意披露更多信息的公司列于较高层次市场，公司其他的情况如财务、治理情况完全交给投资者自行判断，因此更高层次的公司并不代表有更好的盈利能力。

还有一类是将财务指标和信息披露指标两者结合起来划分，比较典型的是美国OTC Markets中的OTCQX板块，对公司既有财务要求，又有信息披露要求。

2. 新三板分层管理模式

有机构预计，分层管理将会以信息披露程度为主线，不存在"好公司"和"坏公司"概念，奉行"权利"和"义务"对等原则。信息披露是公司进入资本市场并持续挂牌要承担的义务，信息披露越充分，投资者决策成本越低，但挂牌公司相应付出的成本越高，应该赋予更多权利作为补偿。在新三板，信息披露是义务，相应的流动性是权利。

根据不同层级市场的定位，理想情况下，把新三板市场将分为三个层级，每个层级对应不同的交易方式。类似于金字塔形状，如图8所示，最上一层的市场企业数量最少，但资质最好，这一市场采用竞价交

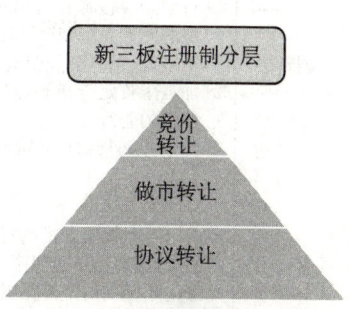

图8 新三板分层管理结构

易;最下一层市场企业数量最多,这一市场采用协议转让方式;中间层市场企业数量介于两者之间,采用做市交易。

三、竞价 PK 转板

我们看到,实际上,竞价层和转板机制都还没有推出,对于现有做市转让公司来讲,未来可能有两条路可以走。一条路是进入竞价层,另一条路就是寻求转板。

转板的好处是显而易见的,本文也讲到,创业板的整体估值水平远远高于新三板,这是流动性提升带来的直接好处。企业可以通过转板,实现自身的价值的迅速提升。然而,有些机构认为,随着未来新三板市场的盘活,市场本身的流动性提升也是一个大概率事件。

也有机构指出,新三板的定位,并不是做一个小微企业的补充板,它的定位最终是跟沪深两个交易所分庭抗礼的一个新的交易所,所以它希望这些小微企业也可以留在新三板里面,而目前整个新三板的监管、审批和各项的这种效率比主板的高很多,所以,很多企业本身也不愿意再离开新三板市场。因此,在交易没区别、监管条件更宽松的优势下,预计能进入竞价交易层的公司即使符合转板的条件,也可能不太愿意转板。

证监会在 2015 年 11 月 16 日发布的《关于进一步推进全国中小企业股份转让系统发展的若干意见》,明确了新三板分层体系,在新三板市场内部按照渐进分层的思路实施内部的分层管理,暂分为两层,即创新层和基础层,文件提出逐步完善市场分层制度,也就意味着现阶段的两层并不是一成不变的,会逐步完善。随后,11 月 24 日,股转系统官方发布《全国股转系统挂牌公司分层方案(征求意见稿)》提到"挂牌公司分层的本质是挂牌公司风险的分层管理,其实现方式是制度的差异化安排。通过分层,对不同层级挂牌公司实施差异化的服务和监管"。这里的差异化制度安排主要体现在服务和监管两个方面,详情如表 1 所示。

表 1　　　　　　新三板市场两个层级的服务内容和监管内容

所在层级	服 务 内 容	监 管 内 容
创新层	1. 优先进行融资制度、交易制度的创新试点 2. 对创新层挂牌公司建立一次审批、分期实施的储架发行制度和挂牌公司股东大会一次审议、董事会分期实施的授权发行机制 3. 加强融资定价指导、限售管理和募集资金使用的管理 4. 探索并购贷款和并购基金的可行性	1. 从信息披露的时效性和强度上适度提高要求,要求该层公司披露业绩快报或业绩预告,并提高定期报告、临时报告披露及时性的要求,鼓励披露季度报告,加强对公司承诺事项的管理 2. 要求进一步完善治理结构和建立相关制度,要求设置专职董秘,强化对公司董监高敏感期股票买卖、短线交易的管理 3. 实施严格的违规记分制度和公开披露制度,并与责任人员强制培训制度相衔接,研究引入自愿限售制度
基础层	探索运用大数据方式进行公司个体诊断和横向比对,提高市场透明度和投融资对接效率,并强化非标准的个性化服务	在执行现有监管规则的同时,适度降低定期报告和临时报告披露要求

向来英雄起布衣——从兴柜到新三板,创业者的摇篮

徐 舜 邱 翼[①]

一、新三板的台湾对标—兴柜市场:中小企业腾飞的资本摇篮

1. 台湾场外市场分三层,兴柜是新三板的对标

(1) 台湾场内市场只有一层,即主板市场,主板的在板公司称为"上市"公司。在台湾证券交易所交易,主板市场主要服务于大型企业,上市条件最高。主板市场在整个台湾资本市场的地位对应于大陆的沪深主板市场。

(2) 台湾场外市场分为三个层次,分别是上柜市场、兴柜市场和创柜板,三者都在台湾的证券柜台买卖中心交易。

第一,上柜市场相当于大陆的中小板和创业板。主要针对以公开挂牌方式买卖的股票,对上柜企业的业绩和规模有一定要求,条件略低于主板市场。

第二,兴柜市场相当于大陆的新三板。主要服务于已公开发行但未达到上市上柜标准的公司,是上市上柜的预备交易场所,为想要上市、上柜的公司提供熟悉证券市场相关法规及提升公司知名度的机会,也为公司在上市、上柜前提供股票流动性和价值发现的功能。

第三,创柜板。主要定位于未公开发行的微型企业,主要服务于具有较大发展潜力的创新企业,创柜板只有股权筹资的功能但不具有交易功能。

台湾多层次资本市场结构如图1所示。

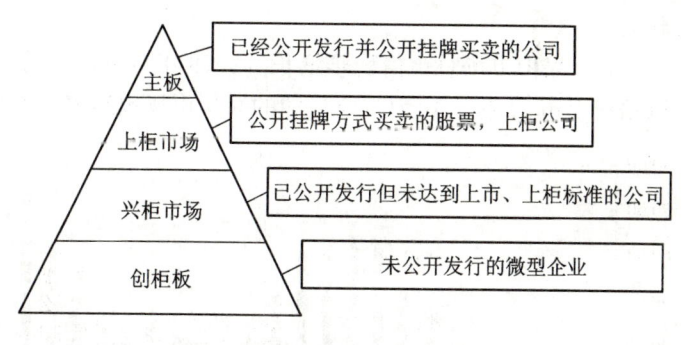

图1 台湾多层次资本市场结构

资料来源:广证恒生、台湾证券交易所、台湾柜买中心网站。

2. 兴柜市场是中小企业腾飞的资本摇篮

(1) 兴柜市场的历史。兴柜市场的发展史如图2所示。

[①] 徐舜,CFA、CPA,新三板智库CEO;邱翼,新三板智库研究总监。本文特意感谢广证恒生袁季先生的大力支持,本文最初发表于2014年11月。

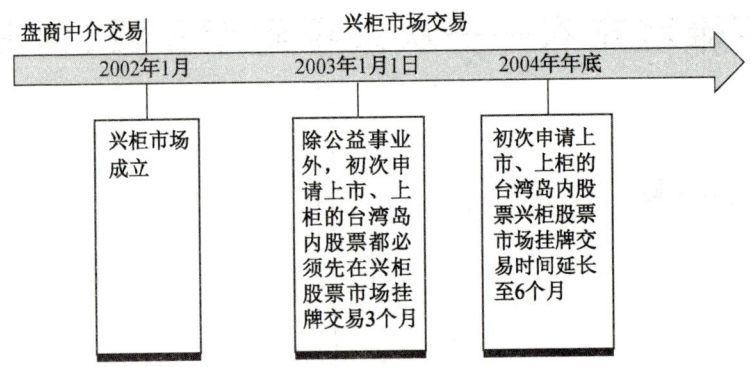

图2 兴柜市场发展史

资料来源：互联网、广证恒生。

台湾兴柜市场在设立之前，未上市/柜股票的交易都是通过盘商中介交易进行。但是盘商中介交易弊端丛生，内部操纵现象时有发生且缺乏效率。为了给上市/柜公司提供一个合法、安全、透明的交易市场，2001年，台湾通过了《建立未上市/柜股票买卖交易制度》，将场外交易纳入证券监管体系。2002年1月，以柜买中心为主体主导的兴柜股票市场正式开始交易。

实际上，台湾兴柜市场是一个强制性的"预备市场"。自2003年1月1日起，台湾规定除公益事业外，初次申请上市、上柜的台湾岛内股票都必须先在兴柜股票市场挂牌交易3个月（2004年年底延长为6个月），然后经过一定的、相对简便的审批程序，方可上市或上柜。也正是因为这个强制性政策，才使台湾兴柜股票市场得以发展壮大。

（2）兴柜市场总市值稳步增长。2008年金融危机后，随着台湾经济的逐渐回暖，以培育上市、上柜公司为主要目的的兴柜市场也迎来了新一轮发展。

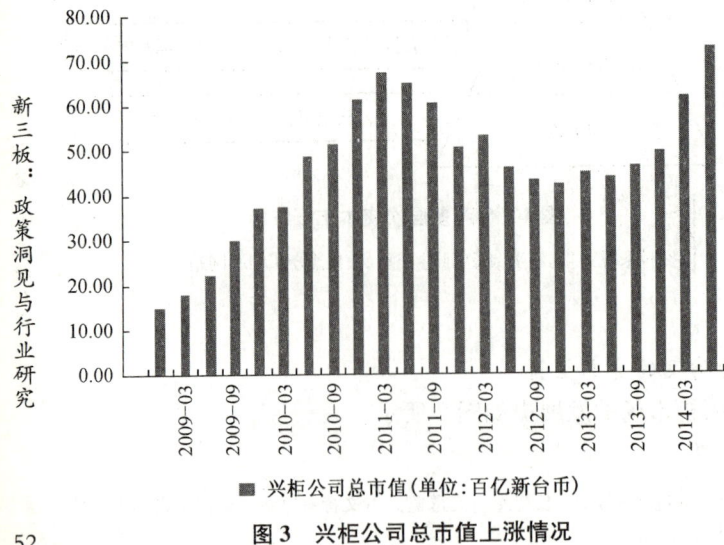

图3 兴柜公司总市值上涨情况

兴柜市场总市值2008—2010年有一轮明显的提升，2011年第一季度达到峰值6 729亿新台币；接下来经过2年时间调整，兴柜总市值在2013年起开始了更高速的增长，在2014年第一季度总市值达7 270亿新台币。其占GDP的比重在2010年开始也上了一个台阶，显示了其在台湾场外资本市场的重要地位，最高峰达到4.5%，如图3、图4所示。

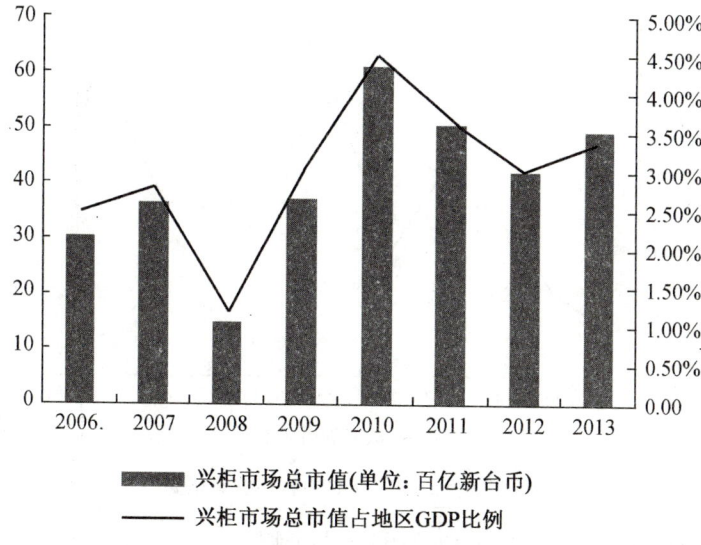

图4　兴柜公司总市值占地区GDP比例情况

图3、图4资料来源：广证恒生、Wind资讯。

（3）兴柜市场成交量逐年螺旋式增长，周转率显著提升。兴柜市场除了总市值近年来不断增长外，整体交易的活跃度也表现出上涨态势。近3年来，总成交量在波动中增长，2014年5月单月成交量达到5.76万亿股，最近多个月份的总成交额保持在400亿新台币以上。市场整体的年平均成交额周转率也在快速增长，2015年截至9月末周转率为47.96%，比以往年度都高，如图5、图6所示。

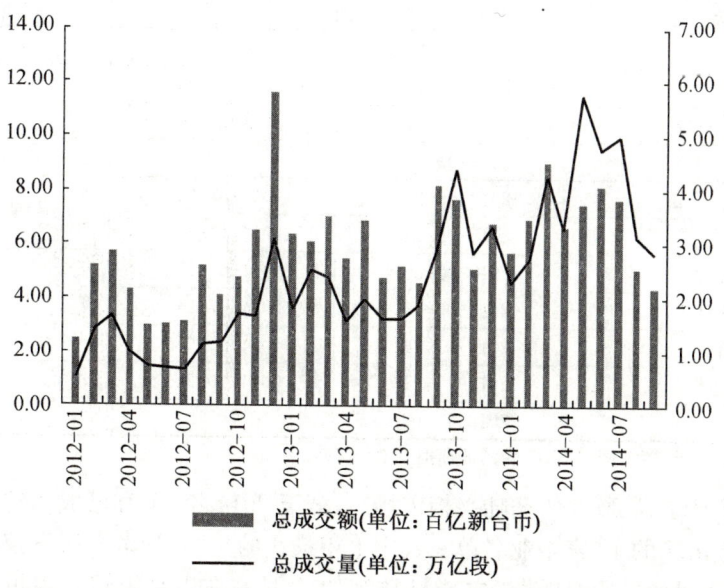

图5　兴柜市场月成交额和成交量螺旋式上升

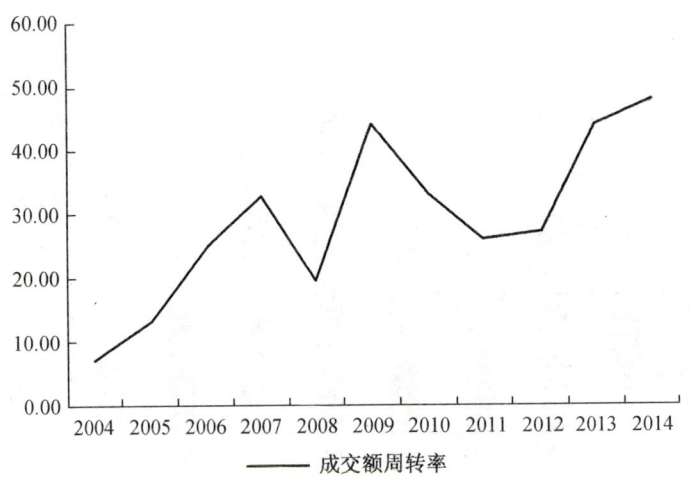

图6 兴柜市场成交额周转率快速增长

图5、图6资料来源:广证恒生、Wind资讯、台湾柜买中心网站。

(4)成功培育746家企业上柜、上市。截至2014年10月30日,先后有746家企业经过台湾兴柜市场成功上市或上柜,进入更高层次的资本市场进行股票交易。其中391家上柜市场挂牌,平均挂牌727天(含非交易日);157家在主板上市(包括少数先上柜后上市的企业),平均挂牌940天(含非交易日)。

2013年登陆兴柜后成功转入上柜或上市的公司情况如表1所示。

表1　　2013年登陆兴柜后成功转入上柜或上市的公司

公司名	兴柜挂牌日期	上柜挂牌日期	主板上市日期
群光电能科技	2013-01-03	—	2013-11-08
旭隼科技	2013-01-08	—	2014-03-31
兴采实业	2013-02-18	2014-11-03	—
易飞网国际旅行社	2013-02-27	2013-12-26	—
南荞科技	2013-04-19	—	2014-04-11
晟田科技工业	2013-06-25	2014-07-22	—
杏国新药	2013-08-29	2014-10-28	—
太景医药研发控股	2013-08-30	2014-01-17	—
中国通讯多媒体集团	2013-09-17	2014-07-24	—
霹雳国际多媒体	2013-09-30	2014-10-07	—
台名保险经纪人	2013-11-21	2014-10-28	—
胜悦新材料	2013-12-06	—	2014-01-14

资料来源:广证恒生、Wind资讯、台湾证券柜买中心网站。

表1统计了在2013年登陆兴柜市场后,截至2014年11月已成功转到上柜市场或台湾主板市场的12家企业名单。其中上柜最快的是"太景医药研发控股",只有不足半年;上市最快的则是"群光电能科技",10个月左右由兴柜转入主板。总体而言转板效率较高,实现了对创新企业的扶持。

3. 兴柜市场挂牌公司行业及地区分布多元化

(1) 行业分布广泛且与台湾整体产业发展特征吻合。兴柜挂牌行业多元化。截至 2014 年 10 月 30 日,兴柜挂牌公司分布于 20 多个行业,既有传统的钢铁、纺织、建材、航运等,也有新兴的 TMT、生技医疗行业。

兴柜优势行业集中于台湾发达的 TMT 和医药产业。其中公司数量较多的是生技医疗、光电业、半导体和电子零组件,都超过了 30 家;市值方面较高的则是生技医疗、金融业、光电业和半导体。可见,光电业和半导体在兴柜市场上占据非常高的比重,与台湾的电子产品加工业优势关系密切;另外生技医疗作为高科技行业,产学研结合关系到民生,在兴柜市场上也有非常高的地位。兴柜公司行业分布如图 7 所示。

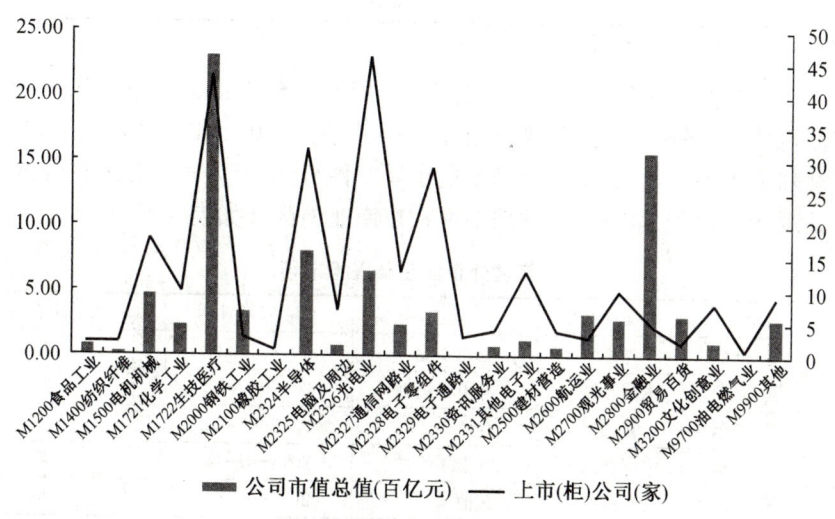

图 7　兴柜公司行业分布情况

资料来源:广证恒生、台湾证券柜买中心网站。

(2) 优惠的挂牌制度吸引境外企业挂牌。为鼓励境外企业到兴柜挂牌,活跃台湾资本市场,证券柜台买卖中心对境外企业的登陆设计了特别的条件,放宽了对企业投资方、募资用途的限制。例如,对于台湾境内企业,在台募集资金用于直接或间接赴大陆地区投资的金额,无任何限制,但投资总额需符合经济部投审会规定的限额,采用总量控管机制;但对境外企业,在台募集资金用于直接或间接赴大陆地区投资的金额和总额都不受到相关控制。台湾境内外企业登陆兴柜的制度差异如表 2 所示。

表 2　境内外企业登陆兴柜的制度差异

项　目	境　内　企　业	境　外　企　业
申请主体	依台湾法令组织登记之公开发行公司	依照外国法律组织登记之股份有限责任公司,且未违反"台湾地区与大陆地区人民关系条例"相关规范者
诉讼及非诉讼代理人	无	应在台湾境内指定其依台湾证交法之诉讼及非诉讼之代理人

(续表)

项目	境内企业	境外企业
募资用于直接或间接赴大陆地区投资	在台募集资金用于直接或间接赴大陆地区投资的金额,并无任何限制。但直接或间接赴大陆地区投资总额,仍需符合经济部投审会规定之限额,采用总量控管机制	有关在台募集资金用于直接或间接赴大陆地区投资的金额和总额,并无任何限制,不适用经济部投审会规定之限额,未采用总量控管机制
其他要求事项		1. 需承诺遵守台湾证券交易法及相关法令政策规定,若申请公司属投资控股形态,则其被控股公司亦需承诺遵守上述规定 2. 承诺有关股东权益保护之重要事项,其与注册地国法令之强制规定抵触者,应于公开说明书加强揭露重大差异事项

资料来源:广证恒生、台湾柜买中心网站。

虽然对境外企业挂牌有一定的优惠政策,但囿于台湾地区金融市场发展水平和开放程度,目前在兴柜市场上挂牌的企业还不多,截至2014年10月30日,有5家境外企业登陆了兴柜市场,其中2家都是电子零组件行业,且公司所在地在台湾;另外3家分别是观光事业和其他行业,注册地都在东南亚地区。如表3所示。

表3　5家境外企业登陆兴柜市场

代码	公司名称	公司所在地	行业类别	登陆兴柜日期	是否已上柜或上市
2721	F-楷捷	越南	观光事业	2009-12-17	否
4943	F-康控	中国台湾	电子零组件	2011-07-12	否
5279	F-诺尔	新加坡	其他	2013-07-24	否
6422	F-君耀	中国台湾	电子零组件	2014-07-14	否
8444	F-绿河	泰国	其他	2013-07-05	否

资料来源:广证恒生、台湾证券柜买中心网站。

二、兴柜市场成功的三大政策基石:强制性预备市场制度、低门槛准入和做市商制度

兴柜市场之所以成为台湾中小企业腾飞的资本摇篮,首先源于其独特的制度设计。其中最为突出的是兴柜市场的"强制性预备市场制度",要求所有想要上市和上柜的公司都得先在兴柜市场挂牌交易一定时间,提高了兴柜市场新挂牌的公司数量和板块的流动性。其次是挂牌公司和投资者的低门槛准入,兴柜市场对挂牌公司的经营业绩和规模没有严苛的要求,只要公司业务上具有一定的创新意识,股权清晰就可以申请挂牌;个人投资者投资兴柜市场的门槛很低,不限制个人的投资经验和专业背景。此外,兴柜市场还引入了做市商制度(在台湾,做市商被称为推荐证券商),有利于提高兴柜的交易活跃度、便于发现兴柜公司的真实价值。

(1) 独具特色的强制性预备市场制度。兴柜市场的稳定发展,与兴柜定位于证券交易中心和柜台买卖中心的强制性"预备市场"紧密相关。台湾证券交易中心和证券柜台买卖中心规定,对于拟申请上市(柜)的境内公司,必须先在兴柜市场挂牌满6

个月(境外企业以券商辅导6个月代替),才能申请并经过相对简便的审批程序后上柜或上市进行公开交易。正是由于"强制性预备市场"从法制方面赋予了兴柜挂牌的强制性,才保证了兴柜市场的发展壮大。

从最近10年台湾的主板、上柜、兴柜三大市场挂牌公司家数统计中可以看到,上市和上柜公司的数量逐年上升,而兴柜公司的数量一直保持在250家至300家之间,如图8所示。公司数量的稳定也表明兴柜市场里企业的挂牌和转板(或摘牌)速度相持平,兴柜市场的"预备性"得到良好的体现。

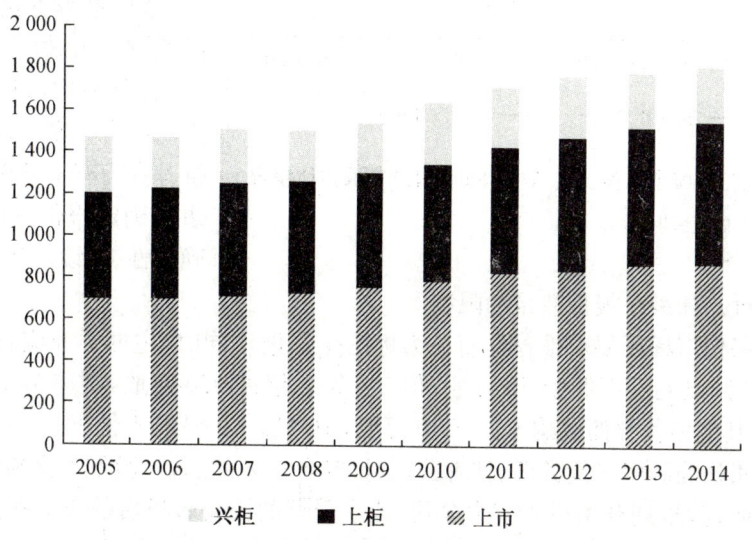

图8 台湾上市、上柜、兴柜市场企业家数比较

资料来源:广证恒生、Wind资讯、台湾证券柜买中心网站。

(2)挂牌公司和投资者的低准入门槛提高市场多元化。兴柜市场挂牌门槛低的关键是有做市商愿意做市。兴柜市场对于挂牌公司的规模、设立年份、获利能力、股权结构没有任何限制。挂牌公司只需要经营规范、合法,能够找到两家以上推荐证券商(即做市商,需指定一家为主办推荐证券商,其余为协办推荐证券商),就可以在兴柜市场挂牌。

兴柜市场对个人投资者没有设定投资经验、知识背景等硬性指标,所以目前兴柜市场个人投资者占比较高,为市场的活跃贡献了绝大部分的交易量和交易额。2014年前9个月,台湾兴柜市场成交额总计10.39万亿新台币,其中来自境内外个人投资者的有8.69万亿新台币,占比达到83.6%,远远超过来自机构投资者的占比16.4%。这一个人投资者占大头、机构投资者占小头的投资者结构从2004年至今,基本保持稳定。兴柜市场个人投资者与机构投资者成交额占比情况如图9所示。

(3)做市商制度和券商认购要求保证交易活跃。兴柜市场的交易采取竞争性做市商制度,并结合股票议价点选系统(供推荐证券商、证券自营商及证券经纪商申报买卖资料,以便推荐证券商执行议价点选成交的计算机议价交易系统)执行,相比起

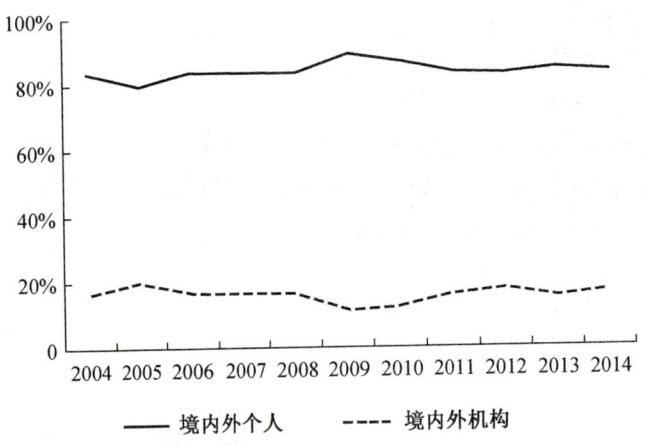

图9　兴柜市场个人投资者与机构投资者成交额占比情况

资料来源：广证恒生、Wind 资讯。

受到买卖价差和最小报价数量的限制。

台湾兴柜市场还要求推荐券商在为标的企业做市同时，主办券商应自行认购已发行股份3%以上且不低于50万股，但3%如果超过150万股，则应至少自行认购150万股；其他推荐券商认购不低于10万股，中途加入的认购不低于3万股。

做市兼认购制度平衡券商、挂牌公司、投资者三方的利益，激发了交易的活跃性：①对券商而言，早期开始投资潜力公司，能享受标的公司转板后的资本利得；②对挂牌公司而言，做市商制度提供了股票流动性，提高了公司的知名度；③对投资者而言，做市商制度活跃了市场交易，相辅而生的价格发现功能也减少了投资者参与未来新股发行的风险。

竞价交易更符合市场需求。在竞争性的做市商制度下，股票交易由做市商的报价来驱动。每家公司在申请兴柜时都被要求至少要有两家以上券商愿意推荐，由于台湾兴柜市场只有做市一种方式，这些推荐券商自动成为股票交易的做市商。据统计，目前平均每只股票的做市商约有3家。兴柜市场的推荐券商有义务提供买卖双边的确定报价，确保报价的确定性、连续性和及时性，且

三、台湾市场成功经验基础上的本土化制度创新将推动新三板驶入发展的快车道

如上文所述，兴柜市场的成功有三大政策基石：强制性预备市场制度、宽松的挂牌和投资准入制度，以及竞争性做市商交易制度。新三板借鉴了部分兴柜制度，包括引入了国内不多见的做市商制度、对挂牌公司降低准入门槛，以及酝酿中的新三板转板创业板制度。与此同时，鉴于彼此资本市场发展状况的差异，新三板也设计了包括协议转让、投资者高准入门槛，以及多次无限制定向增发等在内的本土化制度，如图10所示。

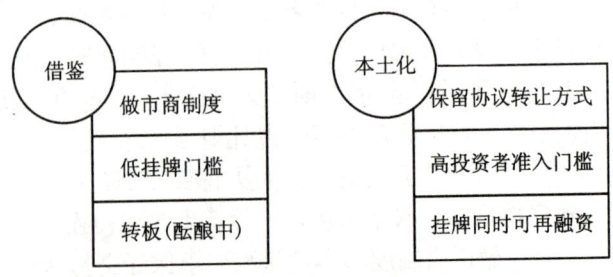

图10　新三板对兴柜制度的借鉴和优化

资料来源：广证恒生、互联网。

1. 新三板借鉴台湾兴柜优秀制度

借鉴之一：引入做市商制度，增强交易活跃度

（1）新三板做市商制度极大地活跃了市场的交易度。流动性一直是限制新三板快速发展的最主要问题之一。新三板引入了做市商这一已被兴柜及海外场外交易市场证明了的有效方式来解决这一问题。做市商能够：①提供流动性，保持交易的连续性；②主导市场的价格发现功能；③通过连续双向报价保证市场的平稳性；④降低市场的信息不对称性。

从2014年8月25日开始，新三板正式实施做市转让方式，与原有的协议转让一并成为新三板的交易方式。截至2014年10月31日，共有59家公司选择采用做市转让方式交易，如表4所示。

表4 新三板59家采用做市转让方式的公司

代码	证券简称	成立日期	上市日期	一级行业	二级行业	三级行业
430029	金泰得	2002-11-12	2008-06-20	日常消费	食品、饮料与烟草	食品
430033	彩讯科技	2000-01-31	2008-10-28	信息技术	技术硬件与设备	电子设备、仪器和元件
430037	联飞翔	1999-10-29	2008-12-05	可选消费	汽车与汽车零部件	汽车零配件
430041	中机非晶	2005-07-28	2008-12-25	工业	资本货物	电气设备
430051	九恒星	2000-03-13	2009-02-18	信息技术	软件与服务	软件
430065	中海阳	2005-07-12	2010-03-19	信息技术	半导体与半导体生产设备	半导体产品与半导体设备
430074	德鑫物联	2004-01-14	2010-10-08	信息技术	技术硬件与设备	电子设备、仪器和元件
430084	星和众工	2003-05-22	2011-03-28	工业	资本货物	机械
430085	新锐英诚	2004-04-12	2011-04-01	信息技术	软件与服务	信息技术服务
430130	卡联科技	2006-02-17	2012-07-12	信息技术	技术硬件与设备	电子设备、仪器和元件
430140	新眼光	2005-04-30	2012-09-07	医疗保健	医疗保健设备与服务	医疗保健设备与用品
430159	创世生态	1997-09-30	2012-11-09	工业	商业和专业服务	商业服务与用品
430163	三众能源	2004-04-16	2012-11-16	工业	资本货物	机械
430165	光宝联合	2006-01-12	2012-11-13	电信服务	电信服务Ⅱ	无线电信业务Ⅲ
430174	沃捷传媒	2009-03-10	2012-12-18	工业	商业和专业服务	专业服务
430177	点点客	2007-12-17	2012-12-18	信息技术	软件与服务	信息技术服务
430186	国承瑞泰	2008-05-14	2012-12-20	工业	商业和专业服务	专业服务
430222	璟泓科技	2005-04-19	2013-07-02	医疗保健	制药、生物科技与生命科学	生物科技Ⅲ
430223	亿童文教	2008-05-30	2013-07-02	可选消费	消费者服务Ⅱ	综合消费者服务Ⅲ
430225	伊禾农品	2006-06-08	2013-07-05	日常消费	食品、饮料与烟草	食品
430238	普华科技	1992-09-23	2013-07-04	信息技术	软件与服务	软件
430243	铜牛信息	2005-09-21	2013-07-05	电信服务	电信服务Ⅱ	多元电信服务
430253	兴竹信息	2006-07-13	2013-07-23	信息技术	软件与服务	信息技术服务
430263	蓝天环保	2001-04-03	2013-07-22	工业	资本货物	电气设备

(续表)

代码	证券简称	成立日期	上市日期	一级行业	二级行业	三级行业
430305	维珍创意	2010-12-31	2013-08-16	信息技术	技术硬件与设备	电子设备、仪器和元件
430318	四维传媒	2005-05-08	2013-10-16	可选消费	媒体Ⅱ	媒体Ⅱ
430357	行悦信息	2007-09-13	2013-12-13	信息技术	软件与服务	互联网软件与服务Ⅲ
430360	竹邦能源	2003-01-17	2013-12-25	工业	商业和专业服务	商业服务与用品
430369	威门药业	1996-12-12	2014-01-24	医疗保健	制药、生物科技与生命科学	制药
430376	东亚装饰	2001-04-28	2014-01-24	材料	材料Ⅱ	建材Ⅲ
430379	昂盛智能	2008-10-08	2014-01-24	信息技术	软件与服务	信息技术服务
430403	英思科技	2002-04-12	2014-01-24	信息技术	软件与服务	互联网软件与服务Ⅲ
430432	方林科技	2002-11-21	2014-01-24	信息技术	技术硬件与设备	电脑与外围设备
430458	陆海科技	2003-09-28	2014-01-24	信息技术	软件与服务	信息技术服务
430465	东方科技	2000-03-16	2014-01-24	信息技术	软件与服务	信息技术服务
430476	海能仪器	2006-11-29	2014-01-24	材料	材料Ⅱ	容器与包装
430485	南京旭建	1996-03-28	2014-01-24	工业	资本货物	建筑产品Ⅲ
430505	上陵牧业	2000-08-18	2014-01-24	日常消费	食品、饮料与烟草	食品
430511	远大股份	1997-03-28	2014-01-24	信息技术	技术硬件与设备	电子设备、仪器和元件
430512	芯朋微	2005-12-23	2014-01-24	信息技术	技术硬件与设备	电子设备、仪器和元件
430515	麟龙股份	2002-01-15	2014-01-24	信息技术	软件与服务	软件
430522	超弦科技	2008-06-24	2014-01-24	信息技术	技术硬件与设备	电脑与外围设备
430536	万通新材	2000-09-25	2014-01-24	材料	材料Ⅱ	建材Ⅲ
430549	天弘激光	2001-01-09	2014-01-24	工业	资本货物	机械
430593	华尔美特	2009-08-04	2014-01-24	工业	资本货物	建筑与工程Ⅲ
430607	大树智能	1993-02-19	2014-01-24	工业	资本货物	电气设备
430609	中磁视讯	2005-04-01	2014-01-24	信息技术	软件与服务	软件
430664	联合永道	2007-04-10	2014-03-07	信息技术	软件与服务	信息技术服务
430430	普滤得	1997-05-29	2014-01-24	工业	商业和专业服务	商业服务与用品
430453	恒锐科技	2000-06-18	2014-01-24	信息技术	技术硬件与设备	电子设备、仪器和元件
830782	泰安众诚	2002-09-19	2014-06-04	工业	资本货物	电气设备
830815	蓝山科技	2005-09-20	2014-06-20	信息技术	技术硬件与设备	通信设备Ⅲ
830818	巨峰股份	2002-01-10	2014-06-30	工业	资本货物	电气设备
830837	古城香业	2000-06-12	2014-07-08	日常消费	家庭与个人用品	家庭用品Ⅲ
830879	基康仪器	1998-03-25	2014-07-23	信息技术	技术硬件与设备	电子设备、仪器和元件
830978	先临三维	2004-12-03	2014-08-08	信息技术	软件与服务	软件
830983	保得威尔	2006-05-25	2014-08-08	工业	商业和专业服务	商业服务与用品
830985	浙江力诺	2003-01-09	2014-08-08	工业	资本货物	机械
831020	华阳密封	2004-04-16	2014-08-22	工业	资本货物	机械

资料来源:广证恒生、Wind资讯。

自实行做市转让方式,市场成交经历了一次震荡后持续上扬,2014年10月第四周的周成交量和成交金额都达到历史最高峰,分别为23.1万手和14 675万元。估值方面则保持较平稳的增长,在剔除极端之后,最近一周市场平均市盈率为30.40,超过以往各周数据;市盈率中位数为19.77,与过往持平。具体如图11、图12所示。

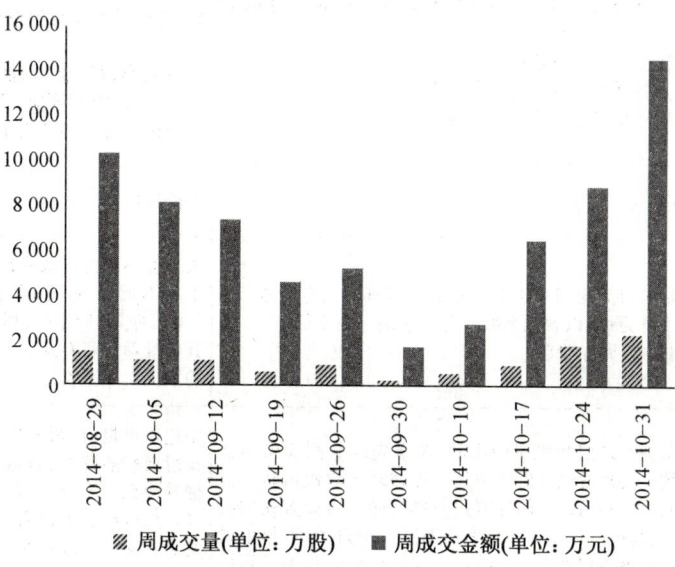

图11　新三板做市转让成交活跃情况

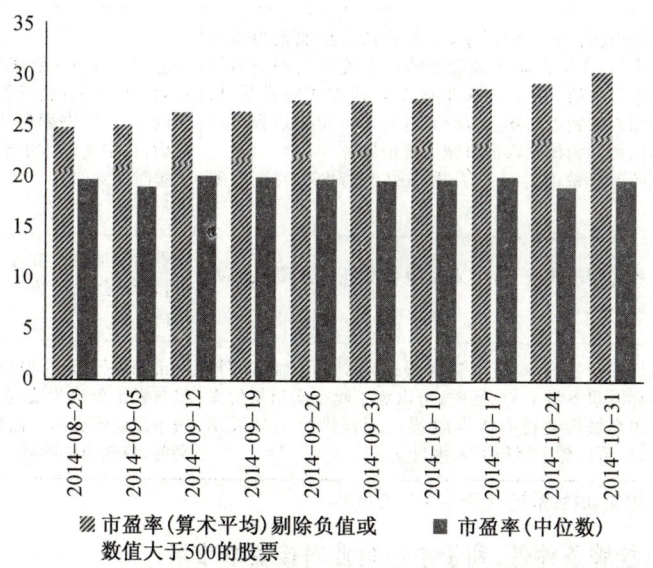

图12　新三板做市转让市盈率不断提高

图11、图12资料来源:广证恒生、Wind资讯。

（2）新三板做市制度与兴柜做市制度的对比，如表5所示。

表5　　　　　　　　　　新三板与兴柜做市制度对比表

项目	新三板	兴柜
做市商资格	1. 具备证券自营业务资格； 2. 设立做市业务专门部门，配备开展做市业务必要人员； 3. 建立做市业务管理制度； 4. 具备做市业务专用技术系统； 5. 股转系统规定的其他条件	1. 应是证券承销商、证券经纪商及证券自营商之综合证券商； 2. 自有资本适足比率须达百分之二百以上； 3. 财务状况符合有关法令规定及最近半年内未曾受"证期会"依证商管理规则第六十六条所规定之停业处分
每只股票做市商数量	2家以上	2家以上
自行认购	初始做市商应当取得合计不低于挂牌公司总股本5%或100万股（以孰低为准），且每家做市商不低于10万股的做市库存股票	主办券商应自行认购已发行股份3%以上且不低于50万股，但3%如果超过150万股，则应至少自行认购150万股；其他推荐券商不低于10万股，中途加入的不低于3万股
做市商中途退出	做市商拟退出为股票做市的，应事先向全国股份转让系统公司提交退出做市申请。挂牌时采取做市转让方式的股票和由协议转让方式变更为做市转让方式的股票，其初始做市商为股票做市不满6个月的，不得申请退出为该股票做市。后续加入的做市商为相关股票做市不满3个月的，不得申请退出为该股票做市	中途退出报价，须不影响该公开发行公司股票登陆资格；若退出后该公司订立辅导股票兴柜契约仍维持在两家以上者，允许退出；不足者，须自开始登陆买卖之日起2年后才可辞任。中途加入的做市商需在加入后6个月，且符合上述规定方可申请退出
做市商后续加入	采取做市转让方式的股票，做市商拟后续加入为该股票做市的，应事先向全国股份转让系统公司提交后续加入做市申请。挂牌时采取做市转让方式的股票，拟后续加入的做市商须在该股票挂牌满3个月后方可经申请同意后为该股票提供做市报价服务。做市商退出做市后，1个月内不得申请再次为该股票做市	中途加入需在兴柜登陆买卖后届满1个月后，且须持有公开发行公司股份3万股以上，并以书面形式向柜台买卖中心申请，且中途加入的做市商无须为辅导挂牌时的券商
交易形式	投资者之间不能成交，可采用限价委托方式委托主办券商买卖股票	经券商采取经纪或自营方式与投资人议价，且买卖之一方须为兴柜股票的做市商
交易流程	做市商先行报价，投资人参考报价后交易。做市商持有库存股票不足1000股时，可以免于履行卖出报价义务。单个做市商持有库存股票达到挂牌公司总股本20%时，可以免于履行买入报价义务	做市商先行报价，投资人参考报价后，直接与做市商议价交易，或通过经纪商与做市商议价交易。做市商负有连续报价义务，特殊情形除外

资料来源：广证恒生、股转系统、台湾柜买中心网站。

借鉴之二：挂牌条件低，利于中小企业对接资本市场

（1）扩容、降门槛，挂牌企业数量大增。根据最新的《全国中小企业股份转让系统业务规则》，目前新三板挂牌企业不受盈利能力、成长能力和所有制性质的限制，行业也不限于高新技术企业，只要求企业依法设立且存续满2年、业务明确且有持续经营能力、治理机制健全、股权合法明晰,已得到主办券商的推荐并持续督导。新三板挂牌要求与创业板、主板和中小板上市要求比较如表 6 所示。

表 6 　　　　新三板挂牌要求与创业板、主板和中小板上市要求比较

条件类别	新三板	创业板	主板和中小板
上市资格	经核准的非上市公众公司	股票已公开发行	股票已公开发行
股东人数	≤200,直接挂牌 >200,经证监会核准	≥200	≥200
存续时间	满 2 年	满 3 年	满 3 年
盈利指标	持续经营能力	2 年连续盈利,最近 2 年净利润累计不少于 1 000 万元;或最近 1 年盈利,营收不少于 5 000 万元	最近 3 个会计年度净利润均为正数且累计超过 3 000 万元
现金流	无	无	最近 3 个会计年度经营活动现金流净额累计超过 5 000 万元;或营收累计 3 亿元
净资产	无	最近一期期末净资产不少于 2 000 万元,且没有未弥补亏损	最近一期末无形资产占总资产的比例不高于 20%
股本总额	无	不少于 3 000 万元	不少于 5 000 万元
其他条件	主办券商推荐并持续督导	首次公开发行股票的,持续督导期间为股票上市当年剩余时间以及其后一个完整会计年度	首次公开发行股票的,持续督导期间为股票上市当年剩余时间以及其后两个完整会计年度

资料来源:广证恒生、证监会网站。

新三板每周新增挂牌公司数量在试点扩容至全国和实行做市商制度前后出现爆发。2014 年 10 月各周,新增挂牌公司均为 20 家左右,主要集中在材料、工业和日常消费等行业,绝大部分申请挂牌前已产生盈利。截至 2014 年 10 月 4 日每周新挂牌公司数量变化趋势如图 13 所示。

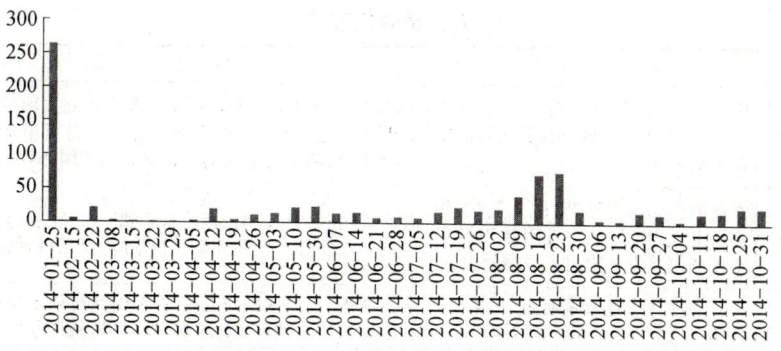

图 13　截至 2014 年 10 月 4 日每周新挂牌公司数量变化趋势

资料来源:广证恒生、Wind 资讯。

(2) 新三板挂牌制度和兴柜挂牌制度的对比,如表 7 所示。

表7　　　　　　　　新三板与兴柜挂牌制度对比表

	新三板	兴柜
挂牌条件	1. 依法设立且存续满2年 2. 业务明确,具有持续经营能力 3. 公司治理机制健全,合法规范经营 4. 股权明晰,股票发行和转让行为合法合规 5. 主办券商推荐并持续督导 6. 股转系统要求的其他条件	1. 辅导期限:公开发行后,已检送1个月的兴柜公司财务业务重大事件检查表 2. 2家以上推荐证券商,需指定1家为主办 3. 股东转让持股3%(且不低于50万股)给推荐证券商认购 4. 应委任专业服务代理机构办理服务
挂牌程序	1. 股份制改制 2. 主办券商尽职调查 3. 证券企业内核 4. 报监管机构审核 5. 股份登记和托管	1. 公开发行 2. 提交兴柜申请 3. 柜买中心核准并披露公司概况 4. 开始兴柜买卖

资料来源:广证恒生、台湾柜买中心网站。

借鉴之三:转板呼之欲出,新三板吸引力大增

(1) 转板预期明确,落地细则呼之欲出。目前我国已经构建了包括中小企业板在内的主板、创业板、新三板及区域性股权交易市场等多层次资本市场,但各资本市场之间缺乏流通机制。新三板转板制度是加强各层次资本市场流通机制的一次有益尝试,有利于增强新三板交易市场的吸引力,也为企业提供了直接IPO之外的另外一条成为上市公司的便捷、经济路径。因而,新三板市场成立至今,市场对转板呼声一直居高不下。

2013年12月14日,国务院发布的《国务院关于全国中小企业股份转让系统有关问题的决定》(简称49号文)对新三板挂牌公司转板提出明确规定,此后在证监会的多次会议中均明确提出要研究"在创业板建立单独层次,支持尚未盈利的互联网和高新技术企业在新三板挂牌1年后到创业板上市转板制度"。2014年10月,中国证监会发布关于支持深圳资本市场改革创新的15条意见,提出将积极研究,制订方案,推动在深圳证券交易所创业板设立专门的层次,允许符合一定条件尚未盈利的互联网和科技创新企业在全国中小企业股份转让系统挂牌满12个月后到创业板发行上市。证监会的上述意见激发了市场对转板制度推出进度将加快的预期。有关新三板转板的政策如表8所示。

表8　　　　　　　　新三板转板政策

	政策动向	主要内容
2013-12-13	国务院发布了《国务院关于全国中小企业股份转让系统有关问题的决定》(简称49号文)	49号文明确规定,在全国股份转让系统挂牌的公司,达到股票上市条件的,可以直接向证券交易所申请上市交易。这意味着,新三板市场的转板终于得到国务院的明确
2014-05-19	在证监会学习贯彻新"国九条"工作会议上,证监会主席肖钢就当时资本市场改革发展提出十一条要求	首次提出"研究在创业板建立单独层次,支持尚未盈利的互联网和高新技术企业在新三板挂牌1年后到创业板上市"
2014-08-01	证监会出台十条措施落实2014年7月23日国务院常务会议精神	再次明确"在创业板建立单独层次,支持尚未盈利的互联网和高新技术企业在新三板挂牌1年后到创业板上市"。
2014-10-15	证监会发布关于支持深圳资本市场改革创新的15条意见	称将积极研究制订方案,推动在深圳证券交易所创业板设立专门的层次,允许符合一定条件尚未盈利的互联网和科技创新企业在全国中小企业股份转让系统挂牌满12个月后到创业板发行上市

资料来源:广证恒生、国务院文件、证监会文件。

（2）转板能极大地增强新三板对投资者和发行人的吸引力。一方面，转板的明确预期提供了套利机会，有望激发投资者入市的热情。由于创业板相对新三板存在明显的估值溢价，转板政策一旦真正落地，转板潜力公司将会大概率地迎来估值快速提升。因此，转板潜力公司将引来投资良机。另一方面，转板的明确预期能吸引大量优质企业挂牌。原因有两个：①大量基本满足相关上市条件的优质公司，如果按常规方式向证监会和交易所申请IPO，需要花费大量的时间和成本。相反，选择借道新三板，在此熟悉上市的信息披露要求、逐渐适应国内资本市场交易环境，在满足场内市场上市条件后再行申请上市，反倒是一种更便捷更经济的方式。②互联网和科技创新企业即使前景很好，也往往在最需要资本的时候无法通过IPO直接上市，而新三板挂牌后转板提供了一条可行的终南捷径。截至2014年10月，已有9家企业借道新三板登上中小板和创业板，如表9所示。

表9　已借道新三板登陆中小板、创业板的9家企业

简　称	挂牌日期	主营业务	上市版块	上市时间	现代码
世纪瑞尔	2006-01	铁路监控设备	创业板	2010-12	300150
北陆药业	2006-08	对比剂	创业板	2009-10	300016
久其软件	2006-09	财务软件	中小板	2009-08	002279
紫光华宇	2006-08	软件与信息服务	创业板	2011-10	300271
博晖创新	2007-02	医疗器械	创业板	2012-05	300318
佳讯飞鸿	2007-10	通信设备	创业板	2011-05	300213
东土科技	2009-02	工业以太网交换机	创业板	2012-09	300353
粤传媒	2001-	传媒出版	中小板	2007-11	002181
安控科技	2008-08	工业级RTU产品	创业板	2014-01	300370

资料来源：广证恒生、互联网。

（3）兴柜和新三板转板的对比。基于台湾上市和上柜对在兴柜挂牌的要求，期满6个月的兴柜公司可以向"证交所"或柜买中心申请上市或上柜，但须经过相应版块的审议委员会和董事会的实质性核准，满足对经营业绩、企业规模、股权结构等要求后，方能转板。

在兴柜转板上市和上柜的流程如图14、图15所示。

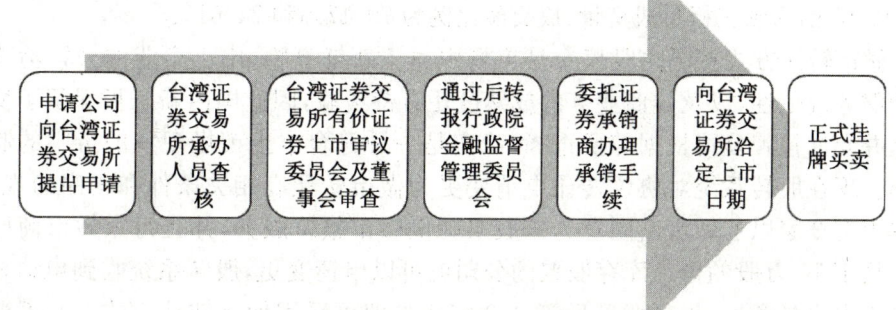

图14　兴柜转板上市的流程

资料来源：广证恒生、台湾证券交易所网站。

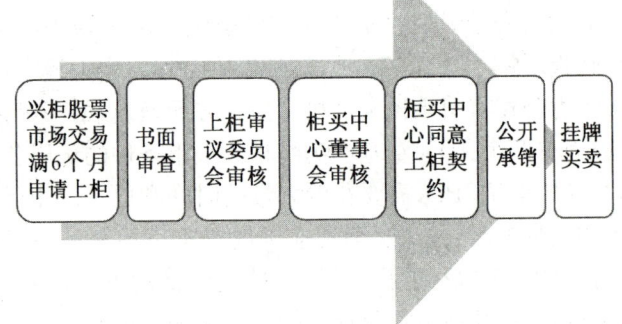

图15 兴柜转板上柜的流程

资料来源:广证恒生、台湾柜买中心网站。

台湾兴柜的转板制度是建立于强制性预备市场制度之上的,转板制度提供的是更高级资本市场的入场券,激励了公司申请挂牌。但新三板不是强制性预备市场,不能强制公司挂牌交易,缺乏壮大挂牌公司数量的先天优势;但由于国内市场的中小板、创业板等板块 IPO 流程较漫长,通过新三板较快转板的可实现性对于增强企业在新三板挂牌的吸引力是非常关键的。

2. 新三板制度创新以适应本土市场发展

鉴于国内资本市场起步较晚,地区市场发育不平衡,公司融资需求旺盛等因素,目前新三板与台湾兴柜市场在制度设计上存在一定的差异。保留协议转让、较高个人投资者门槛、可多次无限制定向增发等相关制度,与本土资本市场特征较为吻合,作为新三板的制度创新,相信能更好地服务于挂牌企业的融资和转让。

本土化之一:协议转让和做市转让两种交易方式结合

国内新三板的交易方式包括做市转让和协议转让两种。做市转让作为新引入的方式,受到市场参与者的积极响应。然而从公司数量、成交量、成交额等指标看,协议转让目前仍然占据新三板成交的大半壁江山。截至 2014 年 10 月 31 日,共有 1 161 家公司采用协议转让方式交易;2014 年 10 月第三周贡献交易量 51.3 万手,成交量 23 542 万元,占新三板总成交量、成交额比例为 79.17% 和 74.61%。

做市转让方式在国内股权交易市场中属于新鲜事物,中小企业的公司治理结构和财务规范性,以及券商业务的成熟度还有待考验,因此国内新三板保留了协议转让并允许挂牌公司根据需要选择,确实是一种符合本土市场现状的折中的制度选择。现在股转系统对协议转让申请变更为做市转让有相关条件和程序的规定,基本上有 2 家以上做市商同意为该股票提供做市报价服务,并且每家做市商已取得不低于 10 万股的做市库存股票的公司就可以申请变更,股转系统收到申请材料后 3 天内出具意见,出具意见后第 2 个转让日即可采用做市转让方式。并不严苛的变更条件、便利的更变流程加上做市转让自身的优势,未来做市交易的占比将逐步提高。

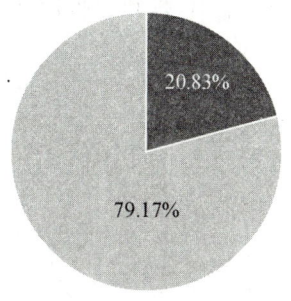
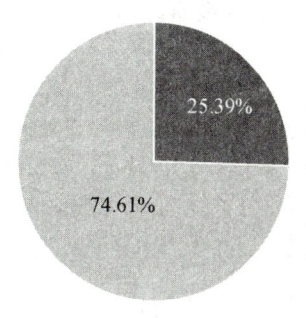

图 16　2014 年 10 月第三周协议转让成交量占比

图 17　2014 年 10 月第三周协议转让成交额占比

图 16、图 17 资料来源：广证恒生、Wind 资讯。

本土化之二：提高投资者门槛，控制风险稳定市场

国内新三板的制度与台湾兴柜市场的制度差异还表现在投资者门槛方面。如前文所述，台湾兴柜市场对机构投资者和个人投资者限制不多，吸引了大量投资者进入市场，参与兴柜公司的股权交易。但国内的新三板对机构和个人都有较严格的股份公开转让准入限制，具体如表 10 所示。

表 10　新三板投资者参与公开转让准入条件

机构或基金投资者	个人投资者
1. 注册资本 500 万元人民币以上的法人机构 2. 实缴出资总额 500 万元人民币以上的合伙企业 3. 集合信托计划、证券投资基金、银行理财产品、证券公司资产管理计划，以及由金融机构或者相关监管部门认可的其他机构管理的金融产品或资产	1. 投资者本人名下前一交易日日终证券类资产市值 500 万元人民币以上。证券类资产包括客户交易结算资金、在沪深交易所和全国股份转让系统挂牌的股票、基金、债券、券商集合理财产品等 2. 具有 2 年以上证券投资经验，或具有会计、金融、投资、财经等相关专业背景或培训经历

资料来源：广证恒生、股转系统。

虽然当前新三板高准入门槛阻挡了部分投资资金的流入，可能影响市场流动性；但对引导国内资本市场的健康发展还是有长远的好处的。随着新三板的挂牌公司增多、交易方式发育成熟、市场走势趋向稳定后，可能会逐步放开投资门槛，从而进一步促进新三板的交易活跃和价格发现。

本土化之三：挂牌同时可申请再融资，快速解决中小企业需求

台湾兴柜市场基本上只起到股份转让和培育转板的作用，兴柜市场的再融资功能较弱。但国内新三板作为解决中小企业融资难问题而设立的场外交易版块，在《全国中小企业股份转让系统业务规则》中规定，"申请挂牌公司申请股票在全国股份转让系统挂牌的同时股票发行的，应在公开转让说明书中披露"。也就是说，在新三板申请挂牌的企业可以在挂牌的同时，定向增发股票以满足自身的融资需求。此外，挂牌企业定向增发再融资在挂牌期间基本不受到规模和次数的限制，只需要按要求完成股转系统的信息披露即可。2013年10月至2014年10月新三板定增情况如图18所示。

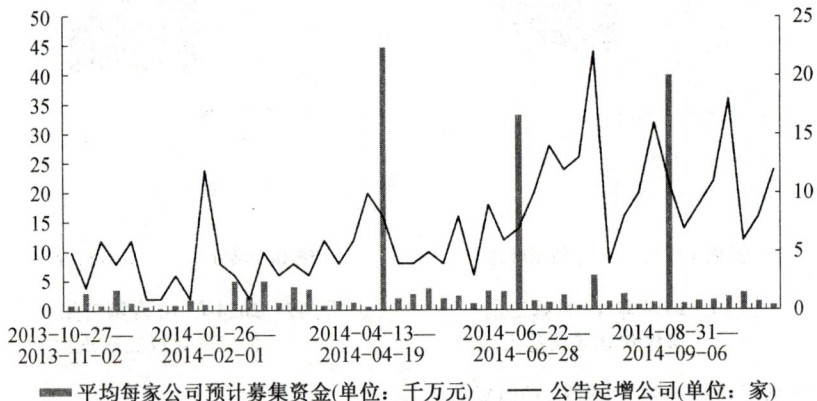

图18　每周定增公司数量及公告的预计募集资金

资料来源：广证恒生、Wind资讯。

图18的定向增发统计数据显示，每周公告定增方案的公司家数虽有较大波动，但也呈现出明显的上涨趋势，这一方面是由于新三板挂牌公司及可能发布定增方案的基数在不断增多，另一方面也是由于新三板自身定向增发制度的制定对企业的激励。2014年10月几周预计募集资金都超过1亿元，平均每家公司预计募集资金在1 000万元左右，可以看出挂牌公司的资金缺口依然较大，新三板无限制的定增制度确实能够为中小企业解决融资问题。

详解 VIE 拆分上新三板历程

向晶晶[①]

自暴风科技成功回归主板,成为首个拆分 VIE 架构回归 A 股的互联网公司之后,国内资本市场掀起了中概股回归的热潮。而在此番救市大背景下,IPO 暂停使新三板成为海归公司的最佳选择。新的政策环境是否能推动互联网公司境内上市成为新常态?它们又将会如何在资本市场上重新划分版图?

一、解构 VIE

VIE,也即 variable interest entity 的简称,通常是指境外特殊目的公司通过其在中国的全资子公司(外商独资企业,即 WFOE)来以协议控制的方式控制一家内资公司,从而实现境外特殊目的公司对内资公司的并表,进而境外特殊目的公司得以基于此在境外融资或上市。用于控制内资公司的协议包括控制权、利润转移协议、股权质押协议等一系列合同。

VIE 的控制结构如图 1 所示。根据路透社的数据,在纽交所和纳斯达克上市的 200 多家中概股中有 95 家用了 VIE 架构,将近一半的企业都在用 VIE 架构。近年来,新浪、京东、阿里巴巴等一大批互联网企业赴海外上市;而回观我国创业板,作为定位于服务高科技、高成长型企业的板块,却未能实现它应有的功能。其中种种,引人深思。

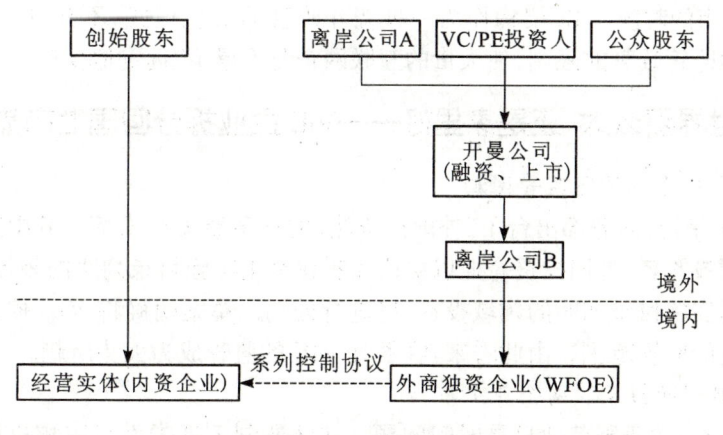

图 1 VIE 控制结构

资料来源:网络资料,新三板智库整理。

[①] 向晶晶,中山大学岭南(大学)学院,新三板智库研究员。

二、外国的月亮比较圆——解析互联网企业为何偏爱外国上市

为何本土优秀的互联网企业偏偏舍近求远,宁愿采用VIE这种迂回曲折的方式赴境外上市?有以下几大原因。

1. 国内上市门槛高

首先,上市门槛偏高仍然是互联网企业难以在本土上市的最直接原因。按照政策规定,创业板上市盈利条件为最近2年连续盈利,最近2年净利润累计不少于1 000万元;或者最近1年盈利,最近1年营业收入不少于5 000万元。互联网企业有其独特的商业模式,发展初期需要通过不断"烧钱"抢占市场份额,在刚开始是无法实现收益的。而这时正是互联网企业最需要资金的关键时期,大多数互联网企业在这时也处于亏损状态。我国主板和创业板市场上市的盈利硬指标使互联网企业无缘境内上市。但亏损的公司在境外上市,却是比较常见的现象。

2. 等待时间长

等待时间过长使互联网企业没有办法在主板市场获得及时筹资。互联网企业成长很快,而且在开始总是非常缺钱的,一般在C轮融资后就要准备上市做大规模筹资了,境内上市需要满足持续经营3年以上,主板市场更是要求上市前最近3年连续盈利。互联网公司很有可能在2~3年间就失去了最好的发展时机。互联网行业瞬息万变,上市需要排队,上市时间不确定使互联网企业往往耗不起、伤不起。以10年前曾是中国最大的搜索引擎技术提供商中搜网络为例,在谋求海外上市失利后转战创业板,但终因排不起队不得不先在新三板挂牌。

3. VIE架构不允许在境内上市

我国法律对境外资金投资互联网企业有非常严格的限制。国内互联网企业在发展初期资金匮乏,主要的资金来源以VC、PE和天使投资为主,大多也会引入境外的投资机构。在上市的时候,VIE架构作为一种绕开监管的灰色模式,不允许在境内上市。融资约束和监管政策的限制,使大量的互联网企业不得不"远走他乡"。

三、世界那么大,还是家里好——VIE企业拆分回国上市热潮起

1. VIE灰色地带遇监管困局

2015年年初,商务部出台了《外国投资法》的草案意见征求稿。其中第149条指明了对外国投资者、外国投资企业以协议控制在禁止实施目录列明的领域投资、未经许可在限制实施目录列明的领域投资,将进行处罚。草案明确将VIE控制协议纳入了境外投资的监管范围。由此看来,收紧对VIE的监管成为大势所趋。

2. 注册制助推互联网企业上市

目前来看,注册制落地只是时间问题。在注册制下证券发行审核机构只对注册文件进行形式审查,不进行实质判断,对股票发行的持续盈利条件也会作出相应的改变,可以从源头上降低互联网公司上市的门槛,帮助发展初期亏损的互联网公司上市。

3. 高市盈率吸引 VIE 企业回归

2014年年底至今,我国国内资本市场牛市行情持续。特别是创业板今年的行情更可谓是热得发烫,在4月30日,创业板的市盈率已经飙升到104.4倍。在创业板上市的互联网公司中,市盈率最低的顺网科技当时也有97.24倍。暴风科技自3月24日登陆创业板上市以后,创纪录经历了27个涨停,市盈率达到147.05倍。而赴美上市的中国互联网公司中,市盈率均值在40倍左右。土豆和唯品会等企业的"流血"上市,也让我们看到境外上市似乎并没有想象中那么美好。拆分VIE,回归境内资本市场怀抱,成为许多中概股的新选择。在今年两会李克强总理提出了"互联网+"的概念。稀缺的互联网题材站在被热炒的风口之上。若是注册制解决了互联网公司上市门槛的问题,互联网企业必定会成为新一轮被爆炒的标的。

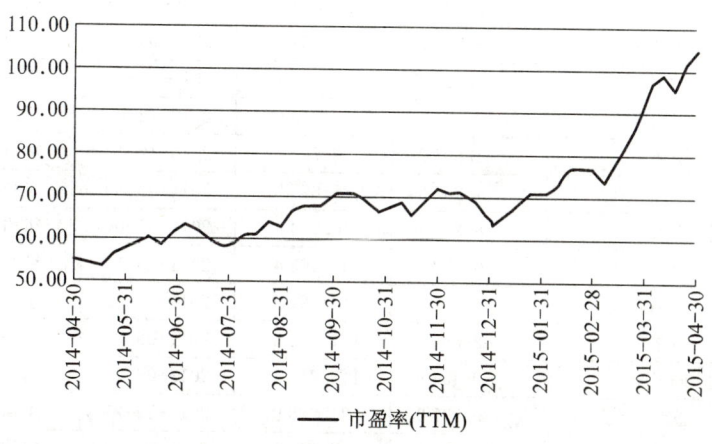

图2 我国创业板2014年4月至2015年4月市盈率

数据来源:Wind资讯,新三板智库整理。

我国创业板2014年4月至2015年4月市盈率如图2所示,创业板上市互联网公司市盈率如表1所示,我国赴美上市互联网公司市盈率如表2所示。

表1　　　　　　　　　我国创业板上市互联网公司市盈率

代码	名称	市盈率	市值	上市初市盈率	上市日期
300059.SZ	东方财富	410.17	1 421.64	113.67	2010-03-19
300104.SZ	乐视网	296.65	1 108.60	74.45	2010-08-12
300113.SZ	顺网科技	97.24	175.40	134.30	2010-08-27
300226.SZ	上海钢联	3 135.97	179.49	40.67	2011-06-08
300295.SZ	三六五网	123.26	160.08	43.81	2012-03-15
300383.SZ	光环新网	159.19	157.18	44.82	2014-01-29
300392.SZ	腾信股份	204.68	189.54	29.44	2014-09-10
300418.SZ	昆仑万维	166.82	424.70	24.67	2015-01-21
300431.SZ	暴风科技	461.47	147.05	29.41	2015-03-24

注:表1中市盈率和市值为2015年4月30日当天市盈率和市值。
数据来源:Wind资讯,新三板智库整理。

表2　我国赴美上市互联网公司市盈率

代码	名称	总市值（亿）	市盈率（TTM）	上市日期	上市交易所
SINA.O	新浪	4 300.643 5	14.746 9	2000-04-13	纳斯达克交易所
GSOL.O	环球资源	1 024.478 5	9.136 7	2000-04-17	纳斯达克交易所
NTES.O	网易	26.429 1	21.253 9	2000-06-30	纳斯达克交易所
CTRP.O	携程	165.732 9	226.104	2003-12-09	纳斯达克交易所
KZ.O	空中网	475.360 7	13.435 7	2004-07-09	纳斯达克交易所
JOBS.O	前程无忧	161.474 8	30.033 4	2004-09-29	纳斯达克交易所
BIDU.O	百度	129.865 5	33.340 1	2005-08-05	纳斯达克交易所
PWRD.O	完美世界	35.766 3	9.457 1	2007-07-26	纳斯达克交易所
CYOU.O	畅游	3.970 9	41.030 7	2009-04-02	纳斯达克交易所
GAME.O	盛大游戏	209.070 8	10.864 8	2009-09-25	纳斯达克交易所
SFUN.N	搜房网	31.821 7	13.652	2010-09-17	纽约证券交易所
BITA.N	易车	19.848 6	35.262 8	2010-11-17	纽约证券交易所
DANG.N	当当网	12.088 4	53.018 9	2010-12-08	纽约证券交易所
MOBI.O	斯凯	1.854 0	7.747 7	2010-12-10	纳斯达克交易所
QIHU.N	奇虎360	1.252 3	35.693 5	2011-03-30	纽约证券交易所
RENN.N	人人	8.212 7	16.734 3	2011-05-04	纽约证券交易所
DATE.O	世纪佳缘	0.538 3	59.463 4	2011-05-11	纳斯达克交易所
FENG.N	凤凰新媒体	7.167 2	12.021 9	2011-05-12	纽约证券交易所
TAOM.N	淘米	62.064 8	111.553 5	2011-06-09	纽约证券交易所
VIPS.N	唯品会	0.458 9	116.7	2012-03-23	纽约证券交易所
YY.O	欢聚时代	0.397 0	21.935 9	2012-11-21	纳斯达克交易所
JMEI.N	聚美优品	220.236 7	55.266 1	2014-05-16	纽约证券交易所
BABA.N	阿里巴巴	108.841 2	46.098 6	2014-09-19	纽约证券交易所

注：表2中市盈率和市值为2015年4月30日当天市盈率和市值。剔除其中盈利为负的公司。
数据来源：Wind资讯，新三板智库整理。

四、另辟蹊径，扬帆蓝海——新三板或成VIE拆分企业的新逐鹿战场

中概股遇冷，A股互联网公司受捧。一些已赴美上市但股价长期低迷的互联网公司，也开始跃跃欲试，欲回归国内资本市场。融360、蚂蚁金服、陆金所等多家互联网金融企业已计划在国内上市。百合网、世纪佳缘和盛大游戏等也准备拆分VIE结构回国内上市。易凯资本CEO王冉今年5月曾说道："优秀创业公司选择A股或者新三板必将成为难以逆转的趋势。总结一下：我昨天到今天一共见了9家处在B轮、C轮和D轮阶段的互联网公司，其中有4家明确表示准备拆VIE上新三板，1家准备拆分VIE上创业板，1家准备拆分部分业务上新三板，2家暂时观望，但明显对拆回来有一定兴趣，1家明确表示不考虑回来，继续去美国上市。"可见，新三板成为VIE拆分企业的密切关注市场。

回归境内上市，需要完全拆除原有的VIE结构。

不少互联网企业为尽早获取美元投资，在启动A轮融资甚至更早前就开启了VIE

架构的搭建。因此，VIE架构的拆分是企业重回A股的关键性问题。2012年5月，暴风科技历时1年6个月的VIE架构拆分工作全部完成，没有留下任何债权、债务后患，也成为VIE架构成功拆分的标杆。暴风科技VIE架构拆分全过程如图3所示。

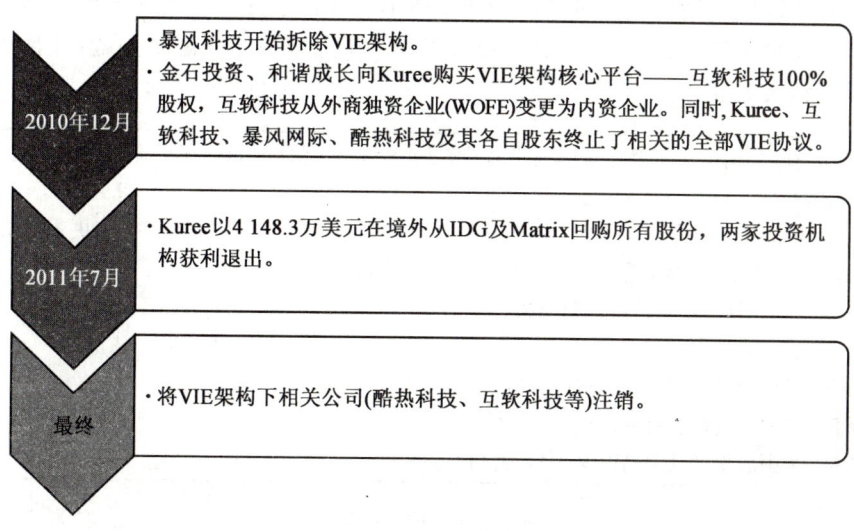

图3　暴风科技VIE架构拆除全过程

数据来源：网络资料，新三板智库整理。

VIE模式的企业拆分VIE架构的核心在于解除实际控制人通过特殊目的公司设立的外商投资企业与境内公司签署的一系列旨在转移利润的协议，需要将外商独资企业变更为内资企业，需要将VIE架构下的相关公司进行注销，还涉及从境外资本机构回购股份的问题。例如，启明星辰在招股书中披露，VIE架构签署的一系列合同均未实际履行，没有出现导致有限公司控制权和利润转移的情形，所以其并未等待3个完整的会计年度才上市，但这需要保荐人和律师的谨慎核实。

一般来说，VIE拆分后回归A股上市起码需要2～3年的时间，如暴风科技从2010年12月历时1年6个月上市，在今年3月才获得创业板上市。时间跨度还是比较长的。深交所的有关负责人表示，创业板将积极研究解决VIE架构企业回归A股上市中存在的主要障碍，包括允许连续计算VIE架构存续期间的经营时间，合并计算VIE架构下相关主体的业绩等，以加快此类企业回归境内上市的进程，增强创业板市场的包容性。

天下武功，唯快不破。在这样一个计划赶不上变化的金融市场，机会转瞬即逝。这时，新三板市场就成为VIE企业上市的锐利武器。

五、VIE企业如何搭上新三板的快速列车

证监会主席肖钢曾表示，在创业板建立专门层次，允许尚未盈利但符合一定条件的互联网和科技创新企业在创业板发行上市，并实行不同的投资者适当性管理制度。证监会发布的关于支持深圳资本市场改革创新的15条意见中也提到"将积极研究制定方

案,推动在深圳证券交易所创业板设立专门的层次,允许符合一定条件尚未盈利的互联网和科技创新企业,在全国中小企业股份转让系统挂牌满12个月后,到创业板发行上市"。

相比目前主板和创业板的上市规定,新三板公司没有利润限制门槛,申报流程短,融资方式灵活,新三板挂牌条件如图4所示。在目前注册制尚未落地,主板、创业板上市需要排队等候的情况下,新三板可以较为迅速解决公司融资问题,并且也可以作为今后转板的通道。

> 股份有限公司申请股票在全国股份转让系统挂牌,不受股东所有制性质的限制,不限于高新技术企业,应当符合下列条件:
> (一)依法设立且存续满2年。有限责任公司按原账面净资产值折股整体变更为股份有限公司的,存续时间可以从有限责任公司成立之日起计算;
> (二)业务明确,具有持续经营能力;
> (三)公司治理机制健全,合法规范经营;
> (四)股权明晰,股票发行和转让行为合法合规;
> (五)主办券商推荐并持续督导;
> (六)全国股份转让系统公司要求的其他条件。

图4 新三板挂牌条件

数据来源:网络资料,新三板智库整理。

大多数新三板挂牌企业从排队到正式登陆新三板仅需要1~3个月的时间,远快于主板市场,手续也远没有主板上市那么的复杂。新三板成了拆分VIE互联网企业的新选择。新三板挂牌前后需要完成的工作如图5所示。

> (1) 召开董事会和股东大会就股份报价转让事项作出决议;
> (2) 与主办报价券商签订推荐挂牌报价转让协议;
> (3) 向当地政府申请股份报价转让试点企业资格;
> (4) 配合会计师事务所和律师事务所进行独立审计和调查。会计师事务所出具审计报告;律师事务所出具法律意见书、对公司股东名册的鉴证意见;
> (5) 配合主办报价券商项目小组尽职调查,形成如下文件:尽职调查报告、推荐报告、股份报价转让说明书、调查工作底稿。
> (6) 配合主办报价券商组织材料、接受主办报价券商的内部审核;
> (7) 配合主办报价券商组织材料向中国证券业协会报备;
> (8) 中国证券业协会向主办报价券商出具备案确认函后,到工商部门办理股份登记退出手续。以后的企业年检在工商部门,股东名册在登记公司;
> (9) 与中国证券登记结算公司深圳分公司签订证券登记服务协议,并与主办报价券商共同办理股份登记手续和在交易所的挂牌手续;
> (10) 股份报价转让前二个报价日,在代办股份转让信息披露平台披露股份报价转让说明书,主办报价券商同时披露推荐报告。

图5 新三板前后需要完成工作

数据来源:网络资料,新三板智库整理。

全面认识新三板(1):天下没有免费的午餐

邱 翼[①]

截至2015年6月24日,新三板挂牌企业数量达到2 612家,较2014年同期的785家增长了232.74%,短短的1年时间内企业对待新三板的态度可谓180度大转弯。犹记得2014年我们在向企业推荐新三板时,大部分企业还不知新三板为何物;但是1年后的今天,我们很荣幸地见证了新三板的繁荣,越来越多的优秀企业选择新三板作为其对接资本市场的平台。

中国有句老话叫"无利不起早",企业蜂拥而上新三板必然是好处多多。本文主要目的还是希望拟挂牌企业能够全面认识新三板,审慎走好迈向公众资本市场的第一步。

一、企业挂牌新三板的五大好处

1. 融资便利

企业对接资本市场最原始的目的在于融资,通过广泛吸收社会资金,迅速扩大企业规模,提升企业知名度,增强企业竞争力。相对主板严格的审批流程来说,新三板市场融资方式可谓快捷又便利。新三板实行储价发行制度,一次核准,分期发行。另外,发行后股东不超过200人或者1年内发行股票融资总额低于净资产20%的企业可豁免向中国证监会申请核准。中科招商(832168)在短短3个月内3次定增接连融资95.42亿元是最好的例子。

2. 价格发现

大部分企业在登陆新三板前缺乏市场公允价值,尤其对轻资产的高科技企业而言,其估值定价更是一大难题。新三板市场为企业提供了独有的做市商制度,企业登陆新三板后可选择以做市转让的方式交易,做市商为企业提供连续报价,股票供需决定企业最终价格,新三板市场发挥了挂牌企业股权价格发现的作用。联讯证券(830899)交易方式于2015年6月18日由协议转让变更为做市转让,截至2015年6月24日,其收盘价为3.76元,体现了新三板市场的定价功能。

3. 通过股权激励,留住核心员工

新三板企业以中小微企业为主,人才对中小微企业发展的重要性远远大于大型企业,企业登陆新三板后可以通过股权激励的方式留住核心员工;另外,新三板市场的交易和定价功能也为股权流通变现提供了便利,强化了员工持股的激励作用,如先

[①] 邱翼,新三板智库研究总监。

临三维(830978)于2015年4月2日通过股东大会决议,向激励对象授予股票期权460万份,激励对象包括公司董事、监事、高级管理人员、中层管理人员、公司核心业务人员等共计113人;联讯证券(830899)于2015年1月23日公告首期员工持股计划,参与该计划的包括公司董事、高级管理人员和其他员工等合计不超过1025人,开了券商股权激励的先河。

4. 提升企业知名度

一方面,新三板作为全国性的证券交易场所为挂牌企业提供了一个全国性的展示平台;另一方面,企业成功登陆新三板意味着同时获得主办券商、会计师事务所、律师事务所和其他投资机构(如果有的话)的信誉背书,对其提升知名度有潜在影响。这里明显受益的企业如3D打印第一股先临三维(830978)、PE第一股九鼎投资(430719)、金融第一股湘财证券(430399)等。

5. 规范经营,为IPO热身

抛开IPO的财务门槛不提,企业要想上市至少需要规范经营3年,企业在新三板挂牌的过程其实就是公司经营逐步规范的过程,无论未来新三板与创业板的转板机制是否通畅,新三板企业通过主办券商的持续督导,做到规范经营、信息披露合规,今后再想IPO也会容易不少。新三板企业在摘牌后IPO成功的案例也不少,如双杰电气、康斯特、合众科技、久其软件等企业11家。

二、登陆新三板的风险与挑战

1. 天下没有免费的午餐

企业选择登陆新三板,在享受新三板制度红利的同时,也必须遵守新三板的游戏规则。新三板作为全国性的证券交易场所,对挂牌企业的经营规范、信息披露都有相应的规则限制。部分挂牌企业未能适应公开资本市场的要求,在挂牌申报、交易披露等环节偶有阻滞。这里我们整理了出现频率较高、影响范围较广的几大问题,提醒拟挂牌企业注意以下几点:

(1)规范运作。大部分中小民营企业在过往的生产经营中难免存在一些不规范的操作,经营资质获取、财产权属划分、环保、财务、税务、员工五险一金等方面的瑕疵都是企业在拟挂牌阶段必须逐步清除解决的。从长远来看,借新三板挂牌全面整改企业内部隐患,也是为未来健康快速发展打下坚实基础。

(2)避免同业竞争。与主板、中小板和创业板IPO不同,新三板可容忍同业竞争问题的存在,但控股股东/实际控制人同业竞争情况仍应尽可能避免。按规定,申请挂牌公司应披露是否存在与控股股东、实际控制人及其控制的其他企业从事相同、相似业务的情况。对存在相同、相似业务的,应对是否存在同业竞争作出合理解释,披露为避免同业竞争采取的措施及作出的承诺。简单来说,解决同业竞争的主要方式包括:收购相竞争的业务到拟挂牌公司、放弃同业竞争的业务、直接注销相竞争企业、以股权转让方式将相竞争公司转为子公司。

(3)规范关联交易。申请挂牌公司应根据《公司法》和《企业会计准则》的相关规定,若存在关联交易,挂牌公司应披露关联方、关联关系、关联交易,并说明相应的决策权限、决策程序、定价机制、交易的合规性和公允性、减少和规范关联交易的具体安排等,并论证关联方交易存在的必要性和持续性。

2014年5月7日,蓝天环保(430263)因关联方披露不完整、关联交易未经内部决策程序且未披露,关联方资金占用未披露,被股转系统采取自律监管措施,要求提交书面承诺。

(4) 及时信息披露。按《全国中小企业股份转让系统业务规则(试行)》的要求,挂牌公司需要披露定期报告(强制披露年度报告和半年度报告,可披露季度报告)和临时报告(董事会、监事会和股东大会决议;收购与出售资产、对外投资、关联交易、重大诉讼仲裁、利润分配与资本公积转增资本、异常波动、股权激励、限售股份解禁等)。

2015年4月30日,可来博(430134)等22家挂牌公司未能按照有关规定披露2014年年度报告,按规定自5月4日起被暂停转让,至年报披露后恢复。2015年3月20日,安普能(430136)因对3起重大涉诉事项未及时履行信息披露义务,被股转系统出具警示函,要求提交书面承诺。

2. 挂牌只是起点,后面挑战更大

企业成功在新三板挂牌获得证券代码只是迈入资本市场的第一步,挑战也才刚刚开始。其一,从制度设计上看,新三板市场呈金字塔形分布,最优秀的企业按照主板的交易规则实行竞价交易、一部分优秀企业以做市转让的方式交易,大部分的企业因无人问津成为"僵尸",只能以协议转让的方式交易。从这点来看,新三板市场具备天然的优胜劣汰机制,企业挂牌后第一步应该是努力吸引做市商,争取以做市转让的方式进行交易,之后通过做市商分散股权,向竞价交易迈进,不进取的企业终将被人遗忘。其二,与主板市场IPO"堰塞湖"不同,新三板市场是无限供给,有限的资金面对无限的企业,最终会导致企业与企业之间的竞争异常激烈,优秀的企业成为做市商、投资者的"香饽饽",而平庸者的生存会越来越艰难。

3. 理性融资——投资者的钱不是那么好拿的

中小企业在融资时一定要根据实际需求融资,一则,这关乎企业实际控制权问题,每次定增稀释的股权不一定很多,但是积少成多的道理大家应该都懂(在我们接触的企业中有不少创始人面临实际控制权的问题);二则,资本从来都是逐利的,一旦实际投资回报与预期相差较大,本该是助力企业发展的资金有可能会成为束缚企业发展的枷锁。

全面认识新三板(2)：新三板优质"终身伴侣"怎么找

邱 翼[①]

我们在《全面认识新三板(1)：天下没有免费的午餐》中分析了在企业新三板挂牌的好处和挑战，希望拟挂牌企业在登陆新三板前对新三板有个较为全面的认识。如果您经过深思熟虑，决定势必要登陆新三板，那么接下来您需要选择一位主办券商。

根据股转系统的业务规则，挂牌企业的主办券商主要有两大职责：一是推荐股份公司股票进入股转系统挂牌，二是挂牌后的持续督导。主办券商对于企业的持续督导是终身制的，对于挂牌企业来说，选择主办券商就犹如选择"终身伴侣"，一定要慎之又慎。所以本文先谈谈我们对选择主办券商的一点想法，跟各位共同探讨主办券商的选择之道。

一、总部至上原则

2014年12月26日证监会发布《关于证券经营机构参与全国股转系统相关业务有关问题的通知》提到要拓宽挂牌服务的广度，并提到"已取得全国股转系统推荐业务备案的证券公司可由其分公司直接开展推荐业务"。股转系统的初衷在于缓解券商挂牌压力，但从从业人员储备的角度看，券商总部的专业人才存量会明显高于分公司(营业部)，幸运的公司或许还能碰上曾经负责IPO的团队来做挂牌推荐。总部和分公司的差距会体现在后续服务中的方方面面：如申报材料的质量，这直接决定了反馈次数，有一次性过会的，也有反馈4~5次的(大概耗时1~2个月)；如企业的规范成本，因为券商的不专业导致股东花费不必要的费用；另外，券商分公司在调动资源能力上也明显弱于总部，所以在有选择的情况下，建议尽量选择总部。

二、就近原则

除了考虑券商总部问题之外，企业还需要考虑地域问题。推荐挂牌和之后的持续督导有很多环节需要双方(甚至四方，包括律师事务所和会计师事务所)共同协商完成，天然的地域隔阂有时候可能会成为难以跨越的鸿沟。建议拟挂牌企业在选择主办券商时遵循"就近原则"。

三、内部一致性原则

目前各大券商对新三板各项业务的组织架构设计存在较大差异，如广州证券的

[①] 邱翼，新三板智库研究总监。

推荐业务部门为并购融资部、创新融资部和投行部,做市业务归创新融资总部管理,新三板的相关业务均设在相互关系较紧密的部门;西部证券则把新三板挂牌与做市业务归入北京第一分公司(一级部门)统一管理,类似于广州证券和西部证券这样的组织架构下的项目得以实现联动。同时也有部分券商将挂牌业务与做市业务割裂开来,归入不同部门,这样有可能会出现主办券商做市部门不给督导的挂牌企业做市的情况,所以建议在选择主板券商时最好选择将挂牌、做市业务统一管理的券商。

四、关注做市资格

在《全面认识新三板(1):天下没有免费的午餐》中,我们提到"挂牌只是起点,后面挑战更大"。在新三板天然的优胜劣汰机制之下,相信希望在资本市场有雄心壮志的挂牌企业都离不开"做市交易",继而再参与竞价交易,进入股转系统的"优选板"。因此,我们建议拟挂牌企业在挑选主办券商时可优先考虑具备股转系统做市资格且做市业务较活跃的券商,原因如下:如果企业在挂牌时就采取做市转让,那么股转系统本身就要求其中1名做市商必须由主办券商(或其子公司、母公司)来担任;如果是后续转做市,挂牌企业挑选合适的做市商并完成库存股、做市方案谈判也需要耗费挂牌企业不少人力、物力,选择由主办券商和它推荐的小伙伴共同担任做市商就是省时又省力的好方法。

据股转系统数据显示,目前具有做市资格的券商共有75家,其中"做市表现"较为突出的有:①做市标的数量前5名是:齐鲁证券、国信证券、广州证券、上海证券、天风证券;②最近一周(2015年9月28日至2015年10月2日)做市成交量前5名是:国信证券、齐鲁证券、东方证券、国泰君安、天风证券。

五、综合能力为王

作为挂牌企业的持续督导者,券商的金融服务实力还是需要足够的人才、经验和资金支撑的,考虑到挂牌企业定向增发、并购重组、股票质押融资、IPO等计划,聘任各项业务综合实力较强的券商作为主办券商不失为较优的选择。

据证监会的统计数据,在相关业务方面表现优异的券商有:①总营收方面:国泰君安、中信证券、海通证券、广发证券、国信证券;②投行净收入方面:中信证券、广发证券、中信建投、国信证券、国泰君安;③承销与保荐净收入方面:中信证券、中信建投、广发证券、国信证券、国泰君安;④并购重组财务顾问净收入方面:华泰证券、西南证券、中信证券、海通证券、中金公司;⑤股票质押业务规模方面:海通证券、中信证券、东方证券、兴业证券、国信证券;⑥证券投资收入方面:中信证券、国泰君安、海通证券、东方证券、广发证券;⑦股权投资收入方面:中信证券、招商证券、国元证券、广发证券、华泰证券。

全面认识新三板(3):新三板进入做市商 2.0 时代

邱 翼[①]

前段时间跟圈内朋友交流获得了两条信息:第一,排名比较靠前的一些做市商有意识地放慢了跑马圈地的速度,并且对 100 万元以上的项目开始从严把关(过去 500 万元以上的项目才严格把关);第二,部分做市商开始积极应对流动性风险,库存股比较多的开始通过各种方式清理库存。我们的看法是,经过这轮暴跌[②],做市商在策略上进行了重大调整,过去"不看价值只看价格,库存股拿的越多赚的越多"的模式遭遇市场的重大挑战,做市商在做市企业选择上更趋谨慎,对库存股也不再一味求多,做市商开始告别数量竞赛而进入质量竞赛。

一、做市商 1.0 时代:只谈价格不谈价值

做市商 1.0 时代做市商只谈价格不谈价值,市场遵循的游戏规则是:企业低价出让做市库存股→做市商利用市场定价功能发现企业"真实价值"→企业参照市场价格以一定折扣进行定增完成最终融资。做市商 1.0 时代企业真正的融资需求是在做市后解决,做市后企业市值飞速增长,做市商享受估值提升带来的收益。由于套利空间巨大,各方人马争相参与做市前的定增,市场套利者多而价值认同者少,企业股价缺乏支撑,一旦转为做市交易,低价套利盘出逃将给市场带来巨大压力,最终导致定增破发事件接二连三地发生。定增破发导致的结果是主流机构参与做市企业定增越发谨慎,游戏链条由后端逐渐瓦解并向前端蔓延,游戏规则重新改写。

认真分析做市商 1.0 时代的游戏规则不难发现,这套规则存在两大致命弊端:第一,企业转为做市交易后通过市场定价功能发现的"真实价值"往往缺乏足够的交易量支撑,因此公允价值并未得到主流机构的认可;第二,做市商库存股价格与企业实际价格价差过大,企业潜在的价值支撑位被拉低,在市场行情较差的情况下,做市商有可能成为市场最大的空头。正是基于以上两点,我们认为企业低价出让做市库存股的动力会越来越弱,做市商 1.0 时代的游戏规则必然会被重写。很多人可能会问,那为什么企业最初愿意低价出让做市库存股呢?一则当时企业对做市商制度知之甚少,多数企业将此视为市场惯例;二则企业转为做市交易后确实解决了部分定增价格的公允性问题;三则在当时市场环境下企业按照市场价格以一定折扣定增的定增价格基本都符合企业预期,且这一做法被机构认可。真正给企业提供资金的机构投资者在整个游戏链条中

---

① 邱翼,新三板智库研究总监。
② 本文最初发表于 2015 年 8 月份,当时新三板做市指数、三板成指经历了暴跌。

反而处在末端,当越来越多的机构开始往前端走,去参与拟挂牌企业的定增,或者至少是与做市商同批参与定增时,游戏链条就无法正常运作了。

二、做市商2.0时代:先谈价值再谈价格

现在妄谈做市商2.0时代的模式可能有点为时过早,要形成一套切实可行且被市场认可的成熟模式还需要一定时间,但我们坚信做市商2.0时代的核心必然是围绕企业价值展开(先谈价值再谈价格)。这里,我们也大胆描绘一下我们认为的做市商2.0时代的市场业态:

(1)做市商库存股的价格优势不再明显。做市商本质上是一位拿自有资金进行投资的投资者,与广大机构投资者并无太大区别,做市商1.0时代的价格优势在做市商2.0时代将荡然无存。这里两大PE巨鳄九鼎投资(430719)和中科招商(832168)引进做市商的方法值得我们思考。九鼎投资(430719)2015年6月9日发布公告称,公司股票交易将于2015年6月11日由协议转让变更为做市转让,5家做市商为华融证券、上海证券、广州证券、天风证券和中山证券,做市商初始库存股均来自二级市场;中科招商(832168)2015年5月4日发布股票发行方案称,公司拟向满足《非上市公众公司监督管理办法》以及《全国中小企业股份转让系统投资者适当性管理细则(试行)》规定的具有做市资格的证券公司进行股票定向发行,发行对象合计不超过26名,发行价格为16.2元,正好是前一轮定增价格打9折。

(2)做市商资本利得收益减小,利润主要来自交易价差,促进成交、做大交易量成为做市商工作的重点。做市商1.0时代做市商利润主要来自一二级市场的巨大价差,相较于交易价差的蝇头小利,这部分利润风险低收益高,使做市商将重心放在不断追求做市企业数量上,而忽略交易量。做市商2.0时代一二级市场价差缩小,交易价差成为做市商主要利润来源,做市商采取更加积极的做市交易策略,不断撮合交易赚取价差成为做市商的工作重心。

(3)做市商担负"分层"职责,成为优质企业"筛选器"。做市商2.0时代做市商成为企业的战略投资者(提供双向报价),由于价格优势并不明显,做市商在选择做市企业上更加趋于谨慎,过去良莠不分的局面得以改善,做市商更多地开始扮演优质企业"筛选器"的角色,肩负起"分层"职责。

以上是新三版智库对做市商制度的一些思考,我们自知文中还有很多不完善和思考不周之处,撰写此文也是希望抛砖引玉,与有识之士共同探讨做市商2.0时代的模式。

天了噜,科创板要来了,与新三板试比高

吴文若[①]

虽然科创板目前只是区域性的股权交易中心,但是新三板最初也是起源于中关村科技园区的非上市股份有限公司。乍看之下,它的定位似乎和新三板有些相似,那么它们到底有哪些本质差别,它的推出及以后的发展是否会对新三板造成冲击呢?

就在新三板挂牌公司数量火箭式地一举超越主板,四大PE巨头跑步进入新三板的时候,科创板就这么没有一丝丝防备地来啦!在构建多层次资本市场的精神指导下,众交易所和股交所都各出奇招来分享创业与资本对接这块大蛋糕。这不,新三板的全国性扩容才2年多,上海股交中心又热情洋溢地在2015年12月底正式推出了科技创新专板(简称科创板)。

科创板也叫四新板,四新即新产业、新业态、新模式、新技术。旨在促进资本市场和四新企业的对接,解决正处于孵化期前后、但未来具有发展前景的科技型中小企业的融资难问题。

一、注册制VS备案制,科创板"基础+个性化"挂牌条件更灵活

科创板一出场就自带"特效",在开板时将率先采用注册制的发行体制,建立以信息披露为中心的挂牌审核机制,针对不同条件的挂牌企业将有简易注册、普通注册两种审核程序。而新三板实行备案制,由主办券商进行尽职调查和内核,再由证券业协会审核并备案,在挂牌前还需股转系统审核。科创板的制度设计、信息披露实际上是在向上交所将要推出的战略新兴板靠拢,挂牌企业未来转板时可能会有更便利的机会。

在挂牌条件方面,科创板首创"基础性挂牌条件+可选择的个性化挂牌条件"二合一模式。基础性挂牌条件共7条,主要关注企业的公司治理、是否具备创新性、净资产等。而个性化挂牌条件是根据企业不同发展阶段提出定性、量化的要求,企业在满足基础条件的情况下,只要再符合其中一项,即具备挂牌资格。关于这两类条件的认定权不再属于交易所,而在市场手中。企业首先自主申报,再由推荐机构等第三方发表专业意见。新三板目前的挂牌条件不存在个性化条款,只对公司治理、存续期等提出要求。相同的是,科创板和新三板都不关注企业当前的盈利能力,更关心其持续增长能力、未来发展前景和企业的规范性。但是科创板的公司更多的是介于天使轮和A轮投资期之间,行业分布范围比新三板更小,强调"成熟前期""科技创新型"这两

---

① 吴文若,上海交通大学,新三板智库研究员。

项标准,开板时以来自上海张江高科的企业为主。所以就目前的定位来说,新三板企业介于四新板与日后将要推出的战略新兴板之间。新三板与科创板挂牌条件比较如表1、图1所示。

表1　　　　　　　　新三板与科创板挂牌条件比较

科创板基础性挂牌条件	新三板挂牌条件
• 最近1年内科研投入较大 • 取得较为明显的突破 • 拥有行业领先的核心技术 • 拥有创新的商业模式、新兴业态的企业 • 拥有有关机关批准的特许经营资质 　　　　　　＋	• 依法设立且存续满2年 • 业务明确,具有持续经营能力 • 公司治理机制健全,合法规范经营 • 股权明晰,股票发行和转让行为合法、合规 • 主办券商推荐并持续督导

科创板可选择的个性化挂牌条件
• 科技创新型股份有限公司 • 业务基本独立,具有持续的经营能力 • 最近1年公司经审计的净资产不低于300万元 • 不存在显著的同业竞争、显失公允的关联交易、额度较大的股东侵占资产等损坏投资者利益的行为 • 在经营管理上具备风险控制能力 • 公司治理结构完善,运作规范 • 公司股权归属清晰

中间为"VS"。

资料来源:网络资料,新三板智库整理。

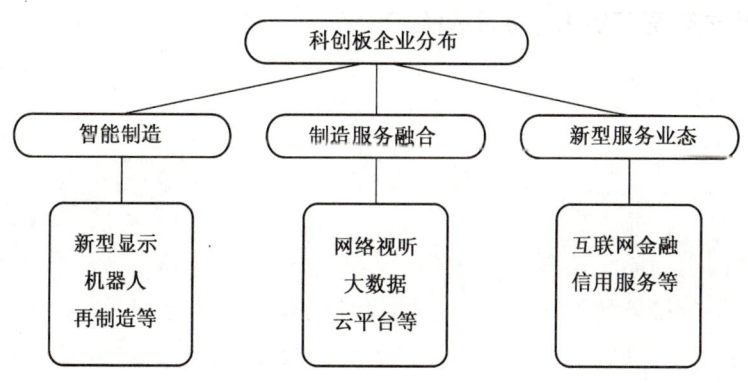

图1　新三板与科创板挂牌条件比较

资料来源:网络资料,新三板智库整理。

二、50万+50% VS 500万,科创板创新交易设计

上海股交中心对科创板可谓倾力打造,除了挂牌制度,在交易环节设计上也是新意频出。

科创板的中介机构更加多元化,券商、创投都可以参与成为挂牌推荐机构,而新三板目前只有券商才可以推荐企业挂牌,并进行持续督导。在交易方式上,科创板以协议转让为主,新三板则是协议转让与做市制度并存,并且越来越多的企业转向流动性更好的做市制度。

除了股权融资,科创板还将利用 P2P、众筹平台等互联网金融平台为挂牌企业提供融资服务,打造综合金融服务平台,激活大量民间资本,对接科技创新型中小企业。

科创板建立了合格投资者制度,主要包括机构投资者和个人投资者。对个人投资者的要求是,有金融资产 50 万元以上,并设置 50％的涨跌幅限制。而目前新三板只允许拥有 500 万元以上证券类资产的投资者入场,并且不设置涨跌幅限制。科创板的企业相较于新三板企业处于更初期阶段,不确定性因素更多,投资者进入门槛却更低。通过限制涨跌幅真的就能够保护投资者吗?这一问题还有待商榷。另外,科创板将股东人数限制在 2～200 人,日后对交投的活跃度可能会有一定影响,而新三板的股东数可以突破 200 人。

三、多层次资本市场是必然趋势,企业需综合考虑选择平台

近几年我国已逐步建立起了初具规模的区域股权市场,如天津股权交易所、齐鲁股权托管交易中心、上海股权托管交易中心等十几家股权交易市场。多层次的资本市场体系可使不同规模、不同类型的中小企业各取所需,在不同层次的平台上获得丰富的融资机会,解决融资难的问题,促进企业发展,因此是未来资本市场不断完善的通路。新三板、科创板、战略新兴板等一系列资本平台应该既相互补充,又良性竞争。而企业面对丰富的融资平台和渠道,应当综合考虑各平台的特色,结合自身的特点、未来的发展方向、融资需求等进行选择。

隐形的翅膀:揭秘新三板企业政府补助

孙艳阳[①]

政府补助无疑是新三板挂牌企业健康成长的隐形翅膀。然而有关政府有形之手和市场无形之手的论战不断,有关政府补助力度增减的预测此起彼伏,垂涎新三板政府补助的企业还在新三板场门口挣扎与徘徊。本文用大数据带你解读新三板政府补助。

一、新三板政府补助年度、行业、省份和公司分布

根据2015年最新的新三板中报数据,新三板政府补助总额约为163.41亿元。在股转系统中挂牌或已发行未上市的3 414家企业中,仅477家企业未获得政府补助。可见,新三板政府补助金额之大,覆盖面之广。本文从年度、行业、省份和排名前40的公司四个方面带你解读新三板政府补助。

1. 政府补助年度分布

新三板政府补助年度分布如图1所示,由图1可知,除2015年统计数据来自中报不具可比性以外,2006—2014年年报中的政府补助总额连年攀升,尤其是2012年新三板扩容,政府补助陡增。然而,去除企业基数影响,政府补助均值似乎呈过山车般波动,直到2011年才逐步趋于稳定,并小幅增长。

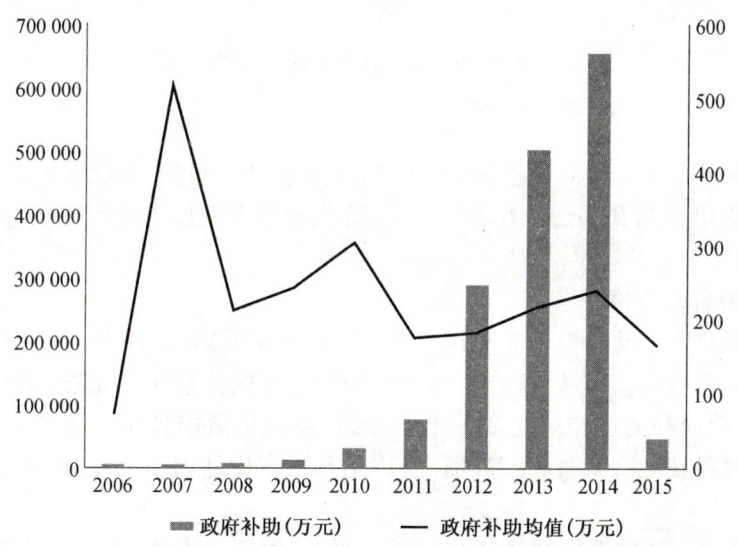

图1 政府补助(万元)年度分布

数据来源:同花顺数据库,新三板智库。

---

① 孙艳阳,上海交通大学,新三板智库研究员。

2. 政府补助行业分布

新三板政府补助行业分布如图2所示,由图2可知,政府补助总额行业分布呈现严重的两极分化,轻资产的软件和信息技术服务业、计算机、通信和其他电子设备制造业及专用设备制造业分别获得284 299.53、148 995.94万元和133 977.42万元政府补助,这可能主要受益于李克强总理"互联网+"和万众创新的政策暖风。

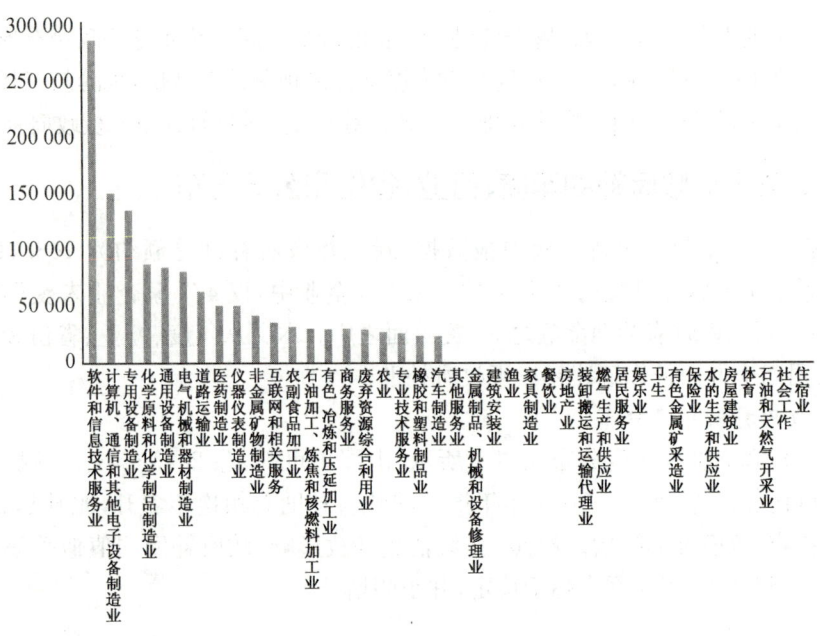

图2 政府补助(万元)行业分布

数据来源:同花顺数据库,新三板智库。

新三板政府补助行业均值分布如图3所示,由图3可知,去除企业基数影响,道路运输业、黑色金属矿采选业和石油加工、炼焦和核燃料加工业等传统行业"逆袭",位居前三甲。

3. 政府补助省份分布

新三板政府补助省份分布如图4所示,由图4可知,总体上,政府补助在我国大地上从东向西依次递减,毕竟东部地区法治与金融体系相对完善,是新三板挂牌的主战场,政府补助也相对较多。此外,政府补助总额排名前5的省市中,只有北京有中关村科技园区背景,江苏、浙江、广东和山东均是创新大省,小微企业的成长摇篮。

新三板政府补助省份均值分布如图5所示,由图5可知,去除企业基数影响之后,各省政府补助均值差异相对缩小,新三板政府补助均值差不多在同一起跑线上。此外,江西、海南、安徽和辽宁四省"逆袭",排名前4,其较高的政府补助均值在一定程度上可弥补其法制与金融发展相对落后的不足。

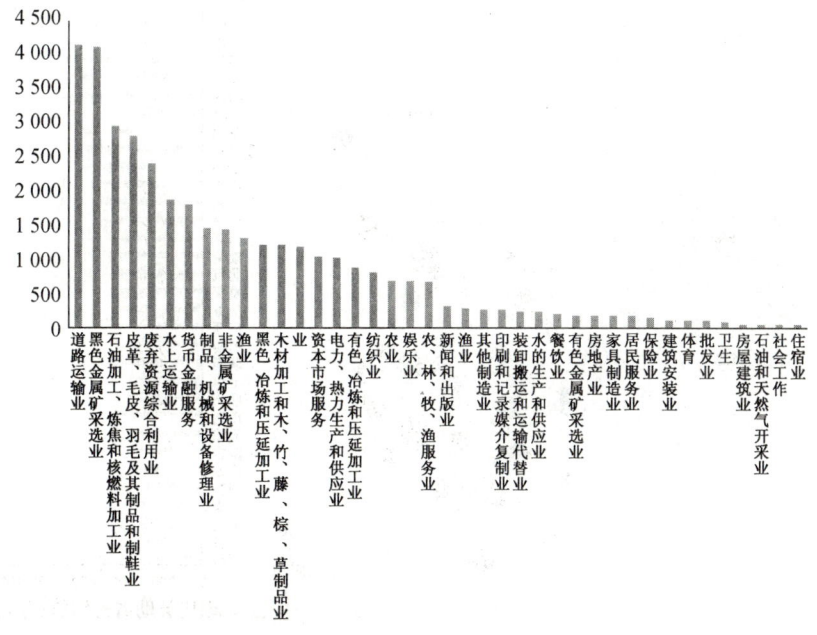

图3 政府补助(万元)行业均值分布

数据来源:同花顺数据库,新三板智库。

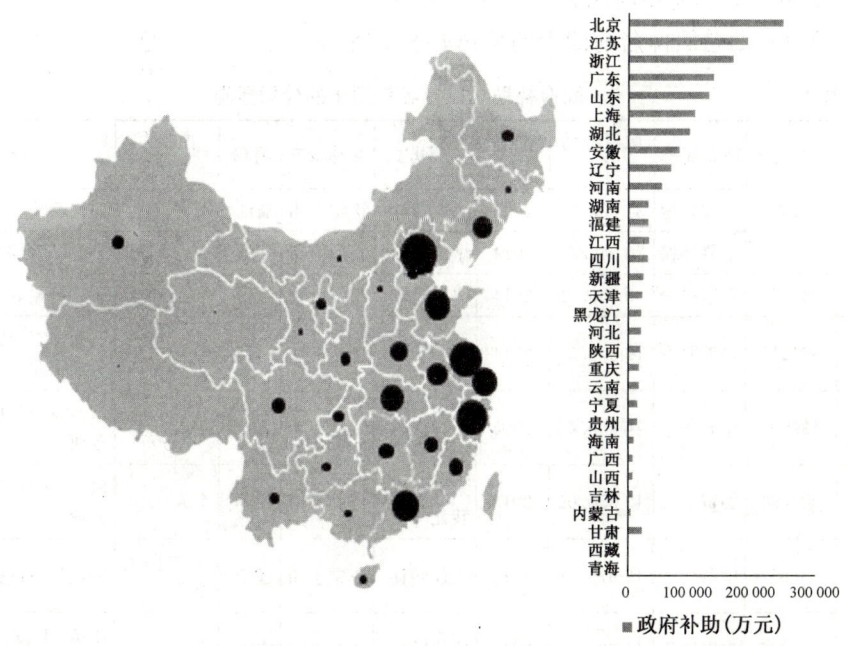

图4 政府补助(万元)省份分布

数据来源:同花顺数据库,新三板智库。

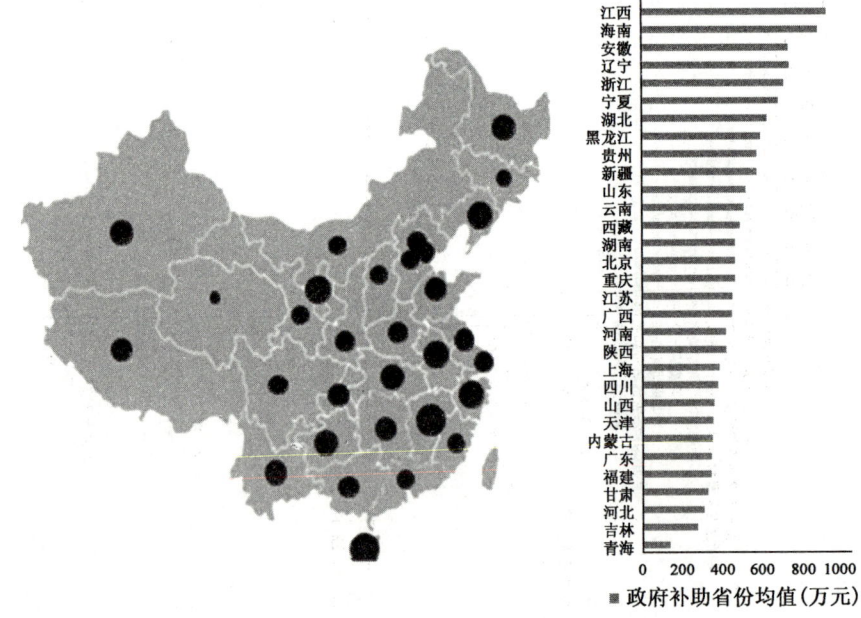

图 5　政府补助（万元）省份均值分布

数据来源：同花顺数据库，新三板智库。

4. 政府补助总额排名前四十的公司详情

政府补助总额排名前四十的公司如表 1 所示。

表 1　政府补助总额排名前四十的公司概览

序号	股票代码	股票简称	政府补助（万元）	挂牌时间	交易方式	交易状态	省份	控制人类型	行业
1	832399	宁波公运	31 503.02	2015	协议转让	正常上市	浙江	不详	道路运输业
2	831516	金科环保	20 942.37	2014	做市转让	正常上市	湖北	个人	废弃资源综合利用业
3	831227	宜运股份	20 538.72	2014	协议转让	正常上市	江西	个人	道路运输业
4	831213	博汇股份	19 068.54	2014	做市转让	正常上市	浙江	个人	石油加工、炼焦和核燃料加工业
5	430008	紫光华宇	14 609.48	2006	不详	终止上市	北京	个人	软件和信息技术服务业
6	400060	炎黄 5	13 354.00	2013	集合竞价转让①	停牌	江苏	个人	软件和信息技术服务业
7	830852	中科仪	12 979.79	2014	协议转让	正常上市	辽宁	地方国有企业	通用设备制造业
8	832295	富泰股份	11 606.28	2015	协议转让	正常上市	安徽	个人	皮革、毛皮、羽毛及其制品和制鞋业

---

① 该企业是两网及退市企业，不同于新三板挂牌企业，流通股份以集合竞价方式交易。

（续表）

序号	股票代码	股票简称	政府补助（万元）	挂牌时间	交易方式	交易状态	省份	控制人类型	行业
9	430023	佳讯飞鸿	10 954.81	2007	不详	终止上市	北京	个人	计算机、通信和其他电子设备制造业
10	430618	凯立德	10 338.31	2014	做市转让	正常上市	广东	个人	软件和信息技术服务业
11	430002	中科软	10 103.26	2006	协议转让	正常上市	北京	中央国家机关	软件和信息技术服务业
12	831628	西部超导	8 441.51	2014	协议转让	正常上市	陕西	地方政府	有色金属冶炼和压延加工业
13	830820	大族冠华	8 302.68	2014	协议转让	正常上市	辽宁	个人	专用设备制造业
14	832715	华信股份	8 157.95	2015	协议转让	正常上市	辽宁	个人	软件和信息技术服务业
15	430680	联兴科技	8 131.69	2014	协议转让	正常上市	山东	个人	非金属矿物制品业
16	430010	现代农装	7 699.38	2006	协议转让	正常上市	北京	中央国有企业	专用设备制造业
17	430558	均信担保	7 156.97	2014	协议转让	正常上市	黑龙江	不详	商务服务业
18	400059	创智 5	6 274.58	2013	集合竞价转让①	停牌	广东	个人	软件和信息技术服务业
19	430623	箭鹿股份	6 152.91	2014	做市转让	正常上市	江苏	地方国有企业	纺织业
20	833323	好帮手	6 149.98	不详	协议转让	已发行未上市	广东	个人	计算机、通信和其他电子设备制造业
21	831199	海博小贷	5 738.85	2014	协议转让	正常上市	浙江	不详	货币金融服务
22	430302	保华石化	5 681.22	2013	协议转让	正常上市	湖北	个人	石油加工、炼焦和核燃料加工业
23	832234	鸿通管材	5 665.99	2015	协议转让	正常上市	山东	个人	专用设备制造业
24	830881	圣泉集团	5 596.70	2014	协议转让	正常上市	山东	个人	化学原料和化学制品制造业
25	830836	荆楚网	5 485.91	2014	协议转让	停牌	湖北	地方国有企业	互联网和相关服务
26	430001	世纪瑞尔	5 236.47	2006	不详	终止上市	北京	个人	软件和信息技术服务业
27	430094	确安科技	5 135.52	2011	协议转让	正常上市	北京	中央国有企业	计算机、通信和其他电子设备制造业
28	830942	众志和达	5 101.81	2014	协议转让	正常上市	江苏	个人	软件和信息技术服务业

① 该企业是两网及退市企业，不同于新三板挂牌企业，流通股份以集合竞价方式交易。

(续表)

序号	股票代码	股票简称	政府补助（万元）	挂牌时间	交易方式	交易状态	省份	控制人类型	行业
29	832856	一滕股份	5 066.01	2015	协议转让	正常上市	山东	个人	化学原料和化学制品制造业
30	430036	鼎普科技	5 061.80	2008	协议转让	正常上市	北京	个人	计算机、通信和其他电子设备制造业
31	430753	琼中农信	4 949.75	2014	协议转让	停牌	海南	不详	货币金融服务
32	832792	鹿城银行	4 888.94	2015	协议转让	正常上市	江苏	不详	货币金融服务
33	832800	赛特斯	4 800.55	2015	协议转让	正常上市	江苏	境外	软件和信息技术服务业
34	831920	车头制药	4 789.00	2015	协议转让	正常上市	浙江	个人	医药制造业
35	430229	绿岸网络	4 742.55	2013	做市转让	正常上市	上海	个人	互联网和相关服务
36	831786	威思顿	4 458.61	2015	协议转让	正常上市	山东	地方国资委	仪器仪表制造业
37	831601	威科姆	4 399.62	2015	做市转让	停牌	河南	不详	软件和信息技术服务业
38	831327	飞翼股份	4 253.42	2014	做市转让	正常上市	湖南	个人	专用设备制造业
39	833171	福建国航	4 229.90	2015	协议转让	正常上市	福建	个人	水上运输业
40	430139	华岭股份	4 212.03	2012	协议转让	正常上市	上海	不详	专用设备制造业

数据来源：同花顺数据库，新三板智库。

大族冠华(830820)是主板的大族激光(002008)布局到新三板的子公司。此外，佳讯飞鸿(430023)、紫光华宇(430008)和世纪瑞尔(430001)享受完新三板政府补助之后，纷纷转板到创业板上市。

二、政府补助：隐形翅膀带你飞了吗

有关政府有形之手与市场无形之手的论战由来已久，经济运行过程中寻找政府有形之手与市场无形之手之间的最佳结合点也成了一门艺术。新三板实行"注册制"，向着市场化大踏步前进，上演真正的丛林法则；然而，众多小微企业如嗷嗷待哺的小鸟，政府扶持至关重要。那么，政府补助这双隐形翅膀带着新三板挂牌企业飞了吗？本文利用同花顺数据库中新三板企业2006—2015年的数据，以政府补助为X变量，以盈利能力、营运能力、融资能力和创新能力为Y变量，检验政府补助(X)对上述Y变量的影响。

1. 盈利能力

政府补助与企业营运能力的关系如图6所示。

2. 营运能力

政府补助与企业营运能力的关系如图7所示。

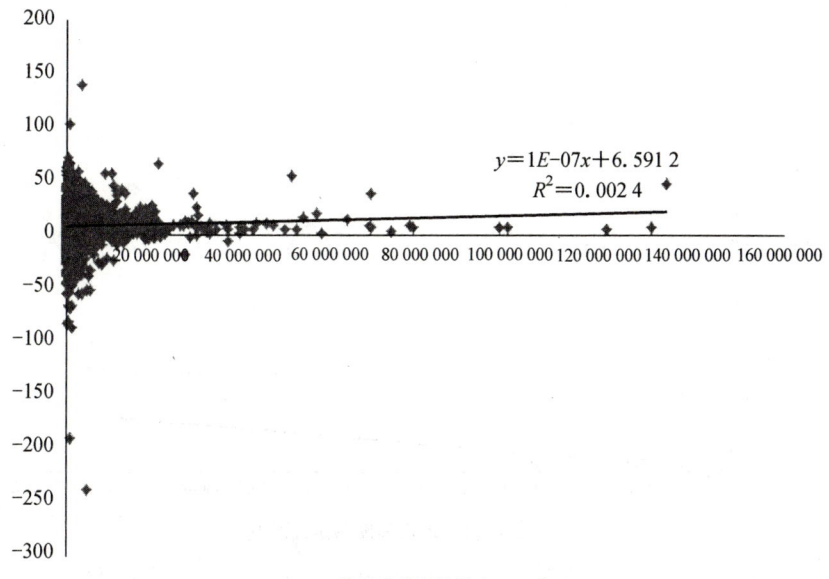

图6 政府补助与企业营运能力(ROA)

数据来源:同花顺数据库,新三板智库。

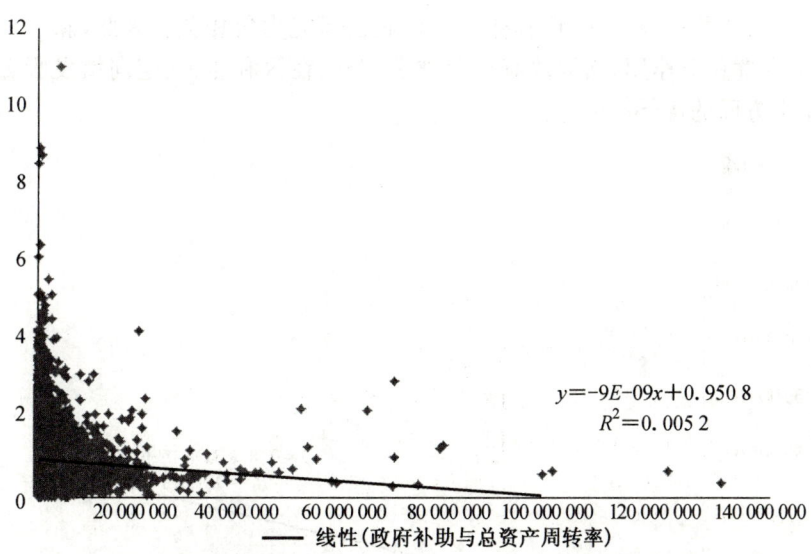

图7 政府补助与企业营运能力(总资产周转率)

数据来源:同花顺数据库,新三板智库。

3. 融资能力

政府补助与企业定向增发的关系如图8所示。

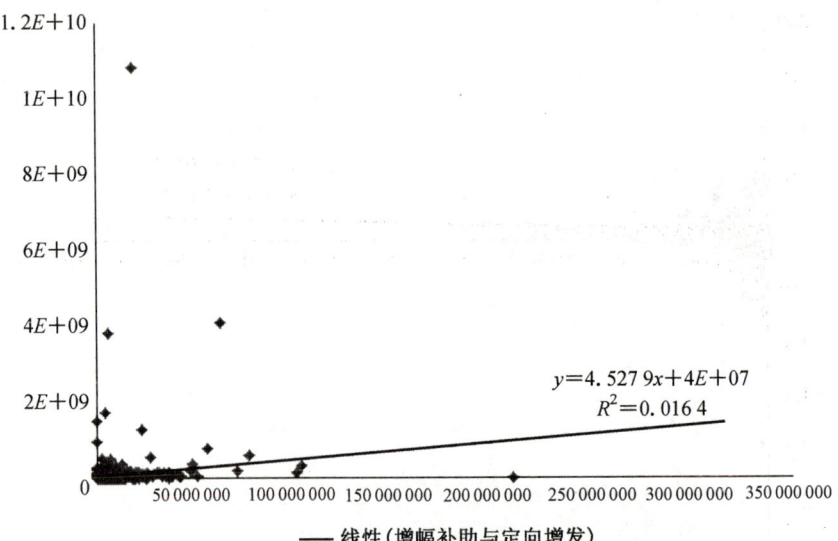

图 8 政府补助与企业定向增发

数据来源:同花顺数据库,新三板智库。

4. 创新能力

由图 6、图 8 和图 9 可知,新三板政府补助与企业盈利能力、融资能力和创新能力正相关;由图 7 可知,新三板政府补助与企业营运能力负相关。因此,新三板政府补助总体上发挥积极作用,获得政府补助越多,企业在盈利能力、定向增发吸金能力和 R&D 支出方面的优势越明显。

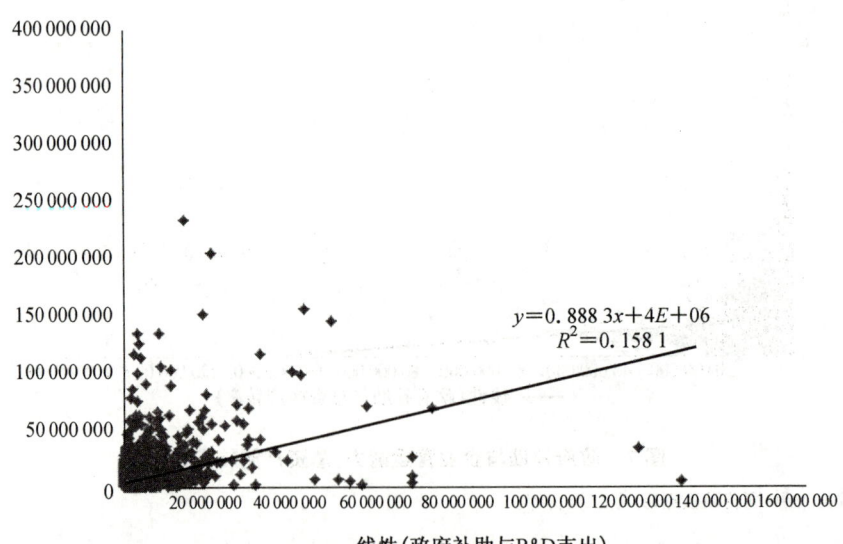

图 9 政府补助与企业 R&D

数据来源:同花顺数据库,新三板智库。

三、政府补助:天下没有免费的午餐

又是免费政府补助,又是促进企业自身发展,这免费的午餐想想都醉了!想不想赶紧砸锅卖铁高价买壳去"挂牌领赏"?别慌,冲动是魔鬼!往往理想很丰满,现实很骨感!让我们看看谁在享受政府补贴?政府何时"猫爸变虎父"?政府补助如何兜一圈儿又回到政府手里?

1. 各控制人类型政府补助状况

各控制人类型政府补助状况如图10所示。

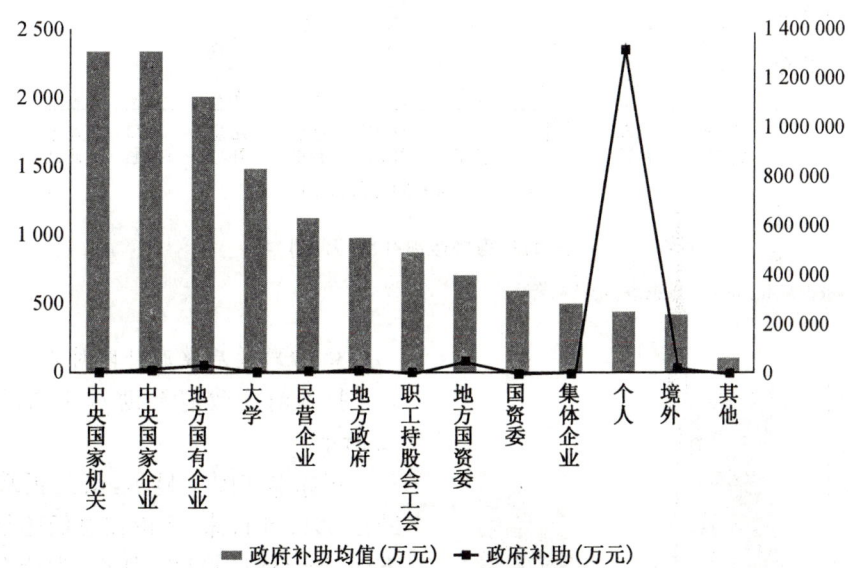

图10　政府补助与控制人类型

数据来源:同花顺数据库,新三板智库。

由图10可知,控制人为"个人"的挂牌企业获取的政府补助总额最多,甩其他控制人几条大街。但是,去除挂牌企业基数影响之后,剧情反转,中央国家机关、中央国有企业、地方国有企业的政府补助均值排名前三甲,人家可是天然存在着政治关联呢。可见,市场化的新三板也是个拼控制人背景的"名利场"呐。

2. 各类型政府补助分布

各类型政府补助的分布如图11所示。

由图11可知,政府补助与国家宏观产业政策息息相关,去除其他综合补贴(包含上千种政府补助,不具可比性外)、创新补贴、税收补贴和产业补贴与国家宏观政策导向和产业转型密不可分,如果你的企业是创新型小微企业,请坚定你挂牌的决心,不要等创新、互联网+、产业转型等政策红利刮走的时候后悔莫及。此外,提醒那些垂涎新三板挂牌补贴的企业,不要坐井观天,挂牌补贴只是新三板政府补贴的冰山一角。

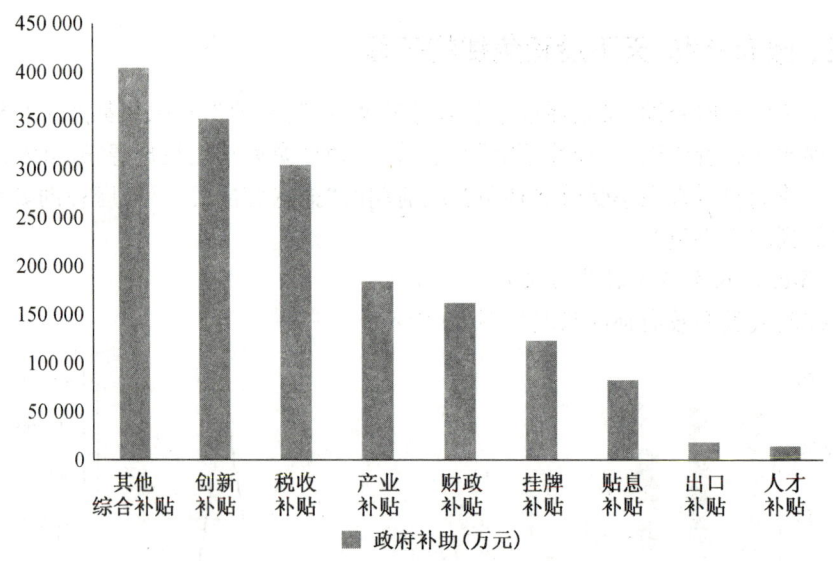

图 11 各类政府补助(万元)

数据来源:同花顺数据库,新三板智库。

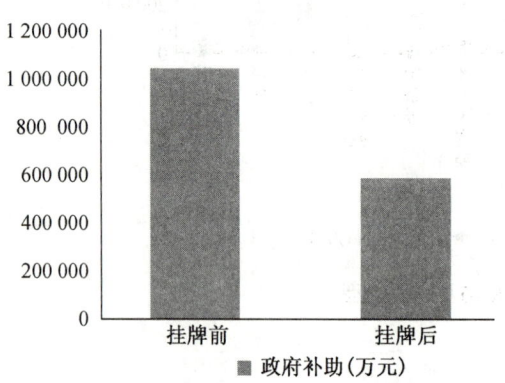

图 12 挂牌前后政府补助(万元)总额

数据来源:同花顺数据库,新三板智库。

3. 挂牌前后政府补助对比

挂牌前后政府补助对比情况如图12所示。

正如本文图1显示,新三板政府补助自2011年以来,无论在总额还是均值方面,均呈递增趋势。那么,为什么关于政府补助降低的预测此起彼伏?到底是妖言惑众还是另有隐情?由图12可知,挂牌前的政府补助总额约是挂牌后的2倍,这意味着政府补助在扶持企业到新三板挂牌之后,便无情地将其交给市场历练去了,"猫爸变脸为虎父"。可见,政府补助只是推动企业在新三板挂牌的催化剂,并不是企业生存的长期饭票。

4. 政府补助与企业纳税

政府补助与企业纳税的关系如图13所示。

由图13可知,政府补助与企业纳税显著正相关,这意味着那些享受政府补助较多的企业,缴纳的税也多。结合图12政府补助在企业挂牌之后"猫爸变虎父"可知,政府才是真正的大赢家,先采用政府补助鼓励企业到新三板挂牌,然后在挂牌企业逐步规范之后退出,最终长期坐收新三板挂牌企业源源不断的税收。可见,持观望状态的小微企业,没那金刚钻,千万别揽那瓷器活儿,不是高成长性的创新型企业,到新三板挂牌除了不能享受政策红利,还可能增加税收负担。

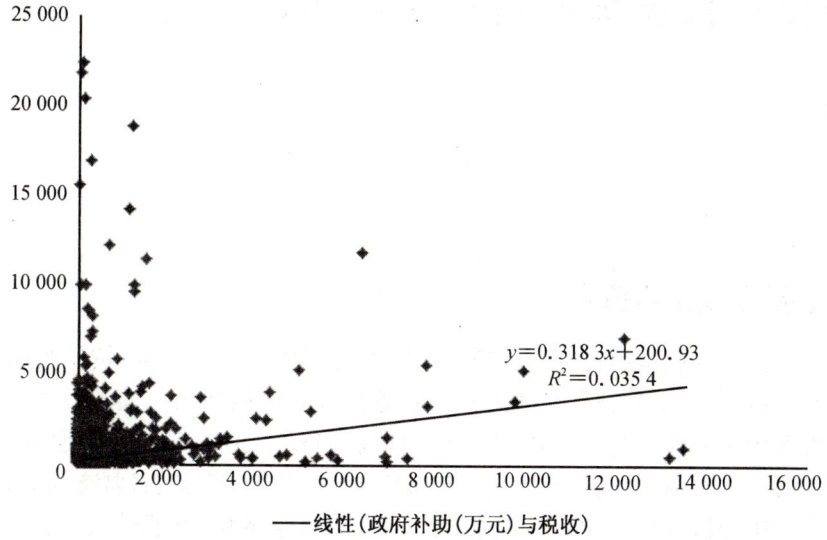

图13 政府补助(万元)与企业纳税(万元)

数据来源:同花顺数据库,新三板智库。

四、结语

综合本文分析可知,一方面,政府补助确实对新三板企业的盈利能力、融资能力和创新能力等具有积极的促进作用,引导新三板挂牌企业展翅高飞;另一方面,政府补助是政府"有形之手"的具体体现,与国家宏观政策导向息息相关,小微企业一定要根据自身情况理性挂牌,切不可图政府补助一时之利而盲目挂牌,最终被市场无情地淘汰。

细数新三板挂牌各类费用及补贴

龚彩鳞[①]

一、新三板挂牌费用

新三板挂牌企业费用可分为挂牌前一次性支付的费用，挂牌后按年收取的持续服务费及权益分派、信息披露义务人查询费等按次收取的费用三大类。拟挂牌阶段的一次性费用主要涉及公司改制、中介机构尽职调查、股份登记挂牌等服务，而挂牌后每年需要主办券商持续督导、年报半年报审计、法律意见咨询、日常交易等，挂牌企业需向三大中介机构（主办券商、律师事务所、会计师事务所）和股转系统支付相应的服务费用。具体挂牌费用如表1所示。

表1　　　　　　　　　　挂牌费用汇总

支付时点及频率	机构	收费项目	收费标准	备注
挂牌前，一次性支付	主办券商、律师事务所、会计师事务所	挂牌相关费用（含委托备案费、改制费、推荐费；代收的备案费、信息披露服务费）	三类机构费用合计180万元左右	与券商规模、企业资质、项目时长有密切关系，波动较大
	股转系统	挂牌初费	总股本2 000万股（含）以下，3万元 总股本2 000万~5 000万股（含），5万元 总股本5 000万至1亿股（含），8万元 总股本1亿股以上，10万元	自2015年1月1日起，暂免征收注册在内蒙古、广西、西藏、宁夏和新疆5个民族自治地区的挂牌公司挂牌费用
	中国结算（中国证券登记结算有限责任公司，后同）	初始登记费	所登记股本面值的0.1‰	
挂牌后，每年支付	主办券商	持续督导费用	10万元/年左右	
	律师事务所	律师费	5万~10万元/年	
	会计师事务所	审计费	10万~15万元/年	与企业规模等有关

[①] 龚彩鳞，中山大学岭南（大学）学院，新三板智库研究员。

(续表)

支付时点及频率	机　构	收费项目	收费标准	备　注
挂牌后，每年支付	股转系统	挂牌年费	总股本2 000万股(含)以下,2万元/年 总股本2 000万～5 000万股(含),3万元/年 总股本5 000万至1亿股(含),4万元/年 总股本1亿股以上,5万元/年	自2015年1月1日起,暂免征收注册在内蒙古、广西、西藏、宁夏和新疆5个民族自治地区的挂牌公司挂牌费用;挂牌当年的挂牌年费在挂牌时与初费一同支付
	中国结算	股票发行登记费	所登记股本面值的0.1‰	
挂牌后，按次支付	中国结算	权益分派手续费	按红股及公积金转增股本面值与红利(股息)总额0.1‰	
		名册服务费	100元/次	
		信息披露义务人查询费	每个证券账户70元,无开户记录每人10元	

资料来源:根据股转系统、中国结算、广证恒生资料整理而得。

二、各地新三板补贴政策

2015年,国务院发布《国务院关于税收等优惠政策相关事项的通知》(国发〔2015〕25号)(下称"25号文"),明确各地与企业已签订合同中的优惠政策继续有效,并指出2014年62号文(《国务院关于清理规范税收等优惠政策的通知》)规定的专项清理将待另行部署后进行。

经统计,截至2015年7月,全国有27个省、市185个地区对辖区内中小微企业提供挂牌资助或财政补贴,具体如表2所示,这对那些现金流吃紧且急需挂牌融资的公司而言确实是及时雨。

表2　　　　　　　　　各地补贴政策(部分)

地　区	资助/补贴金额	支付时点	备　注
深圳	按企业情况分三档,分别不超过30万元/50万元/100万元	补贴制,挂牌后一次性无偿拨付	纳入深圳市民营及中小企业发展专项资金
大连	合计290万元	高新区补贴150万元;挂牌费用实报实销,签约、改制、挂牌分别为40万元、40万元和60万元	
鞍山	240万元	分阶段4次发放	
苏州工业园	200万元	分步兑现,改制、申请和挂牌分别为50万元、50万元和100万元	
苏州太仓	150万元		

(续表)

地 区	资助/补贴金额	支 付 时 点	备 注
东莞松山湖高新区	200万元	分步兑现,改制100万元,对前10名完成改制的企业奖励150万元;通过券商内核50万元;挂牌50万元,前10名100万元	
东莞非高新区	100万元		
上海张江	160万元	张江分步兑现,改制最高60万元,挂牌100万元	
上海嘉定	200万元		
上海金桥	150万元		
上海青浦	200万元		
成都高新区	150万元	分步兑现,改制50万元,挂牌50万元,市政府补贴50万元	
绵阳高新区	160万元	市政府一次性补贴80万元;高新区补贴80万元,分改制和挂牌两阶段	
天津滨海新区	100万元		有重大贡献的最高320万元
南宁高新区	170万元	分步兑现,签约20万元,改制30万元,备案50万元,挂牌50万元;市政府补贴20万元	
柳州高新区	150万元	改制最高奖励40万元,挂牌90万元	
武汉东湖高新区	175万元		
北京中关村科技园区	90万~140万元	分步兑现	
北京东城区	230万元		
沈阳高新区	130万元	挂牌后发放	
厦门高新区	130万元	分步兑现,改制30万元,挂牌50万元,返还财政贡献最高50万元	
肇庆高新区	130万元	分步兑现,改制30万元,券商内核50万元,挂牌50万元	
包头稀土高新区	100万元		
石家庄高新区	100万元	分步兑现,券商内核50万元,挂牌50万元	
杭州高新区	90万元	分步兑现,改制30万元,挂牌60万元	
佛山高新区	70万~90万元	分步兑现,改制30万元,挂牌30万元,融资10万~30万元	
西安高新区	80万元	分步兑现,申报材料30万元,挂牌50万元	
青岛高新区	70万元	挂牌后补贴	
青岛黄岛区	110万元		
惠州高新区	50万元	分步兑现,改制20万元,挂牌30万元	

(续表)

地区	资助/补贴金额	支付时点	备注
重庆	100万元		
广州高新区	50万~100万元		
珠海高新区	100万元		
江门高新区	100万元		
中山火炬高技术产业开发区	50万元		
南京高新区	180万~290万元		
南京非高新区	120万元		
镇江	100万元		
常州	150万元		
无锡	150万元		
宁波江东区	150万元		
温州	100万元		
合肥高新区	70万元		
蚌埠	80万元		
阜阳	90万元		
马鞍山	170万元		
芜湖	50万元		
济南	120万元		
聊城	120万元		
烟台	30万元		
乐山高新区	100万元		
福州高新区	140万元		
泉州高新区	170万元		
龙岩经开区	150万元		
南昌高新区	230万元		
赣州	90万~140万元		
吉林市	120万元		
郑州高新区	50万元		
长沙	80万元		
贵州	75万元		
银川	100万元		

资料来源：根据德恒上海、互联网、广证恒生资料整理而得。

三、证监会支持支付方式创新

除了现金支付和补贴外,值得注意的是,2014 年 12 月 26 日证监会出台《关于证券经营机构参与全国股转系统相关业务有关问题的通知》,明确指出支持证券公司创新收费方式。允许主办券商探索股权支付、期权支付等新型收费模式,建立与挂牌公司互利共赢的长效激励约束机制。这种以股权或期权支付服务费用的模式,在主板、创业板均未有过,是新三板制度的又一创新。

我们认为,从挂牌公司角度看,主办券商对该挂牌公司的股权质量有较客观的认知,股权和期权的价值较易被主办券商认可,可成为现金支付模式的有力补充,减轻公司挂牌当年净利润和现金流的压力;从主办券商角度看,通过尽职调查和推荐挂牌,股权支付和期权支付将主办券商利益与企业远期发展捆绑起来,可强化主办券商持续督导的积极性,有利于营造良好的市场。

四、新三板补贴——想说爱你不容易

2015 年 4 月 7 日,网上传言全国范围内新三板挂牌政府补贴已暂停发放,税收减免等政策也相应取消。实际上,这场政府资金在新三板的全面退出起源已久,早在 2014 年 12 月,国务院就下发了《关于清理规范税收等优惠政策的通知》。通知出台后,各地方政府陆续暂停了对新三板企业挂牌的补贴政策。春风化雨般引导企业在新三板挂牌的政府补贴就此告一段落。

各地区给予新三板挂牌企业挂牌补贴,既是因为一定的环境局限,也是地方政府的一个有效财政手段,具体如图 1、图 2 所示。

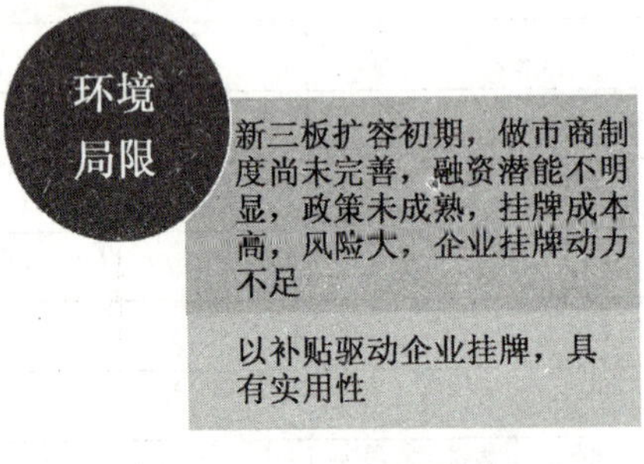

环境局限:新三板扩容初期,做市商制度尚未完善,融资潜能不明显,政策未成熟,挂牌成本高,风险大,企业挂牌动力不足。以补贴驱动企业挂牌,具有实用性

财政手段:地方企业上市,既可以大幅度提高地方GDP和财税收入,带来显性利好。同时也可以带来许多隐形利好,如带动就业、提升地方形象,促进本地区域股权市场的发展

图 1 给予新三板挂牌企业挂牌补贴的环境局限原因

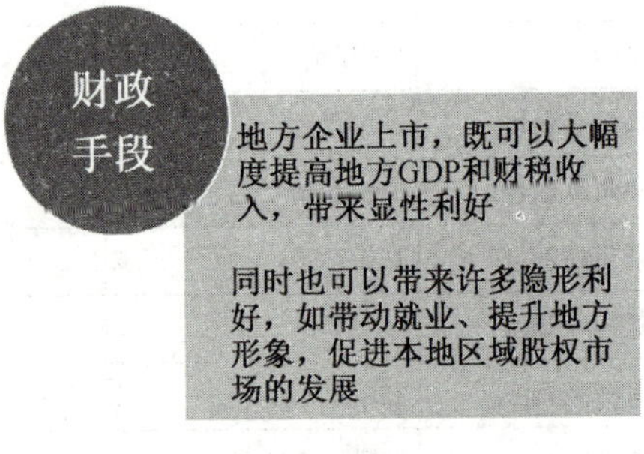

图 2 给予新三板挂牌企业挂牌补贴的财政手段原因

1. 长达 3 年的政府补贴"赛跑",效果如何?

第一,积极影响:挂牌企业数明显增多。以宁夏为例,因经济环境的制约,2014 年以前宁夏并未有企业在新三板挂牌,2014 年 7 月份,宁夏发布了《自治区人民政府关于加快资本市场建设的若干意见》,决定将推动各类企业在"新三板"挂牌融资作为资本市场建设的重点和突破口,对 2014 年、2015 年在"新三板"挂牌的企业,分别给予

100万元、50万元的经费扶持以降低企业改制、挂牌成本。此后,宁夏各市均出台了对企业在新三板挂牌的相关支持政策。

2014年,宁夏新增14家挂牌企业,截至2015年7月3日挂牌总数达19家,超过宁夏主板上市公司数量的总和。

第二,消极影响(1):地方补贴力度在一定程度造成新三板挂牌企业地区分化严重。目前,国内新三板挂牌企业数已出现较大的省域间分化。挂牌企业数最多的4个省的挂牌企业总量占总挂牌数的比例已超过50%。具体情况如图3、图4所示。

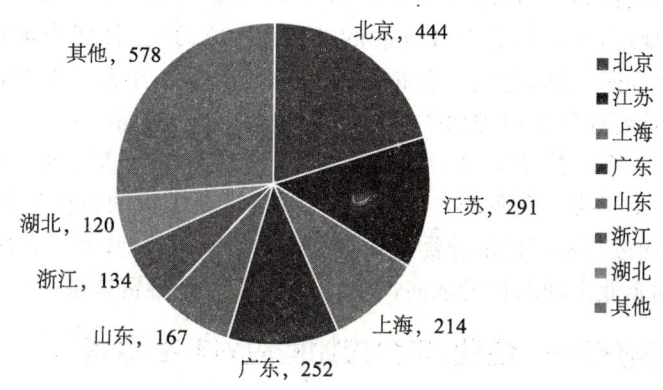

图3 新三板挂牌企业省域分布

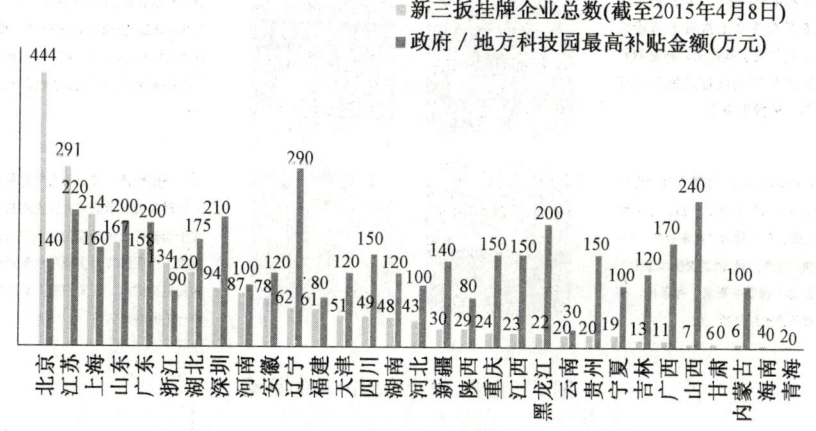

图4 新三板挂牌企业省域分布及补贴状况

各省挂牌企业数两极分化固然部分取决于地区经济发展水平不平衡,但经济环境相近的省市新三板挂牌企业数则受政府补贴影响较大。如山东,在济南、青岛、淄博、潍坊高新区均有设立70万~180万元的高新区补贴,在烟台、济南、菏泽、日照、威海、德州等地设有最高达200万元的政府补贴,大量企业在政府政策红利"诱惑"下进军新三板,令山东挂牌企业数量远超过浙江、湖北、福建等省。

第三,消极影响(2):造成大量企业"为补贴上市"。部分地方补贴数额远超过挂牌成本,造成部分不具有上新三板条件的企业、自身没有融资需求的企业削足适履,其目的不是为了规范治理、解决融资需求,而是为了赚取政府补贴。这种企业占取了真正有融资需求的优质企业的政府补贴和挂牌机会,增加了新三板的混杂程度,扰乱了市场秩序,影响投资效率,损害了投资者的利益。

2. 补贴取消原因探析

(1) 首先,直接原因是政府补贴远超预算,财政供血不足。新三板挂牌企业持续增加,而政府财政补贴预算有限。如深圳市 2014 年新增挂牌企业数为 55 家,按照设立的政府补贴规定,平均每家企业挂牌的补贴为 180 万元,耗费当地财政支出近亿元,远高于财政补贴预算,造成一定的财政负担。而 2015 年前 4 个月深圳挂牌企业数已达 44 家,随着挂牌企业增加率上升,财政负担也日益加重。

(2) 其次,从长远看,政府干预会扭曲资金投向及价格。新三板本质是一个市场产物,需要通过市场决定资源配置、用市场机制促进新三板的良性发展。政府补贴,一方面可能会通过寻租等让部分优质企业受到不公平的对待;另一方面,过多的政府补贴,也会扭曲企业上板的目的取向,不利于健全新三板融资体系。

五、路在何方——企业、中介应如何应对补贴取消

关于企业、中介应如何应对补贴取消,我们总结了以下四个方面,如图 5 所示。

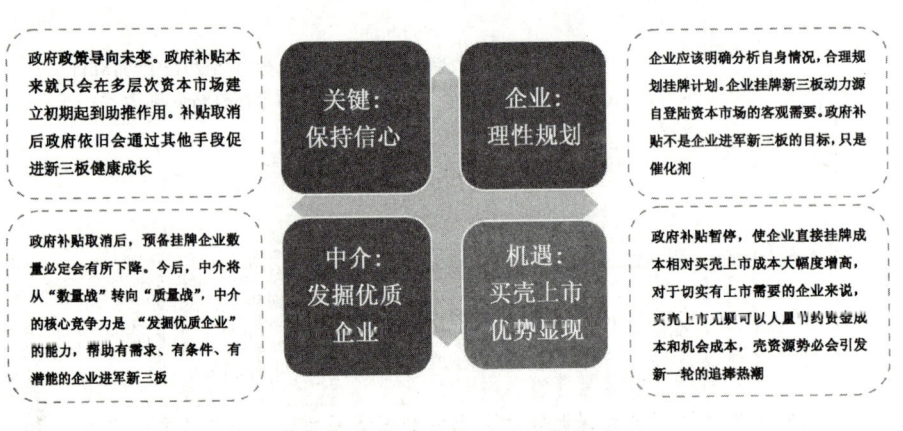

图 5 企业、中介应对补贴的策略

股东过多,定增何去何从

李木秀[①]

一、200人警戒线——定增政策回顾

证监会披露的《非上市公众公司监督管理办法》修改方案规定,新三板挂牌公司向特定对象发行股票后股东累计不超过200人的,证监会将豁免核准,并由全国中小企业股份转让系统自律管理。

定增前股东超过200人和定增后股东累计会超过200人的公司想要定增,需要得到中国证监会的核准。

200人警戒线存在已久,但也是有公司因不熟悉规则,导致定增夭折的。

定增事件一　大乌龙——中瀛鑫股东超200人,无奈返还定增认购资金

中瀛鑫(831061)定增的股权登记日为2015年3月31日,在股权登记日时股东人数为383名,已超过200人股东人数红线。公司约定认购方需在4月6日前缴纳认购资金。也就是说,在公司不知晓已触碰股东人数红线,并未获得证监会核准的前提下,一些认购资金已经到达公司约定的银行账户上。

无奈之下,公司承诺将在公告之日起(即4月3日)1个工作日内返还投资者已缴纳的认购资金并加算银行同期存款利息。

此外,凯路仕(430759),有股东234人,因踩上股东人数限制红线,在无奈之下,通过召开临时股东大会的方式就增发方案进行了不予通过的表决,面世不足半月的增发方案就这样胎死腹中。

可见,不熟悉业务规则,到手的鸭子都会飞走!下面来看看越过200人股东红线的公司的定增之路。

好榜样!从受理到获批,最快20天搞定!

定增事件二　圣泉集团——定增最快20天闯关

证监会于2015年4月8日正式受理圣泉集团定增方案,4月10日第一次反馈,4月22日第二次反馈,4月28日即正式核准圣泉集团的定增方案。从受理到获批仅用了20天。

定增事件三　琼中农信——"喝头汤"

证监会于2014年12月8日正式受理,2015年1月7日审核通过。从正式受理到审核共用了1个月。

[①] 李木秀:中山大学岭南学院,新三板智库研究员;刘娜:中山大学岭南学院,新三板智库研究员。

二、15家公司2015年有定增，8家已连续3年定增

从Wind资讯可知，截至2015年5月8日新三板挂牌公司中股东人数已超过200人的公司有56家。如表1所示，其中有15家公司在2015年实施了定增，璟泓科技在近3年都有定增，也有维珍创意等8家企业在2014年和2015年连续2年都有定增。

表1　　　　　截至2015年5月8日新三板公司定增情况

证券代码	证券简称	股东户数	2015增发	2015增发进度	2015预案公告日	2015股东大会公告日	2015增发公告日	2014增发	2013增发
430305	维珍创意	501	定向	实施	2014-12-11	2014-12-30	2015-02-13	定向	
430394	伯朗特	459	定向	实施	2014-12-20	2015-01-08	2015-03-04	定向	
430759	凯路仕	458	定向	实施	2014-10-01	2014-10-17	2015-01-21	定向	
830937	信达智能	421	定向	实施	2015-02-11	2015-03-03	2015-03-25		
430346	哇棒传媒	407	定向	实施	2014-11-20	2014-12-05	2015-01-06	定向	
430222	璟泓科技	394	定向	实施	2015-01-29	2015-02-13	2015-03-21	定向	定向
830964	润农节水	392	定向	实施	2015-01-13	2015-01-28	2015-03-05	定向	
430515	麟龙股份	337	定向	实施	2014-12-27	2015-01-13	2015-03-04		
430430	普滤得	289	定向	实施	2014-10-31	2014-11-17	2015-01-26	定向	
430238	普华科技	246	定向	实施	2015-01-30	2015-02-14	2015-04-08	定向	
430161	光谷信息	245	定向	实施	2015-02-03	2015-02-27	2015-03-28		
430011	指南针	221	定向	实施	2014-11-20	2014-12-09	2015-03-14		
430539	扬子地板	218	定向	实施	2014-10-28	2014-11-13	2015-02-07		
430523	泰谷生物	215	定向	实施	2014-11-26	2014-12-12	2015-02-11		
430229	绿岸网络	208	定向	实施	2014-12-26	2015-01-13	2015-03-04	定向	

三、16家公司15年定增股东大会通过

如表2所示，2015年前4个月，有16家公司的定增方案已经获得了股东大会通过，下一步就是等待证监会的核准了。中海阳在2014年和2013年2年都有定增，另外有同济医药等5家公司在2014年有定增。

表2　　　　　2015年前4个月定增方案已获股东大会通过的公司

证券代码	证券简称	股东户数	2015增发	2015增发进度	2015预案公告日	2015股东大会公告日	2014增发	2013增发
430359	同济医药	376	定向	股东大会通过	2015-03-06	2015-03-21	定向	
831379	融信租赁	322	定向	股东大会通过	2015-03-31	2015-04-18		
430016	胜龙科技	298	定向	股东大会通过	2015-04-01	2015-04-17		定向
830999	银橙传媒	272	定向	股东大会通过	2015-03-24	2015-04-08	定向	
830985	浙江力诺	267	定向	股东大会通过	2015-04-02	2015-04-22		
430230	银都传媒	290	定向	股东大会通过	2015-04-04	2015-04-10	定向	
831074	佳力科技	260	定向	股东大会通过	2015-03-12	2015-03-28		
430680	联兴科技	256	定向	股东大会通过	2015-03-20	2015-04-09		

(续表)

证券代码	证券简称	股东户数	2015增发	2015增发进度	2015预案公告日	2015股东大会公告日	2014增发	2013增发
430065	中海阳	249	定向	股东大会通过	2015-03-24	2015-04-09	定向	定向
430485	南京旭建	248	定向	股东大会通过	2015-04-18	2015-05-07		
430037	联飞翔	248	定向	股东大会通过	2015-01-15	2015-01-30		定向
430629	国科海博	218	定向	股东大会通过	2015-01-17	2015-02-05	定向	
831873	环宇建工	216	定向	股东大会通过	2015-04-16	2015-05-06		
830949	中窑股份	209	定向	股东大会通过	2015-03-24	2015-04-09		
430558	均信担保	206	定向	股东大会通过	2015-04-09	2015-04-21	定向	
831029	银丰棉花	202	定向	股东大会通过	2015-03-27	2015-04-01		

四、10家公司15年定增方案通过董事会议案

如表3所示，2015年前4个月，有10家公司的定增方案是通过了董事会预案的，其中，大树智能和津宇嘉信在2014年也实施了定增。

表3　　2015年前4个月定增方案通过董事会预案的10家公司

证券代码	证券简称	股东户数	2015增发	2015增发进度	2015预案公告日	2014增发	2013增发
430140	新眼光	456	定向	董事会预案	2015-05-06	定向	
830958	鑫庄农贷	420	定向	董事会预案	2015-04-25		
831523	亚成生物	347	定向	董事会预案	2015-04-22		
831790	凯昶德	314	定向	董事会预案	2015-04-16		
831796	汉镒资产	291	定向	董事会预案	2015-04-15		
430607	大树智能	255	定向	董事会预案	2015-05-08	定向	
831178	科马材料	228	定向	董事会预案	2015-04-09		
830955	大盛微电	212	定向	董事会预案	2015-04-09		
430726	津宇嘉信	203	定向	董事会预案	2015-04-08	定向	
831601	威科姆	202	定向	董事会预案	2015-04-16		

五、14家公司按兵不动

如表4所示，还有14家公司到目前为止还没有定增，其中只有九鼎投资、凯德自控、琼中农信3家是在2014年有定增，其余11家在前2年至今是没有任何定增动作。

表4　　2015年前4个月未实施定增方案的14家公司

证券代码	证券简称	股东户数	2015增发	2014增发	2013增发
430659	江苏铁发	3 751			
831928	开泰石化	811			

(续表)

证券代码	证券简称	股东户数	2015 增发	2014 增发	2013 增发
430719	九鼎投资	547		定向	
832398	索力得	470			
830818	巨峰股份	406			
830832	齐鲁华信	396			
831293	征宙机械	335			
430002	中科软	299			
430418	苏轴股份	277			
430005	原子高科	255			
831844	会友线缆	237			
430592	凯德自控	237		定向	
831377	有友食品	230			
430753	琼中农信	206		定向	

虽然股东超 200 人的公司发行定增要审核,但也比在主板定增要省事很多。下面让我们来对比新三板与主板的定增,如图 1 所示。

定增程序大 PK——新三板完胜主板。

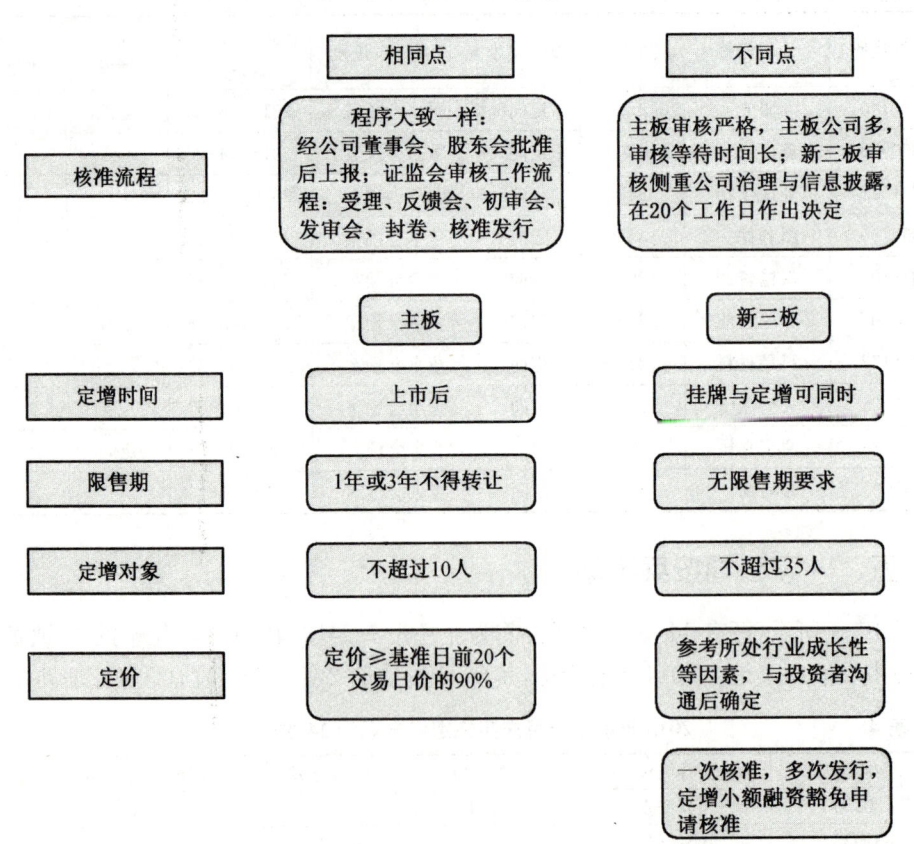

图 1　主板定增与新三板定增对比

六、小结——股东人数超过200,定增何去何从

新三板股东人数超过200人是常态主要有三方面原因:

一是做市商制度的推行:自2014年8月增加了做市交易方式后,交易渐趋活跃,从而使股东人数开始增加。

二是新三板的成交量:新三板成交量成倍上升,价格不断上涨,不少挂牌公司市盈率水平已经超过了中小板、创业板公司,吸引了更多投资者参与,这自然使股东人数有增无减。

三是很多投资者把目光投到新三板:新三板挂牌公司想要定增融资,投资者想要在新三板定增市场分一杯羹,所以越来越多的投资者和金钱都会蜂拥而至。

新三板企业股东过多已是不可避免的趋势,那么就自然会有一个猜想:在未来关于股东数200人的红线是否会放宽?不过,这并非一朝一夕就能做到的,监管部门能做的就是尽量简化程序与手续,更高效迅速地审批,给予答复。

股东数超200人的挂牌公司想定增,也不必太伤心,虽然要审批,但相比主板动辄3个月到6个月的审批期,新三板的审批期已算短了,最重要的是要熟悉规则,按规定好好准备各种材料,争取一次性通关,争取在20天或者更短的时间获得批准。

定增还是发债
——图解新三板企业历年融资方式选择

孙艳阳[①]

资金是企业运营的血脉,融资难是众多中小企业的生存"魔咒"。新三板定位于为创业期、成长初期的创新性企业的服务,旨在不断拓宽其定增、银行贷款、中小企业私募债等融资渠道,并不断降低其融资成本。新三板如火如荼迅猛发展,拯救小微初创企业融资难的"诺亚方舟"已经驶来,本文通过对新三板企业历年融资数据的分析,力图用数字揭开新三板挂牌公司定增与发债的"庐山真面目"。

一、新三板定增与发债特点扫描

新三板定增,又称新三板定向发行,是指申请挂牌公司、挂牌公司向特定对象发行股票的行为。

1. 新三板定增特点

新三板定增的特点如图1所示。

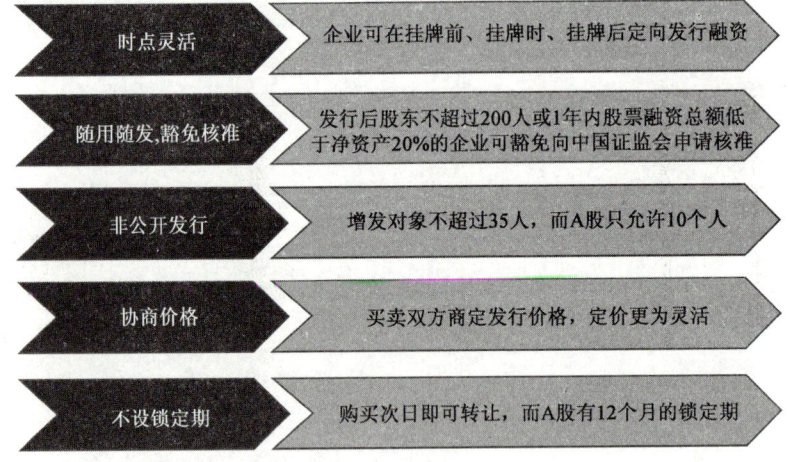

图1 新三板定增特点

资料来源:网络资料,新三板智库整理。

2. 新三板定增流程

新三板的定增流程如图2所示。

---

① 孙艳阳,上海交通大学,新三板智库研究员。

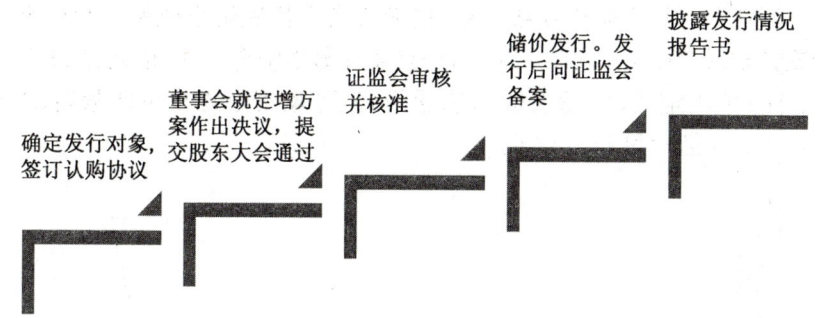

图 2　新三板定增流程

资料来源:网络资料,新三板智库整理。

3. 新三板发债特点

新三板中小企业私募债具有以下特点:①不设行政许可,采用备案制;②没有财务指标要求;③鼓励投融资双方自主协商资金成本、增信与评级安排、争端解决机制等。这种市场化制度安排,较好地对接了中小企业和具备风险承受能力的投资者。

综上,新三板定增与发债均更为灵活、便捷,具有门槛低、审批简单、周期短等特点。新三板定增无次数限制、不设锁定期、增发对象广泛等优势明显。

二、定增与发债实况概览

1. 定增与发债总体概况

截至 2015 年 7 月 15 日,2 732 家企业登陆新三板,856 家挂牌企业实施 1 208 次定增,募集资金 527.51 亿元,平均每次募集 0.44 亿元;相比挂牌企业对股权融资的青睐,仅 40 家企业捷足先登累计发债 78 次,募集资金总额不可小觑,达 254.22 亿元,平均每次募集 3.26 亿元,如图 3 所示。

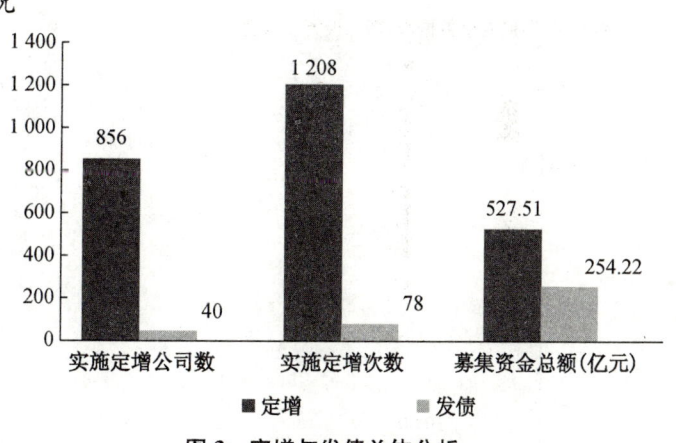

图 3　定增与发债总体分析

资料来源:同花顺数据库,新三板智库整理。

2. 募资激情连年攀升

2006 年至 2015 年 7 月,实施定增次数与募集资金总额年度分布如图 4 所示,实施发债次数与募集资金总额年度分布如图 5 所示。依据图 4 和图 5,从"圈钱动作"时间起点上看,发债始于 2002 年,定向增发则相对落后,始于 2006 年真正成立"新三板"。从发展趋势上看,2012 年新三板扩容引爆定增和发债自 2013 年开始上演真正的"速度与激情",大量企业抢登新三板"诺亚方舟",摆脱资金瓶颈。2013年至2015年,分别累计定增59、325次和772次,分别累计募集资金9.54亿元、129.72亿元和367.03亿元;相比定增,发债次数增速缓慢,但募集资金规模可匹敌定增,分别为5.42亿元、70.95亿元和112.52亿元。

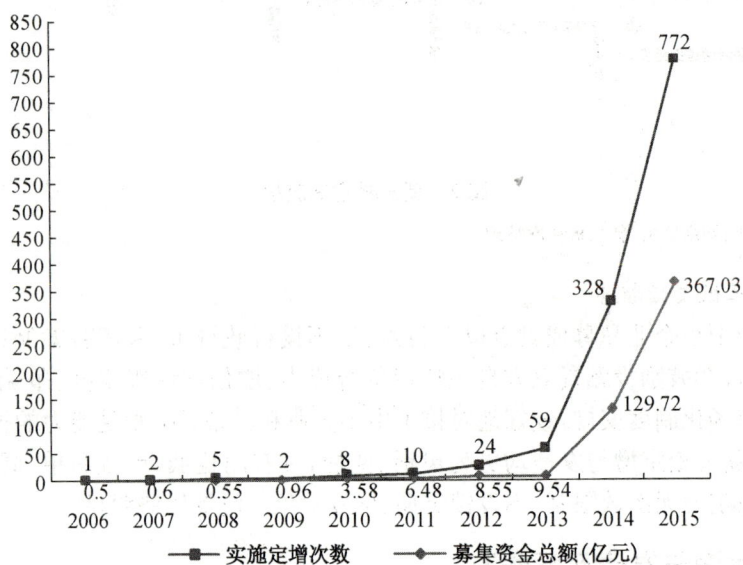

图4 实施定增次数与募集资金总额(亿元)年度分布

资料来源:同花顺数据库,新三板智库整理。

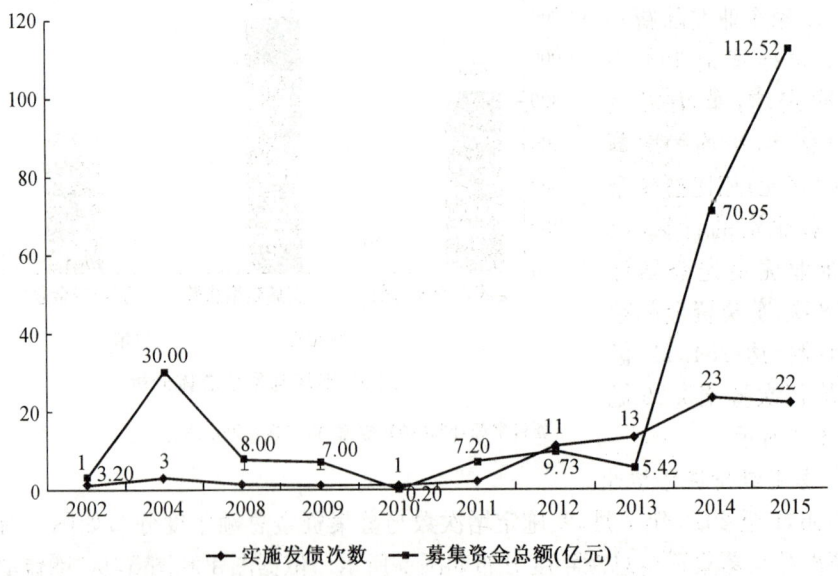

图5 实施发债次数与募集资金总额(亿元)年度分布

资料来源:同花顺数据库,新三板智库整理。

3. 吸金能力行业差距凸显

实施定增公司数,定增次数与募集资金总额前、后 20 名行业分布如图 6 所示,实施发债公司数、定增次数与募集资金总额行业分布如图 7 所示。依图 6 和图 7,总体

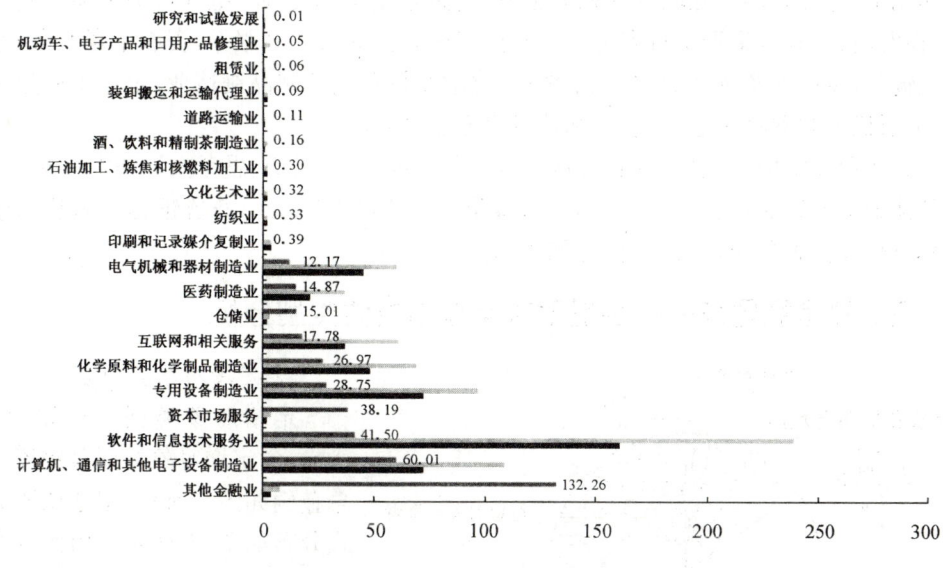

图 6 实施定增公司数、定增次数与募集资金总额(亿元)前、后 20 名的行业分布

资料来源:同花顺数据库,新三板智库整理。

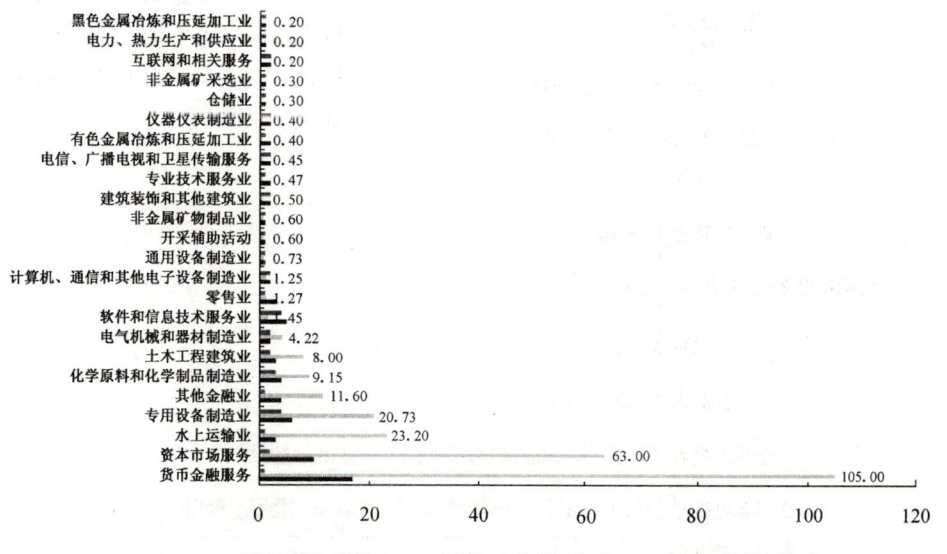

图 7 实施发债公司数、定增次数与募集资金总额(亿元)行业分布

资料来源:同花顺数据库,新三板智库整理。

上,金融、计算机、医药等行业吸金优势明显,冶金、纺织、道路运输等传统行业略显暗淡。在定增方面,募集资金排名前10的行业分别是:其他金融业,计算机、通信和其他电子设备制造业,软件和信息技术服务业,资本市场服务,专用设备制造业,化学原料和化学制品制造业,互联网和相关服务,仓储业,医药制造业,电气机械和器材制造业;在发债方面,募集资金排名前10的行业分别是:货币金融服务,资本市场服务,水上运输业,专用设备制造业,其他金融业,化学原料和化学制品制造业,土木工程建筑业,电器机械和器材制造业,软件和信息服务业,零售业。

金融业在定增与发债方面独占鳌头,九鼎投资、达仁投资、思考投资和中科招商4家其他金融业行业挂牌公司定增8次,募集资金132.26亿元;齐鲁银行1家货币金融服务行业挂牌公司发债17次,募集资金105亿元。

三、资金哪里来——定增对象类型与发债类型分析

1. 定增对象类型分析

定增对象类型分布如图8所示,各定增对象类型募集资金总金额如图9所示,定增认购方式分布如图10所示。由图8和图9可知,居首位的特定对象投资者占比高达43%,募集资金250.56亿元;全体投资者占比22%,募集资金221.58亿元;自然人占比20%,募集资金24.84亿元。此外,认购方式主要采用现金。

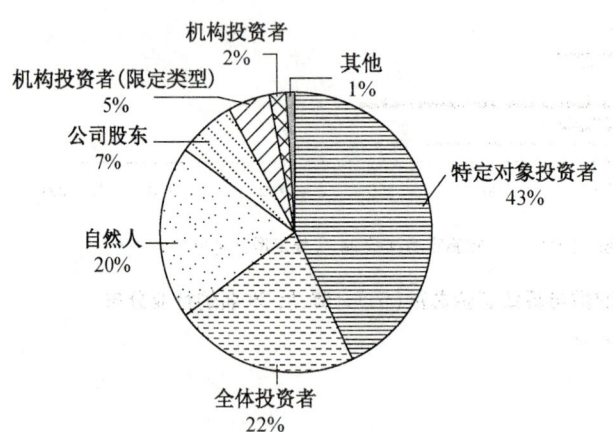

图8 定增对象类型分布

资料来源:同花顺数据库,新三板智库整理。

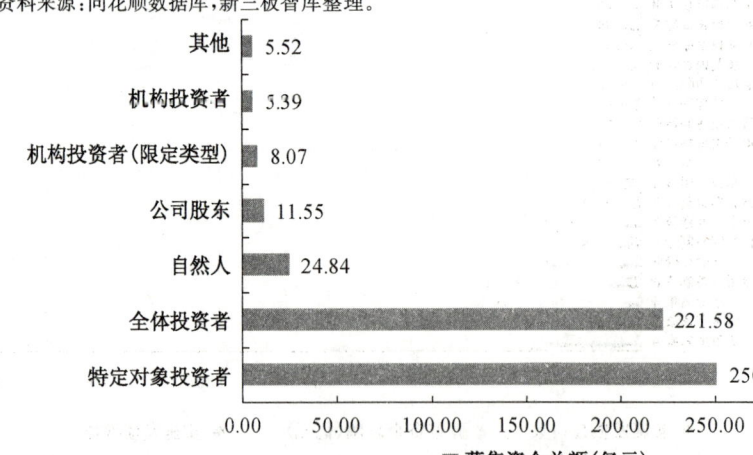

图9 各定增对象类型募集资金总金额(亿元)

资料来源:同花顺数据库,新三板智库整理。

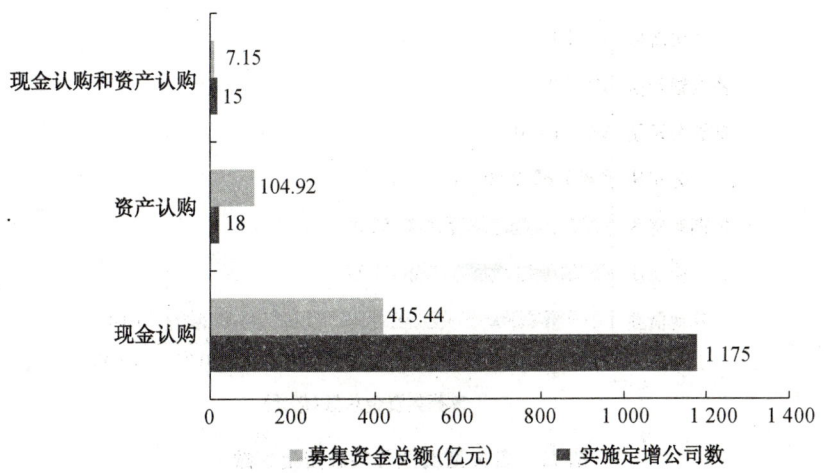

图 10　定增认购方式分布

资料来源:同花顺数据库,新三板智库整理。

2. 发债类型分析

图 11 展示了实施的发债类型分布,图 12 展示了各类型发债的募集资金总额。由图 11 和图 12 可知,企业债务融资手段多样化,包括其他债券、企业债、短期融资券、公司债、证券公司债、商业银行债和可转债等 7 种,其中其他债券、企业债和短期融资券分别占比 63%、14% 和 14%,募集资金分别为 110.45 亿元、51.57 亿元和 52 亿元。

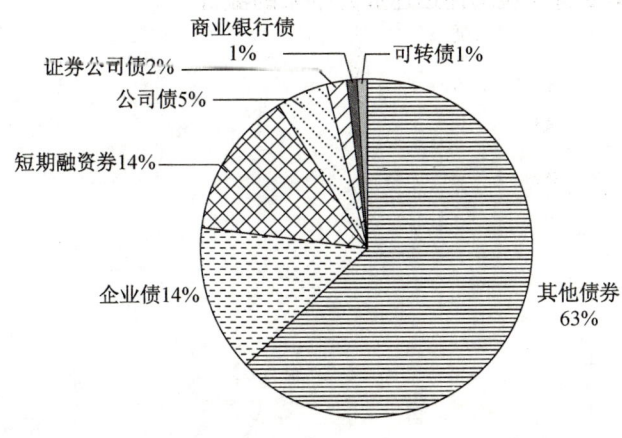

图 11　实施发债类型分布

资料来源:同花顺数据库,新三板智库整理。

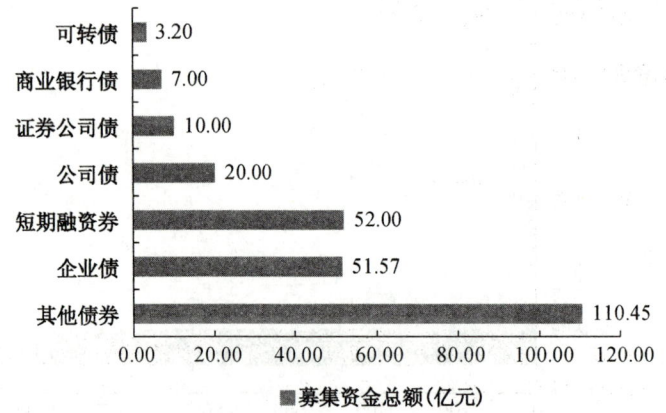

图 12 各类型发债募集总资金总额

资料来源:同花顺数据库,新三板智库整理。

四、总结

综上分析可知:首先,新三板定增与发债制度优势明显,发行门槛低、手续简单,投资者锁定风险低;其次,市场化运作上演真正的优胜劣汰,金融、计算机、医药等创新行业吸金能力十足,传统行业黯然失色;最后,新三板盛宴下,PE、VC等大步流星赶场定增,债务融资方式亦趋多元化。在此背景下,一方面,挂牌企业应结合自身战略规划,合理安排定增与发债规模与比例,妥善使用不同金融工具;另一方面,定向发行是未来新三板企业股票融资的主要方式,投资者可通过参与新三板企业定向增发,提前获取筹码,享受将来流动性迅速放开带来的溢价。

谁说鱼和熊掌不可兼得
——图解新三板股权质押贷款

孙艳阳[①]

新三板挂牌企业,你是否还在定向增发与股权稀释之痛中挣扎与徘徊?新三板最不缺的是创新,鱼与熊掌兼得从来不是神话,股权质押贷款这把"尚方宝剑"——一种以股权为担保标的的杠杆化创新融资工具,带你摆脱融资与股权稀释之困,just so easy! 接下来,本文将通过图表向您展示股权质押贷款到底是何方神圣,股权质押贷款交易发生的年度、行业和省份分布概况及质押双方的特征。

一、股权质押贷款:你是何方神圣

1995年,我国颁布并实施《中华人民共和国担保法》,质押被视为担保方式之一,股权质押制度正式确立。股权质押,是一种权利质押,指出质人与质权人协议约定,出质人以其持有的股份作为质押物,当债务人到期不能如约履行债务,债权人可就股份折价受偿,或将该股份出售并优先受偿的一种担保方式。新三板股权质押流程如图1所示。

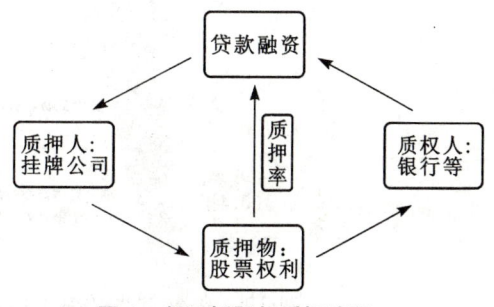

图1 新三板股权质押流程

资料来源:网络资料,新三板智库整理。

1. 股权质押贷款:一把双刃剑

新三板股权质押贷款不需监管审批,是帮助企业摆脱资金瓶颈与避免股权稀释的"尚方宝剑",同时也是一把双刃剑,有其优劣势。

在优势方面:首先,由图1可知,股权质押贷款的创新之处在于质押物为股票权利,具有非实物性、易变现性且优先受偿等特点,方便新三板大量高成长性且轻资产的挂牌企业贷款融资;其次,股权质押贷款属于间接债务融资,融资成本较低且不稀释股权;再次,股权质押贷款获得的授信额度较股东个人的高,除了可用于偿还贷款解决资金链断裂问题,还能够满足股东增持股票的深层资金需求;最后,股权质押需要在中国证券登记结算公司登记确权,为银行等质权人增加一道法律"防护网",可在一定程度上避免其利益受损。

[①] 孙艳阳,上海交通大学,新三板智库研究员。

在劣势方面：首先，股权质押贷款并不转移质押股票对应的控制权，易产生委托代理问题，甚至成为企业的"套现"手段，获取贷款融资之后将垃圾企业"卖"给银行等质权人；其次，股权质押贷款易引发"多米诺骨牌效应"。受新三板无涨跌幅限制和近期主板市场萧条联动效应的联合夹击，新三板挂牌企业的股价过山车般波动，一旦质押股票的股价触及市值警戒线，就必须追加质押物或保证金，无剩余股权可追加时甚至会被迫停牌，丧失流动性。

2. 股权质押的前提与关键

规范新三板挂牌公司信息披露行为是银行等金融机构进行股权质押的前提之一。全国中小企业股份转让系统及时、准确、完整地在其所构建的信息披露平台上披露挂牌公司的公司公告、业务周知、监管信息、审查信息、交易信息等，尽力填补资金供给与需求双方信息不对称的鸿沟，提高资本配置效率。

此外，股权质押是以股票权利为质押物，一方面，银行等质权人会根据公司股票流动性决定质押率；另一方面，一旦企业到期不能偿还贷款，流动性影响银行等质权人能否成功保全其贷款金额。股票流动性是股权质押贷款的关键，新三板自建立以来一直不断探索创新融资工具及其施行土壤，与推动股权质押贷款相关的政策频频登场，具体见图2。

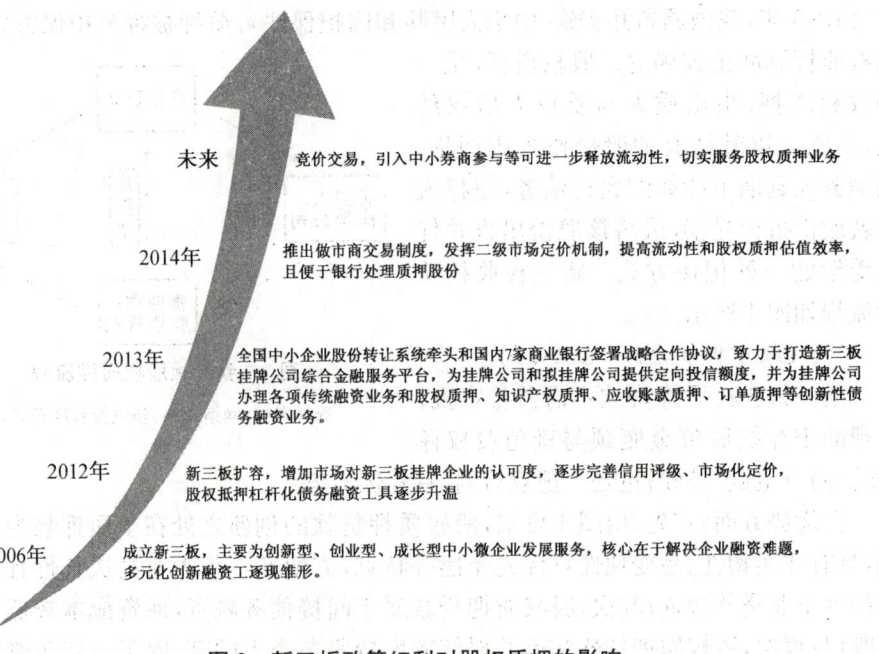

图2　新三板政策红利对股权质押的影响

资料来源：网络资料，新三板智库整理。

3. 定价依据与质押率影响因素

从事新三板业务的业内人士指出，目前，股权质押贷款主要依据每股净资产、股票发行价格、交易价格和定增价格来定价；此外，质押率受企业风险控制、公司成长性和现金流等因素影响。

二、新三板股权质押贷款年度、行业和省份分布概览

1. 年度分布

图3展示了非股权质押与股权质押总股本与企业个数对比情况。由图3可知,发生股权质押贷款的企业只是冰山一角,股权质押贷款发生率仍较低。截至2015年7月23日,共有2 837家企业在新三板挂牌,总股本为14 266亿股;仅351家挂牌企业发生681笔股权质押交易,累计质押654 877.76万股。

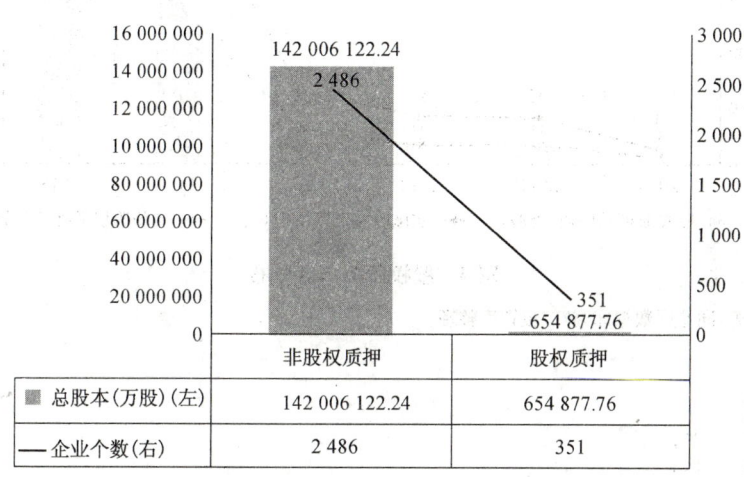

图3　非股权质押与股权质押总股本(万股)与企业个数对比

资料来源:同花顺数据库,新三板智库整理。

2010年,北京时代(430003)首次向北京首创担保有限责任公司进行股权质押,股权质押这种融资工具闪亮登场新三板。图4列示了新三板股权质押年度分布,由图4可知:新三板挂牌公司股权质押贷款交易连年攀升,特别是2012年扩容、2013年构建综合金融服务平台、2014年推出做市转让交易制度之后,新三板挂牌企业疯狂蔓延,股权质押贷款融资工具迅速蹿红。2013、2014年以及截至2015年1~7月,共计27家、124家和165家挂牌企业,分别发生56笔、228笔和324笔股权质押交易,分别质押26 165.97万股、248 865.88万股和344 056.13万股。

2. 行业分布

图5列示了累计发生股权质押次数排名前20名和后20名的行业分布,由图5可知,轻资产行业备受质权人欢迎,可能在于轻资产行业挂牌公司的基数较大,且轻资产行业成长性较好,质押股份不易贬值。在股权质押次数方面,计算机、通信和其他电子设备制造业,软件和信息技术服务业,专用设备制造业,化学原料和化学制品制造业和农副食品加工业居前5位,分别发生108、103、38、29次和25次股权质押;在股权质押股数方面,其他金融业,资本市场服务,计算机、通信和其他电子设备制造业,软件和信息技术服务业及非金属矿物制品业位居前5,分别质押127 235.50万股、123 174.15万股、53 731.13万股、53 451.84万股和20 260.68万股。

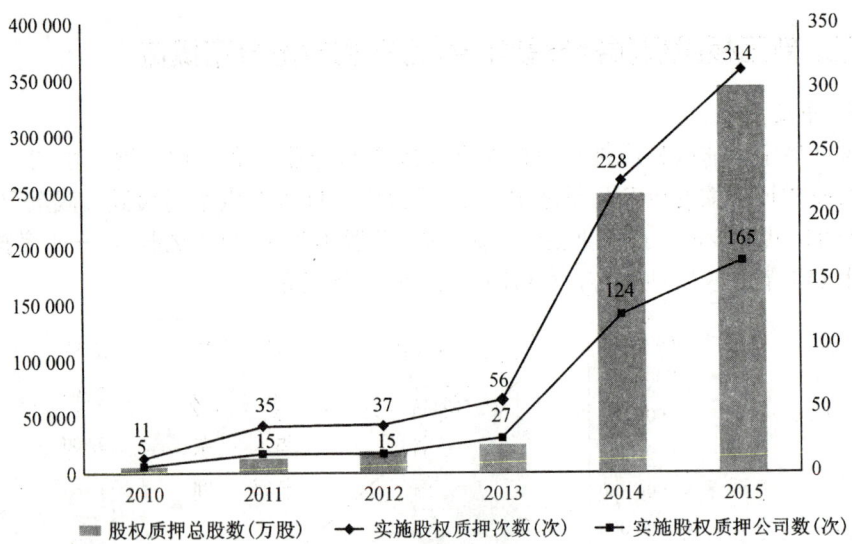

图 4　股权质押年度分布

资料来源：同花顺数据库，新三板智库整理。

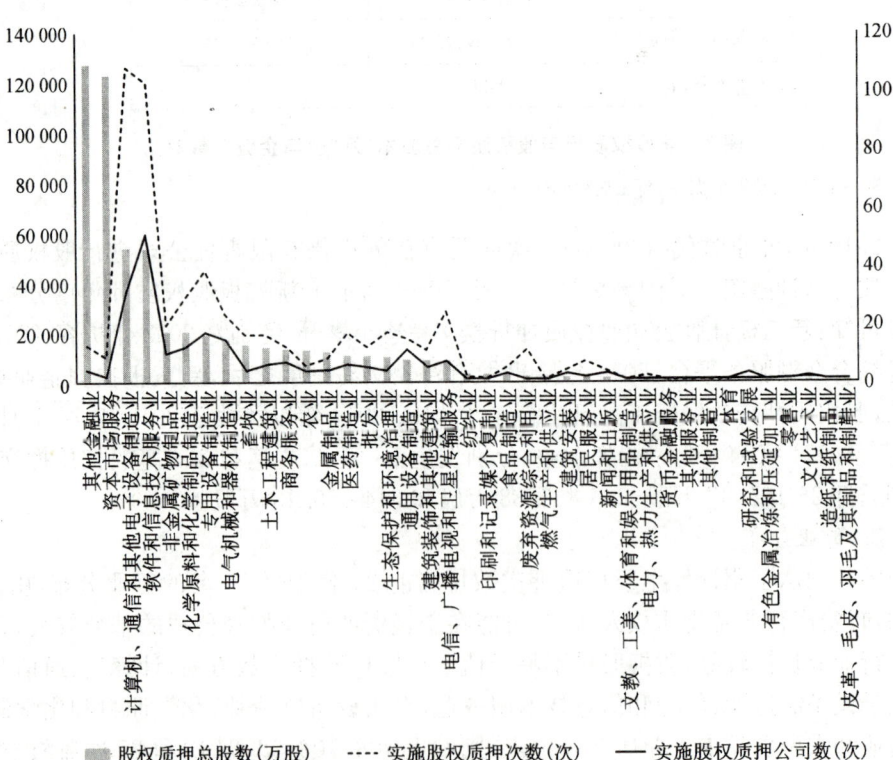

图 5　股权质押前 20 名与后 20 名行业分布

资料来源：同花顺数据库，数据日期截至 2015 年 7 月，新三板智库整理。

3. 省份分布

各省新三板挂牌企业数量并非在同一起跑线上赛跑,进而影响股权质押贷款业务参差不齐。2006年,中关村科技园区非上市股份公司进入代办转让系统进行股份报价转让;2012年,国务院批准首批扩大试点新增上海张江高新技术产业开发区、武汉东湖新技术产业开发区和天津滨海高新区;2013年,新三板方案突破试点国家高新区限制,地毯式覆盖全国。北京、上海、湖北、天津高新开发区,及创新创业活跃的江苏、浙江和广东势必成为股权质押贷款的乐土。图6展示了各省实施股权质押次数,图7展示了各省股权质押总股数。由图6和图7可知:东部地区股权质押贷款活跃、中部地区跃跃欲试、西部地区有待零突破。在股权质押次数方面,北京、江苏、湖北、广东和上海位居前5,分别发生246、70、64、53笔和28笔股权质押交易;在股权质押股数方面,北京、广东、湖南、江苏和湖北分别质押202 403.34万股、85 513.49万股、78 282.38万股、55 943.15万股和31 278.42万股。

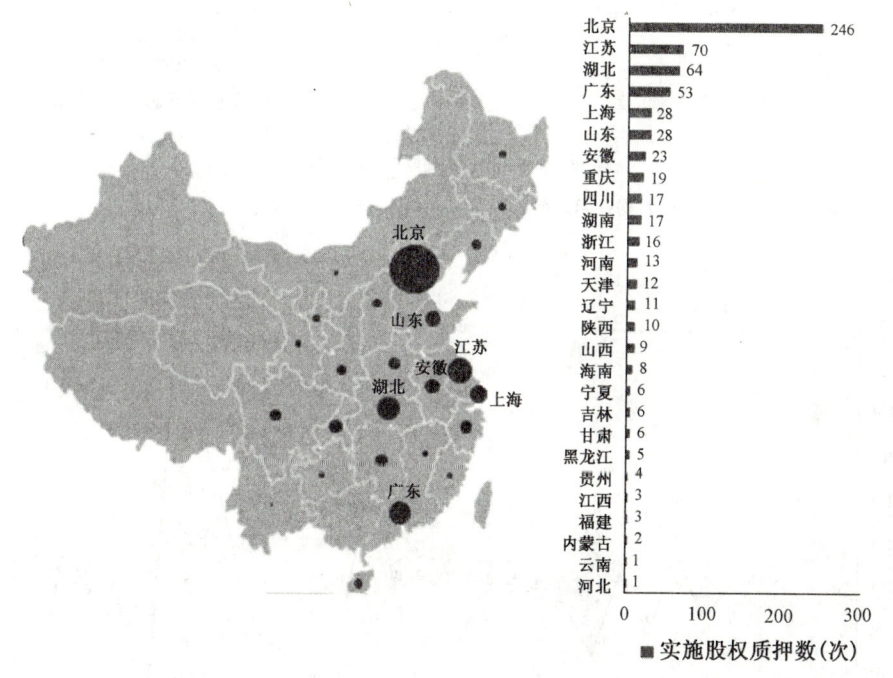

图6 各省实施股权质押次数

资料来源:同花顺数据库,数据日期截至2015年7月,新三板智库整理。

总体上,挂牌企业较多的省份股权质押次数和股权质押总股数(万股)均较多,但剔除基数光环,挂牌企业较少省份的股权质押贷款发生率、股权质押贷款重复发生率、股权质押企业总股数占比和股权质押总股数占比"逆袭",似乎是以小杠杆撬动资本市场。图8展示了各自总挂牌企业个数、股权质押贷款发生率与重复发生率对比,由图8可知,北京、江苏、广东、上海和山东新三板挂牌公司数量位居前5,那么大的基数,想股权质押次数低都有点儿难;一旦去除各省总挂牌企业个数的影响,海南、甘

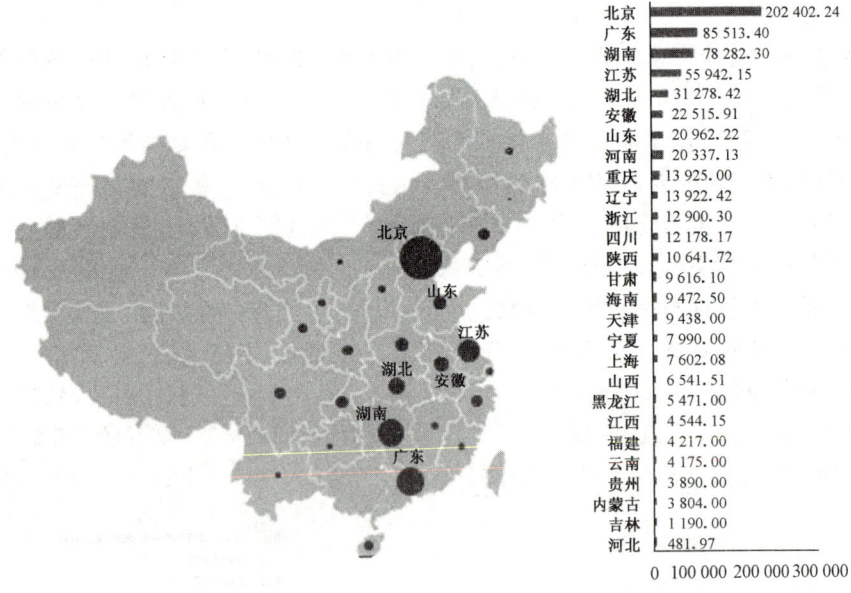

图7 各省股权质押总股数

资料来源：同花顺数据库，数据日期截至2015年7月，新三板智库整理。

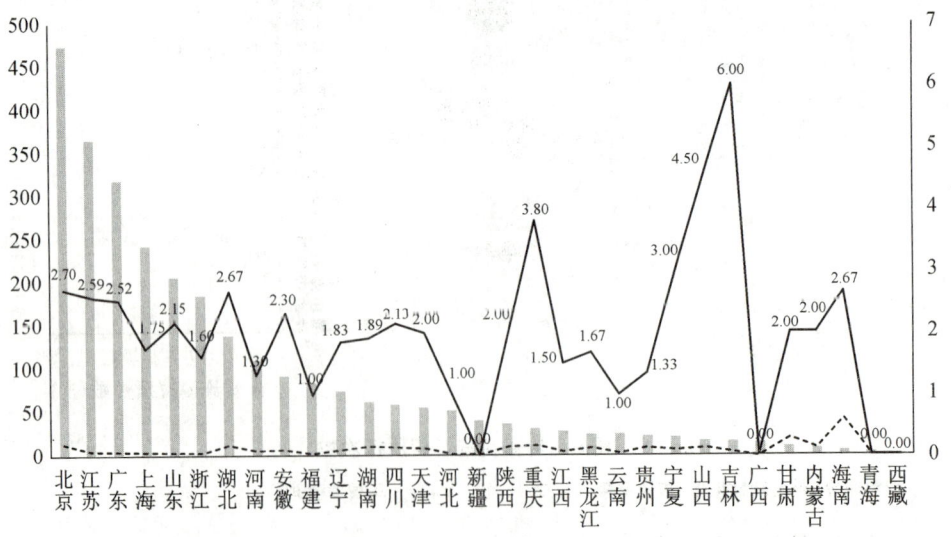

计算公式：(1)股权质押贷款发生率=各省总股权质押企业个数/各省总挂牌企业个数
(2)股权质押贷款重复发生率=各省总股权质押次数/各省总股权质押企业个数

图8 各省总挂牌企业个数、股权质押贷款发生率与重复发生率对比

资料来源：同花顺数据库，数据日期截至2015年7月，新三板智库整理。

肃、北京、湖北和重庆股权质押贷款发生率居前 5 位;进一步地,吉林、山西、重庆、宁夏和北京的股权质押贷款重复发生率分别居前 5 位。可见,去掉基数光环,各省股权质押贷款发生率和股权质押贷款重复发生率发生较大波动。图 9 所示的股权质押企业总股数占比和股权质押总股数占比亦表现出类似的波动分布。

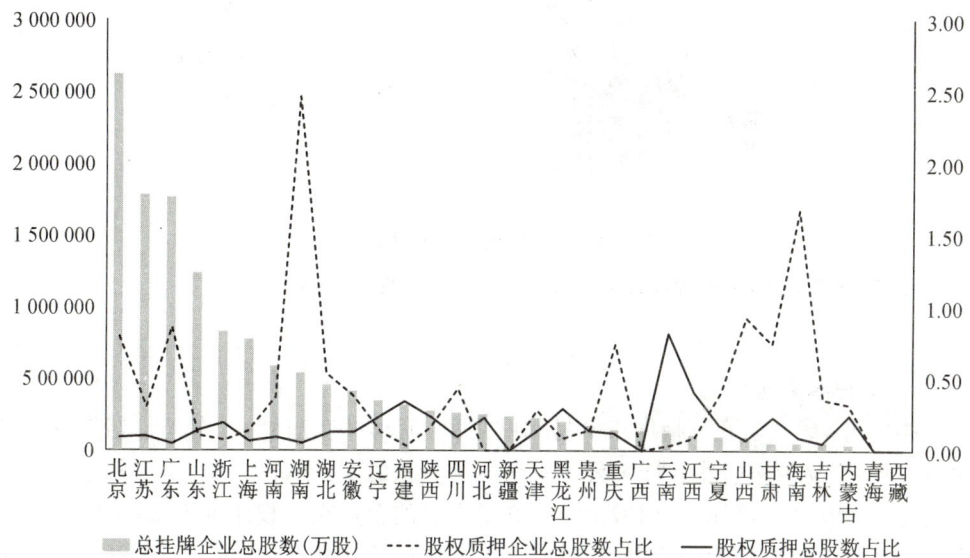

图 9　各省总挂牌企业总股数、股权质押企业总股数与股权质押总股数占比

资料来源:同花顺数据库,新三板智库整理。

三、股权质押:你是谁的菜

1. 质权人类型

新三板挂牌公司在成长性、财务健康、信息透明度等方面均明显优于一般小微企业,且挂牌之后又经历一场公司治理标准化与股权可流动的涅槃与升华,大幅提升了估值效率并降低了银行处置成本,新三板挂牌企业势如破竹般扩张,势必成为银行股权质押信贷业务的一片蓝海。对挂牌公司来讲,主办券商在改制、辅导挂牌及充当做市商的过程中,深入了解公司实际经营情况、发展潜力和信用状况,能够科学评价公司股权价值,也是重要的股权质押融资对象。图 10 展示了质权人类型分布,由图 10 可知,银行是新三板股权质押这片蓝海的弄潮儿,占比高达 52%;其他资产管理公司、担保公司和个人亦进场掘金,分别占比 23%、19% 和 6%,唯独券商缺位。有券商人士指出,券商缺位主要源于股权质押业务需考核券商的净资本,券商资本金紧张且将业务重心投放到发展较成熟的主板;此外,新三板企业整体风险较大,且流动性不高,因此,券商主动放弃此项业务。

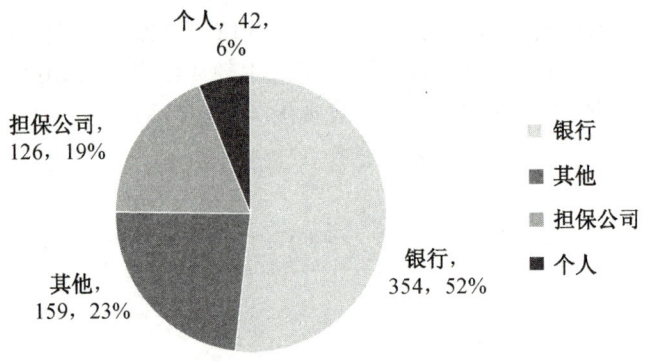

图 10 质权人类型分布

资料来源:同花顺数据库,数据日期截至 2015 年 7 月,新三板智库整理。

2. 质押人交易方式

2014 年,确立了新三板做市交易制度之后,流动性空前释放,市场价格发现功能逐步显现,交易价格可作为挂牌公司股权质押贷款的定价依据。图 11 展示了质押人交易方式,由图 11 可知,采用做市转让交易方式的企业在股权质押方面的优势明显。在所有发生股权质押的企业中,尽管有 382 家采用协议转让,高出做市转让 88 家;但采用做市转让企业的股权质押发生比率是采用协议转让企业的股权质押发生比率的近 3 倍,高达 45%。这也好理解,毕竟从质权人角度而言,做市交易方式的流动性优势明显。

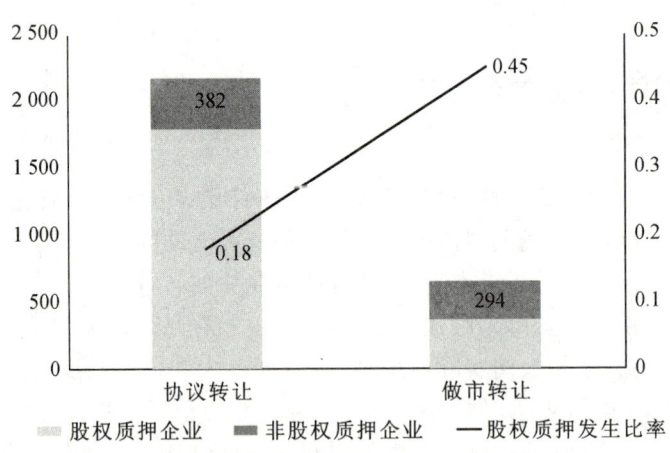

图 11 质押人交易方式

资料来源:同花顺数据库,数据日期截至 2015 年 7 月,新三板智库整理。

注:0.18 是采用协议转让方式企业中股权质押企业占比,0.45 是采用做市转让方式企业中股权质押企业占比。

3. 质押人交易状态

股权质押贷款易发生"多米诺骨牌效应"无限扩大风险,且最终控制人股权质押后仍保留对上市公司的控制权,更易成为挂牌公司大股东套现和脱身的快捷通道,那片业务蓝海不是花团锦簇而是"步步惊心"。图12展示了质押人的交易方式状况,由图12可知:并非所有发生股权质押贷款的挂牌企业均处于正常交易状态,分别有30家、13家和2家股权质押企业停牌、终止上市和被ST,可见,股权质押贷款交易背后险象环生,"鸿门宴"不断,质押双方均应谨慎对待。

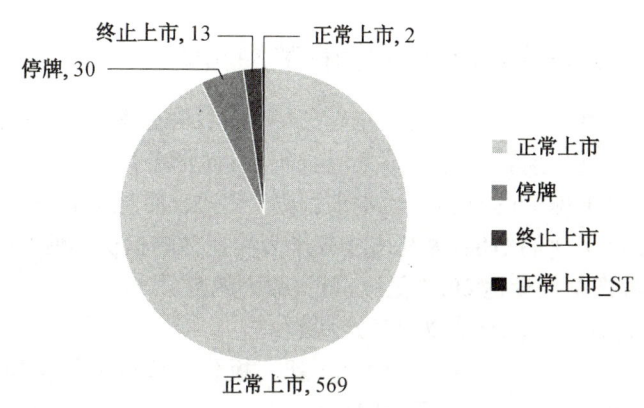

图12　质押人交易方式

资料来源:同花顺数据库,数据日期截至2015年7月,新三板智库整理。

四、几点启示

首先,新三板挂牌公司作为质押人应逐渐建立起规范的现代企业制度,不断完善公司治理,加强信息披露,提高信息透明度,进而提升公司估值效率。

其次,新三板挂牌公司较非挂牌公司的流动性更好,但股权质押"鸿门宴"不断,因此,银行等质权人应重点关注全国股转系统信息披露平台,基于挂牌公司最新财务、经营状况、是否遭受处罚等进行决策以控制质押风险。

最后,新三板如火如荼地发展,投资者对市场的信心比黄金还重要。业内人士指出,证券监管机构要从以下三方面着手:第一,加强监管,进一步提高挂牌公司公信力,完善全国股份转让系统信息披露监管制度,引导挂牌公司持续地向市场披露真实、准确的信息;第二,完善交易制度,切实提高流动性,优化挂牌公司股权质押的定价依据;第三,鼓励主办券商积极参与,扩大资金供应来源,为挂牌公司提供更多股权质押融资对象选择。

新三板大发展与股权价值提升,股权质押为挂牌公司开辟融资新渠道

徐 舜 邱 翼[①]

一、新三板迎来大发展,股权质押热潮涌动

目前新三板挂牌公司可选的融资方式主要有股权融资和债务融资两类。股权融资主要是通过定向增发向特定对象筹集股权资金;而债务融资则是发行中小企业债或向银行贷款。债务融资的过程中通常涉及财产担保,而挂牌新三板赋予了股权更高的流动性和更市场化的估值,为利用股权作为质押标的提供了便利。

(一) 股权质押总数量达 20.4 亿股,融资额大幅提升

1. 2014 年股权质押笔数超以前年度总和

据统计,2007—2012 年的 6 年时间里,新三板公司股权质押融资共 44 笔,2013 年发生 37 笔,而截至 2014 年 12 月 19 日已有 134 笔,已远超以前年度的总和。2014 年 5 月是一个分水岭,1~4 月每月质押笔数不超过 10 笔;5 月是年内高峰,一共发生了 22 笔;5 月后每个月发生股权质押稳定在 12~15 笔,如图 1、图 2 所示。由此可见,随着挂牌公司的数量增加和股权流动性的预期提高,股权质押的认可度得到极大的提升。

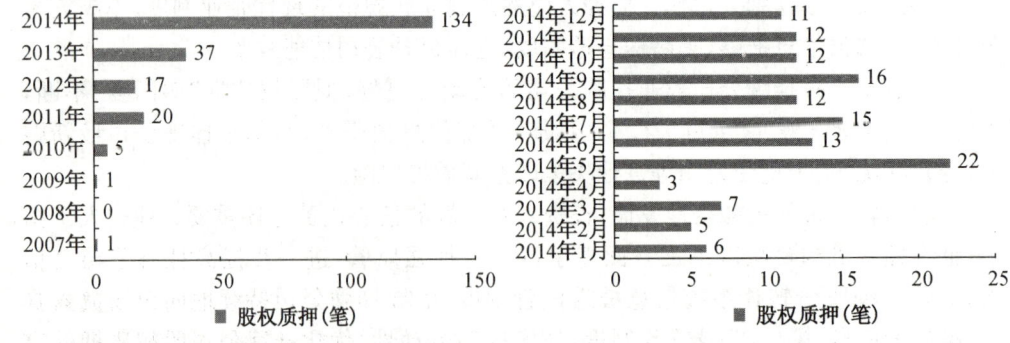

图 1　2006—2014 各年股权质押笔数　　图 2　2014 年挂牌公司每月股权质押笔数
资料来源:Wind 资讯、股转系统、广证恒生。　　资料来源:Wind 资讯、股转系统、广证恒生。

---

① 徐舜,CFA、CPA,新三板智库 CEO;邱翼,新三板智库研究总监。本文最初发表于 2014 年 12 月,感谢本文数据支持者黄承琰和黄秀容。

2. 63%质押案例发生在挂牌1年以内

质押案例六成以上发生在挂牌后1年内。我们统计了2007—2014年股权质押融资的质押起始日期和在新三板挂牌转让的日期,结果显示平均在挂牌后334天就开始进行质押融资。其中的135笔股权融资发生在挂牌后1年内,占总股权融资案例笔数的62.79%,远超其他时间区间的质押融资案例数。对这135笔股权融资的进一步细分,我们发现其中34笔在挂牌后100天内发生,发生在挂牌后的100天至200天之间有58笔,具体如图3所示。

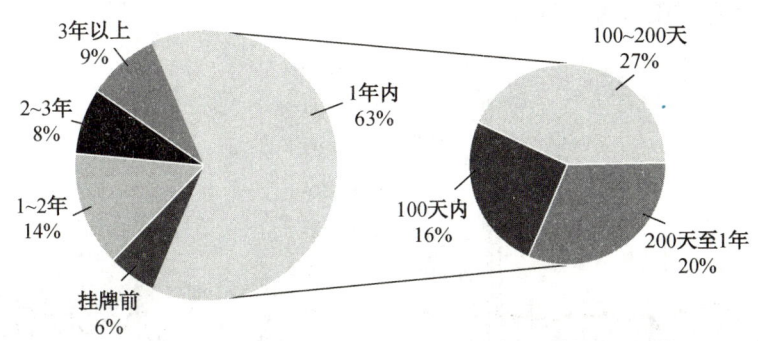

图3 全部股权质押案例发生的时间区间

资料来源:Wind、广证恒生。

3. 质押日与挂牌日时间差渐小

新三板市场2014年质押时间差更短。我们单独统计了2014年12月19日前134笔股权质押的质押起始日期和挂牌日期的差,结果显示时间差明显更短。77%的股权质押案例发生在挂牌后1年之内,其中19%在100天内,37%在100天至200天内,具体如图4所示,质押日与挂牌日时间差渐小,说明挂牌后公司的股权价值能在短期内得到质权人认可,能较及时解决公司资金短缺和融资困难的问题。

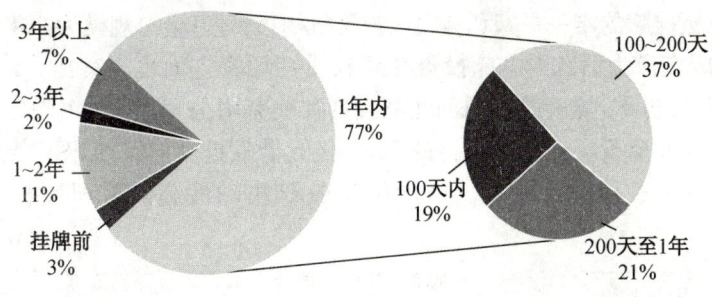

图4 2014年股权质押发生的时间区间

资料来源:Wind资讯、广证恒生。

4. 股权质押总数量达20.4亿股,融资额大幅提升

与股权质押笔数增长相伴随的是,股权质押总股数也呈高速攀升趋势。2013年全

年共质押 31 768 万股,平均每笔质押 859 万股;而 2014 年(12 月 19 日以前)已经质押了 172 540 万股,平均每笔质押 1 195 万股,除去 12 月由于九鼎投资单笔质押的 70 000 万股导致当月平均质押股数高达 7 254 万股,其余各月情况均衡且与去年接近。

股权质押总融资额也有明显的提升。我们统计了 2013 年 1 月至 2014 年 12 月 19 日所有公开披露的股权质押融资额,在全部 171 笔股权质押中,共有 94 笔披露了相应的融资额(或最高信用额度)。2014 年 77 笔股权质押总融资额达到 173 819 万元,平均每笔股权质押的融资额 1 849 万元,与 2013 年每笔融资额 1 931 万元相近。

质押情况如图 5、图 6 所示。

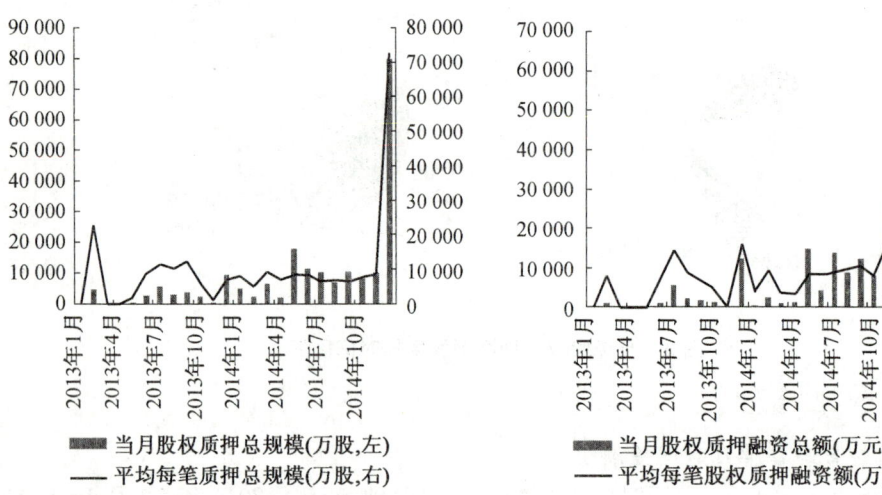

图 5　截至 12 月 19 日,质押总数量　　　　图 6　质押融资总额变化趋势上升,均值 1 亿左右

资料来源:Wind 资讯、股转系统、广证恒生。　　资料来源:Wind 资讯、股转系统、广证恒生。

5. 九鼎投资质押 7 亿股,融资 5.32 亿元

九鼎投资(430719)2014 年 4 月 29 日挂牌,以协议转让方式交易。九鼎投资是 2014 年 12 月新三板挂牌的唯一一家私募股权投资机构,管理基金总规模为 264 亿元。

新三板成交最为活跃的九鼎投资在股权质押融资方面也很突出。2014 年 12 月 2 日公司发布公告称,控股股东同创九鼎投资控股有限公司质押其中 17.18% 股权共 7 亿股,用于为九鼎投资向民生银行的 5.32 亿元借款提供担保,如图 7 所示。本次亦是九鼎投资首笔股权质押融资。由此可见股权流动性高的公司股权质押接受度很高。

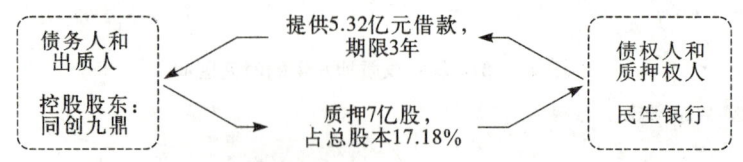

图 7　九鼎投资创单笔最高额质押融资

资料来源:Wind 资讯、九鼎投资、广证恒生。

由于九鼎投资这笔规模超前的融资,今年12月的股权质押规模和融资金额都达到历史顶峰。但相信这只是特例,除去这笔不计,新三板整体的股权质押融资处于稳定升温的态势。

(二)信息技术行业、轻资产公司受质权人青睐,财务指标影响度低

1. 质押股权公司多从事信息技术,金融业融资额领跑新三板,医疗保健股权质押率突出

在2013年年初至2014年12月19日共171笔股权质押融资中,发生在信息技术、工业、材料三个一级行业的分别有64笔、46笔和18笔,合共占总股权质押融资案例的74.85%,所涉及的股权规模占总体的49.63%,具体如图8所示。以信息技术和工业、材料为主业的公司,目前备受股权质押市场的青睐,他们的偿债能力和股权变现能力备受看好。

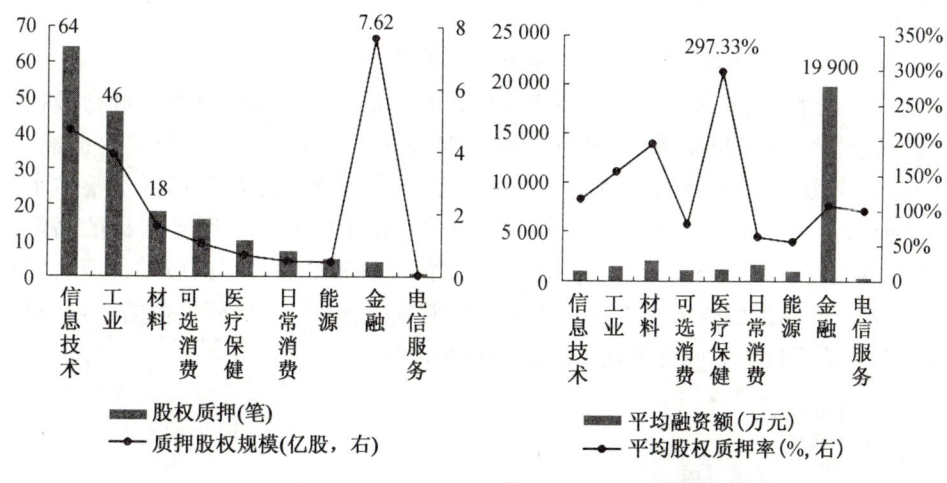

图8 股权质押笔数公司行业分布　　**图9 股权质押金额行业分布**

资料来源:Wind资讯、股转系统、广证恒生。　　资料来源:Wind资讯、股转系统、广证恒生。

新三板中各行业参与股权质押融资的热度不同,相应地,各行业所获得的资金和股权质押率也有明显差异。根据公开的87笔融资额数据统计,虽然信息技术、工业、材料三大行业位列质押笔数前3,占据了过半数股权质押的融资额,但金融(细分后二级行业为多元金融)平均每笔融资额为19 900万元,比排名第二位的材料行业(2 100万元)高出近10倍;医疗保健设备与服务以297.33%的股权质押率遥遥领先,紧跟其后的材料行业也只有195%。

2. 轻资产公司受市场认可

根据股权质押的相关统计数据,轻资产公司参与融资占据相当大比例。我们以(固定资产+在建工程)/总资产来衡量公司的重资产比例。在新三板近2年共171笔股权质押中,重资产比例大于50%的仅有12笔,来自6家公司,仅占全部融资案例的7.01%。而重资产比例在10%以下的股权质押达到102笔,占全部融资案例的59.65%。

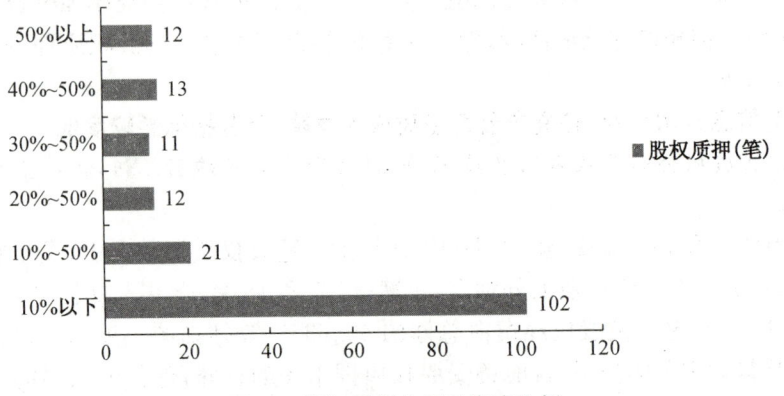

图10 股权质押公司重资产比例

资料来源：Wind资讯、广证恒生。

3. 股权质押受财务指标影响低，显示质权人更关注股权价值

（1）参与股权质押公司各财务指标较整体水平低。我们对比分析了进行股权质押融资的公司与新三板整体、未进行股权质押融资的公司的财务状况。数据显示，2014年间利用股权质押进行融资的公司的总资产、营业收入、ROE都低于整体水平和未质押的公司，净利润仅略高于另外两类样本，如图11所示。财务指标的高低表明，现阶段股权质押融资概念正逐步被市场接受，新三板挂牌公司的股权价值得到承认，不需要巨额的现期收入和雄厚资产作信誉背书。质权人对股权价值的认可，对处在成长期的新三板企业而言无疑是巨大的利好。

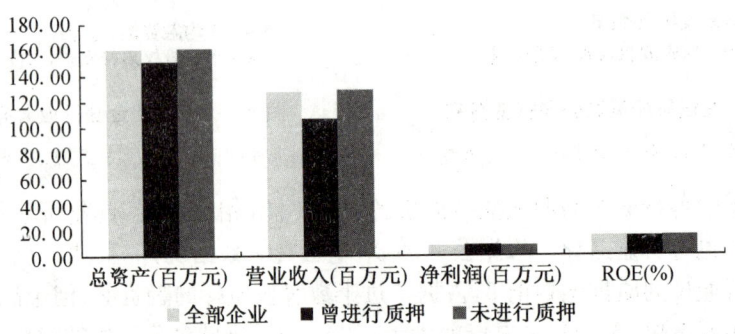

图11 股权质押公司的总资产、营业收入和ROE与新三板整体及未进行质押公司的比较

资料来源：Wind资讯、广证恒生。

（2）信息技术行业参与股权质押公司各财务指标较行业水平低。鉴于信息技术行业是股权质押融资的热门行业，我们对比分析了该行业中进行股权质押与未进行股权质押的公司财务表现方面的差异。与新三板整体情况相似，信息技术行业中2014年进行过股权质押融资的公司总资产、营业收入、ROE都比行业平均水平及未进行质押的公司低，三类公司样本的净利润相近，具体如图12所示。信息技术行业

商业模式以轻资产为主,发展初期收入不高,但对资金需求非常高。股权质押给予这类型公司新的融资渠道,借用挂牌提升股权流动性,继而提升股权质押价值,股东得以为急需资金的公司筹集所需资金。

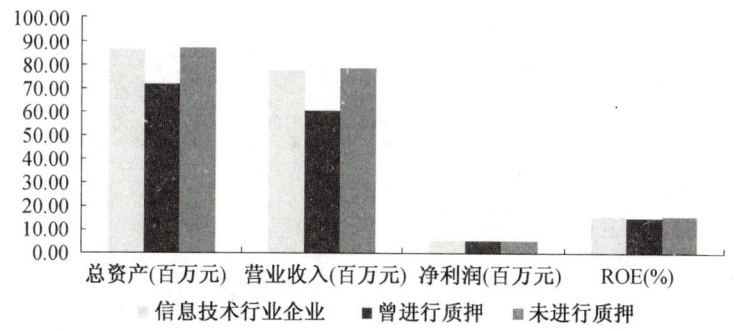

图12 信息技术行业股权质押公司财务指标与行业及未质押公司比较

资料来源:Wind 资讯、广证恒生。

(3)股权质押企业收入门槛下降。参考公司股权质押前最近一期年报或半年报①,我们统计分析了2014年134笔股权质押公司的营业收入、净利润和ROE等数据,并根据股权质押笔数、对应质押股数计算加权平均值。结果显示2014年年初以来,各质押股权的公司所实现的营业收入、净利润都在较小的范围内波动,并轻微下降;ROE则表现较为明显的下降趋势,具体如图13所示。说明新三板挂牌企业进行股权融资的收入门槛正逐步下降,将有利于更多的企业通过股权质押方式融资。

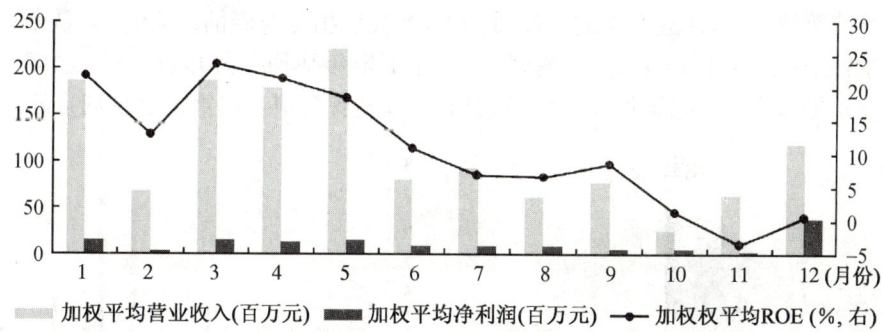

图13 2014年股权质押企业收入、净利润、ROE变动趋势

资料来源:Wind 资讯、广证恒生。

(三)股权质押以直接方式为主,银行是主要玩家

1.股权质押以直接方式为主,反担保占比逐渐上升

在股权质押融资中,主要存在两种模式:其一是直接的质押融资,债权人受质出

---

① 2014年1~6月的股权质押参考2013年7~12月财务状况,2014年7~12月股权质押则参考2014年1~6月财务状况。

质人提供的股权，成为质权人，则整个融资交易中只涉及两方关系，如图14所示；其二是涉及反担保的质押融资，先是由担保公司等为债务人提供担保向债权人借款，然后债务人质押股权给担保公司提供反担保，整个融资交易涉及三方关系，如图15所示。

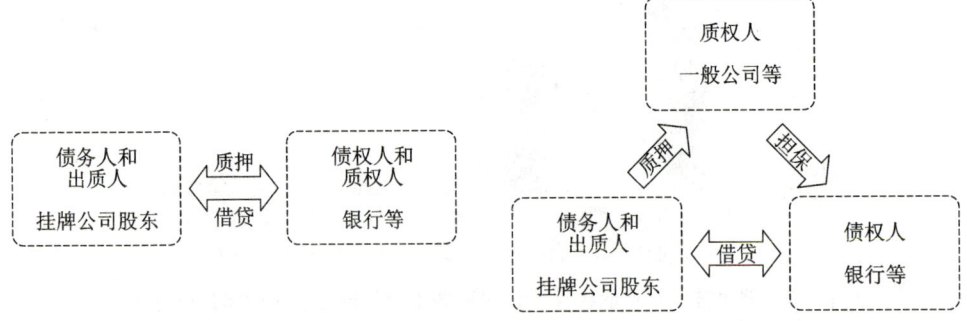

图14　普通股权质押模式
资料来源：Wind资讯、股转系统、广证恒生。

图15　涉及反担保的股权质押模式
资料来源：Wind资讯、股转系统、广证恒生。

（1）涉及反担保的股权质押渐被市场接受。我们观察到在171笔股权质押融资中，共有47笔属于反担保形式，如图16所示。融资担保公司为挂牌公司提供担保，向银行贷款；而挂牌公司股东则把股权质押给融资担保公司提供反担保。在新三板挂牌增加了公司股权的流动性，相应地也提高了融资担保公司承接挂牌公司股权质押融资业务的可能性。

统计数据显示，在近2年的股权质押中，涉及反担保合同的越来越多，从2013年前三季每个月最多只有1笔，发展到2014年下半年平均每月接近4笔，如图17所示。反担保方式借用融资担保公司的信用，帮助挂牌公司获得银行更高额贷款。

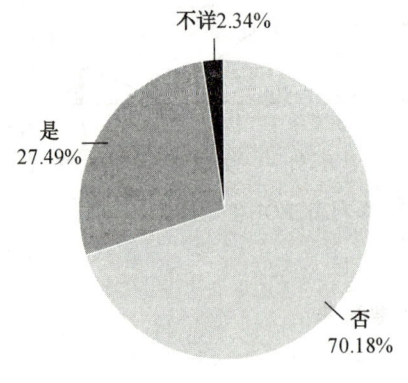

图16　股权质押中反担保形式占比
资料来源：Wind资讯、广证恒生。

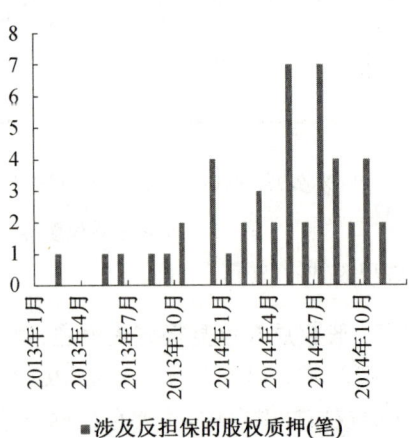

图17　反担保形式笔数变化趋势
资料来源：Wind资讯、广证恒生。

(2)国威机床通过反担保,质押7.78%股权获得2 000万元融资。国威机床(430265)2013年7月22日挂牌新三板,以协议转让方式交易。公司主营重型数控金属切削机床的研发、设计、制造和销售;机械设备大修和技术改造。

2014年9月12日,国威机床的控股股东武汉国威投资控股集团有限公司质押7.78%股权,共350万股,股权质押率为71.43%。质押股份用于为另一公司担保,向中信银行武汉分行汉口支行贷款2 000万元,质押权人是武汉众一投资担保股份有限公司。与卡连科技共同成为反担保类股权质押最大额案例。

2. 银行是股权质押的主要参与者

(1)质权人主要为银行和一般公司,银行提供的额度更高、质押率更稳定。受质新三板公司股权的过半数为银行,此外也有担保公司和小额贷款公司(下称"一般公司")。根据挂牌公司进行股权质押时的交易方式对所有171笔股权质押的质权人统计后发现,仅有3笔股权质押融资发生在做市转让阶段,其中2笔质押给一般公司,1笔质押给银行。协议转让标的股权的质权人首先以银行为主,共87笔,占比51.79%;其次为一般公司,共65笔,占比38.69%;再次是个人,共13笔,占比7.74%,具体如图18所示。

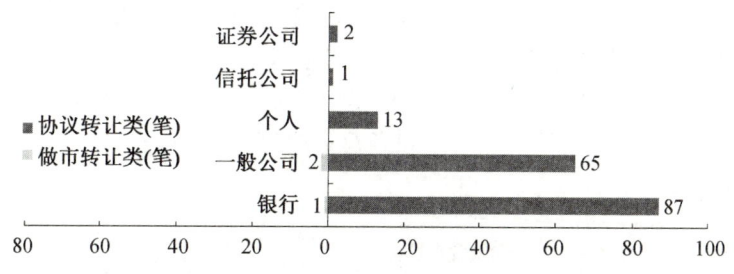

图18 质权人分布情况(以银行和担保小贷公司为主)

资料来源:Wind资讯、股转系统、广证恒生。

根据公开的87笔融资额数据统计,做市转让阶段质押的3笔均未披露融资额,只能分析协议转让标的质押时的融资额和股权质押率。银行作为质权人接受质押后,给予标的贷款金额平均是2 369万元,大于一般公司提供的1 867万元和个人提供的972万元,如图19所示。作为传统的贷款渠道,银行给予股权质押的单笔贷款额度仍较高。目前包括四大行在内的十几家银行已与股转系统签订协议,愿意为挂牌公司提供股权质押贷款服务,相信银行的优势仍将保持。

此外,我们对比了三类质权人的股权质押率。统计数据显示,银行认可的平均股权质押率为104.40%,即与股权市值接近,低于一般公司和个人认可的股权质押率;银行的股权质押率在8.22%~440.00%的范围内波动,相比另外两类质权人股权质押率最高最低间相差超过100倍不同,银行所认可的股权质押率只在较小范围内波动,且偏度很小,如图19所示。股权质押率是公司融资额与所质押股权的市值的比例。股权质押率的均值、波动范围和偏度说明,银行在评估股权质押价值时对市值参考较多,且相对稳定,质押股东可提前预测融资额度,以便确定合适的股权质押份额,有利于缩短整个谈判程序的时间,及时融资以解其燃眉之急。

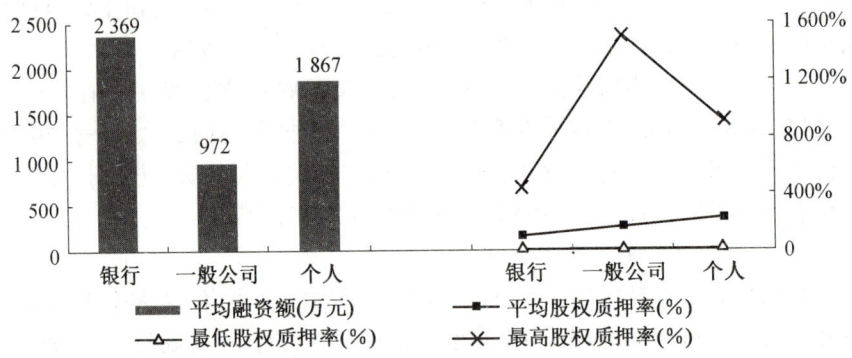

图19　银行、一般公司和个人给予协议转让标的贷款额及认可的股权质押率

资料来源:Wind资讯、股转系统、广证恒生。

(2)债权人仍以银行为主,普通质押模式优于反担保模式。

由于反担保模式可能影响融资合同的谈判难度和贷款额度,我们按是否涉及反担保分别分析债权人的分布。统计数据显示,无论股权质押是否属于反担保,银行都是最主要的债权人,其参与股权质押的笔数遥遥领先于其他类型的债权人,如图20所示。现阶段,银行提供的债务融资,依然是中小企业发展不可或缺的资金来源。在新三板挂牌赋予中小企业股权流动性和经营透明度,相信对提高银行提供贷款的热情起到不小作用。

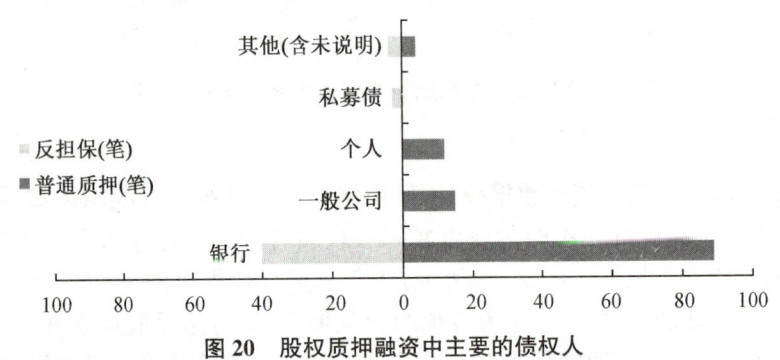

图20　股权质押融资中主要的债权人

资料来源:Wind资讯、广证恒生。

按是否涉及反担保、债权人类型,分类统计股权质押的融资额和股权质押率。从每笔平均融资额看,银行为反担保和普通质押提供的贷款额度分别是950万元和2354万元,如图21所示,可见普通质押一般能获得更高的单笔融资额,且远高于质押给一般公司和个人。从贷款的股权质押率看,当一般公司和个人提供贷款时,股权质押率均高于银行的99.52%,但极值差异大;当银行提供贷款时,普通质押模式的股权质押率分布集中,但整体低于反担保模式的股权质押率,如图21所示,说明由于第三方担保公司的加入股权质押的估值得以提高,有利于公司利用相同的股权获得更高融资。

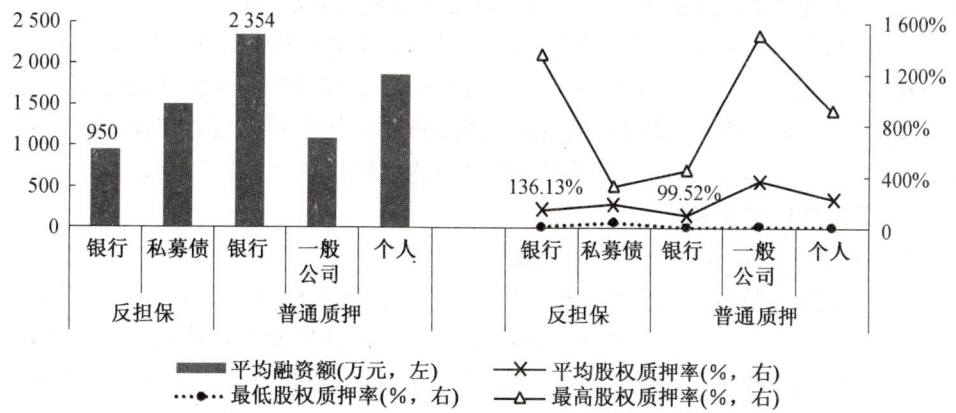

图21 不同质押模式下的融资额和股权质押率

资料来源:Wind资讯、股转系统、广证恒生。

(3) 易销科技股权质押率1 500%,以33万股权市值融资495万元。

易销科技(831114)2014年8月22日挂牌新三板,以协议转让方式交易。公司以"线上系统平台+线下渠道接入"模式,整合语音业务、数据业务和增值业务,已发展为国内最领先的运营商电子渠道连锁运营平台。

2014年10月9日,易销科技质押3.3%股权,共33万股给杭州郡望股权投资合伙企业,获得一笔495万元的短期贷款,质押截止日期是2014年12月31日。由于质押时仍无成交记录,易销科技股权以1元/股的市值撬动了质权人15元/股的贷款,成为当时单笔股权质押率最高的股权质押融资案例。

二、定价可参考相对价值法,重点考虑行业特征

(一)股权质押估值常用三种方法

股权质押融资的核心是对股权标的进行估值。通用的股权估值方法包括三种:资产基础法、相对价值法、收益折现法,具体对比如表1。

表1 资产基础法、相对价值法和收益折现法比较

类型	主要参考项目	估值过程	适用对象
资产基础法	资产负债表的资产项目	直接计算公司资产的重置成本或清算价值	资产体量大、公允价值可得且相对稳定
相对价值法	资产负债表的资产、利润表的销售额、净利润等项目	先计算同行业相近规模公司的估值与参考项目的比值,再以比值乘标的公司具体项目价值	同行业能找到合适配对公司,要求规模和业务结构相似,所处发展阶段相近
收益折现法	利润表的净利润、可分配利润、各项费用、现金流量表的经营活动现金流量等项目	先预测未来几年的收益和现金流,再选取合适的折现率,计算收益现值	经营较稳定,收益现金流可估;投资和融资可预期,异动不大

资料来源:互联网、广证恒生。

(二) 相对价值法是更适合新三板公司质押股权的估值方法

一方面,新三板公司体量小、资产轻,大多尚处于成长初期,经营波动性较大;另一方面,新三板公司挂牌后股权有了一定的流动性。所以相对估值法较为适宜。以下根据公开融资额的 87 笔股权质押融资数据,分析新三板公司股权质押的定价规律。需要注意的是,87 笔股权质押的挂牌公司均以协议转让方式进行交易。

1. 股权质押率分布特点

股权质押率均值 138.64%,过半数小于 1。

在 87 笔有完整数据的股权质押融资记录中,股权质押率均值是 136.70%,分布于 8.22%～1 500%之间。其中 55 笔(占 63.22%)的融资额与所质押股权市值的比值在 0～100%之间,即质押市值 100 万元的股权,能获得最高 100 万元的贷款额度。另外分别有 20 笔的股权质押率在 100%～200%之间,具体如图 22 所示。

医疗保健行业的平均融资额/营业收入最高,达到 258.93%。该行业共有 7 笔股权融资质押,其中高于整体均值的是先大药业(430730),其 2014 年两笔融资股权质押率分别是 250%和 1 333.33%,具体如图 22 所示。

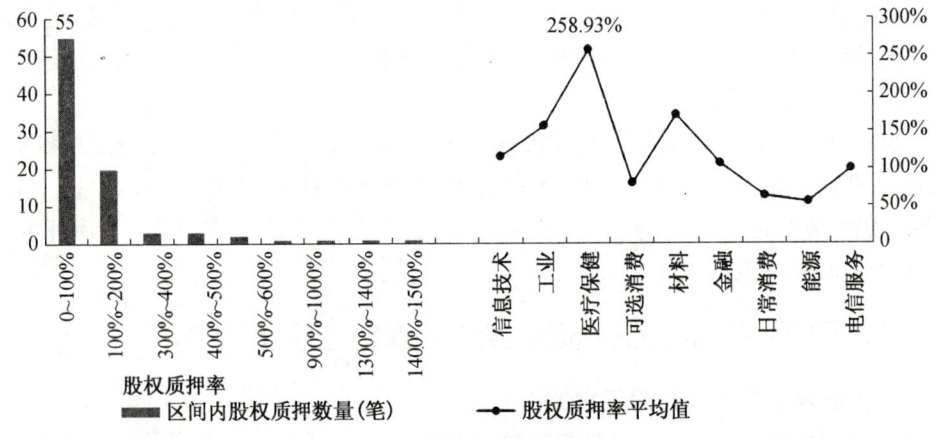

图 22 质押公司的股权质押率分布

资料来源:Wind 资讯、股转系统、广证恒生。

2. 融资额/总资产、融资额/营业收入、融资额/净利润的分布特点

1) 新三板整体相对价值法指标分布情况

(1) 融资额/总资产均值 0.70,过半数分布于 0～0.5,医疗保健行业最高。在 87 笔有完整数据的股权质押融资记录中,融资额/总资产均值是 0.70,分布于 0.07～7.20 之间。其中 53 笔(占 60.92%)的融资额/总资产比值在 0～0.5 之间,即质押股权对应公司 100 万元资产,贷款额度在 50 万元以内。另外分别有 18 笔和 10 笔的融资额/总资产在 0.5～1 和 1～1.5 之间,具体如图 23 所示。

医疗保健行业的平均融资额/总资产最高,达到 1.44。该行业共有 7 笔股权融资质押,其中高于总体平均值的有 3 笔,分别是先大药业(430730)的融资额/总资产比值 7.20,和新眼光(430140)的融资额/总资产比值 0.78。

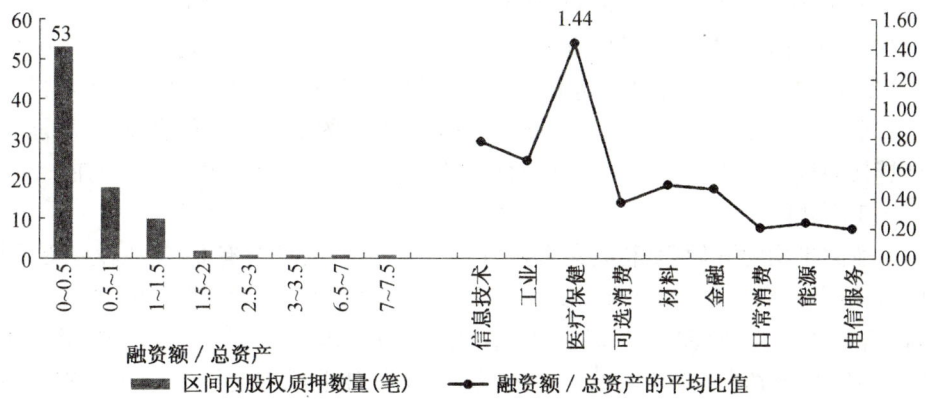

图23　质押公司的融资额/总资产分布

资料来源：Wind资讯、广证恒生。

2) 融资额/营业收入均值3.67，大部分分布于0~3，金融业最高

在87笔有完整数据的股权质押融资记录中，融资额/营业收入均值是3.52，分布于0.25~45.49之间。其中65笔(74.71%)的融资额与融资前半年营业收入的比值在0~3之间，即质押股权对应公司最近半年的100万元营业收入，所能获得最高贷款额度为300万元。另外分别有11笔和3笔的融资额/营业收入在3~6和6~9之间，具体如图24所示。

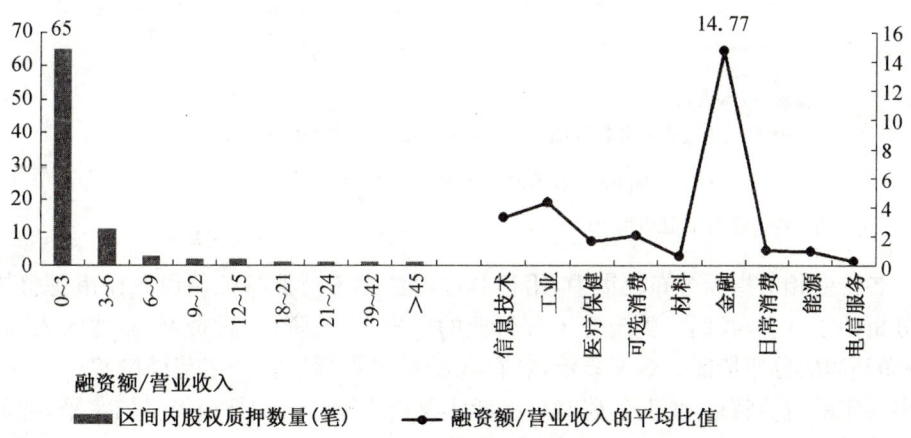

图24　质押公司的融资额/营业收入分布

资料来源：Wind资讯、广证恒生。

金融行业的平均融资额/营业收入最高，达到14.77。该行业共有3笔股权融资质押，其中鑫庄农贷(830958)2014年10月30日以6.50%的股权对应前半年194万元收入，得到4 000万元贷款额度，融资额/营业收入比值为20.58；另一笔始于2014年12月4日的质押，融资额/营业收入比值为3.57，接近平均值。九鼎投资(430719)则以0.23亿元收入获得5.32亿元贷款，融资额/营业收入高达23.60，具体如图24所示。

3) 融资额/净利润均值56.44,半数以上分布于0～50,工业最高

在87笔有完整数据的股权质押融资记录中,融资额/净利润均值是56.44,分布于－472.71～4 365.79之间。其中64笔(占73.56%)的融资额与融资前半年净利润的比值在0～50之间,即质押股权对应公司最近半年的100万元营业收入,所能获得最高贷款额度为5 000万元。另外分别有10笔和4笔的融资额/净利润在－50～0和50～100之间。

工业的平均融资额/净利润最高,达到140.82。该行业共有27笔股权融资质押,其中博朗环境(430050)2014年2月26日以8.74%股权对应前半年0.44万元净利润,得到1 900万元贷款额度,融资额/净利润比值高达4 365.79。其余融资额/净利润高于40的分别是49.32、46.04和42.03,来自平原非标(830849)、诺文科技(430745)和差旅天下(430578)。

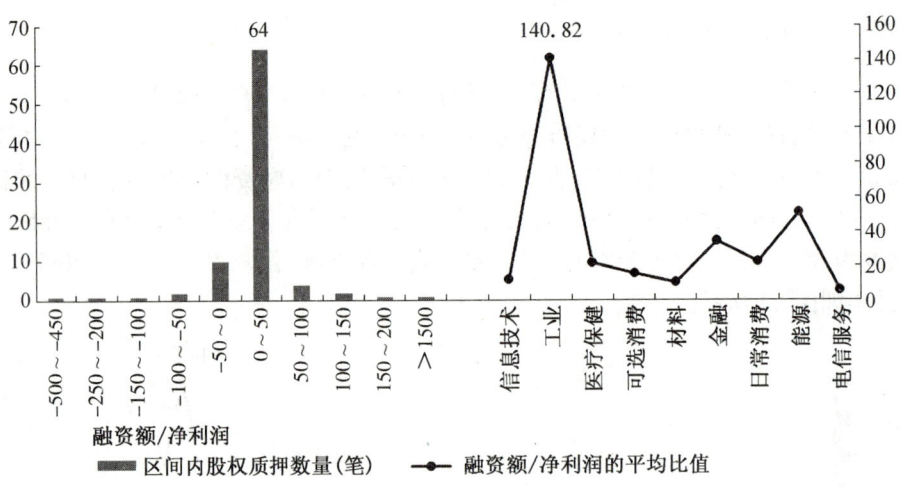

图25　质押公司的融资额/净利润分布

资料来源:Wind资讯、广证恒生。

各行业相对指标分布较集中,用相对价值法参考行业特征估值。在市场整体情况分析的基础上,我们分类统计了各行业的融资额/总资产、融资额/营业收入、融资额/净利润的分布情况。数据显示,各行业的相对指标均在一定范围内集中分布,体现出一定的行业特征,说明估值时可参考协议转让标的所在行业的平均水平,继而确定该笔质押的贷款额度。

材料行业4笔股权质押融资额/总资产的均值是0.49,标准差为0.21;融资额/营业收入的均值是0.65,标准差为0.27;融资额/净利润的均值是10.65,标准差为3.37,具体如图26所示。电信服务业1笔股权质押融资额/总资产是0.20;融资额/营业收入是0.26;融资额/净利润是6.07,具体如图27所示。

工业行业28笔股权质押融资额/总资产的均值是0.66,标准差0.76;融资额/营业收入的均值是4.37,标准差为8.85;融资额/净利润的均值是140.82,标准差为833.70,具体如图28所示。

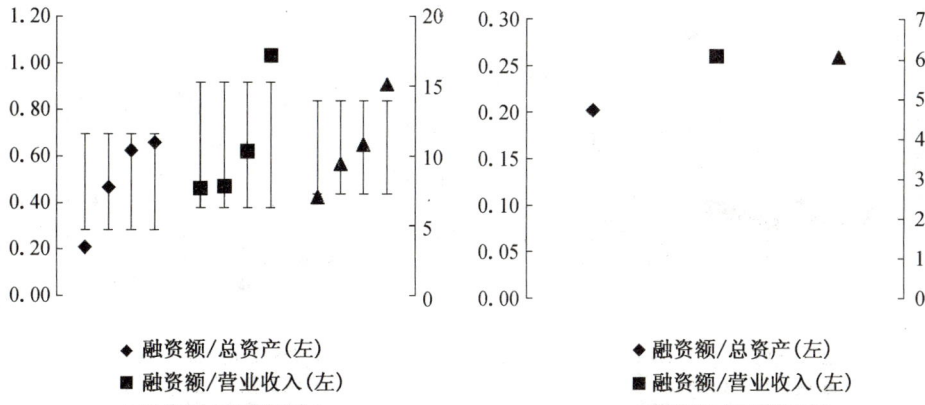

图26 材料行业相对价值法估值情况　　图27 电信服务行业相对价值法估值情况

资料来源:Wind资讯、广证恒生。　　　　　资料来源:Wind资讯、广证恒生。

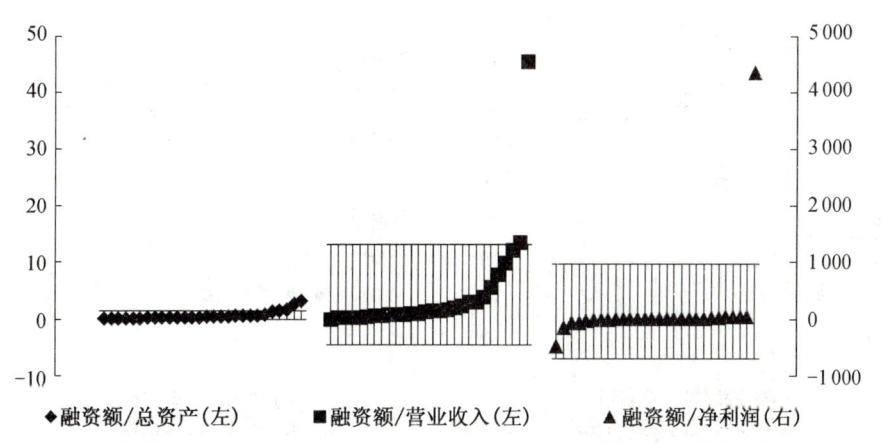

图28 工业相对价值法估值情况

资料来源:Wind资讯、广证恒生。

可选消费行业7笔股权质押融资额/总资产的均值是0.37,标准差为0.46;融资额/营业收入的均值是2.07,标准差为3.88;融资额/净利润的均值是15.79,标准差为24.27,具体如图29所示。日常消费行业3笔股权质押融资额/总资产的均值是0.21,标准差为0.14;融资额/营业收入的均值是1.05,标准差为0.88;融资额/净利润的均值是22.55,标准差为41.62,具体如图30所示。

能源行业2笔股权质押融资额/总资产的均值是0.24,标准差为0.03;融资额/营业收入的均值是1.00,标准差为0.30;融资额/净利润的均值是51.05,标准差为60.33。具体如图31所示。金融行业3笔股权质押融资额/总资产的均值是0.47,标准差为0.56;融资额/营业收入的均值是14.77,标准差为12.77;融资额/净利润的均值是34.63,标准差为36.25,具体如图32所示。

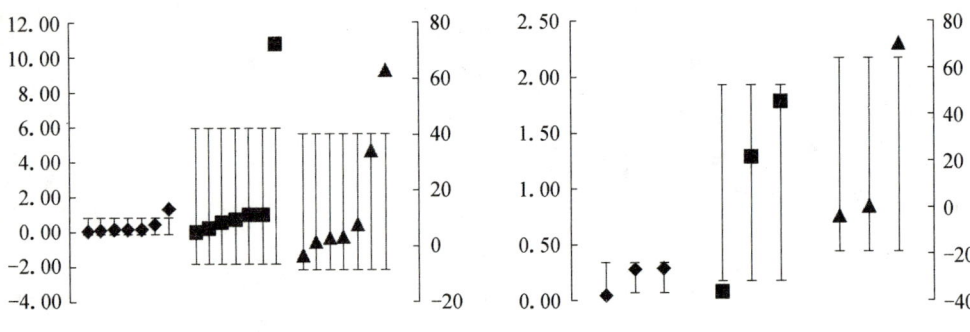

图 29 可选消费行业相对价值法估值情况
资料来源：Wind 资讯、广证恒生。

图 30 日常消费行业相对价值法估值情况
资料来源：Wind 资讯、广证恒生。

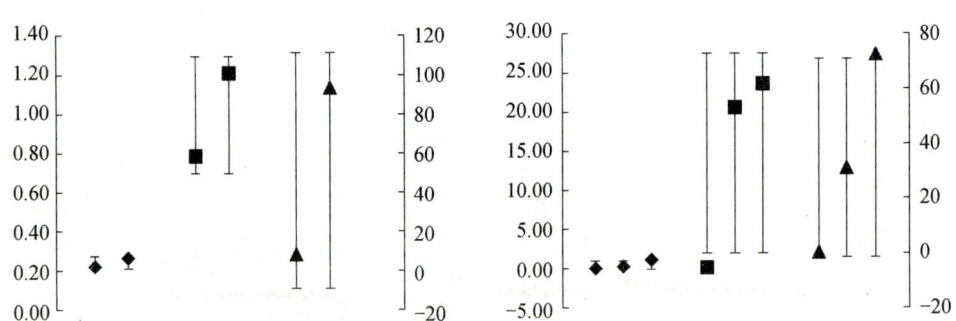

图 31 能源行业相对价值法估值情况
资料来源：Wind 资讯、广证恒生。

图 32 金融行业相对价值法估值情况
资料来源：Wind 资讯、广证恒生。

信息技术行业 32 笔股权质押融资额/总资产的均值是 0.78，标准差为 1.16；融资额/营业收入的均值是 3.31，标准差为 7.11；融资额/净利润的均值是 11.87，标准差为 55.44，具体如图 33 所示。

医疗保健行业 7 笔股权质押融资额/总资产的均值是 1.44，标准差为 2.58；融资额/营业收入的均值是 1.64，标准差为 1.84；融资额/净利润的均值是 22.08，标准差为 35.28。

(三) 新眼光股权质押定价模型：$P_n = c \times P$

据上海大学悉尼工商学院和上海杨浦区金融服务办公室合作的《"新三板"企业股权质押的定价和应用》一文，我们整理了新眼光(430140)在 2014 年年初质押贷款

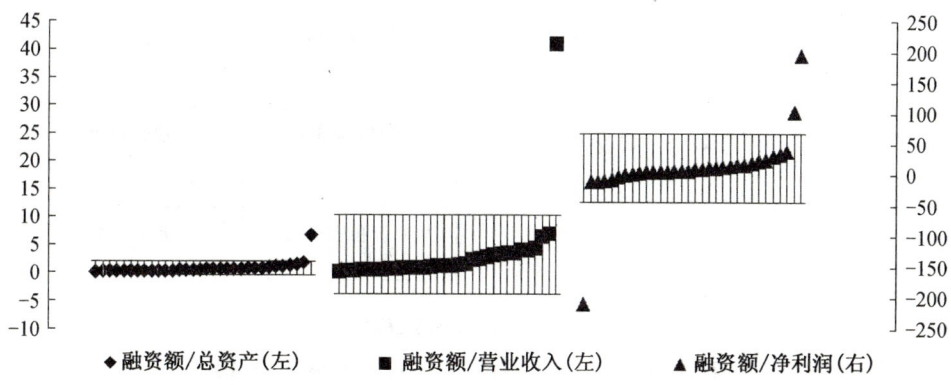

图33　信息技术行业相对价值法估值情况

资料来源：Wind资讯、广证恒生。

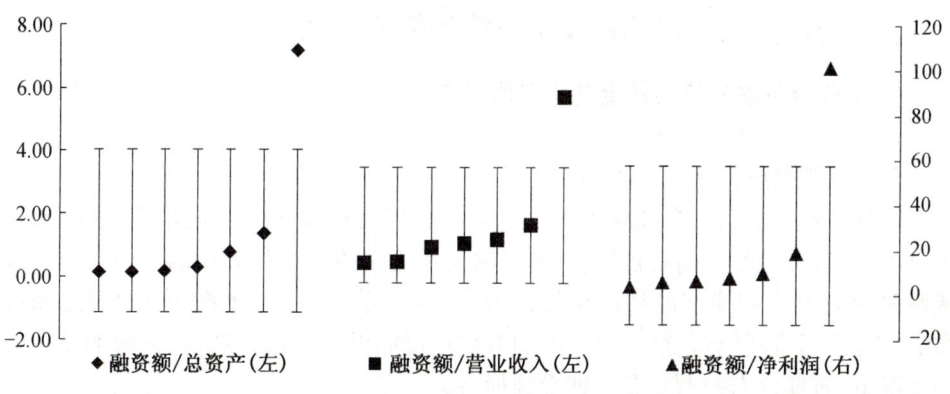

图34　医疗保健行业相对价值法估值情况

资料来源：Wind资讯、广证恒生。

案例的定价过程。2014年1月20日,新眼光发布公告称,公司的控股股东汤德林质押160万股非限售流通股,占公司总股本12.55%。质押股份用于银行贷款,补充公司流动资金。质押权人为上海浦东发展银行股份有限公司杨浦分行。

（1）质押率c。质押率以资本市场流动性为依据,常规用法是沪深300指数成分股不超过50%,非沪深300指数成分股不超过40%,创业板不超过30%;因此设定新三板股权质押率在25%以下。新眼光估值使用的是25%。

（2）每股近期挂牌价P_0。选取新眼光2013年12月底收盘价,P_0为13元。

（3）每股估算价值V_0。V_0是两种估值结果的平均数。第一种估值参考板块平均市盈率和个股每股收益,参考2013年新三板总体平均市盈率,R_1取值20倍;参考2013年半年报及年报,EPS取值1.32元,故V_1是26.40元。第二种估值参考定向增发价格,取公开报告价格6.89元为V_2。综上求得V_0结果为16.65。

（4）挂牌价和股价的权重a,b。为兼顾市场认可价格和企业内在价值,在$a+b=1$的条件下,权重a和b均取0.5。

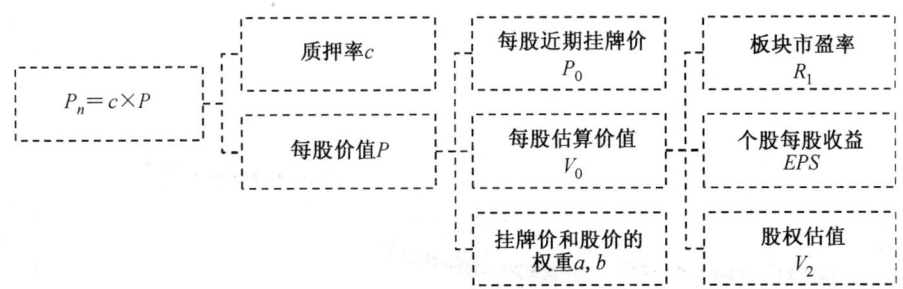

图35　新眼光估值模型:$P_n = c \times P$

资料来源:《"新三板"企业股权质押的定价和应用》《价格理论与实践》,广证恒生。

(5) 每股质押价格 P_n。综上,求得 $P=14.83$,得到 P_n 取值 3.71,完成每股价值评估。新眼光控股股东质押的 160 万股,对应的定价总额为 593.6 万元。

三、约定回购与附加担保是可行的风控方式

(一) 股价下跌和流动性低是主要风险点

1. 风险之一:股价下跌

股价下跌是质押权人面临的首要风险。

股价下跌一方面来自挂牌公司本身。新三板公司大多处于成长阶段,收入规模小且不稳定,又多涉及高科技研发,研发项目投资收益较难准确控制。公司经营缺乏成熟的商业模式和稳健的持续增长作为支撑,抗经营风险、财务风险的能力相对较弱。一旦公司遭遇经营危机,所质押的股权很可能出现大幅下跌,在不增加质押股份的情况下,质押权人的利益会立即受到损害。

股价下跌另一方面可能来自市场整体的风险。目前国内股票市场走势良好,但依然要注意提防市场整体下跌的系统风险;且新三板扩容至今只有 1 年时间,制度建设尚在逐步完善,新三板整体成熟度有待提升,股价易受外界环境变化的影响。

2. 风险之二:股权流动性低

高流动性是股权价值的重要背书。目前新三板公司股权的流动性相对于上市公司依然有较大的差距。从 2014 年 1 月 1 日至 12 月 19 日,新三板挂牌公司平均换手率只有 5.39%,近半年逐渐呈现稳定上升趋势。但高流动性只属于少数几家公司,如多次蝉联成交榜首位的九鼎投资。截至 12 月 19 日,超过 85.71% 的公司股权年内累计换手率不足 10%;只有 44 只股票年内累计换手率在 50% 以上,仅占全部挂牌公司的 2.90%,具体如图 36 所示。

(二) 约定回购和附加担保是新三板现有的风控方法

新三板公司较少公告风险控制条款。近 2 年共发生的 171 笔股权质押融资中,只有 9 笔公告了所采用的风险控制手段和具体条款。其中 1 笔提及质押期间收益分配和约定回购条款;8 笔为附加其他形式的担保,包括连带保证和财产抵押。

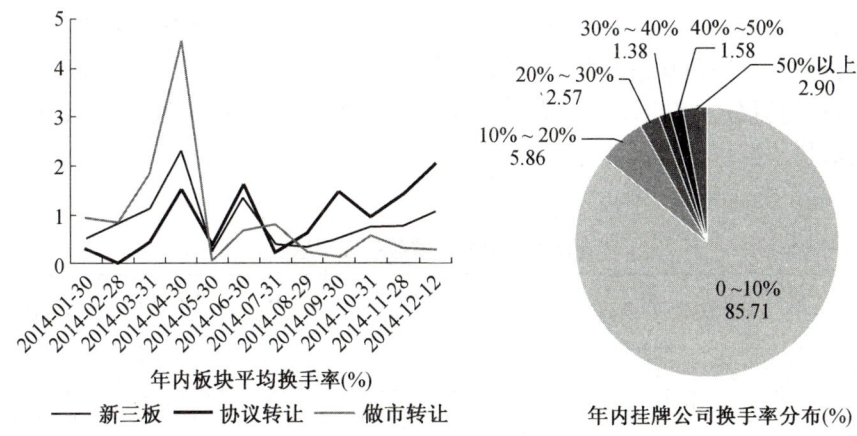

图36　新三板月均换手率走势及挂牌公司换手率分布

资料来源：Wind资讯、广证恒生。

1. 约定回购期限

春秋鸿（81051）转让51.81％股份收益权，向恒泰证券融资1 000万元，其间支付管理费和股份收益权溢价款，双方约定最迟18个月后需全部回购，并质押相应股权作担保。

春秋鸿（831051）主要业务包括广告、电视剧、电影和明星经纪，其中广告又细分为传统广告、娱乐行销、体育行销三大板块。娃哈哈、蒙牛、《长江7号》《赤壁》、中超联赛等都是公司广告业务的客户，公司多次被评为中央电视台十佳广告代理商。公司投资（或参与投资）的《天下无贼》《战雷》等电视剧、《长江7号》《赤壁》等电影，以及代理发行的《暮光之城4》都取得了优异的成绩。2014年8月21日春秋鸿在新三板挂牌，以协议转让方式交易，挂牌至今未有成交。

2014年11月24日，公司发布公告称控股股东、公司董事长刘岩向恒泰证券转让其持有的860万限售股（占公司总股本51.81％）的收益权，融资1 000万元全部用于电视剧《特殊的较量》的拍摄制作。恒泰证券拟设立春秋鸿股份收益权定向资产管理计划，存续时间以18个月为限。作为担保，春秋鸿把收益权对应的860万限售股质押给恒泰证券。本次融资方案的股权质押率为116.28％，稍低于新三板平均水平。

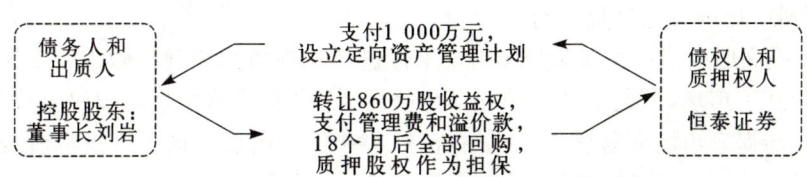

图37　春秋鸿转让51.81％股份收益权，约定18个月回购

资料来源：Wind资讯、春秋鸿、广证恒生。

关于存续期间的费用，春秋鸿回应：①于定向计划成立后，一次性支付18个月的管理费和托管费;②于定向计划存续期间,每3个月支付一次股权溢价款。双方还订立了股份收益权的回购条款:③于定向计划期满18个月后,春秋鸿需回购所转让全部的股份收益权;④于定向计划成立满6个月后,经双方协商一致,可申请提前回购剩余的股份收益权。

2. 连带保证和财产抵押

表2　　　　　　　　含附加担保的8笔股权质押融资

股票代码	证券简称	所属行业	是否涉及反担保	质权人类型	债权人类型	融资额(万元)	附加担保
430147.OC	中矿龙科	信息技术	否	银行	银行	800	股东个人连带保证
430209.OC	康孚科技	工业	否	银行	银行	1 800	股东个人连带保证
430279.OC	华安股份	信息技术	否	银行	银行	400	实际控制人的房产
430279.OC	华安股份	信息技术	否	银行	银行	600	实际控制人的房产
430730.OC	先大药业	医疗保健	是	一般公司	银行	1 000	其他公司的房产及原材料
830795.OC	骏汇股份	可选消费	否	银行	银行	500	子公司的机械设备
830867.OC	全华光电	信息技术	否	银行	银行	300	董事个人的房产
830910.OC	安证通	信息技术	否	一般公司	一般公司	—	软件著作权两项

资料来源:Wind资讯、股转系统、广证恒生。

到期不偿还贷款时先执行质押股权,再行使保证权或抵押权。股东个人提供的连带保证,在债务到期时先执行其所质押的公司股权,当股权变现价值不足清偿时由股东继续承担补充清偿责任。当质押股权的新三板公司不履行到期债务,债权银行应先处分所质押的股权,不足清偿时有权就附加抵押的房产、设备或原材料优先受偿。

3. 其他可行的方式

(1) 签订补充质押条款。为控制股价下滑给质权人造成损失的规模,目前在接受主板公司股权质押时,质权人一般会要求签订补充质押条款。条款将规定,当股价下跌到特定范围时,股东必须增加质押股权份额,以维持质押标的总价值,或直接清偿该笔贷款,提前解除借贷合同。

(2) 提高股权流动性。新政策新渠道促进新三板股权流通。做市交易制度一定程度上活跃了市场,预期2015年推出的竞价交易将要求挂牌公司股权充分分散,有望更进一步提升市场交易热情。此外,转板和并购重组也可被长线投资者视为另一类的流动性体现,也为股权质押后的变现提供了更多可能。

新三板借壳上市——福音 or 陷阱

宁 心[①]

北京华图宏阳教育文化有限公司(现更名为华图教育)作为首家登陆国内资本市场的教育培训机构,于 2015 年 4 月实现了 A 股首例新三板企业借壳上市并广受社会各界关注,然而在短短 2 个月后,华图教育单方面终止资产重组协议。这场史无前例的借壳尝试,最终不得不遗憾地以失败告终。这场旷世借壳的始末如何?华图教育放弃壳资源又该去往何处?新三板借壳上市究竟面临着什么问题?本文我们将主要就上述 3 个问题进行阐述。

一、事件历程回顾

2014-07-24 华图教育登陆新三板。
2014-08-01 新都酒店因筹划重大事项,于 8 月 1 日开始停牌。
2014-08-12 华图教育发布公告,因筹划重大事项,从次日开市起停牌。
2014-12-26 新都酒店发布继续停牌公告,从 2015 年 1 月 13 日开市起继续停牌。
2015-02-12 华图教育发布重大事项继续停牌公告,自 2 月 16 日开市起继续停牌。
2015-04-19 华图教育与深圳新都酒店签署《发行股份购买资产协议》。
2015-05-19 新都酒店接到深交所暂停上市决定,自 5 月 21 日起暂停上市。
2015-06-16 华图教育全体股东签署《协议解除通知函》,终止资产重组。

二、借壳始末分析——借壳上市 VS IPO

华图教育一直对冲击 A 股有着不一般的执念,于 2012 年 10 月即启动了 IPO 辅导备案。然而主板上市要求严格,手续繁多,需要经过改制、审批、登记、资产评估、路演、公开发行等各种程序,一般需要 1~3 年时间才能完成 IPO。相较而言,新三板挂牌速度要快很多,华图教育挂牌成功仅历时 3 个月,出于企业融资和规范化的考量,华图教育最终选择先在新三板挂牌,待符合条件或依未来发展计划再申请转板。表 1 列示了主板上市与新三板上市要求对照表。

不过主板上市是华图教育一直以来的梦想,2015 年 4 月,华图教育与新都酒店签订资产重组协议,协议约定对方以 4.09 元/股的价格收购华图教育,并进行配套融资,构成了借壳上市。华图教育又与新都酒店签订对赌协议,并自愿承担新都酒店全部 3.34 亿元债务,尽最大努力挽救濒临退市边缘的新都酒店。这份资产重组协议对

---

① 宁心,四川大学,新三板智库研究员。

新都酒店来说也不失为一场自救行为,新都酒店将借此次重组实现主营业务由经营状况不佳的酒店服务行业到盈利能力较强的培训服务行业的转型,剥离盈利能力较差的资产和业务,置入优质资产,消除公司因违规担保违规债务造成的财务风险。

表1　　　　　　　　　　主板上市与新三板上市要求对照表

项　目	新三板	主　板
经营年限	存续满2年	持续经营3年以上
盈利要求	具有持续经营能力	最近3个会计年度净利润均为正数且累计超过3 000万元
资产要求	无限制	最近一期期末无形资产占净资产比例不超过20%
股本要求	无限制	发行前股本总额不少于人民币3 000万元
主营业务	主营业务突出	最近3年内未发生重大变化
实际控制人	无限制	最近3年内未发生变更
董事及管理层	无限制	最近3年内未发生重大变化

资料来源:网络,新三板智库整理。

然而这场一度被认为成功的并购案例,经过了多方长期努力,还是难以避免新都酒店暂停上市的厄运,最终以华图教育单方面终止重组协议结束。

三、"狠心抛弃"有原因

2015年4月9日,新都酒店公告了《重大资产出售及发行股份购买资产并募集配套资金暨关联交易预案》,重组预案公告后新都酒店再次被投诉违规担保。

2015年4月30日,立信会计师事务所为新都酒店2014年度财务报告出具了无法表示意见的审计报告,为2014年度内部控制出具了否定意见的审计报告。

2015年5月19日,深圳证券交易所因连续两个会计年度无法表示意见的审计报告向新都酒店出具《关于深圳股份有限公司股票暂停上市的决定》。

可以发现,在重组协议签订初期,华图教育就只是作为新都酒店的一个考量的对象。新都酒店要想恢复上市就要在法定披露期限内披露经审计的暂停上市后首个年度报告。在此期间1年的暂停交易时间对华图教育来说是不小的机会成本。华图教育此时选择弃壳,既可以减少不确定性造成的潜在风险,降低机会成本,也为自己带来了更多的选择:

(1)寻找新的不确定性相对较小的壳资源,但将产生不小的时间成本。今后一旦转板机制落地,新三板公司在选择转板途径时将更加不会选择代价高昂的借壳上市,华图教育继续进行借壳上市的可能性微乎其微,其开创的新三板企业借壳上市或将后继无人。

(2)继续等待转板时机。当时业界认为,推出转板机制的条件已基本具备,2015年或将有实质性突破。如业界分析,待转板机制成熟,华图教育可由新三板直接转为主板上市。

(3)继续留在新三板。2014年以来,一系列配套政策的出台有望解决新三板的流动性问题,实现新三板分层管理模式,提升品牌形象。这似乎也是华图教育现下的选择。华图教育董事长易定宏表示，华图具备较强优势，一是挂牌早，二是教育龙头企业，股东一致同意要把企业做好，我们会在新三板好好做，做出新三板的标杆。但易定宏也表示，如果未来确实发展不好，会考虑转板，对企业来说，怎样有利于经营发展就怎样做。似乎华图教育也并未放弃一直坚持的主板上市梦想。表2列示了新三板市场一系列重大政策，表3列示了新三板理想的分层管理模式。

表2　　　　　　　　　　　　新三板市场重大政策一览表

时 间	政策名称或动向	政 策 内 容	主 要 影 响
2013-12-24	国务院：《关于全国中小企业股份转让系统有关问题的决定》	在全国股份转让系统挂牌的公司，达到股票上市条件的，可以直接向证券交易所申请上市交易	首次明确提出符合条件的新三板公司可转板上市
2014-06-27	证监会：《非上市公众公司收购管理办法》《非上市公众公司重大资产重组管理办法》	非上市公司收购的具体程序、信息披露要求、资产重组管理办法等	为新三板挂牌企业的并购与被并购提供了明确的政策支持
2014-08-25	证监会：正式引入做市商制度	40余家企业成为试点挂牌做市企业，引入多家券商开展做市业务	提升了交易的活跃度和市场的流动性
2014-10-09	证监会：《支持深圳资本市场改革创新意见》	允许符合一定条件尚未盈利的互联网和科技创新企业在全国中小企业股份转让系统挂牌满12个月后到创业板发行上市	进一步提升了新三板公司转板预期
2014-11-05	中国证券业协会：《并购重组私募债券试点办法》	发布并购重组私募债券试点办法，并在机构间私募产品报价与服务系统运行，试点期间发行人暂不包括沪深上市公司	极大地丰富了新三板公司并购重组融资工具，有利于新三板公司通过并购重组做大、做强

数据来源：全国中小企业股份转让系统网站、证监会网站、国泰君安证券研究。

表3　　　　　　　　　　　　新三板分层管理模式

分层管理呈金字塔结构	企业资质划分	投资者门槛区分
新三板挂牌企业只能选择一种交易方式		
竞价交易	最上层企业资质最好，数量最少	很可能将降低投资者准入门槛，提高市场活跃度
做市交易	介于上下两层之间	介于上下两层之间
协议转让	最下层门槛最低，企业数量最多	需要投资者较大的风险承受能力，可能仍会维持高门槛

资料来源：国泰君安证券研究，新三板智库。

四、借壳有风险,转板需谨慎

(1) 信息不对称。由于国内资本市场的信息不对称现象,上市公司难以达到完全信息透明,这就造成了上市公司的真实经营状况很难被投资者真正掌握。而新三板企业若要进行借壳上市,在对壳资源进行分析评价时,主要依据还是壳资源对外披露的信息资料。而上市公司面临着严格的监管环境,当连续2年亏损,且盈利能力得不到及时的恢复或改善则会丧失上市资格。此时上市公司出于自身利益考量,会有意采取利润包装,隐瞒巨额债务等手段隐瞒对自己的不利信息,造成财务信息不完全披露,使借壳方无法客观公正地对壳资源进行评价,选择最有利于企业未来持续经营发展的壳资源。

(2) 重组协议无强制履行规定,存在不确定性。以此次华图教育借壳*ST新都的重组方案来说,华图教育需作出业绩承诺,而其2014年营业收入为11.5亿元,净利润为1.09亿元。若想达到对赌的利润部分意味着未来4年华图教育的利润增长率需要分别达到65%、28%、38%、10%。然而在现今的社会的压力下,华图教育将面临日益增长的行业压力,承诺的利润或无法达到。

(3) 转板机制尚不完善。由于国内新三板转板机制尚不完善,借壳上市有可能会伴随着内幕交易、暗箱操作等违规行为。再者,资产重组和重大资产重组的界限并不明确,增加了监管和审查的难度。内幕交易的存在会带来严重的后果,使证券市场信息不通畅,利益不均衡,最终使违规者获得超额暴利,普通投资者损失惨重。我国针对新三板转板也在不断研制新规,一旦注册制和转板机制落实,借壳上市这种高不确定性转板方式的吸引力将会下降。

五、结语

对于大部分企业来说,新三板市场在挂牌门槛、融资便利等方面的制度优势远超主板,选择在新三板做大、做强不失为良策。另外,2015年6月16日,国务院下发了《国务院关于大力推进大众创业万众创新若干政策措施的意见》,其中要求,加快推进全国中小企业股份转让系统向创业板转板试点。这已经是决策层第八次催促推进新三板与创业板对接,一旦转板机制通畅了,新三板企业通过转板制度进入创业板所花费的时间成本和价格成本必将优于借壳上市。当然对于部分追求流动性的企业来说,借壳上市是其不二选择。

新三板借壳风生水起,四招齐发能否抑制

曾 力 程 玲[①]

2015年以来,在外界看来挂牌门槛较低的新三板却悄然刮起一阵"借壳风",众多券商及场外企业都在积极地寻找优质"壳资源"。这股"借壳风"因何而起,当前"风势如何",多方力量四招齐发能否将其抑制?且听下文分解。

一、借壳上市,麻雀变凤凰

所谓"壳"是指上市(或挂牌)公司的上市(或挂牌)资格。与非上市企业相比,上市公司能够在公开资本市场上进行大规模融资,由于资本市场准入门槛的限制,使这种资格成为一种稀缺资源。因而,众多非上市公司想要上市融资从而实现"麻雀变凤凰",通过"借壳"来实现"曲线上市"。

通常而言,企业借壳新三板主要通过以下三种操作方式:其一为大股东股权协议转让,导致挂牌公司实际控制人变更;其二是通过增发股份吸收资产实现公司主营业务变更;其三为借壳方支付部分现金,另外赠与壳方实际控制人部分股份作为支付对价。

以注册制为发行机制的新三板市场,从2014年9月至2015年6月已出现十多起企业控制权变更的案例,从PE机构中钰资本到慧聪网、美诺华等大型企业,各路资本竞相登场。近大半数企业控制权发生变更后,收购方后续还有资产注入计划,意图借壳上市。2014年9月以来新三板企业控制权变更情况如表1所示。

表1　　2014年9月至2015年6月新三板企业控制权变更情况

新三板企业	变更前控制方	变更后控制方	收 购 意 图
天翔昌运	万朝文	海问投资	收购人将投资项目纳入公众公司
燎原药业	屠雄飞	多方共同控制	产业链整合
鼎讯互动	曾飞	吴晓翔	拟择机将其控制的部分企业置入鼎讯互动
华欣远达	向晓华	中钰资本	计划适时注入优质资产
幸美股份	郭雷平	思埠集团	产业链整合
元亨光电	大族激光	元亨瑞乾	产业链整合
鸿源光电	任进福	任向东	入主光伏上游材料,实现战略投资
道从科技	栾斌	郭书安	收购完成后,道从科技将从法人结构、经营效率方面作出改善
雷腾软件	侯美群	王翔	"借壳"意图不明

[①] 曾力,四川大学,新三板智库研究员;程玲,四川大学,新三板智库研究员。

(续表)

新三板企业	变更前控制方	变更后控制方	收购意图
兆信股份	鑫百益	慧聪网	产业链整合
华信股份	刘毅	汇绿园林	华信股份的主营业务将转向收购方
尚远环保	翁欲晓	盛恒达投资	"借壳"意图不明
麒润文化	何天华	大磐投资	"借壳"意图不明

资料来源:网络资料,新三板智库整理。

二、时间窗口,诱刮借壳东风

时间窗口是企业选择借壳挂牌的重要原因之一。对于大部分借壳企业而言,走正常的程序要耗时半年甚至 1 年。有消息传言政府将逐步取消对新三板挂牌企业的补助,加上目前新三板市场的热度值正高,许多企业想赶上这场高估值盛宴,因此新三板挂牌的时间窗口对于这些企业而言十分紧俏。他们等不起这个时间,所以就选择借壳挂牌。对于想要抢滩新三板的企业来说,新三板挂牌的直接费用不算贵,但规范成本却很高。越是治理不规范的企业,挂牌规范的成本就越高。由于挂牌的基本门槛要求,企业选择借壳而非自己挂牌的具体原因如表 2 所示。

表 2　　　　　　　企业选择借壳而非自己挂牌的具体原因

挂牌条件	资格限制因素
依法设立且存续期满 2 年	存续期不满 2 年;股东出资合法合规性存疑
业务明确,具有持续经营能力	业务资质、许可或特许经营权未能取得;不符合国家产业政策以及环保、质量、安全等要求;报告期内只有偶发性交易,无持续经营记录;已向法院申请并受理重整、和解或者破产
公司治理机制健全,合法规范经营	组织架构不健全;挂牌申请前 36 个月存在违法发行股份行为;公司和控股股东、实际控制人之间存在同业竞争
股权明晰,股票发行和转让行为合法合规	重要股东存在股份权属争议或潜在纠纷;股份代持,产权不明晰
主办券商推介并持续督导	一定期限内无主办券商为挂牌公司持续督导
其他条件	……

资料来源:网络资料,新三板智库整理。

由表 2 可知,由于自身资格和企业治理结构等因素的多重限制,要进行企业改制是一件耗时耗力的任务,而借壳能为企业省去中间的许多麻烦,为企业节省一笔巨大的改制重组开支。

三、做市盘活市场,壳费水涨船高

借壳企业根据壳资源的具体情况(如挂牌时间长短、注册资金、资产状况、负债情况等)进行报价。据《中国证券报》报道,2014 年上半年新三板市场较冷,当时的壳费在 250 万~300 万元左右,除去督导及审计等中介费用,壳方实际获利并不大。做市以后新三板市场逐渐盘活,壳费也水涨船高到了 500 多万元,更有极端案例中壳费高达 1 400 万元。

据券商分析,当前的壳费应该在 800 万~1 200 万元之间。新三板目前的发行节奏不能满足企业挂牌需求,时间窗口以及市场热度居高不下,是新三板市场借壳火爆的主要原因。

有投行人士表示,有两类公司偏好借壳上市。第一类是资管公司,这种公司在新三板挂牌最大的好处就是能以较高的市盈率迅速在市场上融到资金,以便充盈资金发挥杠杆效应。从中科招商此前的高溢价发行便可发现市场对此类公司认同度较高。如此而言,花 1 000 万元的借壳费以获得后续数亿元的融资,绝对是放长线钓大鱼的明智之举。第二类企业是属于传统产业但业绩增长还不错的公司。这些企业资产大多比较重,在某个时点需要有现金流支撑,由于时间窗口对他们来说尤为重要,因此借壳挂牌是他们在场外市场进行融资的最好方式。

四、四招齐发,或冷却借壳风

针对"借壳"一说,全国股转公司明确提出将加强市场监控和交易监察,严厉打击利用"借壳"炒作从事违法违规行为。针对挂牌公司收购或重大资产重组行为,全国股转公司表示,在审查中将保持与挂牌准入环节的一致性,避免出现监管套利。

全国股转系统副总经理、新闻发言人隋强表示,新三板审核过程不畅,企业大量排队从而导致"借壳"盛行的说法是对市场的误导,目前新三板挂牌审核流程顺畅便捷,企业挂牌的综合成本很低,完全没有必要借壳。目前对于拟挂牌公司的审核处于正常状态,不存在申报材料积压现象。针对企业积极申报的情形,股转系统也正在研究进一步优化挂牌审查工作机制的方式,提高企业审核效率,其第一轮反馈的时间已经缩短至 5 天。全国股转公司提高审核效率、精简审批流程,将缩短挂牌周期、降低企业借壳时间窗口的紧迫性。

2014 年 12 月 9 日,国务院发布了《国务院关于清理规范税收等优惠政策的通知》,规定未经国务院批准,各地区、各部门不得对企业实施财政优惠政策。并要求各地区、各有关部门开展专项清理,排查本地区、本部门制定出台的税收等优惠政策。上述文件出台后,有媒体曾报道,新三板挂牌企业补贴此前在多地被暂停,市场认为各地新三板挂牌补贴可能走到尽头。但也有专业人士指出,从长远来看,新三板挂牌补贴可能会逐步减少,但肯定不会一下子全部取消。政府补贴预期减少或终止将对企图借壳挂牌新三板获取补贴的企业浇上一盆冷水。

2015 年 4 月 20 日,主板发行审核委员会提请全国人大常委会一审的《证券法》修订草案,明确了中国股票发行制度将实行注册制。虽然最终的法案修订结果尚未出台,但市场对于主板上市注册制的实行持强烈预期。2015 年 3 月 5 日,证监会主席肖钢表示,多层次市场间转板机制是个较复杂的问题,今年将进行调研和试点,不会全面推开。目前考虑先从新三板跟创业板之间的转板机制进行试点,制定该转板方案是 2015 年改革的重要工作之一。因此,主板注册制及新三板转板制的预期实施将会降低企业上市及转板要求,大力助推企业融资。

综上所述,股转系统加大监察力度、提高挂牌审核效率、挂牌企业的政府补贴逐步终止以及注册制与转板制度的预期实行,这四招齐发或将有助于冷却当前这股借壳热风,使新三板借壳回归"非主流"。

数据说话:"解密"新三板做市商怎样选择优质企业

龚彩鳞[①]

截至 2015 年 5 月 16 日,股转系统共有 2 411 家挂牌企业,其中 324 家为做市转让企业,占比 13.4%。新三板做市商是如何"十里挑一"地甄选出这些优质企业做市的?其背后的逻辑是什么?下面,让我们为你一一解密。

一、新三板做市商基本概况

1. 需求尚未饱和

新三板做市商共 71 家,做市转让企业 324 家,比例约为 1:3。纳斯达克做市商约 1 400 家,做市转让企业总数约 3 000 家,比例约为 1:2。排名前十的做市商的平均做市企业数目为 49 家,做市企业总数为 490 家,占做市企业总数的 15.12%。新三板与纳斯达克做市商与做市转让企业数量对比,如图 1 所示。

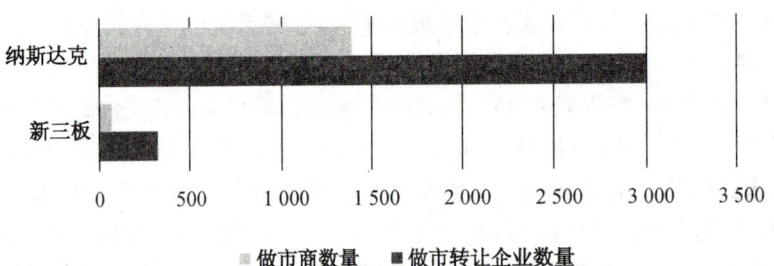

图 1 新三板与纳斯达克做市商与做市转让企业数量对比

新三板做市转让企业大部分做市商数为 3~5 家,只有少部分企业做市商超过 10 家,而纳斯达克平均 1 家企业的做市商为 12 家,在竞争性做市商制度下,增加单个企业做市商数量,有利于增加股票流动性,减少买卖报价差额,提供给投资者合理股票估值。

可见,新三板对做市商的需求尚未被满足。不过证监会目前也已开始逐步扩容做市商队伍,给基金及期货公司子公司、证券投资咨询机构、私募等金融机构开放入场资格。排名前十的做市商做市股票数目如图 2 所示。

2. 做市资金储备丰富

做市资产最高的前 10 家证券公司的做市资产平均为 150 亿元,该 10 家公司的做市资产如图 3 所示。

---

① 龚彩鳞,中山大学岭南(大学)学院,新三板智库研究员。

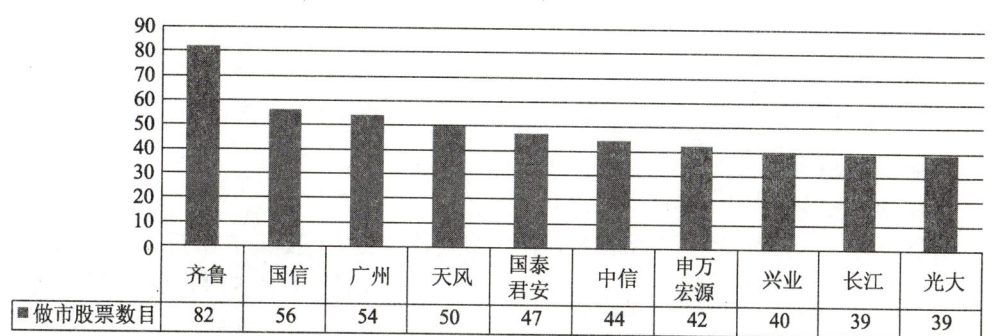

图2 排名前10的做市商做市股票数目

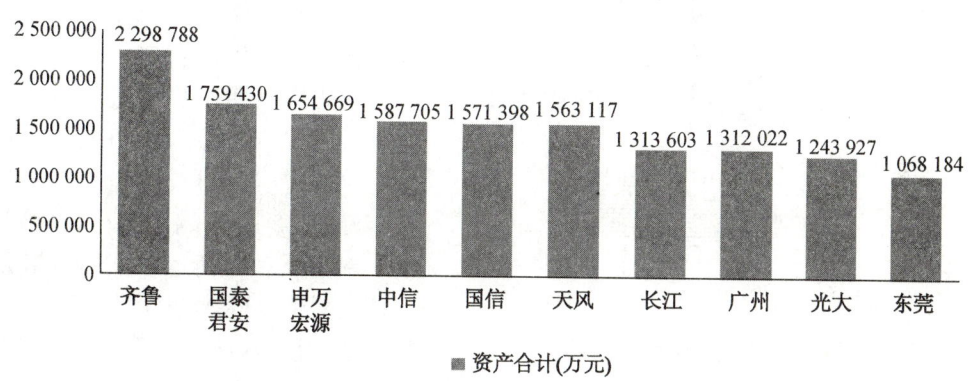

图3 做市资产最高的前10家证券公司的做市资产

3. 资产收益率高

净利润最高的10家做市商的年平均净利润为11.2亿元,平均总资产收益率为7.3%,具体如图4所示。反映了做市商较好的资产综合利用能力。

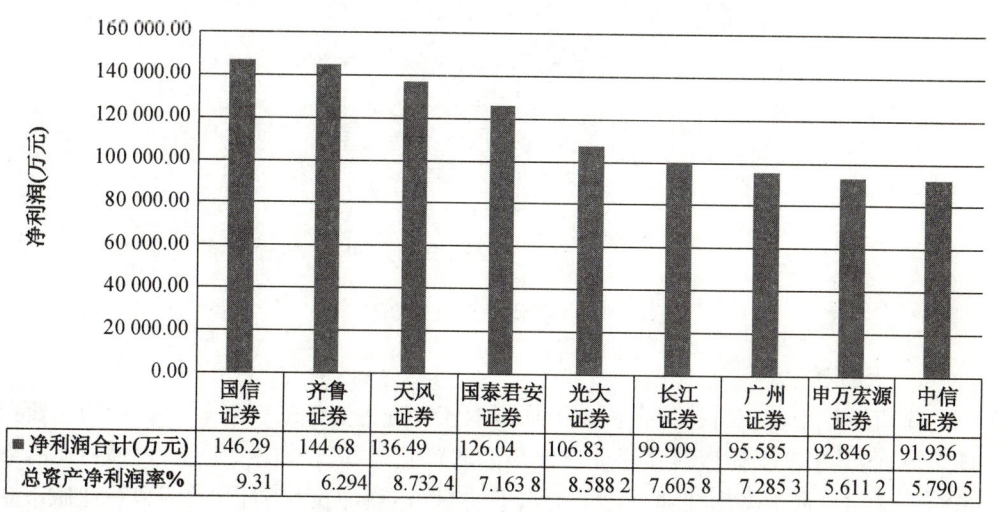

图4 净利润最高的10家做市商的净利润和总资产收益率

二、做市转让企业特征分析

对比做市转让和协议转让企业，做市商选择的做市企业主要呈现出"高""大""上"的特点。

1. 高成长性：集中在新兴行业

做市转让企业行业分布和挂牌企业分布大体一致，主要集中在新兴行业，包括：信息技术、材料、医疗保健行业如图5、图6所示。可见，高成长性是各券商挑选优质企业做市的核心考量依据。例如，中信证券发布的年度新三板业务工作报告中就明确提出选择做市企业时"两高六新"的考量因素，即"成长性高、科技含量高"和"新经济、新服务、新农业、新材料、新能源和新商业模式"，并表示会对信息科技、生物与新医药行业的拟做市标的，适当放宽净利润和营业收入指标要求。

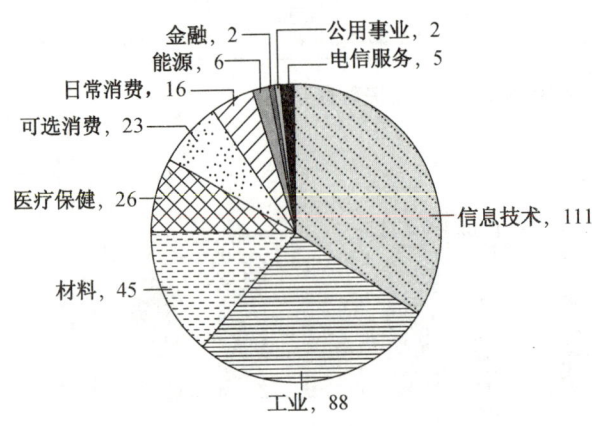

图5　做市转让企业行业分布

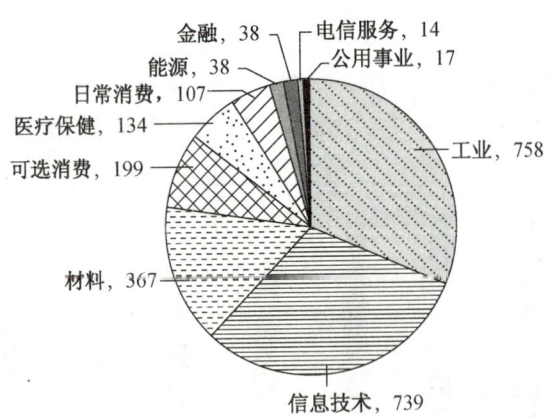

图6　挂牌企业行业分布

2. 大规模：总资产、净资产大

做市转让企业相对挂牌企业总平均规模较大。主要体现在企业总资产和净资产两个方面，其中3个做市转让企业占比最高的行业是：信息技术、工业和材料行业，做市企业平均总资产高出挂牌企业平均水平的50%，就净资产来看，大多数行业做市企业高出行业平均水平约1倍，具体如图7、图8所示。

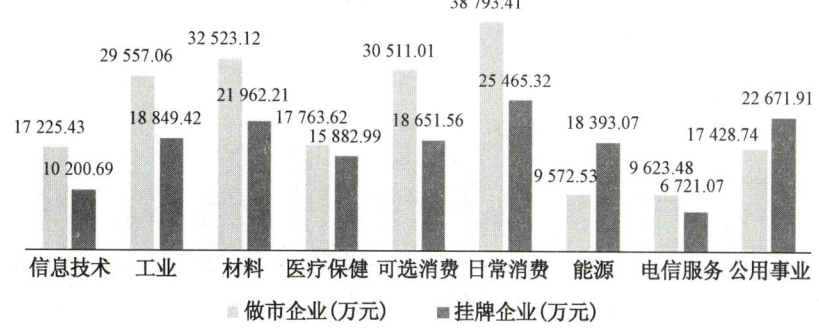

图7　做市企业、挂牌企业总体总资产均值对比

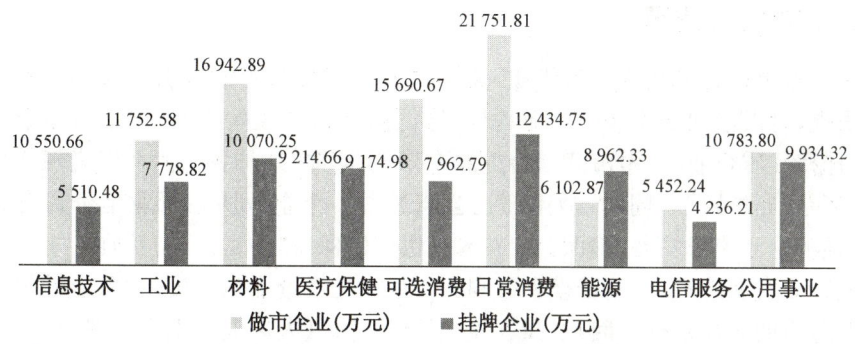

图8　做市企业、挂牌企业总体净资产均值对比

3."上等"盈利能力：高营业收入和高净利润

做市商选择的做市企业相对挂牌企业总体平均水平均具有较好的盈利能力,其中各行业营业收入平均水平均高于挂牌企业平均水平,而就净利润而言,大多数行业做市企业的利润水平更是达到了挂牌企业平均水平的3倍以上,具体如图9、图10所示。

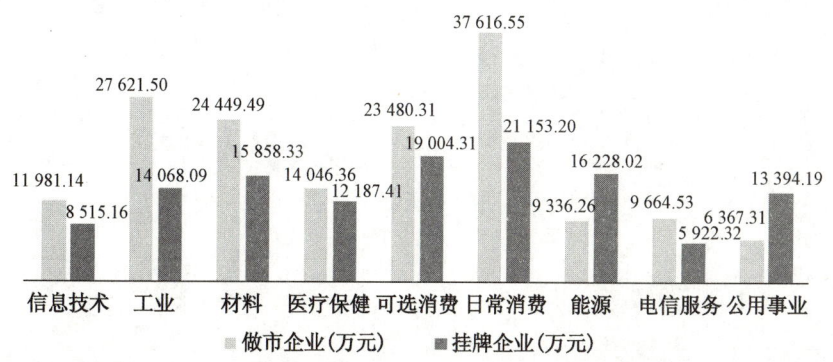

图9　做市企业、挂牌企业总体营业收入均值对比

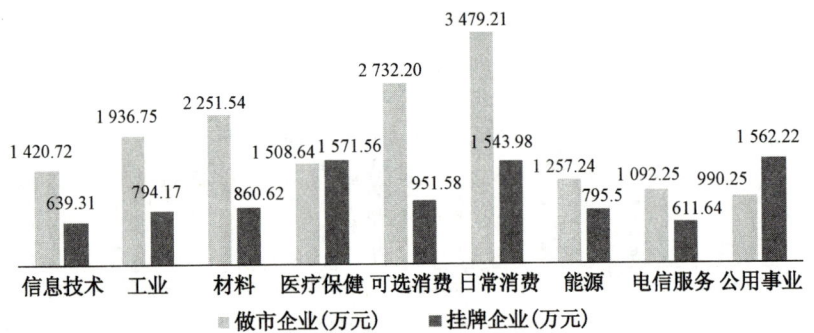

图10 做市企业、挂牌企业总体净利润均值对比

三、背后的逻辑

一个做市转让的企业是否优质,关键是看其对投资者的吸引力大小。对投资者吸引力强,可以增加企业股票的流动性,降低做市商的风险成本,增加做市收入。因此,在选择优质企业时,做市商都会更加青睐"高富帅"这种各方面业绩表现优异的企业,而不是"屌丝股"。同时,做市商也会通过看一个企业所在行业是否具有高成长性,来预测企业未来发展,确保企业在未来也可以保持"高富帅"的特质。

而行业发展前景、企业规模和盈利能力往往是投资者认可度最高、也是最容易进行客观分析的3个指标。因此"高"(高成长性)"大"(大规模)"上"(上等盈利能力)的企业对投资者的吸引力强,被做市商青睐也是必然了。

数据解密:新三板对赌游戏怎么玩

吴文若[①]

一、对赌协议概述

对赌协议是投资方与融资方签订的一种具有期权性质的协议,它对未来不确定性进行约定,根据约定条件出现与否,双方可行使各自的权利。在资本市场的定向增发、兼并收购等活动中,投资方与融资方、收购方与被收购方常常设定关于未来公司业绩的对赌条款。但是,新三板市场的企业多处于初创期,公司业绩短期内可能还无法充分展现。那么问题来了,它们在投融资活动中怎样设定对赌条款呢?本文通过数据分析带你一探究竟。

二、新三板对赌协议案例

新三板公司2014年仅披露了两例对赌协议,2015年就一下出现了98例,所以我们选取2014年1月1日至2015年6月27日这段区间的这100个对赌协议。数据分析显示,它们涉及151个具体条款。各条款要求所占比例如图1所示,其中,业绩是投资方对被投资公司的常见约束,对于新三板公司,要求扣除非经常性损益的净利润达到一定指标的占50.99%。在剩余的半数条款中,可以看到新三板的独特之处。

有33.11%的条款要求公司未来能够在A股上市或者在新三板挂牌,如丽岛新材(832374),在与4个投资方签订的协议中,均承诺在2015年6月30日前在股转系统挂牌,在2016年6月30日前递交IPO上市申请材料,在2017年12月31日前在境内证券交易所上市。对于投资方来说,待到长发及腰,上市退出最好,并且随着转板制度的不断完善,新三板挂牌企业将会有更多的机会进入A股市场,这也会促进VC、PE对于新三板企业的临门一脚的热情。

另外,我们看到分别有10.6%、2.65%、0.66%(图1中小数点保留到整数位)的条款要求控股股东在一定期限内不得变更、股东不得转让股权或者管理层不得变更,所以总体来说有13.91%的条款关注到了新三板企业技术"创新在手、天下我有"的显著特征。我们在云宏信息(832135),一家主营业务为云计算软件产品的开发与销售、运营与增值服务的公司的对赌协议中看到了这个条款:云宏有限[②]现任执行董事张为杰、技术总监邹理贤、公司销售总监胡荣未按协议的约定在公司任职,并给云宏有

[①] 吴文若,上海交通大学,新三板智库研究员。
[②] 云宏信息全称为云宏信息科技股份有限公司。

限造成重大影响时,粤之商(云宏信息战略投资者)有权要求公司股东收购其所持云宏有限股权。看来,对于关乎企业发展命脉的核心技术人员,投资者往往将其放在首要地位。

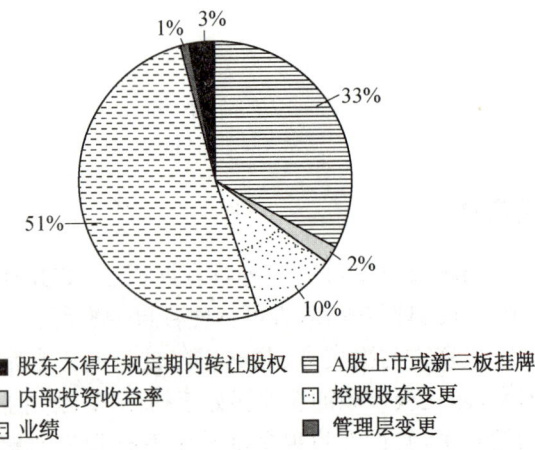

■ 股东不得在规定期内转让股权　▤ A股上市或新三板挂牌
▢ 内部投资收益率　　　　　　　▨ 控股股东变更
▦ 业绩　　　　　　　　　　　　■ 管理层变更

图 1　各条款要求所占比例

资料来源:东方财富 Choice,新三板智库整理。

三、新三板企业对赌协议执行结果

接下来,我们看看对赌协议的执行结果,如表1所示。由于样本都是目前在新三板挂牌的企业,所以对赌条款中企业能在新三板挂牌的要求显然都已达到。对于在 A 股上市的要求,有 37.5% 的企业都未达到,剩余企业的对赌协议还没有到约定期,所以观察不到结果。最有趣的是业绩对赌,有 50.65% 的企业最终都没有达到要求,最后只要现金补偿或者回购股份就可以了。由此也可以看出,对处于初创期的新三板公司而言,对赌条款中实际控制人和经管团队的稳定性、能否挂牌、能否 A 股上市等非业绩条款显得更为重要,对于短期业绩的要求有所淡化。

表1	对赌协议执行结果	
	达 到 要 求	未 达 到 要 求
股东不得在规定期内转让股权	100%	0
A股上市	0	37.5%
内部投资收益率	100%	0
控投股东变更	100%	0
新三板挂牌	100%	0
业绩	49.35%	50.65%
管理层变更	100%	0

资料来源:东方财富 Choice,新三板智库整理。

最后我们看看个人和机构、企业投资者对于新三板公司期望的差别,如图 3 所示。我们看到,个人投资者更希望他们所投资的公司能够上市或挂牌,而机构、企业投资者更看重业绩。这或许与他们对公司关注的期限长短有关。

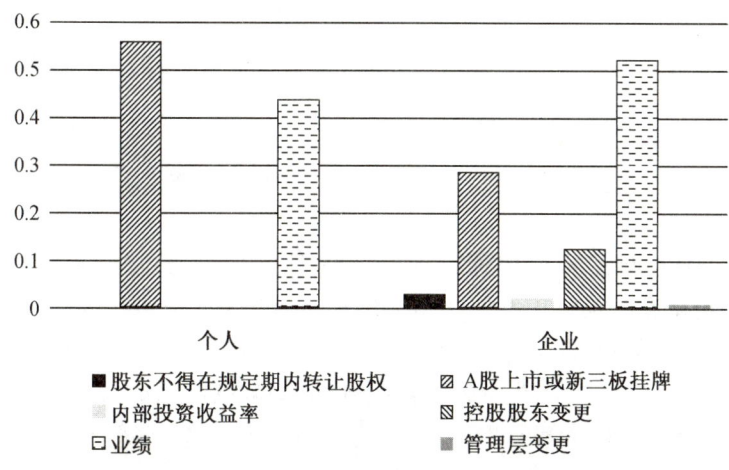

图3 个人与机构、企业投资者对赌条款差别

资料来源:东方财富 Choice,新三板智库整理。

我们认为,新三板企业多处于初创期,并且以高新技术企业为主,前期的资金投入量大,回报低,所以对于投资者来说,如果对新三板企业感兴趣,就不应用传统的A股市场上的逻辑来进行投资,应当选择有创新活力、技术前景良好、管理团队优良的企业,淡化短期的业绩预期,留给企业更多的时间进行长远发展。对于新三板企业来说,应当展现出更多的创新创造力,不要囿于短期业绩压力,同时应积极寻找"愿发于畎亩,待锦衣而还"的投资者。

做市满意度调查结果:50%以上的企业认可部分做市商

吴文轩[①]

2015年7月初新三板市场暴跌,在暴露出一系列问题的同时,也引发了各界的思考,而处于舆论中心的莫过于新三板市场的那些做市商们。我们借此机会,于2015年7月21日在新三板智库微信公众号上发起了关于做市满意度的投票活动,在短短两天时间内收到了135家做市企业的投票,在此,小编对各位企业家们在百忙之余抽出时间来参与调查表示深深的谢意!接下来我们为大家奉上此次调查的结果。

一、67%的做市企业不超过3家做市商,60%的企业对自身做市商数量不满意

根据调查结果,此次参与调研的企业的做市商数量主要分布在2～3家,占比达到了67%,而做市商5家以上的企业数量比例也占到了29%,如图1所示。在谈到对当前做市商数量是否满意时,约有60%的企业对当前做市商数量表示不满意,而对做市商数量态度一般和满意的平分秋色,占比各为20%,如图2所示。

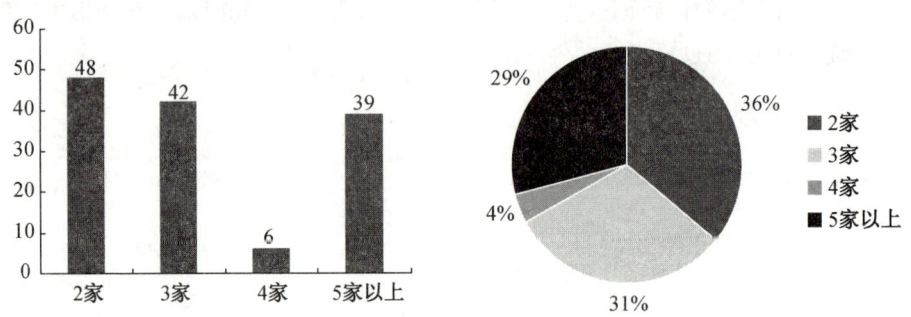

图1 调查企业做市商数量分布

数据来源:新三板智库。

二、结果并没想象的糟,50%以上的企业认可做市商的付出

6%的企业对其所有做市商均表示满意,47%的企业表示对部分做市商满意,47%的企业对所有做市商都不满意,如图3所示。

---

① 吴文轩,武汉大学,新三板智库研究员。

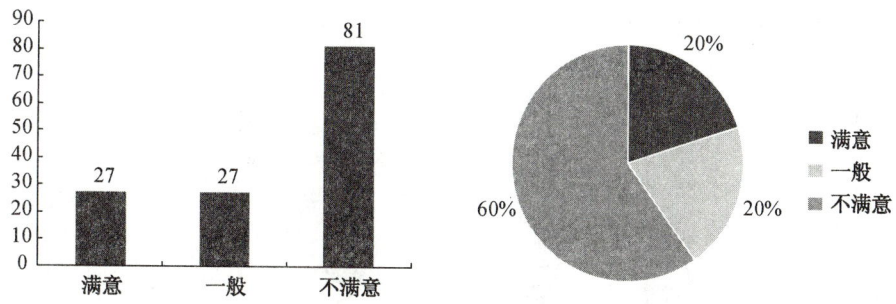

图 2　企业对做市商数量态度

数据来源：新三板智库。

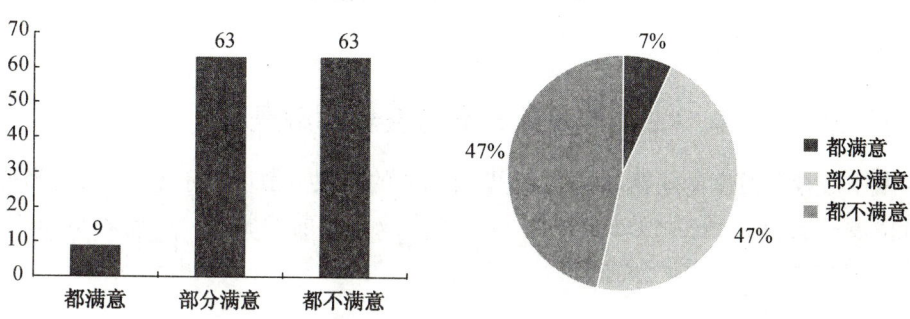

图 3　企业对做市商满意度分布

数据来源：新三板智库。

三、62%的企业认为做市商的库存股价格太低

62%的企业表示目前做市商获得的库存股价格过低，33%的企业认为做市商取得库存股的价格一般，只有4%的企业对当前做市商库存股价格比较满意，如图4所示。

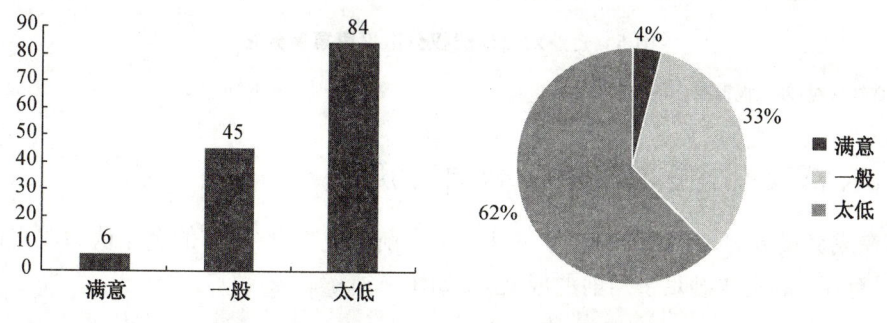

图 4　企业对做市商获得库存股的价格态度

数据来源：新三板智库。

四、55%的企业能够接受做市商买卖报价价差

45%的企业表示做市商报价价差太高，50%的企业认为做市商价差一般，其余约

5%的企业比较满意当前做市商的报价,如图5所示。

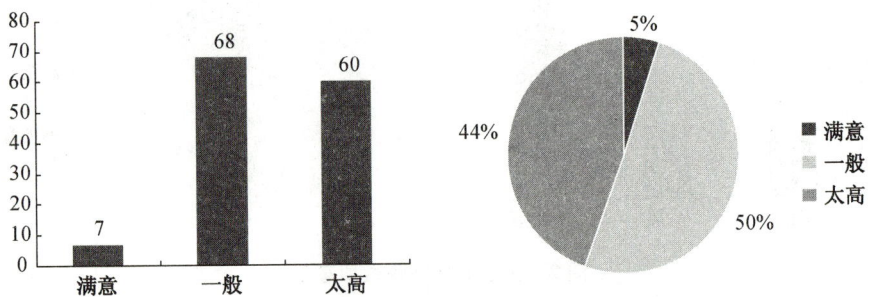

图5 企业对做市商的报价价差的满意度分布

数据来源:新三板智库。

五、仅11%的企业对当前股权分散度表示满意

对于股权分散度的问题,58%的企业对当前的股权分散度表示不满,认为当前股权分散度一般的企业占比为31%,约11%的企业对当前的股权分散度表示满意,如图6所示。

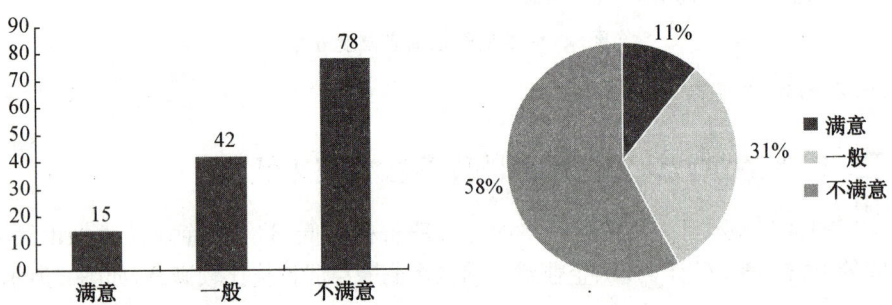

图6 企业对当前股权分散度满意度分布

数据来源:新三板智库。

六、成交量是企业痛点,仅4%表示满意

在成交量方面,有80%的企业不满足于当前的成交量,16%的企业认为成交量一般,只有4%的企业满足于当前的成交量,如图7所示。

七、市场大跌,矛头指向做市商,84%企业不满意

在被问到市场大跌时做市商的表现时,有高达84%的企业表示出对做市商的表现不满,7%的企业表示一般,只有9%的企业表示对做市商表现满意,如图8所示。

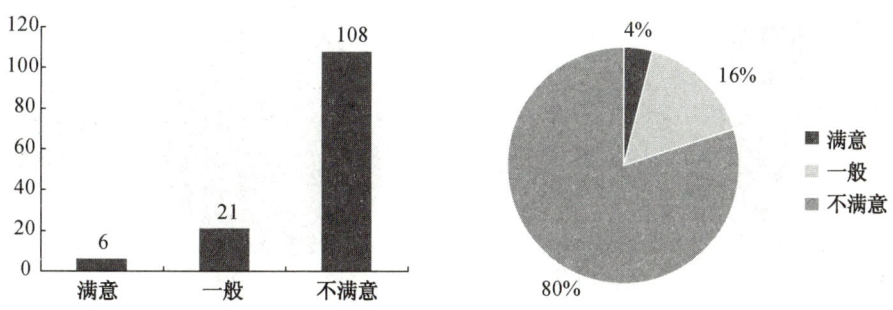

图7　企业对当前成交量满意度分布

数据来源:新三板智库。

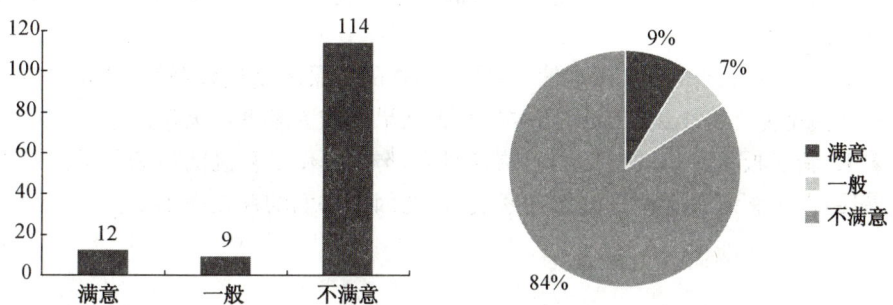

图8　企业对市场大跌时(7月7日、7月8日)做市商的表现满意度分布

数据来源:新三板智库。

八、31%的企业认为做市商扩容不会改变当前状况,但96%的企业表示希望非券商类机构成为公司做市商

被问到做市商扩容问题时,69%的企业表示做市商扩容会改善当前的状况,31%的企业认为当前现状不会有根本变化,但是几乎全部被调查企业(96%)均表示,希望非券商类机构成为公司做市商,如图9、图10所示。

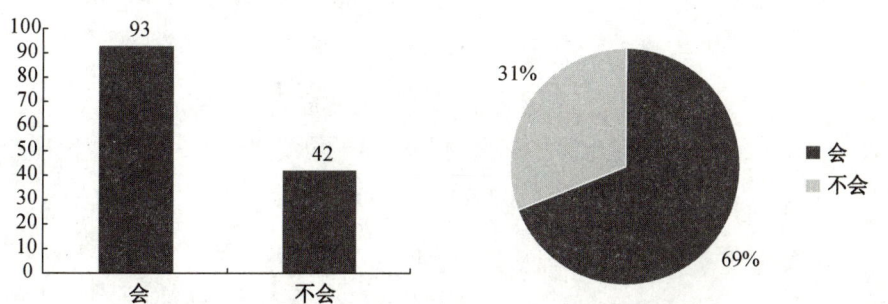

图9　企业是否认为做市商扩容会改变当前状况

数据来源:新三板智库。

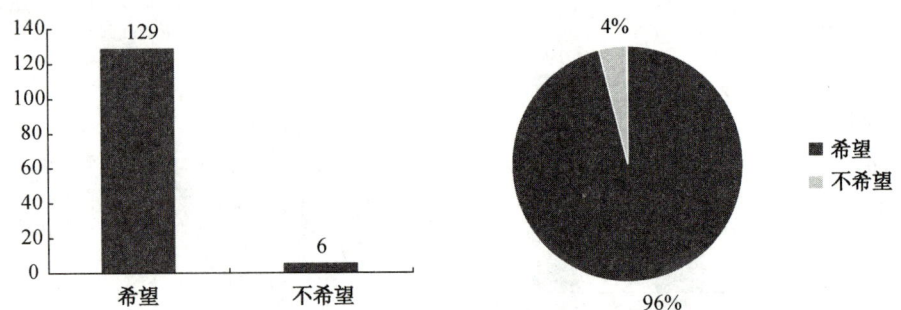

图 10　企业是否希望非券商类机构成为公司做市商

数据来源：新三板智库。

从本文的调查结果来看，企业对做市商确有不满之处，但50％以上的企业还是认可部分做市商的。

由于本次参与调查企业样本偏少，同时调查的背景环境比较微妙（相信若在3月初调查又会是另外一个结果），因此本次调查结果仅作为参考供大家讨论。

未来，新三板智库将进行持续的调查研究，努力提供更精确的市场分析。

最后，再次感谢参与调查的企业家们，市场因为你们的存在而不同。

新三板监管趋严,这些底线不能碰

袁向前[①]

2015年9月1日,全国中小企业股份转让系统公布《自律监管措施信息表》,披露了挂牌企业、主办券商、中介机构共39家监管对象的违规行为及其相应采取的监管措施。新三板智库对此做了进一步统计分析,得出以下结论:①8月份以来惩罚频次加大,股转系统对新三板实行大整顿。②在自律监管制度的11种监管措施中,目前股转系统只采取了"约见谈话""要求提交书面承诺"和"出具警示函"3种。③上榜对象被惩罚的原因大多是挂牌企业信息披露不规范,年报遗漏重要信息等。

一、惩罚频次猛增,股转监管大整顿

自2014年3月以来,股转系统针对挂牌企业、主办券商以及中介机构等监管对象的违纪行为都有采取相应监管措施,但其频次微乎其微。直到2015年8月,股转系统对主办券商采取了26次惩罚措施,而对挂牌企业实施了50次惩罚措施。惩处频次加大背后透露的是股转系统加大监管力度的决心,如图1所示。

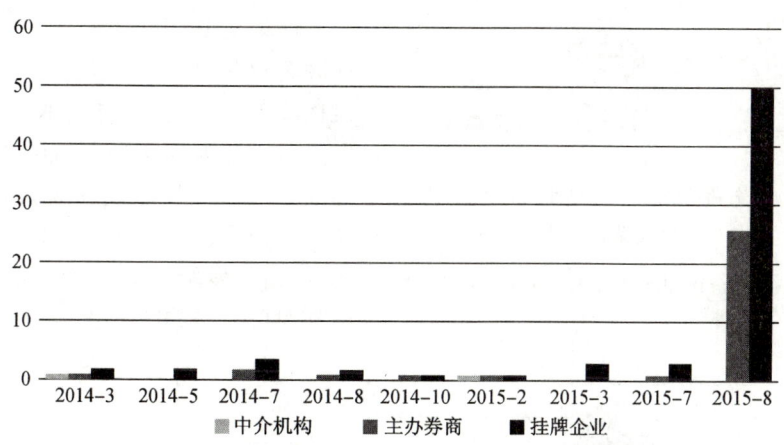

图1 股转系统对中介机构、主办券商和挂牌企业的惩处频次

数据来源:全国中小企业股转系统,新三板智库整理。

二、监管措施花样多,企业券商一个不少

采取的自律监管措施包括如下11种:

[①] 袁向前,中山大学,新三板智库研究员。

（1）要求申请挂牌公司、挂牌公司及其他信息披露义务人或者其董事（会）、监事（会）和高级管理人员、主办券商、证券服务机构及其相关人员对有关问题作出解释、说明和披露。

（2）要求申请挂牌公司、挂牌公司聘请中介机构对公司存在的问题进行核查并发表意见。

（3）约见谈话。

（4）要求提交书面承诺。

（5）出具警示函。

（6）责令改正。

（7）暂不受理相关主办券商、证券服务机构或其相关人员出具的文件。

（8）暂停解除挂牌公司控股股东、实际控制人的股票限售。

（9）限制证券账户交易。

（10）向中国证监会报告有关违法违规行为。

（11）其他自律监管措施。

从要求作出说明解释和披露到向中国证监会报告违法违规行为，其监管力度的强度逐步加深。不过虽然自律监管措施有11种之多，但截至2015年8月股转系统针对监管对象的违纪行为仅采取了3种监管措施，分别是：约见谈话、要求提交书面承诺和出具警示函。

自2014年3月以来，股转系统采取约见谈话惩罚措施共31次，其中针对挂牌企业共18次，主办券商11次，中介机构2次；要求提交书面承诺30次，其中企业被要求提交书面承诺9次，主办券商21次；几乎股转系统发出的所有警示函都是针对企业的，53份警示函中有50份都发给了企业，3种惩罚措施的施加对象分布如图2、图3、图4所示。

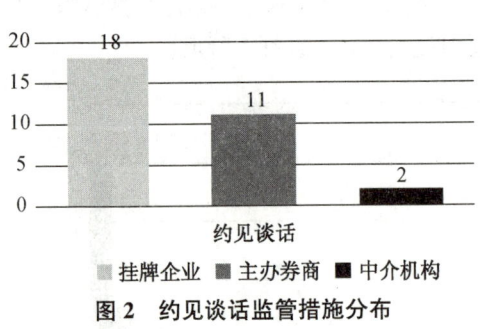

图2　约见谈话监管措施分布

数据来源：全国中小企业股转系统，新三板智库整理。

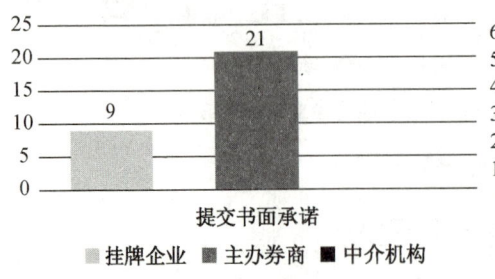

图3　要求提交书面承诺监管措施分布

数据来源：全国中小企业股转系统，新三板智库整理。

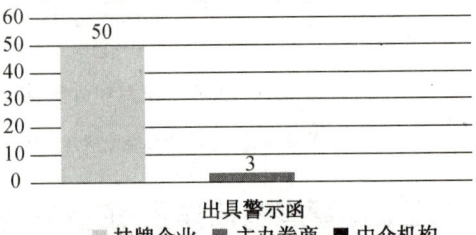

图4　出示警示函监管措施分布

数据来源：全国中小企业股转系统，新三板智库整理。

三、上榜缘故在何处，提前行动防中标

1. 约见谈话：披露问题是关键

企业被约谈原因汇总：

原因一：公司董事长、董事会秘书、实际控制人等未能恪尽职守、履行勤勉义务，对公司信息披露违规行为负有重要责任。

原因二：公司作为股东人数超过 200 人的公众公司，向特定对象发行股票，未经中国证监会核准，便披露认购公告进行认购。

原因三：2015 年 7 月披露 2015 年第一季度财务报告，信息披露违规。

原因四：年报中财务数据与审计报告数据存在多处不一致，信息披露不准确且未及时更正。

原因五：公司在向股转系统提交股票发行备案材料前就使用了募集资金，股票发行存在违规行为。

原因六：年报中多处遗漏应披露信息，部分章节与《全国中小企业股份转让系统挂牌公司年度报告内容与格式指引（试行）》相关要求严重不符。

主办券商被约谈原因汇总：

原因一：未能勤勉尽责地履行推荐义务，未能督导申请挂牌公司诚实守信、规范履行信息披露义务、完善公司治理。

原因二：未能履行持续督导职责。

中介机构被约谈原因汇总：

原因一：未能勤勉尽责和诚实守信地履行审计师职责。

［智库点评］ 由于约见谈话措施较为普遍，原因也比较多样，则需要多注意。其中企业的高层人员由于信息披露违规被约谈最为常见，企业在披露认购公告前必须要经中国证监会核准，披露的财务报告若存在问题也必须及时更正。而主办券商方面，原因最为常见的是未能督导企业规范信息披露，也就是说企业信息披露一旦出问题，股转系统、企业和券商的座谈会就被提上了日程。中介机构自 2014 年 3 月以来只被采取监管措施两次，均为约谈，原因是未能诚信履行职责。

2. 提交书面承诺：主办券商为目标

主办券商提交书面承诺原因汇总：

原因一：主办券商在事前审查时未能发现挂牌公司年报存在重大遗漏，未能勤勉尽责，未能督导挂牌公司规范履行信息披露义务。

企业提交书面承诺原因汇总：

原因一：年度报告中存在多处重大遗漏，未按规定披露会计差错更正信息。

原因二：关联方披露不完整、关联交易未经内部决策程序且未披露，关联方资金占用未披露。

原因三：董事长、实际控制人未能恪尽职守、履行勤勉义务，对公司信息披露违规行为负有重要责任。

[智库点评] 被要求提交书面承诺的几乎全是主办券商,而原因也无一例外是年报审查不过关,某种程度上说明主办券商在审查方面确实不够用功。出工不出力,书面承诺就得写,因此主办券商要预防被要求提交书面承诺必须在年报审查时把好关。

3. 出具警示函:企业需诚信

企业被出具警示函原因汇总:

原因一:公司在年报披露过程中未披露财务报表附注,出现重大遗漏。

原因二:董事长、实际控制人、作为信息披露事务负责人的董事会秘书,未能恪尽职守、履行勤勉义务,对信息披露违规行为负有责任。

原因三:年度报告中存在多处重大遗漏,未按规定披露会计差错更正信息。

原因四:董事、监事在年报披露的"重要提示"中作出的承诺与事实不符,未能恪尽职守、履行诚信勤勉义务。

原因五:公司在未取得同意做市函的情况下发布股票转让方式变更的提示性公告,信息披露违规。

原因六:公司董事会秘书及财务总监,未能恪尽职守、履行勤勉义务,对公司信息披露违规、控股股东违规占用资金等违规行为负有相应责任。

原因七:年报中多处遗漏应披露信息,部分章节与《全国中小企业股份转让系统挂牌公司年度报告内容与格式指引(试行)》相关要求严重不符。

主办券商被出具警示函原因汇总:

原因:作为主办券商,未能恪尽职守、履行勤勉义务,对挂牌企业股票发行违规行为负有重要责任。

[智库点评] 挂牌企业被出具警示函最为常见的原因之一是财务报表附注遗漏;另外一个重要的原因则是对年报中作出的承诺,未付出相应的行动,这种失信的行为对企业而言无疑是致命的,因此企业必须要注意这重要的两点。智库也提醒广大新三板企业登陆资本市场后还需提高自身规范意识,合法合规地履行信披义务。

新三板的逐利者今安在(上)

林 莺[①]

1492年,哥伦布发现新大陆,从此完整的地球板块知识逐渐建立。2014年以来,中国投资者们纷纷登陆新三板这块新大陆,扩容后的新三板也预示着中国多层次的资本市场正稳步建立。

2014年8月,新三板做市商制度启动,让获得做市商资格的券商成为逐鹿新三板的领头羊。资本市场跑道上紧随其后的还有大小不一的投资机构,包括私募机构、风险投资机构、资产管理公司、基金公司、信托公司等,以及个人投资者们。

掘金团1号:做市券商

新三板的做市商,是指获得做市资格的券商。做市商不断地向公众投资者报出某些特定挂牌企业股份的买卖价格(即双向报价),并在该价位上接受公众投资者的买卖要求,以其自有资金和股份与投资者进行股份交易。买卖双方不需等待交易对手出现,只要有做市商出面承担交易对手即可达成交易。民间对做市商一直有个通俗易懂的称谓——庄主! 虽然这种类比不尽准确,但确实让做市商的定义一下子明朗了不少。

谁都知道赌场庄主不是你想做就能做的,股转系统对做市商则是有着成文的正规要求:证券公司在全国股份转让系统开展做市业务前,需向全国股份转让系统公司申请备案,获得批准同意后按要求完成做市技术系统测试并达到上线条件,完成开立做市专用证券账户、做市专用交易单元等后续工作方能从事做市业务。

掘金团2号:投资机构

进驻新三板的另一支资金力量来自投资机构。掘金团2号的成员可谓来自四面八方,除了一向走在投资方向选择前端的私募基金(PE)、资产管理公司和风投(VC),随着三板成指、三板做市指数的发布,政策放开,公募基金也紧随其后。

2015年年初,资本市场热火朝天,新三板基金在预约阶段就频频传出被"秒杀"的消息,2015年3月份在耶鲁财富网站上所公布的31只新三板产品中,有27只售罄。新三板产品的起购门槛都为100万元,但这也没能浇灭年初投资者的热情,所有产品均受到热捧。

下面是2015年3月份搜集到的41只新三板产品中挑出的5只最特别的新三板产品,我们可借此感受年初之时新三板的蓬勃朝气:

(1) 中铁宝盈中证资讯新三板(1期):新三板首只资管产品,成立10个月收益64.15%。

[①] 林莺,中山大学岭南学院,新三板智库研究员。

(2) 中科招商新三板定增 1 号（优先级）：定向认购中科招商在新三板市场上的定向增发股票。

(3) 知新 1 号证券投资私募基金：首只针对新三板挂牌企业的私募产品，截至 3 月 25 日，18 家新三板挂牌企业参与认购。

(4) 少数派新三板尊享三号：期限最长，20 年存续期。

(5) 新三板文艺复兴 1 号：预期规模最大，50 亿元上限。

当然以上这几个只是特殊群体，普通的统计显示 41 只新三板产品的起购金额全部为 100 万元；期限也都在 1 年以上，大部分在 5 年内，10 年和 20 年的产品分别有 5 个和 1 个；规模都不大，1 亿元及以上的只有信业-乾元 X 号新三板投资基金等 9 个产品，80% 的产品都在 3 000 万～5 000 万元之间。

虽然产品抢手，但年初时投资机构还是处于筹资、寻找投资标的的初级阶段，所以上半年的市场还是做市商领跑众投资者。而到了下半年，随着制度的成熟和股灾笼罩 A 股市场，新三板市场 PE、VC 大有后来居上之势。

在收益方面，3 月份有数据披露的产品收益率都在 50% 以上，但由于这些产品的存续期都比较长，只能说是浮动盈亏的数据。事实证明，年中过后，新三板热度大减，众产品几乎没有出彩的收益数据，更有数据显示超过 4 000 亿元的新三板基金其实并未将资金投入新三板中。相比之下，PE 对新三板的投资态度显得更稳定些。

除了大大小小的专业机构投资者纷纷在最热的时候瞄准新三板，新三板挂牌企业也加入了掘金之战。3 月 24 日，基康仪器和麟龙股份等多家新三板公司发布公告认购由东方证券股份有限公司、北京知新资本投资管理有限公司共同打造的知新 1 号证券投资私募基金，截至 3 月 25 日，有 18 家新三板公司认购这一产品。

这些在新三板挂牌的企业虽然在行业研究方面可能不如证券公司、基金公司等那么专业，但其自身身处新三板中这一点必然能为它们带来对挂牌企业估值独到的解读。然而目前挂牌企业认购基金这种投资方式，还是属于依赖基金管理人作出投资决策的做法。

掘金团 3 号：个人投资者

因为新三板对个人投资者有 500 万元证券资产的门槛要求，所以即使是年初资本市场大热，新三板中的散户投资也未出现像沪深 A 股一样的盛况。不过新三板之于投资机构而言也是一块新大陆，在杀进去的机构数量也还不多的情况下，个人所占的比例并不低，因为多数刚挂牌的企业股东依旧是挂牌前已持有大量股份的股东个人。

挂牌企业定增对象多数为公司原股东，也有向公司员工定增的情况；除此之外，便是机构和散户。

截至 3 月 27 日所统计的数据，发布定增公告的 10 家企业中，定增方案显示 10 家合计新晋股东 74 个，其中个人 63 个，占新晋股东数量的 85% 以上，如表 1 所示。

个人投资者入市新三板的阻力主要来自两个方面：资金门槛和分析能力要求。

市场上关于降低 500 万元入市门槛的呼声不断，但目前为止仍然没有成文的方案在推进。新三板大热也只是 2014 年开始的事，企业挂牌低要求增大了投资者选择

表1　　　　　　　　发布定增公告的10家企业股东变化

代码	名称	发行日期	发行前股东人数	发行后股东人数	新晋主要股东人数	新晋主要股东中个人人数
430118	华欣远达	2015-03-31	13	7	4	4
830933	纳晶科技	2015-03-31	36	37	3	2
430522	超弦科技	2015-03-30	42	58	0	0
830938	可恩口腔	2015-03-30	18	22	11	8
830937	信达智能	2015-03-27	22	29	6	3
831657	贝克福尔	2015-03-27	9	10	1	0
430226	奥凯立	2015-03-27	19	28	3	1
831639	达仁资管	2015-03-27	4	4	0	0
831452	宝特龙	2015-03-26	6	42	43	43
430238	普华科技	2015-03-26	72	132	3	2
				合计	74	63

数据来源：Wind资讯、截至2015年3月27日的全国企业股份转让系统挂牌企业公告。

投资标的的难度，这也是上文所说的另一个阻力分析能力要求。对于做市商而言，选出好的做市企业尚且需要很大的分析投入，这种人力物力的要求个人投资者难以满足。这反过来又促进了反对投资门槛的意见的形成和加强——保持较高的投资门槛是为了保护散户投资者。

除此之外，从2015年4月起新三板市场交易黯淡，4月至9月间长达半年时间，股转系统上披露的定增认购公告寥寥，这也减少了个人投资者入场的机会。

短期内个人投资者入市新三板难以出现规模现象，更可行的方法是个人投资者通过购买新三板基金等资管产品间接进入新三板。

除了挂牌企业的股东，掘金新三板大戏真正主角还是券商、资管、私募等实力雄厚的机构。

最后，让我们一表解读逐利新三板资金的形形态态，如表2所示。

表2　　　　　　　　逐利新三板的资金种类

资金群体	资金类别	进入途径	收益来源
券商	做市商	向股转系统申请	做市价差
	投行服务提供者	券商牌照	服务费
投资机构	私募基金	私募产品	投资收益、产品管理费
	公募基金专户	专户理财产品	投资收益、产品管理费
	资产管理公司	资管产品	投资收益、产品管理费
	风投	产品	投资收益、产品管理费
	保险	产品	投资收益、产品管理费
	信托	产品	投资收益、产品管理费
	新三板挂牌企业	投资新三板产品	投资产品升值
	……	……	……
个人投资者	股东	原股东、定增认购	认购股份公司增值、分红
	投资散户	定增认购	认购股份公司增值、分红

2014年新三板大戏开幕，2015年风起云涌，资本浩劫过后，掘金团又将何去何从？让我们拭目以待！

新三板的逐利者今安在(下)

林 莺[①]

一、忽如一夜春风来,千树万树梨花开

回忆2014年年底,劫后重生的资本市场风起云涌,A股市场冲上高点时,不少人开始寻找成本更低回报更高的投资标的,新三板的火爆应运而生,金融界纷纷抢滩登陆,而早在这之前,随着2013年12月30日股转系统扩容至全国的相关细则的制定,从2014年起每月新增挂牌企业均超过300家。截至2015年9月30日,全国股份转让系统网站上公布,新三板挂牌公司达到3 585家。

2015年年初,新三板如火如荼之时,在《新三板的逐利者今安在(上)》我们曾分析过三大逐利资金群体——做市商、投资机构(投资产品)、个人投资者;2014年8月,新三板做市商制度启动,让获得做市商资格的券商成为逐鹿新三板的领头羊。资本市场跑道上紧随其后的还有大小不一的投资机构,包括私募机构、风险投资机构、资产管理公司、基金公司、信托公司,以及个人投资者们。

二、股灾冲击,新三板也扑朔

2015年6月12日,A股站上7年最高点5178,此后便在前赴后继的救市措施中震荡下跌,股灾阴霾笼罩,资本市场急速降温,新三板也受到影响,2015年5月至2015年9月新三板表现平平。那些曾在盛极一时的新三板成功抢滩的逐利者们如今安在?

三、做市商:艰难前进

曾经在掘金跑道上扮演领跑者的做市券商还坚守着。

截至2015年9月25日,有齐鲁证券等78家证券公司获得做市资格,相比3月13日的数据,仅仅增加了15家做市商。

2015年9月21日至25日的做市执业周报数据显示,市场格局跟上半年领头做市商占据半壁江山的情况相差无几,前10家做市商市场占比总和59.79%,齐鲁证券依旧领跑众做市商。

值得关注的是,从2015年3月至9月,齐鲁证券做市企业数量增加了接近4倍,做市成交金额却下降了接近一半,其他做市商的情况也相差无几。

但是从整体上看,与3月13日的数据相比,前10名做市商中也仅世纪证券、东

[①] 林莺,中山大学岭南学院,新三板智库研究员。

方证券、东莞证券3家券商排名下滑(还在前20名以内),但其做市企业的绝对数量还是增加了的,具体如表1所示。

表1　　　　　　　　　前10名做市商做市数据

	做市商	做市企业数量(家)	做市企业数量占比	做市成交量(股)	市场占比	做市成交金额(元)	市场占比
1	齐鲁证券	167	88.83%	44 561 376	22.83%	201 234 041	17.74%
2	兴业证券	119	198.33%	6 543 054	3.35%	54 661 278	4.82%
3	天风证券	112	260.47%	5 252 150	2.69%	40 707 394	3.59%
4	国信证券	109	80.74%	20 290 700	10.40%	126 870 279	11.19%
5	广州证券	109	294.59%	2 426 800	1.24%	13 227 620	1.17%
6	申万宏源	108	32.14%	3 243 875	1.66%	21 262 624	1.87%
7	上海证券	105	308.82%	10 429 300	5.34%	45 055 645	3.97%
8	国泰君安	100	109.89%	20 694 582	10.60%	120 328 150	10.61%
9	长江证券	92	73.60%	811 000	0.42%	6 148 240	0.54%
10	广发证券	88	61.11%	2 466 518	1.26%	15 062 343	1.33%

信息来源:股转系统,新三板智库整理。

更进一步,从披露的数据来看,虽然6月至9月间新三板整体市场黯淡,增加了1 000多家挂牌企业却只增加不到300亿元流通股本,但做市转让增加的流通股本占比达到2/3。5月29日与9月30日的挂牌公司家数、股本及交易方式如表2所示。

表2　　　5月29日与9月30日的挂牌公司家数、股本及交易方式

	做市转让		协议转让		合计	
	9月30日	5月29日	9月30日	5月29日	9月30日	5月29日
挂牌公司家数(家)	857	380	2 728	2 107	3 585	2 487
总股本(亿股)	623.38	204.92	1 270.35	950.82	1 893.73	1 155.74
流通股本(亿股)	294.17	93.11	407.97	316	702.14	409.11

信息来源:股转系统,新三板智库整理。

从这些数据来看,新三板如今盛况不再,但是在市场的调整期,做市商也没有表现出回撤甚至放弃的态度,做市成交金额随整个市场成交金额下降而下降,这是正常现象,而做市商们仍在争取得到更多企业的做市业务。显然在流动性下降的时候,做市商发挥的作用更加重要了。

四、机构产品:命运多舛

形势大好时私募、资管、信托等机构加速进入新三板掘金,2015年年初这些机构发布的新三板投资产品尚处于稀缺阶段,尽管起购金额有100万元的门槛,但预约时期就被"秒杀"依旧是常态,连公募基金也一直在期盼着能乘上三板成指、三板做市指数发布的东风登陆。

然而年轻的新三板与这些野心勃勃的掘金者们在刚刚过去的几个月时间中共同经历了一段低潮期,似乎还没恢复过来。

图1展示了自2015年新三板走入大众视野以来,机构成立新三板产品的数量变化(仅统计私募排排网披露的产品)。2015年1月、2月各自的新产品数量几乎与2014年一整年持平,3月、4月资本大热,新三板火爆,前期供不应求的局面和投资者高涨的热情刺激机构加速发布产品,4月新产品数量达到了峰值129,此后随着市场回温调整,每月新产品数量急速下降,至今不见反弹,9月更是只有1个产品出现在私募排排网页面,具体如图1所示。

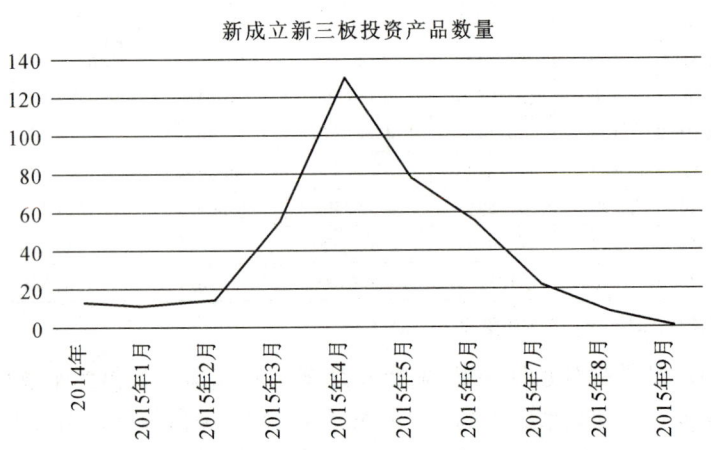

图1　2014年至2015年9月新三板投资产品数量走势

信息来源:私募排排网,新三板智库整理。

表3是2014年至2015年8月,每月的1~2个产品的收益数据,从数据来看,这些先行入场的产品体验了危机前后的冰火两重天,令后来者望而生畏。

表3　　　　　　　2014年至2015年8月新三板投资产品收益数据

产品名称	成立日期	净值日期	累计净值	成立以来收益率	近3月收益率
永隆新三板投资基金	2014-08-19	2015-09-25	1.5210	76.50%	-30.41%
理成转子新三板1号微基金	2015-01-08	2015-09-25	0.9870	-1.20%	-0.20%
铸山新三板1号	2015-02-05	2015-08-31	1.1872	18.72%	-2.83%
广发资管新三板全面成长	2015-02-11	2015-08-31	0.7738	-22.62%	-27.25%
鼎锋明德新三板文艺复兴2号	2015-03-12	2015-07-31	0.9285	-7.15%	-3.29%
中信新三板增强1号	2015-03-27	2015-08-31	1.0832	8.32%	1.45%
浙商金惠新三板启航1号	2015-04-01	2015-08-28	0.8765	-12.35%	-7.79%
仁榕新三板基金	2015-04-15	2015-08-31	1.0400	4.00%	1.96%
东莞旗峰新三板共赢1号优先级	2015-04-24	2015-09-02	1.0289	2.85%	1.98%
凯兴海子新三板	2015-04-30	2015-08-31	0.9930	-0.70%	—
中信新三板增强2号	2015-05-05	2015-08-31	0.9806	-1.94%	-1.93%
元普新三板领军8号	2015-05-22	2015-09-25	0.9747	-3.43%	-3.39%
国信中证新三板1号	2015-05-29	2015-09-02	0.9980	-0.20%	-0.20%

（续表）

产品名称	成立日期	净值日期	累计净值	成立以来收益率	近3月收益率
长城汇融新三板1号	2015-06-03	2015-09-02	0.9984	−0.16%	−0.16%
创东方新三板2号	2015-06-30	2015-08-31	0.9810	−1.90%	—
东方比逊-新三板10号基金	2015-07-02	2015-09-25	0.9390	−6.10%	—
小牛共赢-新三板投资基金3号	2015-07-28	2015-09-23	0.9980	−0.20%	—
时代伯乐神舟小牛1号新三板系列	2015-08-03	2015-09-23	0.9990	−0.10%	—
海佑财富-新三板成长1号	2015-08-18	2015-08-31	0.9990	−0.10%	—

信息来源：私募排排网，数据截至2015年8月，新三板智库整理。

除了不披露数据的公募专户、信托产品，表3反映了新三板产品的整体情况：2014年成立的产品，以永隆新三板投资基金为例，由于抢占了价值洼地，在经历2015年中低潮后尚有可观收益，如图2所示；2015年年初入场的产品有部分至今累计收益为正，部分亏损严重；而从5月至9月成立的（至最新净值日期为止），几乎没有赚钱的产品。

新三板产品都有个共同的特征，即存续期比较长，所以虽然大部分出现亏损，暂时都还正常运营着，而且与沪深300指数相比，大部分产品表现在其之上。

近来PE行业新三板挂牌企业的定增表现在低迷的市场中一枝独秀，投资机构"掘金"新三板也不止发布相关产品这一途径了。

图2　永隆新三板投资基金净值走势

信息来源：上海呈瑞投资管理有限公司。

五、个人投资者：回归实业

因为新三板对个人投资者有500万元证券资产的门槛要求，所以即使是年初火爆时期，新三板中的散户投资者也未出现大规模增长。如今随着市场降温，个人投资者热情也不比当初,加之机构产品大部分都进入了资金投放期,2015年9月29日、30日披露的定增案例中个人投资者数量占比有了显著下降,具体如表4所示(若只统计9月30日的定增对象,则这一下降更明显,个人投资者占定增对象不足一半)。

表4　　　2015年9月29日、30日披露的定增案例中个人投资者数量

代码	名称	增发对象总数	增发对象中个人总数
831922	长宝科技	2	2
430076	国基科技	9	8
832134	宇都股份	1	0
831918	天立泰	1	0
830861	金诺科技	3	2
832265	芍花堂	3	0
833769	中泰环保	2	0
831669	永晟科技	8	8
830923	上元堂	3	0
831572	疆能股份	16	3
831685	亿恩科技	7	7
830784	威尔凯	3	3
833123	瑞丰股份	13	6
832199	九方天和	5	4
833640	广州中崎	35	35
832093	科伦股份	6	6
832065	乔扬数控	1	0
832324	金瀚高新	4	4
831037	华力兴	24	24
430144	煦联得	15	8
832521	合一康	1	0
430581	八亿时空	5	2
831916	商中在线	35	31
832244	佳瑞高科	8	4
831682	金田科技	4	0
	合计	214	157

信息来源:股转系统,新三板智库整理。

尽管经过了呼声不断的高潮期,新三板对个人投资者的门槛要求依旧没有降低,事实也证明了这的确是对投资者的一种保护。短期内个人投资者进入新三板依旧难以形成规模。现在新三板中的个人投资者其实大部分都是实业家,投资新三板企业不单纯是投资赚利;面对挂牌门槛这么低的新三板,散户投资者也需谨而慎之。

再成熟的市场也有起落,更何况是年轻的新三板。一场大戏落幕了,失意过后,当人潮重聚时,谁来领演下一场逐利大戏?让我们拭目以待!

躺着挣钱终将成为过去时:分层深度剖析之做市商篇

徐 舜[①]

新三板分层终于来了！2015年11月24日,股转公司在其官网公布了《全国股转系统挂牌公司分层方案(征求意见稿)》(下文简称征求意见稿)。如无意外,2016年5月市场期待已有的新三板分层将正式全面实施。本次分层方案的公布时点符合市场预期,分层具体标准也与此前各种消息流传的版本大方向一致。

我们认为,分层是继2014年8月做市商制度之后的又一重大的基础性的制度,起步虽然简单,但向前的意义确凿。

本文探讨分层对做市商的影响,整体而言我们认为分层将使做市商必须改变原有的低价拿股权简单套利的业务模式和盈利模式,对具备高成长性和规模盈利的企业做市商的话语权有所削弱,做市商必须回归做市的本质,探索更多元的盈利模式。图1列示了前分层时代与分层时代的做市比较。

前分层时代

做市企业
- **优势**:流动性增加,一定程度溢价,一定程度的背书
- **劣势**:低价转让股份后,做市商不"做市"

做市商
- 做市商是唯一能带给企业清晰辨识度的力量
- 做市商=庄家+PE,地位强势,简单粗暴地挣钱

分层时代

创新层企业
- **盈利性**
- **成长性**
- **市场选择性**

做市商
- 创新层企业自动享受清晰辨识度
- 做市商不能再靠一招鲜,回归做市的本质

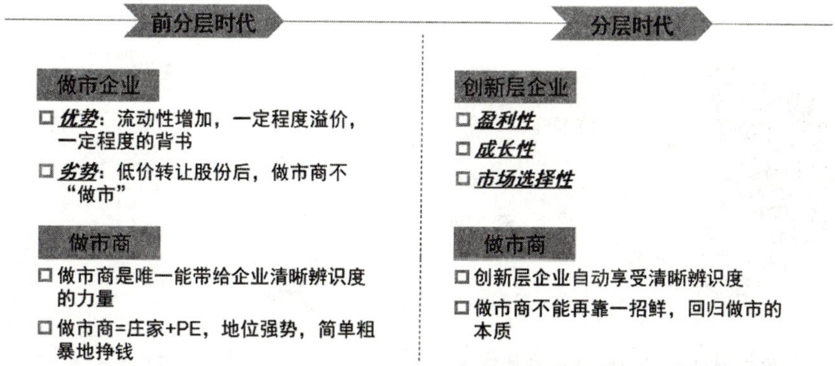

图1 前分层时代与分层时代的做市比较

资料来源:新三板智库。

一、前分层时代,做市商盈利模式单一但有效

1. 前分层时代,做市商地位强势

(1)前分层时代,做市商是唯一能带给企业清晰辨识度的机构。在此次分层方案(征求意见稿)出台之前,做市实际上构成了对挂牌企业的清晰分类。挂牌企业实质上有两个类别:一类是做市的企业;二类是非做市(协议转让)的企业。做市的企业被认为

[①] 徐舜,CFA、CPA,新三板智库CEO。

做市商做了背书,做市商作为对企业信息了解更多的准"内部人"以做市这个行为为企业的投资价值做了背书,主办券商是否愿意做市、做市商的数量、做市商拿的股份数量、拿的股份价格、投入的资金都具有相当的信息含量,成为其他投资者的重要指引和参照物。

(2) 做市商牌照稀缺。虽然监管层多次释放出扩大做市商队伍的信号,但始终只听见楼梯响,未见人下来。目前做市依然是券商的独门生意,迄今为止只有78家券商能提供做市服务,未来即使是所有的券商都开展做市业务,也只有118家。而现在挂牌企业已经超过4 000家,且以每周近百家的速度新增。因此,相对做市的需方而言,供给方是远远不够的。

2. 前分层时代,做市商挣的是套利的钱

做市商相对挂牌企业的强势,使其没有动力去干苦力活技术活,通过简单的套利即可迅速地获得相当大的收益。我们统计了做市制度正式实施以来至2015年11月30日做市商每家做市首日收益率[(做市首日成交均价/首批做市商入股价格)－1],我们发现做市商做市首日平均能获得109%的收益率,中位数是72%,最高收益率可达到12倍,近4成的做市商做市首日收益率超过100%。由此可见,做市商单只是做市首日即可获得不菲的收益。图2展示了做市商做市首日收益率结构,表1列示了做市商做市首日收益率分布。

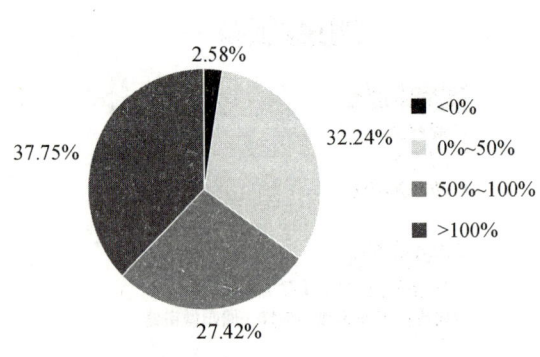

图2 做市商做市首日收益率结构图①

表1 做市商做市首日收益率分布表

N	有效	1 743
	缺失	165
均值		109%
中值		72%
标准差		128%
极小值		－78%
极大值		1 200%
百分位数	25	39%
	50	72%
	75	136%

二、分层时代,做市商必须开始挣技术的钱、挣投研能力的钱

1. 分层时代,创新层企业自动享受清晰辨识度

分层真正实施后,市场分为两层:创新层和基础层。分层有3个标准,分别从业绩(净利润＋净资产收益率＋股东人数)、成长性(营业收入复合增长率＋营业收入＋股本)和市场选择(市值＋股东权益＋做市商家数)等角度对企业作出了一定的要求。由于新三板挂牌企业的主体是创新型、创业型、成长型企业,这3个标准相对这个阶

---

① 由于四舍五入,图2中各数之和不为100%。

段的企业而言都不低,特别是标准一,业绩指标高于 IPO 标准。由于进入创新层的条件较高,进入创新层的企业只是极少部分。我们根据现有的数据进行预估之后,发现只有不到 5% 的挂牌企业进入创新层(分层首次实施需待 2015 年年报数据发布,所以现在只能基于 2014 年及之前两年的数据做预估)。因此,企业一旦进入创新层,即具备清晰且正面的辨识度。

2. 分层时代,做市商对规模盈利和高成长性企业影响力大为减弱

在分层的 3 个标准之下,我们可以看到只有标准三下做市商发挥着主导作用,标准一和标准二做市商发挥的影响有限。也就是说能否进入创新层,有 3 条路径可选,其中 2 条路径更多是企业自身发挥主导作用。图 3、图 4 和图 5 展示了 3 个标准下的核心指标。

➢ 标准一:规模盈利的企业适用,做市商影响有限

净利润+平均净资产收益率+股东人数

(1) 最近 2 年连续盈利,且平均净利润不少于 2 000 万元(净利润以扣除非经常性损益前后孰低者为计算依据);

(2) 最近 2 年平均净资产收益率不低于 10%(以扣除非经常性损益前后孰低者为计算依据);

(3) 最近 3 个月日均股东人数不少于 200 人。

✓ 只有股东人数做市商能有些微的影响

图 3　业绩指标:创新层分层标准一的核心指标

资料来源:股转系统、新三板智库。

分层标准一的核心指标是业绩指标,业绩指标是企业自身经营的结果,与做市商无关。做市商在一定程度上可以影响股东人数,但不是绝对和唯一的影响力,企业可以通过定增的方式一次引入多家股东(不超过 35 人)。未来如果放开挂牌融资股东 200 人限制,挂牌企业一次定增即可达到股东 200 人的目标。

➢ 标准二:高成长性企业适用,做市商几无影响

营业收入增长率+营业收入+总股本

(1) 最近 2 年营业收入连续增长,且复合增长率不低于 50%;

(2) 最近两年平均营业收入不低于 4 000 万元;

(3) 股本不少于 2 000 万元。

✓ 没有指标做市商能产生影响

图 4　成长性:创新层分层标准二的核心指标

资料来源:股转系统、新三板智库。

分层标准二的核心指标是营业收入和股本,这两者均是企业自身主导和经营的结果,做市商不能产生影响。也就是说高成长性的企业,无需依赖做市商即可进入创新层。

➤ 标准三:大市值适用,做市商主导

市值+股东权益+做市商

(1) 最近3个月日均市值不少于6亿元;

(2) 最近1年年末股东权益不少于5 000万元;

(3) 做市商家数不少于6家。

✓ 对市值、股东权益、做市商都有较强影响

图5 做市商认可的市值:创新层分层标准三核心指标

资料来源:股转系统、新三板智库。

分层标准三的核心指标是市值达到6亿元,且这个市值是至少6家做市商真金白银认可的市值。因此这一标准基本上是由做市商来主导的,也就是说至少得得到6家做市商的认可,企业才能进入创新层。这一标准的出发点是通过做市商的评判,让一些处于发展较早阶段但有巨大潜力的公司能进入创新层。

3. 多元博弈格局形成,做市商必须探索多元业务模式

做市商过往的业务模式建立在利用做市商的优势地位,对不确定性较低、风险可控的企业折价入股的基础上。也就是说,用便宜的价格买入风险可控的企业股份套利。分层制度出来后,过往做市商偏好的规模盈利企业和高成长性企业,无需依赖做市商即可进入创新层,获得清晰的辨识度,获得估值和流动性溢价。因此,做市商的话语权在弱化,折价入股的可能性大为降低,套利的空间在收窄。对于这类的企业,做市商能做的就是做市,也就是回归至做市商制度建立的初衷,利用信息的相对优势来挣取差价。

需要依赖做市商的认可才能进入创新层的企业,很大概率是没有已经得到验证的规模化收入和规模化盈利的公司,也就是说需要做市商做价值判断。价值判断需要专业的投研能力,这对做市商提出了很高的要求。

上市公司待遇,准备好了吗:分层深度剖析之企业篇

徐 舜[①]

本文从挂牌企业的视角来分析分层的影响,整体而言,我们认为分层将在挂牌企业之间形成正向的激励,将会激励企业力争上游。创新层的企业将在估值、流动性、监管等方面逐渐接近于上市公司。基础层的企业也有顺畅的上升通道,只要练好内功,达到标准即可进入创新层。

一、创新层企业与估值和流动性溢价

1. 创新层的企业有稀缺性

分层有3个标准,分别从业绩(净利润+净资产收益率+股东人数)、成长性(营业收入复合增长率+营业收入+股本)和市场选择(市值+股东权益+做市商家数)等角度对企业作出了一定的要求。由于新三板挂牌企业的主体是创新型、创业型、成长型企业,这3个标准相对这个阶段的企业而言都不低,特别是标准一,业绩指标高于IPO标准,如表1所示。

表1 分层标准及能进入创新层的企业(基于2014年年报数据)

	差 异 化 标 准
(标准一)	(1) 最近2年连续盈利,且平均净利润不少于2 000万元(净利润以扣除非经常性损益前后孰低者为计算依据) (2) 最近2年平均净资产收益率不低于10%(以扣除非经常性损益前后孰低者为计算依据) (3) 最近3个月日均股东人数不少于200人
(标准二)	(1) 最近2年营业收入连续增长,且复合增长率不低于50% (2) 最近2年平均营业收入不低于4 000万元 (3) 股本不少于2 000万元
(标准三)	(1) 最近3个月日均市值不少于6亿元 (2) 最近1年年末股东权益不少于5 000万元 (3) 做市商家数不少于6家

数据来源:股转系统。

我们根据现有的数据做了预估,可以看到不到5%的企业能进入创新层,如表2所示。

[①] 徐舜,CFA、CPA,新三板智库CEO。

表2　　　　　　　　　根据标准可进入创新层的企业

标准	入选企业数	2014年平均净利润(万元)	1/4分位数 2014年净利润(万元)	3/4分位数 2014年净利润(万元)
分层标准一	68	7 425	5 224	2 862
分层标准二	68	1 490	1 765	386
分层标准三	80	4 374	5 109	1 634
所有挂牌企业	4 291	1 015	1 017	89

数据来源：新三板智库。

2. 创新层企业投资的不确定性风险

标准一和标准二确保了创新层企业的体量规模，从表1可以看出标准一、标准二下的入选企业业绩指标已经是千万级别，标准三从市场的角度确保了高潜力的成长企业，由于目前做市商甄选做市企业时的业绩导向性，标准三下的入选企业净利润水平平均数到了近5千万元。由此可见，3个标准下的入选企业已经是迈过了规模化盈利的门槛，这往往意味着企业已有稳定的可盈利的业务，不确定性的风险大为降低。

根据我们对入选企业成立时间的统计，我们发现三种标准下，企业成立时间绝大多数都在4年到10年之间，平均值是在10年左右（见表3）。除了标准二下有17%的企业成立时间在2到3年之间，标准一和标准三下都没有成立时间低于3年的企业。由此可见从绝大部分入选企业已跨过了危险的前3年而进入到一个比较稳定的阶段。

表3　　　　　　　　　入选创新层企业成立时间结构比

成立时间	2年—3年	4年—10年(占比)	11年—15年(占比)	16年—20年(占比)	20年以上(占比)	平均
标准一	0	37%	37%	19%	7%	13年
标准二①	17%	65%	4%	9%	4%	8年
标准三	0	54%	30%	11%	5%	11年

从挂牌时间来看，标准一和标准三下入选企业绝大部分在2014年以前挂牌（见表4），这意味着这些企业至少已经规范运作2年以上，作为公众公司运作1年以上。挂牌时间越长，公司规范运作的历史越久，信息越透明。

表4　　　　　　　　　入选创新层企业挂牌时间结构比

挂牌时间	2012年以前	2012—2014年	2015年
标准一	12%	72%	16%
标准二	2%	24%	74%
标准三	6%	71%	23%

3. 稀缺性和相对确定性将吸引风险偏好较低的增量资金入场

目前新三板市场的存量资金主体是风险容忍度较高和投资周期容忍度较长的

---

① 由于本文计算时进行了四舍五入，标准二下方类型企业占比之和不为100%，但不影响此处表达的意思。

VC/PE产品,投资的思维更偏向于一级。

随着创新层的推出,不确定性风险的降低将吸引风险偏好较低的增量资金进场,特别是公募基金产品。监管层一直在鼓励公募基金进入新三板,最新的官方说法是11月20日《中国证监会关于进一步推进全国中小企业股份转让系统发展的若干意见》"研究制定公募证券投资基金投资挂牌证券的指引,支持封闭式公募基金以及混合型公募基金投资全国股转系统挂牌证券",清晰地表明了鼓励公募基金产品投资新三板的意见。已有为数不少的公募基金公司发行了新三板产品,但这均是门槛为100万元以上的非公募产品,并无真正的公募基金产品。由于新三板挂牌企业的差异大、不确定性高、信息搜寻成本高、流动性低,对公募基金产品而言显然不是一个性价比高的投资选项。分层出来后,投资创新层的企业显然能极大改善这些不利因素。我们预判,公募基金产品将真正地进入新三板市场,资金的主体投向是创新层。目前封闭式公募基金产品规模近700亿元,混合型公募基金产品规模近17 000亿元,一旦这两类基金投向新三板创新层,将极大地提升创新层企业的流动性和估值。

二、创新层企业监管强化,要习惯带着镣铐来跳舞

分层之后,不同层次的挂牌企业实行差异化的制度安排,整体而言是创新层企业在融资制度创新和交易制度创新方面将享受优先权。我们预计,融资创新会很快落地,主要是建立一次审批、分期实施的储架发行制度和挂牌公司股东大会一次审议、董事会分期实施的授权发行机制,包括后续的挂牌发行时35人限制的取消。而交易制度的创新预计将有赖于创新层真正运行之后的情况,保护中小投资者、不发生系统性风险是监管机构的底线。如果创新层运行平稳有序,竞价交易应是未来交易制度创新的题中应有之义。

优先权的代价是更严格的监管,可以看到对于创新层的监管借鉴了上市公司的监管。表5列示了创新层特殊的监管要求,包括发行定价、募集资金、董秘、信息披露和公司治理,均是上市公司有类似要求而基础层没有的要求。由此可见监管层认为创新层公司公众化程度将会更高,所以理应受到更严格的监管。创新层公司应重视监管的强化,更规范的运作,避免出现因忽视而导致的违规。

表5　　　　　　　　　　　　创新层特殊监管要求

制度	创新层特有制度
发行定价	➤ 融资定价的指导 ➤ 低价发行的限售指导
募集资金	➤ 进一步强化募集资金用途的披露 ➤ 募集资金实行专户管理 ➤ 主办券商应当对募集资金使用情况纳入持续督导范围 ➤ 改变募集资金用途的,应当履行约定的决策程序并予以披露 ➤ 定期报告中详细披露募集资金的使用情况
董秘	董事会秘书应当取得创新层资格证书,并要求董事会设立专门的管理机构

(续表)

制度	创新层特有制度
信息披露	➢ 业绩快报,鼓励公司披露业绩预告 ➢ 所有的对外投资、购买或出售资产、对外担保等行为都必须披露临时公告
公司治理	➢ 在定期报告或者专门报告中,完整披露是否遵守了创新层公司的公司治理要求 ➢ 挂牌公司董事、监事、高级管理人员、持有公司股份(10%)以上的股东,将其持有的公司股票在买入后6个月内卖出,或者在卖出后6个月内又买入,由此所得收益归公司所有,公司董事会应当收回其所得收益,并及时披露相关情况 ➢ 挂牌公司的董事、监事、高级管理人员、持有挂牌公司股份10%以上的股东在年度报告等重大信息披露前的30日内买卖本公司股票的,应当提交专项说明

数据来源:股转系统。

三、基础层公司上升通道顺畅,练好内功是根本

每年4月30日股转公司将进行层级调整。

从基础层到创新层的上升通道顺畅,全国股转系统根据分层标准,从基础层挂牌公司中自动筛选出符合创新层标准的挂牌公司。没有前置性的审核、没有比例的限制、没有进度的控制,只要企业达到相应分层标准即可进入创新层。

从创新层降至基础层的条件并没有对等的严格:①有1年的缓冲期。如果第一年不符合维持标准的,公司应当及时发布风险揭示公告,第二年仍不符合的,则将被调整到基础层。②维持标准的净利润、净资产收益率、营收增长率、市值等指标要求低于分层标准的相应要求。

第四部分
新三板行业研究篇

　　新三板市场几千家企业分属不同的细分行业,每个行业都有自己的特点。本部分主要通过10篇深度研究报告,展示了互联网、医疗、金融和日常消费等热门行业的优质企业。

微信生态化,第三方开发蓝海孕育巨擘

徐 舜[①]

一、微信是移动互联网的主要入口

(一)社会正在移动互联网化

随着移动智能终端的普及、消费者习惯的变迁以及商业环境的成熟,中国社会正在移动互联网化。

截至2014年年底,中国移动互联网用户达5.6亿人,占总人口的比重已超过4成。DCCI调研发现,在移动互联网用户中,智能手机用户规模和移动上网时长已超越PC:91.2%的移动互联网用户通过智能手机上网且日均上网时长达3小时;而同时通过台式机/笔记本上网的移动互联网用户为84.0%,日均上网时长为2.8小时,具体如图1、图2所示。

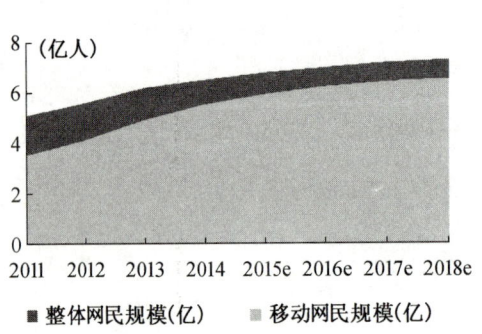

图1 中国移动网民规模

数据来源:艾瑞咨询、广证恒生。
注:e代表预计值。

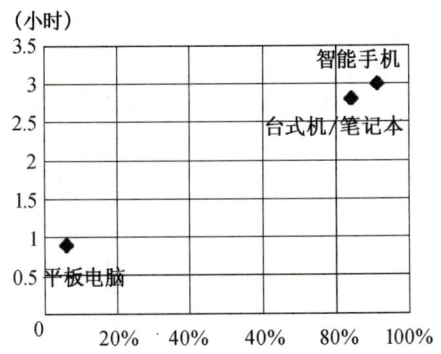

图2 手机是使用时长最高的工具

数据来源:DCCI、广证恒生。

用户规模和用户时间越来越往移动端迁移,带来移动互联网流量和移动互联网市场规模的爆发式增长。2014年移动互联网接入流量消费达20.62亿G,同比增长62.9%。其中,手机上网流量达17.91亿G,同比增长95.1%,在移动互联网总流量中的比重达到86.8%,成为推动移动互联网流量高速增长的主要因素。月户均移动互联网接入流量达205 M,同比增长47.1%。2014年,中国移动互联网市场规模为2 134.8亿元,突破千亿元大关,同比增长115.5%,具体如图3、

[①] 徐舜,CFA、CPA,资深新三板分析师,新三板智库CEO。

图 4 所示。

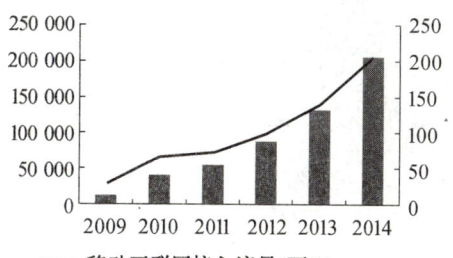

图 3　移动互联网接入流量增长走势

数据来源：工信部、广证恒生。

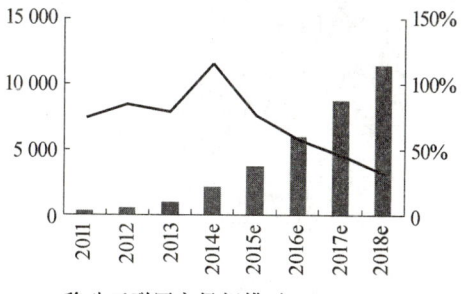

图 4　中国移动互联网市场规模走势

数据来源：艾瑞咨询、广证恒生。

（二）微信是移动互联网的主要入口

微信活跃用户已占移动网民的近 9 成。腾讯年报披露，微信及 We Chat 的合并月活跃账户逐年高速增长，截至 2014 年年底，5.6 亿的移动网民中，有 5 亿网民经常使用微信，接近 9 成，如图 5、图 6 所示。

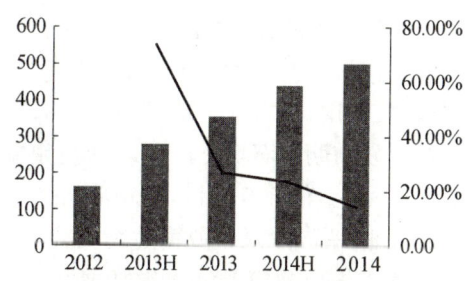

图 5　微信及 We Chat 的合并月活跃账户增长趋势

数据来源：wind 资讯、广证恒生。

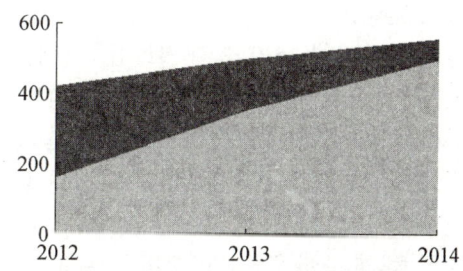

图 6　移动网民规模、微信及 We Chat 的合并月活跃账户

数据来源：wind 资讯、广证恒生。

注：微信及 We Chat 的合并月活跃账户是指有关日期前的最后一个自然月内至少一次通过微信或 We Chat 发出一条或以上信息，或在微信或 We Chat 进行其他主动操作（如登陆游戏中心或更新朋友圈）的用户账户总数。

微信逐渐成为人们生活的一部分。用户在微信上的流量为所有应用中的最高，微信成为近 3 成用户手机上网使用流量最多的应用，远远高于邮件、视频、音乐等流行服务。平均每天打开微信 10 次以上的用户达到 55.2%。微信重度用户的比例接近 1/4，他们每天打开微信的平均次数超过 30 次，如图 7、图 8 所示。

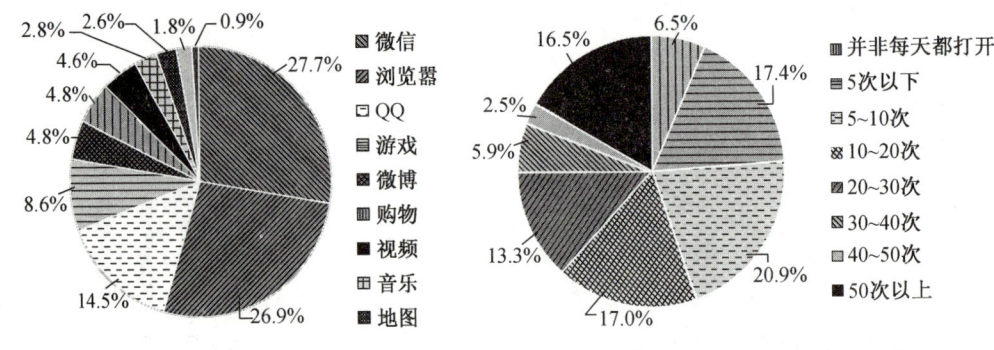

图7　用户流量分布
数据来源：企鹅智库、广证恒生。

图8　用户每天打开微信次数分布
数据来源：企鹅智库、广证恒生。

二、微信生态化，腾讯有所为有所不为

（一）微信6次迭代构建强大社交平台和完备基础交易框架

从2011年1月21日微信1.0版本问世到2015年1月19日微信推出6.1版本，4年间微信产品通过6次迭代更替，构建了强大的社交平台和完备的基础交易框架。

迭代一，语音对讲强化熟人社交的用户粘性，微信1.0版本的核心思路为做能发照片的免费短信，随后通过增加多人对讲、语音对话功能；迭代二，拓展社交关系链，从微信2.5到微信3.0版本进化过程中，微信相继加入"查看附近的人""漂流瓶""摇一摇"功能，增加陌生人交流，构建多维化社交体系，微信成为连接人与人的重要工具；迭代三，推进产品国际化，增加中国香港、中国澳门、中国台湾、美国、日本5个地区的用户绑定手机号；迭代四，实现工具到平台跨越，微信4.0版本发布朋友圈功能，4.2增加视频聊天和微信网页版；迭代五，推进微信商业化，2013年8月，微信5.0问世，在功能上引入微信支付、二维码扫描条形码报价、街景等功能，微信进一步深入企业商业行为之中。迭代六，进一步完善，2014年9月30日，微信6.0版本推出微信卡包，如图9所示。

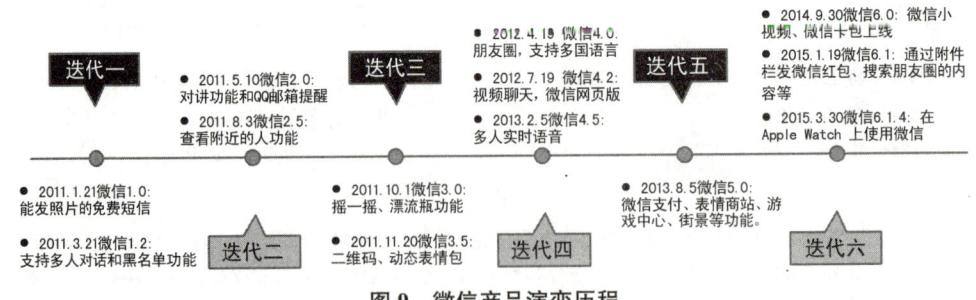

图9　微信产品演变历程
数据来源：网络资料整理，广证恒生。

（二）腾讯持续开放接口，吸引第三方丰富生态

2015年两会期间，马化腾明确表示腾讯只做基础性、平台性连接器，把账户关系链、社交广告能力、支付能力作为最原始的武器开放给垂直领域的合作伙伴，由第三

方团队负责具体业务个性、专业、深度的挖掘。

秉承开放的理念,腾讯打造微信开放平台,持续向第三方开放标准化接口。

图10展示了微信持续开放标准化接口的过程。

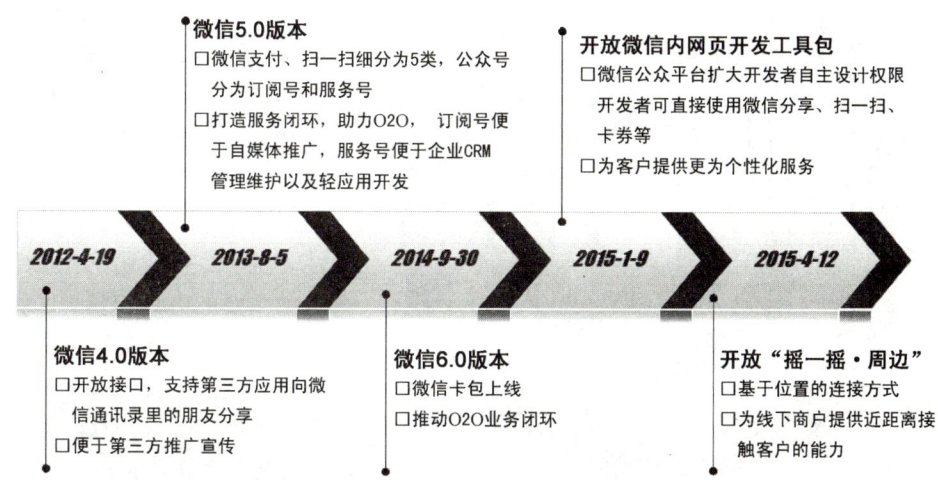

图10 微信持续开放标准化接口的过程

数据来源:网络资料整理、广证恒生。

目前微信的开放平台包括四大模块,分别为移动应用开发、网站应用开发、公众账号开发和公众号第三方开发。这四个模块帮助大量的第三方以较低的门槛获得用户、留住用户甚至促成交易,帮助垂直领域的第三方在微信平台上满足更特殊的更个性化的需求,如表1所示。

表1　　　　　　　　　　　微信开放平台

平台	功能	目的
移动应用开发	让移动应用支持微信分享、微信收藏和微信支付	为第三方应用引流,帮助实现交易
网站应用开发	网站支持微信账号登陆	为网站引流,提高用户留存
公众账号开发	接入微信开放平台公众账号开发	帮助获得用户,帮助实现交易
公众号第三方平台开发	为广大公众号提供第三方运营服务和行业解决方案	第三方可针对垂直行业需求进行深度开发

数据来源:微信官方网站、广证恒生。

三、微信第三方开发市场空间广阔,创新层出不穷

腾讯的有所为有所不为,为第三方提供了巨大的商业机会,从而吸引了大量的第三方深耕垂直细分领域,以共同掘金这片蓝海。

目前,微信生态中的第三方应用主要可以分为针对企业用户和针对个人用户两大类。

(一)针对企业用户的第三方开发已覆盖企业全部业务环节

针对企业用户的第三方应用大体可分为基于微信的营销服务开发和运营、基于

图11 微信生态中,第三方有巨大的商业机会

注:图中箭头表示微信提供的基本功能。
数据来源:网络资源整理、广证恒生。

微信的外部业务解决方案开发和运营、基于微信的内部管理解决方案开发和运营等。

1. 基于微信的营销服务精准、互动且利于传播

微信公众号已成为企业移动互联网营销的主要阵地。第三方通过多种方式帮助企业尽可能快速地吸引用户关注,并持续提升用户活跃度。目前主要的方式包括:

(1)微信公众号营销功能开发。微信公众号营销软件开发涵盖通用版、行业版,以及定制开发。通用版可满足企业对于微信公众号的基本营销需求,通过展示、推广、互动、成交的各个环节快速进入微信营销轨道。行业版拥有更加具体的使用场景和更有针对性的特色功能,帮助企业更有效地营销,并提高客户及员工的参与度。定制开发则深入每个营销环节,让企业的微信公众号更具特色,并能针对性地提升客户体验。微信公众号营销软件开发的代表企业有点点客、微盟、随视传媒。

图12展示了微信的操作平台。

图12 包罗万象的操作平台,深入各个营销环节

数据来源:点点客、广证恒生。

（2）微信公众号代运营。第三方服务商不仅提供微信营销软件开发服务，同时可以提供微信公众号代运营服务。代运营服务包括微信平台搭建、活动策划、文案编辑、智能客服、数据分析、线下活动硬件支持、BBS论坛社区推广、用户行为深度分析、同行微信分析、互动游戏、绚丽专题页面、朋友圈转发、企业微信品牌案例包装、媒体宣传等深度微信营销。微信公众号代运营的代表企业有点点客、随视传媒、微互动。

图 13 展示了良品铺子的公众号代运营过程。

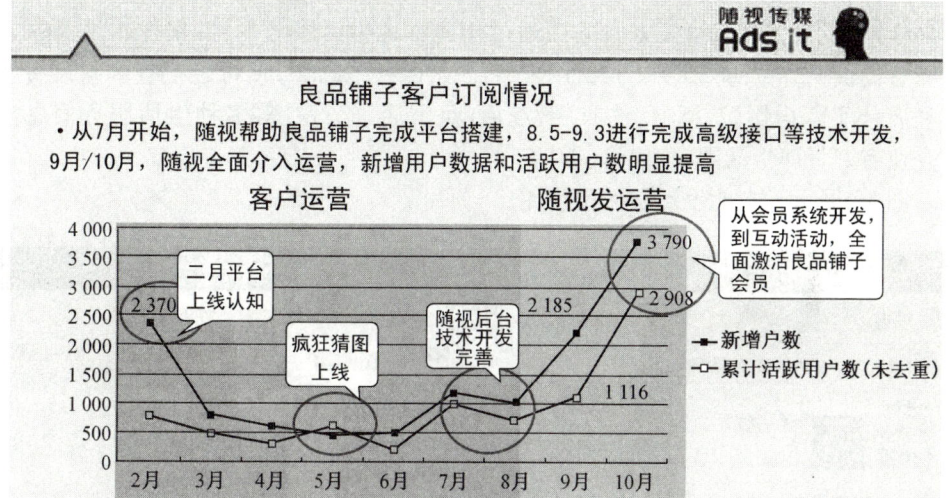

图 13　公众号代运营示例

数据来源：随视传媒、广证恒生。

（3）场景应用开发。在时间逐步碎片化的今天，移动应用也逐渐场景化，以独特的宣传方式进入人们的生活。

较为典型的场景应用开发有微 WiFi、微拍、微信墙等。微 WiFi 可以根据目标用户，轻松实现精准营销，用户关注微信公众号后，发送验证，就能够免费上网。而通过微拍展示企业二维码，可以轻松获取微信粉丝；同时，企业通过参与时尚美照制作，可以让品牌形象深入人心。微信墙是现场互动的神器。观众通过微信关注主办方的公众账号，发送消息、图片即可上墙展示，配合弹幕吐槽、抽奖投票、打赏摇一摇等互动形式，可极大地活跃现场气氛。微信墙可以快速为企业官方微信增涨目标粉丝。

图 14 是微盟 WiFi 的运营

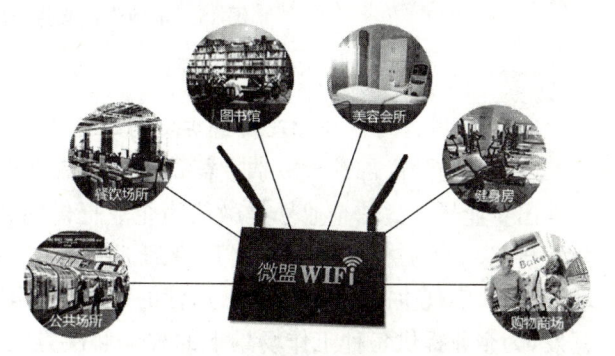

图 14　微盟 WiFi 的运营

数据来源：微盟、广证恒生。

示例。

2. 基于微信的外部业务改造实现服务的O2O

微信服务号的推出和支付、摇一摇等一系列接口的开放为本地生活服务的O2O化打开了大门。

在本地生活服务O2O领域,微信第三方服务商不仅可以帮助企业一键开店,还能够提供生活服务平台,汇聚本地生活服务。第三方服务商可帮助企业玩转微信开店,免费创建微信外卖店、微信KTV等,5分钟将店铺搬进手机,代表企业有掌柜的、青岛卡铺。不仅如此,第三方服务商通过构建本地生活服务平台,聚拢本地商家,为消费者提供全方位的O2O体验。用户只需关注一个微信号便可轻松查询附近餐厅、便利店、KTV、电影院、酒吧、洗衣店、花店、足浴店、旅行社等多种生活服务信息,代表企业有好货郎生活圈、微信海。

图15展示了本地生活服务类应用。

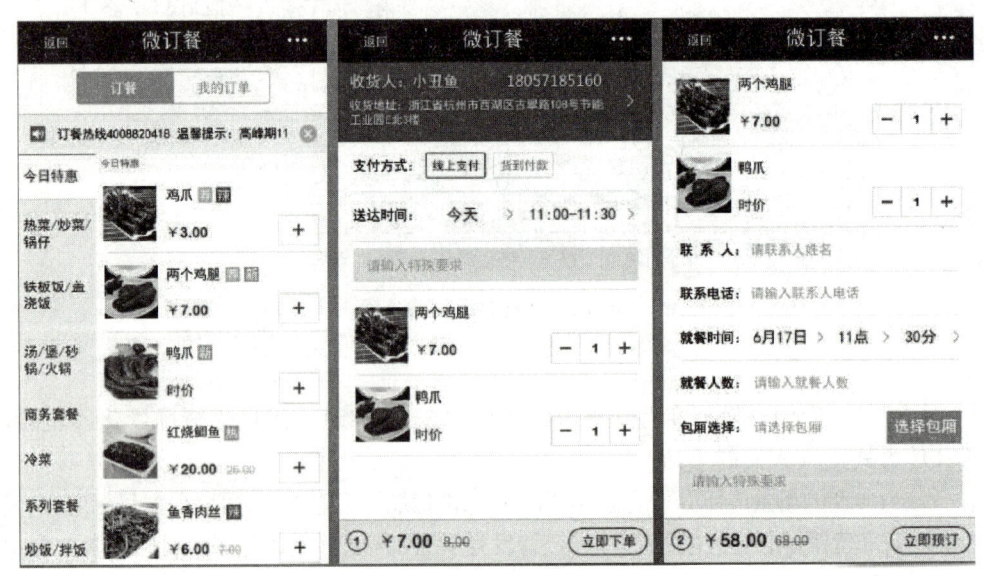

图15 本地生活服务类应用

数据来源:微商聚、广证恒生。

3. 基于微信的内部管理改造实现高效运营

基于微信的内部管理改造主要是通过微信企业号来实现。2014年9月18日,微信推出企业号。微信企业号是微信为企业提供的移动工作平台接口,旨在帮助企业建立员工、上下游供应链与企业IT系统间的连接,从而快速、低成本实现高质量的移动轻应用,实现生产、管理、协作、运营的移动化。第三方在微信企业号的基础上进行开发,为企业提供各种工作场景下的移动解决方案。从事微信企业号相关开发的代表企业有道一信息、微盟、指掌天下。

图16展示了微信企业号的功能。

图 16　微信企业号，企业工作云平台

数据来源：道一信息、广证恒生。

（二）针对个人用户的第三方开发优化用户体验

随着微信平台和微信支付的开放，第三方开发者能够为微信用户提供更多的服务，让用户更加便捷、多样化地使用微信。目前比较常用的有群友通讯录、微信聊天助手、互动平台等。

1. 群友通讯录，促进深入合作

群友通讯录的流行得益于微信的兴起，用户根据自己的需要组建或者加入了很多微信群，但是由于群内成员太多，导致不了解群友的真实情况。这个时候在群内设置一个群友通讯录就很有必要了，用户只需关注群友通讯录这个公众账号，就可以发起通讯录，让群友填写和交换个人信息。打通信息之后，群友之间的交流能够更加稳定深入。

图 17 展示了群友通讯录的功能。

图 17　群友通讯录，一键式名片管理

数据来源：群友通讯录、广证恒生。

2. 微信聊天工具,添加无穷乐趣

用户对通过移动聊天工具聊天过程中多样性和个性化的表情有着强烈的需求,企业也能从中衍生出新的商业模式。相比于微信自身开发的付费表情,第三方开发的微信聊天工具所提供的各种聊天服务更加具有竞争力。微信聊天工具通常是集合文字、图片、语音搜索引擎的手机聊天辅助系统,支持多种社交平台和手机屏幕。

图18展示了微信聊天助手的功能。

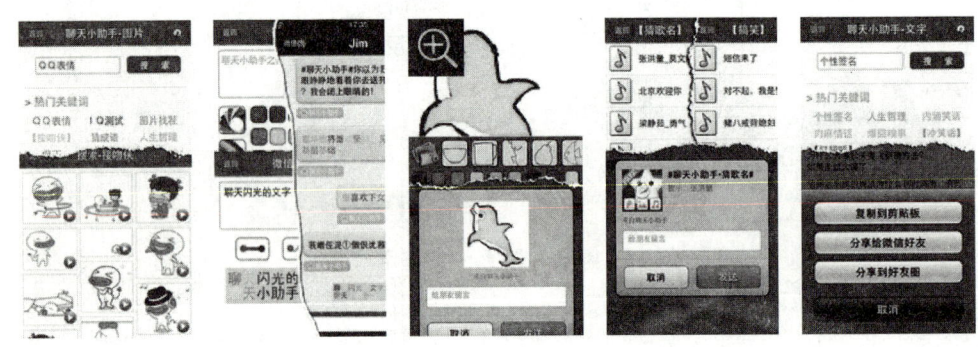

图 18　微信聊天助手

数据来源:微信聊天助手、广证恒生。

3. 一键互动,快速召集好友

基于微信平台,用户有着各种各样的互动需求,如发起调查、组织聚会、招募合作伙伴等等。通过第三方开发的互动平台,用户可以向微信、QQ、微博等社交平台一键发布投票、活动、文章、招募、招聘等互动信息,并以最醒目的方式在好友圈展示、传播,快速集聚人气。

图19展示了最大的互动信息发布与传播平台互动吧。

图 19　互动吧——最大的互动信息发布与传播平台

数据来源:互动吧、广证恒生。

四、市场空间巨大、商业化路径清晰,看好针对企业的微信第三方开发

(一)现在:企业为微信第三方开发付费的意愿强烈

微信成为企业移动互联网化的主要阵地,微信公众号成为连接企业和用户的首要通道。根据企鹅智库统计,近8成微信用户关注了公众账号。为了更好地利用公众号,越来越多的企业(机构)愿意使用第三方深度开发服务,而且付费意愿强烈。据企鹅智库统计,在2013年7月至2014年6月的1年间,53%的开通公众号的企业或机构对运营微信公众平台或开发高级功能投入了资金。从微信营销第三方开发的领军企业点点客的数据来看,即使是中小企业也很愿意为第三方开发付费。点点客通用版营销系统价格为3950元/年,行业版的微信营销系统收费则基于服务模块从6000元至1.2万元不等,如图20所示。

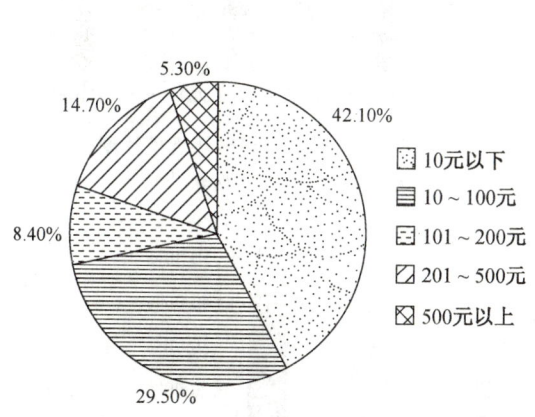

图20 愿意为微信公众号付费的用户比例
数据来源:企鹅智库、广证恒生。

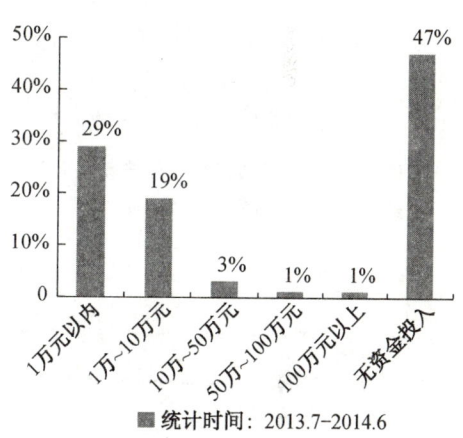

图21 企业愿意在微信公众平台上投入的资金分布
数据来源:企鹅智库、广证恒生。

与企业高付费意愿相对比的是,个人用户的付费意愿不高,公众平台的账号服务收费偏向于低单价模式,42.1%的用户每月消费低于10元,如图21所示。

(二)未来:移动营销和企业级移动应用都是千亿级市场,微信第三方开发是蓝海

随着社会的移动互联化,企业在移动端的投入将会越来越大。营销和IT是企业在移动端的投入的两大核心领域,移动营销和企业级的移动应用开发预计都将达到千亿级的市场规模。而微信生态作为移动互联网的主要入口,无论在移动营销还是企业级的移动应用开发中都将占据核心的位置。

1. 营销投入

易观智库数据显示,2014年,中国移动营销市场规模达到472.2亿元,较2013年增长251.7%,预计2017年将达到1881.9亿元,如图22所示。根据前文提到的微信在用户流量中的27.7%的占比,我们保守地估计,以20%作为微信营销在移动营

销中的占比,假设微信营销和移动营销整体市场规模拥有同等的增长率,2014年微信营销市场规模达到94.44亿元,预计2017年达到376.38亿元,如图23所示。

2．IT投入

随着智能终端的普及、应用环境的成熟以及产业链的不断完善,企业级移动应用市场进入高速成长期。目前,国内企业级移动应用市场已到百亿规模,据TINO咨询预测,至2018年整个市场规模将达到440亿元,未来这将是一个千亿级的庞大市场,如图24所示。

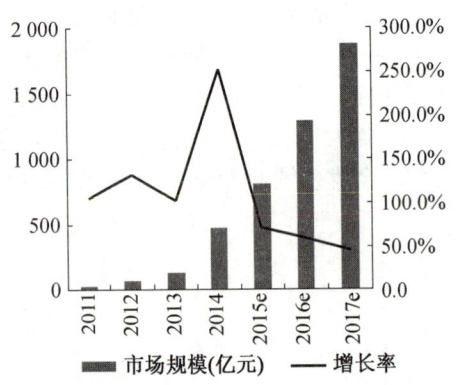

图22　移动营销市场规模走势及预测

数据来源:易观智库、广证恒生。

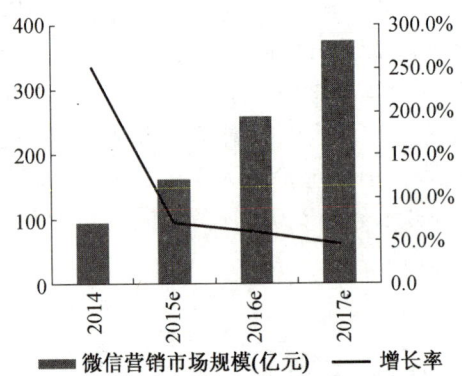

图23　微信营销市场规模预测

数据来源:广证恒生估算。

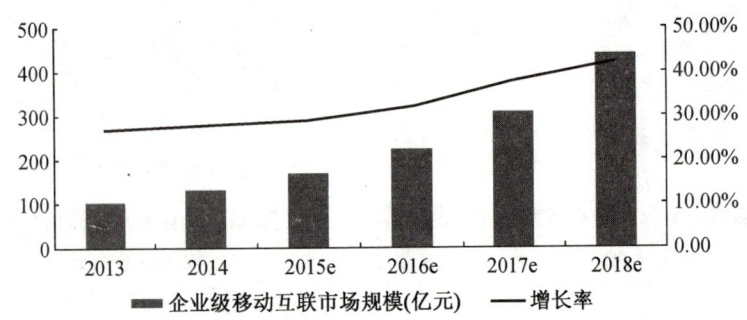

图24　企业级移动应用市场规模

数据来源:TINO咨询、广证恒生。

注:e代表预计值。

五、新三板重点公司扫描:产品和用户是核心竞争力

(一)产品和用户是核心竞争力

巨大的前景市场吸引着越来越多的竞争者进入微信生态开展针对企业的第三方开发业务,我们认为产品和用户是评判这些第三方开发者的关键要素。

1．核心要素之一:持续不断地推出优秀的产品

持续不断地推出优秀的产品,解决用户的痛点问题、满足客户的需求才能吸引客

户、留住客户。第三方能否具备这个能力有赖于它对用户需求的理解和能否在技术上实现。

（1）深刻理解用户需求。好的产品设计一定是建立在对用户需求的深刻理解上的。随着微信商业环境的变化和第三方服务商的持续涌入，用户需求必然更加多样化。微信第三方服务商必须了解行业状况，与用户进行充分沟通，从行业的角度来理解用户需求，将产品和微信功能深度结合，给用户有趣、实用的体验。

（2）技术领先。企业是否具备领先的技术往往对其发展有着决定性作用。4年时间，微信版本从1.0逐步升级为6.1，各种接口不断开放，给第三方服务商创造了广阔的市场空间。对于微信第三方开发者来说，是否具有实现用户需求的领先技术能力，决定着企业能否及时把握住市场机遇，迅速推出相关产品。

2. 核心要素之二：快速地吸引客户、粘着客户

海量的中小微企业是微信第三方开发者的核心客户群，能否快速地吸引这些目标客户并粘着这些客户决定着开发者能否将产品变现、收入放大。这有赖于第三方开发者的品牌影响力和渠道拓展能力。

（1）品牌影响力。第三方开发商可以通过成熟的技术积累，抢占市场先机，迅速跑马圈地，并在后期通过品牌宣传和口碑传播等方式形成自己的品牌影响力。实践证明，在同等条件下，用户更愿意选择品牌影响力较大的产品。

（2）渠道拓展能力。大量的中小微企业散布于全国各地，第三方开发者不仅需要给他们提供产品，还需要给他们提供本地化的后续服务。所以足够深、足够广的渠道才能及时、便捷、高效地满足这些客户的需求。

（二）新三板重点公司

我们梳理了新三板挂牌企业中与微信第三方开发相关的9家公司，它们主要涉及基于微信的营销服务开发和运营、基于微信的外部业务解决方案开发和运营、基于微信的内部管理解决方案开发和运营等三大领域，如表2所示。

表2　　　　新三板挂牌企业中与微信第三方开发相关的9家公司

股票代码	公司简称	主要业务	产品或服务	核心产品或服务标志
430024	金和软件	为企业提供协同一体化大OA整合平台、移动办公、精确营销、移动互联网应用一体化整体解决方案等	"微信办公"时代：所有业务模块的链接可以自定义到微信菜单中，可以定制组织常用的功能菜单，成为统一业务入口。微信企业号与金和软件产品无缝对接，信息互通。申请微信企业号，增加OA接口	
430093	掌上通	短信、彩信、WAP、IVR（语音服务）、KJAVA（百宝箱）、彩铃等电信增值服务以及"及时付"等支付平台服务	1. "船票"系统—掌上云平台—微信：为企业设计连接微信用户的微店产品（包括微官网、微相册、微会员等）以及公众号； 2. "船票"系统—掌上云推广—推广神器：全自动增加粉丝的微信营销软件	

(续表)

股票代码	公司简称	主要业务	产品或服务	核心产品或服务标志
831772	海洋风	报纸广告代理、户外广告代理和微信广告代理等媒介代理及品牌管理	公司为客户制作微信网站产品,获客户确认并在互联网发布后,根据合同获取收入。从微信公司购入平台代理权,按照客户个性化需求设计微信网页,如三维立体看房、一键导航等	HAI YANG FENG
430273	永天科技	智慧楼宇信息化服务综合解决方案	永天微信:专注于解决物业与业务之间的日常服务的平台,通过使用这个平台会让物业与业主间交流非常方便,在这个平台上物业只需通过简单的微信聊天功能即可便捷地完成日常通知、维修、保洁等服务	
830972	道一信息	专注于企业移动信息化产品研究、产品研发,其核心产品企微是在多年企业移动信息化经验基础上,借助移动互联技术和微信平台,采用轻应用的方式与微信无缝融合而成的微信办公产品	企微云平台(微信办公、销售管理、信息采集)、企微CRM(实现销售流程精细化、数据图表化、行为透明化)、企微IM(支持1对1聊天,支持2 000人在线群聊),同时提供基于微信的O2O电商、移动营销、移动门户建设等解决方案	do1道 Do1 Information Technology
831975	温迪股份	公司的主营业务属于公共关系服务,核心业务是为企业提供品牌管理服务,主要包括品牌战略咨询与管理、危机公关、活动管理和数字化营销四大类	1. 网络传播服务包括企业微信推广 2. "微管易"与微信公众账号对接,"微管易"是社会化公关工作管理平台。由数字公关、行业解决方案、公关智能库、数据中心等模块组成	微管易 we get easy
430177	点点客	国内微信第三方服务商,主营业务包括移动社交营销软件(含通用版及行业版)同时支持微信、支付宝服务窗、易信、微博等账号的管理、微信代运营、微信定制开发、微信硬件(微打印机、微WIFI)及行业短信等	1. 企业移动社交营销管理软件:点点客通用版、二十套行业版 2. 微硬件:微打印、微WIFI、微小票机 3. 代运营:微信平台搭建、运营、营销策划、电商管理 4. 微信营销定制开发	点点客 Dodoca

(续表)

股票代码	公司简称	主要业务	产品或服务	核心产品或服务标志
430240	随视传媒	基于自主开发的AdMan智能广告网管理平台衍生出以人为本的智能营销平台,为众多品牌客户提供服务,内容包括精准广告投放、会员数据库营销、个性整合效果营销等	1. 汇则成微信卡券平台:针对中小企业客户。高效地为线下商家实现促销和消费交易的闭环 2. 易维城:针对大客户。将企业微信公众平台对接上企业自有系统(例如网站、客服工具、会员数据库、订单系统等),实现顾客通过微信与企业直接沟通 3. 其他:A.品牌官方微信整体运营、托管;B.品牌定制微信营销方案;C.官方微信优化,针对品牌已有微信业务进行诊断和优化;D.单一功能服务外包:随视微信业务单一功能或服务外包	微信易维城
430346	哇棒传媒	提供移动互联网广告创意、策划和投放服务	微信广告投放业务	wooboo

数据来源:广证恒生整理。

综合考虑产品和客户两个维度,我们认为点点客(430177)、随视传媒(430240)、道一信息(830972)值得重点关注。

1. 点点客:以移动社交营销为核心,打造O2O服务闭环

点点客成立于2007年12月,以核心产品点点客为基础,向企业客户提供一系列软件和服务,其战略目标是专注于移动互联网,提供优秀的移动社交营销工具及支付工具,帮助传统商家进行传统业务向移动互联网的迁移。具体业务范围包括微信营销软件(含通用版及行业版)、微信代运营、微信定制开发、微信硬件(微打印机、微WIFI)及行业短信等。

2014年,公司提出"只做移动社交营销"的理念,升级原有点点客通用版软件,提供免费工具培养用户,通过线上线下会员卡结盟、扫码支付等创建O2O服务闭环。点点客目前已成为腾讯云微信服务市场规模最大的接入服务商,服务于数十万家大中小型企业客户。

公司为了抓住移动互联网浪潮所带来的巨大机遇,调动所有资源去成长、布局、卡位。在业务领域方面,2015年将进入移动电商这一新领域。在成长路径方面,将内外并举,双轮驱动。

2. 道一信息:深耕企业级移动应用,技术积累深厚

广东道一信息技术股份有限技术司成立于2004年3月,是一家企业级移动信息化服务提供商。道一信息专注于企业移动信息化服务达10年之久,对用户需求具有深刻理解。同时,公司注重技术研发,相关软件著作权达26项。目前,公司已通过软

件成熟度CMMI 4级、计算机信息系统集成3级等行业认证,技术水平处于行业领先地位。

2014年,微信商业化大潮来袭,公司借机推出基于微信企业号的云服务产品——企微云平台。凭借对行业的深度认知和技术优势,该产品迅速占领市场,迄今为止,该平台已经汇聚了7 000多家各类企业,29万多名用户,是国内最大的微信企业号应用云平台,并得到了微信的官方推荐,行业龙头地位毋庸置疑。目前公司采用基础服务免费、增值服务收费的模式来快速发展用户和粘着用户。未来,随着企微平台用户规模和用户数据的不断积累,公司还可以对这些数据进行挖掘,进行大数据运营,增加新的利润增长点。

3. 随视传媒:依托大品牌客户战略,专注于微信O2O整体解决方案

随视传媒成立于2006年,2013年作为中国互联网大数据营销第一股在新三板挂牌。自成立以来,公司经过近9年的发展,已从PC端基于cookie的大数据营销,转型为基于微信的O2O整体解决方案提供商,为客户提供O2O时代全用户、全流程、全渠道营销解决方案。

2014年,公司应邀参与2015年春晚摇红包及春节摇卡券活动,成为微信商业化重要合作伙伴,相关产品经受住了高压测试,获得了市场认可。在此基础上,随视传媒结合各行业特色,推出针对各垂直细分领域的微信O2O解决方案。通过"汇则成"微信卡券平台帮助线下商家实现促销和消费交易的闭环,通过"易维城"将企业微信公众平台对接上企业自有系统,实现顾客与企业直接沟通。

同时,公司的大品牌战略以及良好的业务运作吸引了大量优质客户资源,2014年,随视传媒及其全资子公司成功与宝洁、海尔、东风日产、中粮食品、辉瑞制药等大型客户签署微信O2O合作协议,并为其提供整体O2O解决方案,各大型客户多为各细分行业的龙头公司,可为公司带来稳定业绩收入,提升行业影响力,拓宽销售渠道。

带你了解新三板优质医药器械公司

徐 舜 钟慧慧[①]

截至2015年9月3日,根据Wind数据库行业分类标准,归属于医药生物行业的新三板挂牌公司共有195家。其中,医疗器械类公司有65家,是新三板医药公司分类中挂牌家数最多的医药公司类别;中药(29家)、医疗服务(23家)、西药(22家)、化学原料药(21家)等4个类别也有20家以上的公司进入新三板,如图1所示。

目前,新三板医药公司中,主营业务归属于医药器械类的公司有65家,占所有新三板挂牌医药公司的33%。表1列示了新三板医疗器械类医药公司总市值TOP 10的公司名单。

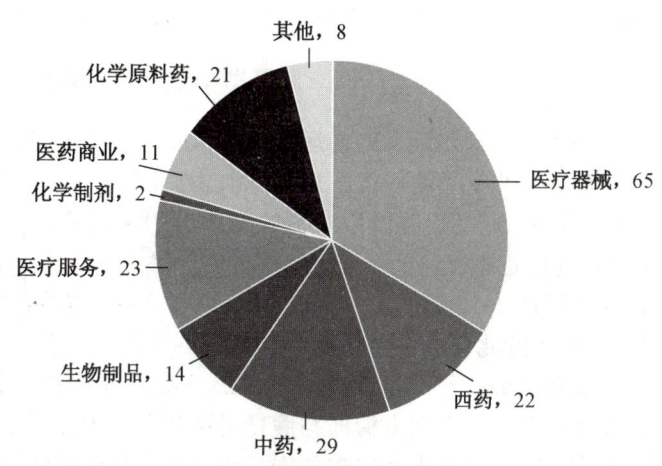

图1 新三板医药公司分类

数据来源:Wind资讯,新三板智库整理。

表1 新三板医疗器械类医药公司总市值TOP 10

公司代码	公司名称	转让方式	总市值(亿元)
430140	新眼光	做市	10.61
430633	卡姆医疗	做市	10.36
430351	爱科凯能	协议	9.41
430591	明德生物	协议	8.11
430353	百傲科技	做市	7.66
430588	天松医疗	做市	7.45
430222	璟泓科技	做市	6.72
430620	益善生物	协议	5.76
430175	科新生物	协议	5.54

数据来源:东方财富Choice,新三板智库。

我们从产品优势(是否有Ⅲ类医疗器械产品,是否存在国内独家产品等)、研发优

[①] 徐舜,CFA、CPA,资深新三板分析师,新三板智库CEO;钟慧慧,中山大学,新三板智库研究员。

势（在研产品是否具有先发优势等）、渠道优势（是否有面向全国的渠道，是否存在专有的客户群体等）三个方面对新三板医疗器械类的65家公司进行了筛选，选出了天助畅运（430069）、新眼光（430140）、新产业（830838）、天松医疗（430588）、益善生物（430620）、沪鸽口腔（832202）和新芝生物（430685）7家优质公司。其中，天助畅运、天松医疗、益善生物、沪鸽口腔、新眼光和新产业的主营产品在国内市场有独创性，并占有一定的市场份额；而新芝生物则在渠道方面具有较大优势，率先进入了具有较高销售壁垒的消费者市场。

此外，新三板医疗器械行业中，分子诊断与个体化诊疗、POCT表现出明显的上升趋势，可关注百傲科技、致善生物、吉玛基因、明德生物与泓璟科技。

天助畅运（430069）

公司全称　北京天助畅运医疗技术股份有限公司。

简介　北京天助畅运医疗技术股份有限公司是一家致力于微创医疗器械研发、生产、销售和新型生物医用材料的临床应用研究的公司。公司成立于2002年11月13日，注册资本1950万元。公司主要产品为4个系列的疝修补片和动脉穿刺止血器。公司是2010年北京专利试点单位，中关村"瞪羚计划"重点培育企业，并于2008年12月入选北京首批高新技术企业。

竞争优势　公司自主研发的SXB-Ⅰ疝修补片和DZX-Ⅰ动脉穿刺止血器为Ⅲ类医疗器械产品。公司掌握疝与腹壁外壳修补产品的全部核心技术，拥有与国际一线品牌产品同样的技术和完整的产品线。善释品牌的疝修补产品在国内的市场占有率超过竞争对手美国"强生""巴德""科慧"，自2009年以来一直保持市场占有率第一。

新眼光（430140）

公司全称　上海新眼光医疗器械股份有限公司。

简介　上海新眼光医疗器械股份有限公司是一家向医疗机构提供设备数字化产品、医疗设备数字化系统集成服务及医疗信息化解决方案的公司。公司成立于2005年4月30日。公司主要产品包括医用光学器具、仪器数字化改造产品以及医用光学仪器影像存储、传输系统。

竞争优势　公司专注于医疗设备升级数字化改造服务，向医疗机构提供设备数字化产品、医疗设备数字化系统集成服务及医疗信息化解决方案，核心业务主要包括手术显微镜3D录像系统、手术显微镜高（标）清录像系统、眼科PACS系统、裂隙灯数字化系统和眼底照相机数字化系统。公司产品覆盖全行业，但在眼科方面，公司的竞争优势突出，居于行业领导者地位。

新产业（830838）

公司全称　深圳市新产业生物医学工程股份有限公司。

简介　深圳市新产业生物医学工程股份有限公司是专业从事研发、生产"化学发光免疫分析仪器及体外诊断试剂"的国家级高新技术企业，公司自成立以来，一直专注于化学发光免疫分析领域的研究,经过15年的潜心努力,于2010年2月将中国第一台全自动化学发光免疫分析仪及配套试剂成功推上市场。新产业生物公司是中国第一家采用最先进的"纳米免疫磁性微珠"作为系统的关键分离材料的公司、中国第一家采用目前该领域最先进的"人工合成的小分子有机化合物"代替传统的酶作为发光标记物的公司、中国第一家应用直接化学发光免疫分析技术并实现批量生产全自动化学发光免疫分析仪器及配套试剂的公司。公司的研发成果,填补了国内在体外诊断领域的空白,打破了该领域长期被国外厂家产品垄断和技术封锁的局面,已成为中国化学发光免疫定量分析领域的领导者。

竞争优势 第一,研发优势,公司具备了以下四大技术平台:①纳米磁性微球关键分离材料制备技术平台;②全自动化学发光免疫分析试剂制备技术平台;③全自动化学发光测定仪制造技术平台;④试剂关键原材料研发平台。第二,产品优势,公司主要业务为体外诊断行业的细分领域——全自动化学发光免疫诊断,与国内外同行对比来看,公司研发并生产了中国第一台全自动化学发光免疫分析仪,拥有的化学发光免疫诊断试剂注册证102个,注册证数量在同行业中领先,随着公司仪器型号的不断丰富,满足了从三甲医院到二级医院及基础市场的不同层次的体外诊断需求,这也使公司占据了国内化学发光免疫诊断领域领导者的位置,完全具备了同国外同行领先的四大企业(罗氏、雅培、贝克曼、西门子)相抗衡的能力。

天松医疗(430588)

公司全称 浙江天松医疗器械股份有限公司。

简介 浙江天松医疗器械股份有限公司(原杭州桐庐尖端内窥镜有限公司)创建于1998年,是一家专业从事内窥镜微创医疗器械研发、生产、销售和服务的高新技术企业,公司产品可广泛应用于耳鼻喉科、腹部外科、泌尿肛肠外科、骨科、妇产科、胸腔心血管外科、神经外科等主要科室的临床诊断和微创治疗。公司拥有多项自主知识产权和核心技术,已取得57项专利,其中发明专利10项。拥有"椎间盘内窥镜""鼻窦电动手术刀""射频离子束电切镜"等7项国家重点新产品。

竞争优势 "耐高温高压腹腔镜及可拆卸手术器械""胸腔镜""调焦式喉内窥镜"的技术水平居国内领先,其中"耐高温高压腹腔镜及可拆卸手术器械""胸腔镜"为国内首创。

益善生物(430620)

公司全称 益善生物技术股份有限公司。

简介 益善生物技术股份有限公司专注于肿瘤个体化医疗靶标检测产品研发、生产和检测技术服务,旨在成为以医疗检测服务为核心业务的肿瘤个体化医疗系统方案的提供商。公司所提供的主要服务和产品按业务类别分为医疗检测服务和技术咨询服务。

竞争优势 公司是中国首家专业从事肿瘤个体化医疗靶标检测产品研发、生产及推广的生物科技企业,是中国唯一同时在中国首次个体化医疗靶标检测室兼质量评价和欧洲EMQN室间质量评价活动中全部符合参考标准的机构。Luminex给予公司肿瘤个体化医疗靶标检测技术独家开发权及原材料设备供应方面等排他性保障。

公司是肿瘤个体化医疗行业唯一使用液相芯片技术平台的公司,拥有诊断试剂生产车间和一条个体化医疗靶标检测液相芯片体外诊断试剂的生产线。

沪鸽口腔（832202）

公司全称 山东沪鸽口腔材料股份有限公司。

简介 山东沪鸽口腔材料股份有限公司成立于2006年11月24日,注册资本2 640万元。

公司主营业务包含技工类产品:合成树脂牙、义齿基托树脂、全瓷义齿用氧化锆、全瓷烤瓷粉;临床类产品:硅橡胶印模材料、玻璃离子水门汀的研发、生产及销售。公司产品主要应用于口腔科、牙科的修复、种植、正畸、美容等治疗过程。

公司是专业的高品质口腔材料生产企业,目前的主要产品有技工类产品和临床类产品。其中技工类产品包括:合成树脂牙、义齿基托树脂、全瓷义齿用氧化锆、全瓷烤瓷粉;临床类产品包括硅橡胶印模材料、玻璃离子水门汀等。

竞争优势 公司共获得17项专利,其中实用新型专利16项,外观专利1项。目前已实现规模化生产全球主流形态的合成树脂牙,并具有同时规模制造全球7个形态系列复色、三层显色、四层显色、五层显色的合成树脂牙产品的能力,而且各系列产品均通过了ISO13485、日本JIS、欧盟CE认证和美国FDA注册,可以为不同国家和地区提供不同形态的合成树脂牙产品。

公司是国内国唯一一家独立拥有集牙形设计、制牙成型模具设计和机械模具加工于一体的人造牙模具研发部门的企业,因此其在国内人造牙行业,从牙齿形态设计方面和产品质量等诸多方面的水平均远超其他同行。公司在2012年已经成为亚洲合成树脂牙产品的主要供应商之一,2013年国内合成树脂牙市场占有率第一。

新芝生物（430685）

公司全称 宁波新芝生物科技股份有限公司。

简介 公司是一家服务于工业、农业、环保、教育、医院、科研、药业等领域超声波装备及相关科学仪器的国家高新技术企业。新芝多次被评为"行业十大品牌",承担国家科技部、发改委国家高新技术项目,目前正承担国家卫生部、科技部重大专项项目。有相关领域的研究员、高级工程师数名,具有先进、完善的研发条件和生产流水线。已经通过ISO9001:2008国际质量管理体系认证、ISO13485—2003医疗器械质量管理体系认证,取得了多项CE认证、医疗器械生产许可证及医疗器械注册证。新芝人本着"精细就是生命"的理念,围绕"一个中心,两个基本点",以市场为中心,以质量和服务为基本点。在全国各大城市均设有办事处和售后服务中心,受到用户一致好评。

竞争优势 公司的核心技术与产品主要来自公司自主研发,其中超声波细胞粉碎机、高压气体基因枪等产品取得多项知识产权,打破了国外品牌的技术垄断。

公司利用多年的行业经验及销售网络,取得了销售渠道优势。公司已进入石油、石化、军工等拥有较高销售渠道壁垒的客户群体市场,是石化、军工行业的合格供应商,建立了稳定的合作关系。主要客户包括北大、清华、中石油、中石化、725所、715所、613所、各省疾控中心、海军总医院、262医院、304医院、中科院系统等。

带你了解新三板优质中药公司

徐 舜 钟慧慧[①]

截至 2015 年 9 月 3 日,根据 Wind 数据库行业分类标准,归属于医药生物行业的新三板挂牌公司共有 195 家。其中,医疗器械类公司有 65 家,是新三板医药公司分类中挂牌家数最多的医药公司类别;其次,中药(29 家)、医疗服务(23 家)、西药(22 家)、化学原料药(21 家)等 4 个类别也有 20 家以上的公司进入新三板,如图 1 所示。

目前,新三板医药公司中,主营业务归属于中药类的公司有 29 家,占所有新三板挂牌医药公司的 15%。表 1 列示了新三板中药类医药公司总市值 TOP 10 的公司名单。

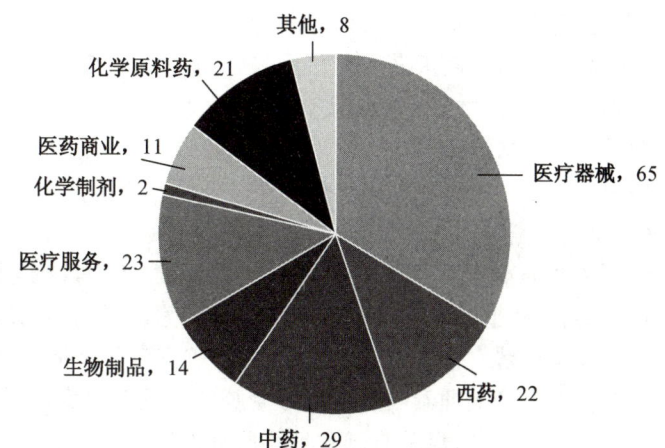

图 1 新三板医药公司分类

数据来源:Wind 资讯,新三板智库整理。

表 1　　　新三板中药类医药公司总市值 TOP 10

公司代码	公司名称	转让方式	总市值(亿元)
831215	新天药业	协议	12.40
430369	威门药业	做市	11.88
832708	三力制药	协议	8.70
832265	芍花堂	协议	8.16
430359	同济医药	做市	8.14
831057	多普泰	协议	5.21
832257	正和药业	协议	4.86
832205	全宇制药	协议	4.28
430492	老来寿	做市	3.11

数据来源:东方财富 Choice,新三板智库。

---

① 徐舜,CFA、CPA,资深新三板分析师,新三板智库 CEO;钟慧慧,中山大学,新三板智库研究员。

我们从产品优势（是否存在全国独家产品，主营产品的使用范围是否广等）、研发优势（产品储备是否丰富，在研产品是否具有先发优势等）、渠道优势（是否有面向全国的销售渠道等）三个方面对新三板中药类的29家公司进行了筛选，选出了新天药业（831215）、正和药业（832257）、翔宇药业（832276）、生物谷（833266）和灵佑药业（832426）5家优质公司。这5家公司均拥有全国独家的中药产品，其中生物谷的灯盏细辛类植物药更是唯一具有循证医学证据的脑卒中二级预防用中成药。

新天药业（831215）

公司全称　贵阳新天药业股份有限公司。

简介　贵阳新天药业股份有限公司是一家集科研、生产、销售为一体的现代化中药制药企业，成立于1995年8月11日，注册资本5166万元，总资产近4亿元。公司拥有通过GMP认证的硬胶囊剂、合剂、颗粒剂、凝胶剂、片剂、糖浆剂等6条生产线。公司一直以来致力于中成药的研究与开发，依托贵州丰厚的中药材资源，已形成"泌尿外科、妇科、心脑血管"为主要领域的50余个药品品种，拥有知名产品"宁泌泰胶囊""和颜坤泰胶囊""夏枯草口服液""苦参凝胶"等。其中包括16个国家基本药物目录品种、18个国家医保目录品种、13个独家品种、6个苗药品种。

竞争优势　公司目前在产产品12个，其中独家产品9个。公司的主导产品"宁泌泰胶囊""和颜坤泰胶囊""苦参凝胶""夏枯草口服液"均为国内独家品种。此外，公司产品储备丰富，目前有已拿到注册批件但未生产、未来计划生产的产品有11个，临床研究至申报药品批文阶段的新药项目5个。

正和药业（832257）

公司全称　吉林省正和药业集团股份有限公司。

简介　吉林省正和药业集团股份有限公司是一家中西药研发、制造和销售企业。公司主要业务是中、西药的研发、生产和销售（以中成药为主）。

竞争优势　目前，公司可生产6大剂型105个品种的药品。其中，全国独家品种5个："元和正胃片""复方蚂蚁活络胶囊""骨增消片""感冒解毒片""强生胶囊"。公司生产的药品进入国家和省级医保目录的品种共18个。公司生产的药品进入国家基本药物目录的品种共5个，进入国家低价药品目录的品种共6个。

翔宇药业（832276）

公司全称　翔宇药业股份有限公司。

简介　翔宇药业股份有限公司地处临沂市经济技术开发区，是山东省高新技术企业。公司长期从事现代中药和西药的研发、生产和销售，重点开发妇幼中药系列产品。目前拥有前处理车间、中药提取、口服液、固体制剂、丸剂和软胶囊等3个专业化GMP生产车间，主要生产药品23种。主导产品有"复方红衣补血口服液""复方益母胶囊""蒲苓盆炎康颗粒"等中成药，以及"布洛芬混悬口服液""塞克哨唑胶囊"等西药。

竞争优势 翔宇药业现有国药准字号品种136个,国家基本药物32个,公司获得专利19项,7个独家产品。其中"复方红衣补血口服液"列入2014年度国家火炬计划项目,将要投产的"香麻寒喘贴"是国内唯一通过贴背部穴位治疗小儿哮喘的内病外治制剂;"复方益母胶囊"为国家中药保护品种。

此外,化药原料药产品:"盐酸地芬尼多原料"取得美国DMF注册,"盐酸米安色林、乳酸氟罗沙星原料药"为国内独家生产,可替代进口产品。

生物谷(833266)

公司全称 云南生物谷药业股份有限公司。

简介 公司的主导产品"灯盏细辛注射液"2003—2012年连续四届获得"云南名牌产品"认定。公司的明星产品"灯盏生脉胶囊"2010年获得"云南名牌产品"认定。公司的全部药品生产线通过了国家药品GMP认证。经过持续的经营和发展,公司已建成集原料种植、产品研发、产品生产、产品销售为一体的完整的产业链,企业规模不断扩大,经济效益稳步增长。

竞争优势 公司在目前灯盏细辛类植物药市场上,无论是产品种类、工艺水准、市场份额,还是在研发深度等方面,均领先于其他国内制药厂家。其中"灯盏细辛注射液""灯盏生脉胶囊"均为公司独家品种,生产工艺已获国家专利保护。此外,"灯盏细辛注射液"为2001年国家火炬计划项目、全国中医医院急诊必备中成药、国家中药保护品种、国家基本药物、国家基本医疗保险药品目录2000版、2004版、2008版乙类产品。"灯盏生脉胶囊"是目前唯一具有循证医学证据的脑卒中二级预防用中成药。

灵佑药业(832426)

公司全称 河南灵佑药业股份有限公司。

简介 河南灵佑药业股份有限公司自设立以来,主营业务为药品的生产和销售。目前,公司拥有片剂、颗粒剂、硬胶囊剂、散剂、合剂、口服液、酒剂、溶液剂等8种剂型。涵盖了心脑血管、内科、儿科、肿瘤科、妇科、骨科等46个大类。

竞争优势 公司拥有国家中药保护品种1个(柴黄颗粒);全国独家品种3个(益寿大补酒、双仁润肠口服液、多动宁胶囊)。公司拥有益寿大补酒、双仁润肠口服液2个产品的国家发明专利。

带你了解新三板优质西药公司

徐 舜　钟慧慧[①]

截至2015年9月3日,根据Wind数据库行业分类标准,归属于医药生物行业的新三板挂牌公司共有195家。其中,医疗器械类公司有65家,是新三板医药公司分类中挂牌家数最多的医药公司类别;其次,中药(29家)、医疗服务(23家)、西药(22家)、化学原料药(21家)等4个类别也有20家以上的公司进入新三板,如图1所示。

目前,新三板医药公司中,主营业务归属于西药类的公司有22家,占所有新三板挂牌医药公司的11%。表1列示了新三板西药类医药公司市值TOP 10的公司名单。

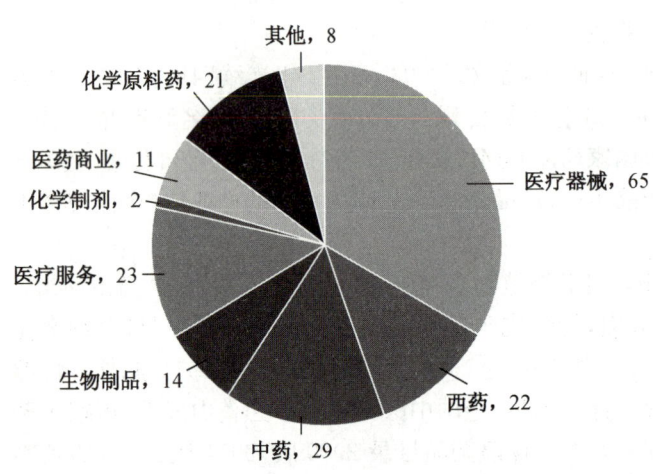

图1　新三板医药公司分类

数据来源:Wind资讯,新三板智库整理。

表1　　　　新三板西药类医药公司总市值TOP 10

公司代码	公司名称	转让方式	总市值(亿元)
430005	原子高科	协议	31.99
430017	星昊医药	协议	27.59
430323	天阶生物	做市	11.24
832077	合成药业	协议	10.33
832735	德源药业	做市	6.10
831591	云涛生物	做市	4.98
832808	中帅医药	协议	4.54
833274	臣功制药	协议	2.48
831781	力思特	协议	2.23

数据来源:东方财富Choice,新三板智库。

[①] 徐舜,CFA、CPA,资深新三板分析师,新三板智库CEO;钟慧慧,中山大学,新三板智库研究员。

我们从产品优势（是否拥有Ⅰ类新药，是否拥有特殊标的等）、研发优势（在研产品是否有Ⅰ类新药等）、渠道优势（是否有面向全国的销售渠道）三个方面对新三板中药类的22家公司进行了筛选，选出了原子高科（430005）、星昊医药（430017）、赛卓药业（831312）、力斯特（831781）、合成药业（832077）和德源药业（832735）6家优质公司。其中，原子高科是我国放射性同位素制品的龙头企业，且拥有全国配送网络；星昊医药、赛卓药业、力斯特、德源药业都拥有Ⅰ类新药的专利权；而合成药业则专注于研发，在研产品和正在申报的产品种类丰富。

原子高科（430005）

公司全称 原子高科股份有限公司。

简介 公司是我国放射性同位素制品最大的科研、生产、供应基地。在放射性同位素技术应用方面，拥有我国目前规模最大、产品覆盖面最广的放射性同位素综合性研制、生产基地以及国家科技部批准的"国家同位素工程技术研究中心"。能批量生产体内诊断和治疗用放射性药物、体外免疫分析试剂盒、各种放射源、放射性医疗器械、放射性标记化合物及示踪剂、放射性参考标准物质等共70余种核素、300多个品种的产品。在辐射技术应用方面，拥有自屏蔽电子束灭菌加速器系统、高能大功率辐照加速器、无损检测用直线电子加速器、60Co源辐照装置以及集装箱检查系统的核心技术和专业化设计与制造能力，可为用户定制各种产品，提供完整解决方案并承担配套工程。

竞争优势 国内同位素技术龙头企业，优势主要在放射性核同位素技术领域和辐照技术方面。在放射性同位素技术应用方面，拥有我国目前规模最大、产品覆盖面最广的放射性同位素综合性研制、生产基地以及国家科技部批准的"国家同位素工程技术研究中心"。

几个区域性的短寿命同位素医药生产配送中心陆续建成，将逐步建成全国短寿命同位素医药生产配送网络体系。目前也与全国2 000多家大中型医院建立稳定的供应关系。

星昊医药（430017）

公司全称 北京星昊医药股份有限公司。

简介 北京星昊医药股份有限公司是一家集研发、生产、营销、服务于一体的新型医药服务企业。作为对传统中药进行现代化二次开发的代表品种红花黄色素粉针和注射液，银杏叶提取物粉针和注射液已获得临床批件，PU和FG等品种在申报国家药品监督管理局的同时已同步进行知识产权申请工作，目前获得受理的共有26项发明专利。

竞争优势 公司开发的品种均为在国内市场需求量较大的心血管类药物、抗肿瘤药物、抗感染药物、消化道药物、免疫调节剂类的天然药物及化学药品等。公司成立以来已自主开发新药80余个，其中一类新药7个，二类新药16个，三类新药20余个,大部分已获得国家新药证书。星昊医药的主要产品包括:醋酸奥曲肽、注射用利福霉素钠、复方消化酶胶囊、氯雷他定片、甲钴胺片、长春西汀注射液等药品,具有较强的招标竞价优势。

赛卓药业(831312)

公司全称 四川赛卓药业股份有限公司。

简介 四川赛卓药业股份有限公司是以生产化学原料药和化药制剂新药的药品生产企业。现有厂房面积2.4万平方米,规划的产品剂型有:固体制剂(片剂、胶囊剂、颗粒剂)、粉针剂、无菌原料药。目前已建成包括头孢类固体制剂(片剂、胶囊、颗粒)GMP生产车间、质量管理及质量检验机构,于2011年通过了国家药监局(SFDA)GMP认证。公司现已生产上市的产品为"头孢克肟分散片"。公司已上报国家药监局审批品种有:新药"头孢地尼胶囊""头孢泊肟酯片""头孢丙烯片""头孢特伦新戊酯片"。3.1类高效降血脂新药"匹伐他汀钙"、3.1类高效抗感染新药"注射用比阿培南"等品种已完成临床研究工作,待无菌粉针和原料生产线建成即可上报国家药监局(SFDA)批生产。

竞争优势 公司现已获得国家药监局颁发的5个药物临床试验批件及1个审批意见通知件;已获得国家药监局颁发的5个药品注册申请受理通知书。公司拥有4个关于1类新药"利他唑酮"的专利。

力斯特(831781)

公司全称 成都力思特制药股份有限公司。

简介 成都力思特制药股份有限公司主要从事化学药物的研究开发、生产经营,包括化学药物原料药和制剂,公司现生产和销售的药物包括盐酸戊乙奎醚注射液(以下简称"长托宁")、克林霉素磷酸酯注射液、谷氨酰胺颗粒(以下简称"新麦林")、细辛脑注射液、醋酸奥曲肽注射液、环磷腺苷葡胺等。目前,公司拥有药品批准文号37个,品规39个,其中12种药品列入国家医保目录。

竞争优势 盐酸戊乙奎醚注射液(长托宁)属国家一类新药,由公司独家生产。该品为选择性抗胆碱药:用于麻醉前给药以抑制唾液腺和气道腺体分泌,或用于有机磷毒物(农药)中毒急救治疗和中毒后期或胆碱酯酶(ChE)老化后维持阿托品化。

合成药业(832077)

公司全称 陕西合成药业股份有限公司。

简介 陕西合成药业股份有限公司是专门从事化学新药研发、技术转让及技术开发的高新技术企业。公司专注于新药的生产工艺、临床前研究及临床批件的申报工作,研发范围涉及各类化学新药,并针对目前上市的药物缺陷进行结构修饰,自主研发药效更强、安全性更高的化学新药。

竞争优势 目前主要进行创新药及三类新药的研发,拥有一批自主知识产权的核心技术和成果,已拥有5项医药发明专利,有28项正在申请中;已取得6项新药(含原料药)的临床批件,有14项新药(含原料药)正在申报临床批件中。研发实力突出。

德源药业（832735）

公司全称 江苏德源药业股份有限公司

简介 江苏德源药业股份有限公司成立于2004年。经过10年的努力,公司现已发展成为中国内分泌领域具有一定影响力的现代化制药企业。

公司坚持"以特色求发展"的发展战略,致力于不断提高"三高(高血糖、高血脂、高血压)"人群的健康水平和生活质量。

竞争优势 公司的6个主要产品涉及糖尿病、高血压以及周围神经疾病等治疗领域,分别是:"瑞彤"(盐酸吡格列酮片、国家1类新药),"唐瑞"(那格列奈片、国家2类新药),"复瑞彤"(吡格列酮二甲双胍片、国家3类新药、国家科技部、环保部、商务部、质检总局认定的国家重点新产品),"波开清"(坎地氢噻片、国家3类新药),盐酸二甲双胍缓释片以及甲钴胺胶囊。其中,"波开清"为国内独家开发,"复瑞彤"为国内首次研发。德源早期产品"瑞彤""唐瑞"质量和疗效得到社会的广泛认可,国产同类产品市场占有率连续多年位居第一。"德源"商标被江苏省工商行政管理局认定为江苏省著名商标。

带你了解新三板优质医疗服务公司

徐舜 钟慧慧[①]

截至 2015 年 9 月 3 日,根据 Wind 数据库行业分类标准,归属于医药生物行业的新三板挂牌公司共有 195 家。其中,医疗器械类公司有 65 家,是新三板医药公司分类中挂牌家数最多的医药公司类别;其次,中药(29 家)、医疗服务(23 家)、西药(22 家)、化学原料药(21 家)等 4 个类别也有 20 家以上的公司进入新三板,如图 1 所示。

目前,新三板医药公司中,主营业务归属于医疗服务类的公司有 23 家,占所有新三板挂牌医药公司的 12%。表 1 列示了新三板医疗服务类医药公司总市值 TOP 10 的公司名单。

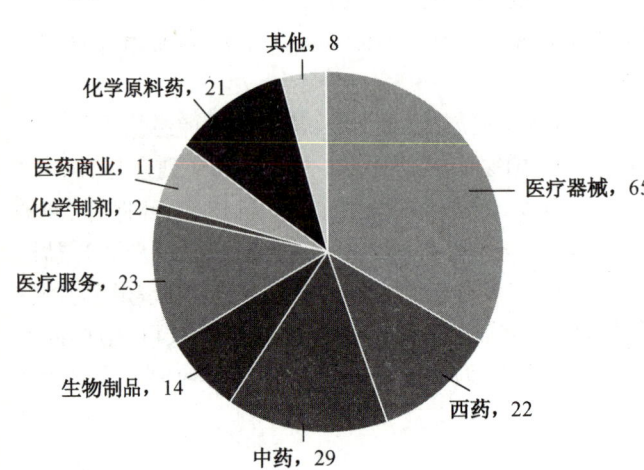

图 1 新三板医药公司分类

数据来源:Wind 资讯,新三板智库整理。

表 1 新三板医疗服务类医药公司总市值 TOP 10

公司代码	公司名称	转让方式	总市值(亿元)
832159	合全药业	协议	9.04
833263	大承医疗	协议	9.00
831672	莲池医院	做市	8.52
430335	华韩整形	协议	6.37
830938	可恩口腔	做市	4.97
831366	国龙医疗	协议	2.47
832533	利美康	协议	2.02
832035	天晴股份	协议	1.11
832113	中康国际	协议	0.48

数据来源:东方财富 Choice,新三板智库。

---

① 徐舜,CFA、CPA,资深新三板分析师,新三板智库 CEO;钟慧慧,中山大学,新三板智库研究员。

我们从产品优势(是否拥有特殊标的等)、渠道优势(是否有面向全国的销售渠道等)两个方面对新三板中药类的23家公司进行了筛选,选出了合全药业(832159)、思明堂(832811)和健耕医药(833092)3家优质公司。其中,合全药业的综合能力强,而思明堂和健耕医药则具有全国唯一的特殊标的。

合全药业 (832159)

公司全称 上海合全药业股份有限公司。

简介 上海合全药业股份有限公司致力于全球制药工艺的技术创新及商业化应用,为国际主流医药企业提供创新药研发生产外包服务,服务范围主要涵盖了新药临床阶段工艺研发及制备、上市药物商业化阶段的工艺优化及规模化生产,为客户提供了一个一体化的开放式技术平台。公司2013年和2014年连续两次获得美国FDA创新药申请批准(New Drug Application),是目前国内唯一能够为美国市场商业化生产创新药原料药(API)的FDA认证企业。公司已经成为全球前15大制药公司中12家的医药定制研发生产服务提供商。

竞争优势 第一,研发优势:①建立了一支由超过600名化学家组成的高水平研发团队,是国内同类企业中规模最大、科研实力最强的研发团队之一;②研发团队的技术实力和服务能力获得了国际一流制药企业的充分认可;③国际水平的设施能够满足跨国企业的严格研制要求,为公司高水平的研发和生产能力提供了良好的设备基础;④是中国为数不多的创新药原料药生产企业之一。公司2013年和2014年连续两次通过美国FDA创新药生产认证,成为中国唯一一家能够为美国市场生产创新药原料药(API)的FDA认证企业。第二,其他优势:定制化生产能力强,建立了功能强大、能够根据生产规模、工艺路线进行灵活调整的柔性生产线,能够满足创新药不同阶段的多样性定制生产需求。目前,公司拥有5个差异化配置的生产车间,总反应体积超过400立方米,能够覆盖从GMP产品到非GMP产品、从临床阶段到商业化生产阶段的各种定制化生产需求。

思明堂 (832811)

公司全称 上海思明堂生物科技股份有限公司。

简介 上海思明堂生物科技股份有限公司成立于2010年12月,并于2011年1月1日正式投入运营,主营:生物科技、视力健康、教育科技领域的技术开发、技术转让、技术咨询与技术服务。思明堂是公司对外运营品牌,目前是上海地区规模最大的视力训练健康管理机构。思明堂经过4年的蕴育与成长,已经成为上海缓解视疲劳、近视(弱视)视力训练行业领导品牌,目前在上海有16个直营服务中心。思明堂主要通过物理训练和心理引导相结合的方法,有效缓解视疲劳、提升视力健康水平。作为医院之外的解决之道,思明堂正得到越来越多家长的实践认可与口碑传播。

竞争优势 公司视力训练系统中用到三款辅助仪器和设备,分别是温控视知觉眼部理疗仪、视力训练箱和光波牵引仪,这三款设备都是公司根据实际应用研发设计的,并申请了专利,其中温控视知觉眼部理疗仪和视力训练箱分别获得国家知识产权局发明专利授权、光波牵引仪取得实用新型专利授权。另外,公司还在其他方面获得5项实用新型专利、1件软件著作权以及1个作品登记证书。实践证明,这些知识产权形成了公司视力训练体系重要的组成部分。由于上述产品全都是公司自用,不对外销售,它们进一步增强了公司视力训练体系的原创性和独特性。

健耕医药（833092）

公司全称 上海健耕医药科技股份有限公司。

简介 健耕医药专注于中国移植产业,以推动中国移植产业发展为使命,为中国移植的患者和医生提供创新的解决方案。营销网络辐盖全国所有移植的医院,包括肾移植、肝移植、心移植、肺移植、骨髓移植、细胞移植等。

公司目前正处于高速发展期,已形成移植药品和移植器械销售及移植体外诊断及医疗器械的生产基地。未来,健耕医药的企业目标是成为中国移植行业的领军者。公司正凝聚更多力量,为医生和患者寻求和提供创新的移植解决方案。计划5年内登陆中国创业板。

竞争优势 公司是移植行业内唯一一家能够提供术前、术中及术后的移植全方位解决方案的公司,拥有完整的产业链;公司核心管理团队、研发人员均为移植行业专业人士,从业经历至少10年。

带你了解新三板优质化学原料药公司

徐 舜　钟慧慧[①]

化学原料药

目前,新三板医药公司中,主营业务归属于化学原料药类的公司有21家,占所有新三板挂牌医药公司的11%。表1列示了新三板化学原料药类医药公司总市值TOP 10的公司名单。

表1　　　　新三板化学原料药类医药公司总市值TOP 10

公司代码	公司名称	转让方式	总市值(亿元)
831265	宏源药业	做市	13.34
831920	车头制药	做市	9.83
831979	林格贝	做市	8.99
832933	九典制药	协议	2.64
831859	祁药股份	做市	2.34
832126	康乐药业	协议	2.33
831508	拓新股份	协议	2.13
831878	先锋科技	协议	2.02
430668	笃诚科技	做市	1.71

数据来源:东方财富Choice,新三板智库。

我们从产品优势(是否拥有特殊标的、是否拥有独家产品等)、研发优势(在研产品种类是否丰富、是否具有先发优势等)、渠道优势(是否有面向全国的销售渠道等)两个方面对新三板中化学原料药的21家公司进行了筛选,选出了笃诚科技(430668)、森萱股份(830946)、车头制药(831920)和康乐药业(832126)4家优质公司。这4家公司均拥有独家的主营产品,主营产品在国内市场乃至世界市场均占有一定的市场份额;渠道优势明显,对储备产品的研发较大的投入。

笃诚科技(430668)

公司全称　江苏笃诚医药科技股份有限公司。

简介　江苏笃诚医药科技股份有限公司自设立以来,一直致力于核苷核酸类医药中间体的研发、生产及销售。依托业内领先的研发平台以及完善的生产流程,公司不断提升产品质量,主要产品在技术和成本上均处于国内先进水平,系国内主要的齐

[①] 徐舜,CFA、CPA,资深新三板分析师,新三板智库CEO;钟慧慧,中山大学,新三板智库研究员。

多夫定(AZT)中间体供应商。胞苷酸产品主要配套国外知名医药企业,系欧洲最大的胞二磷胆碱制造商的主供应商。

公司主要产品为两大系列:用于艾滋病鸡尾酒疗法主要药物齐多夫定的主要中间体,包括5-甲基尿苷、β-胸苷;用于治疗老年痴呆等脑血管疾病的药物胞二磷胆碱的主要中间体胞苷酸。

竞争优势 第一,研发与产品优势:①公司全资子公司笃翔化工拥有2项发明专利,参股公司及全资子公司笃翔化工各有1项发明专利正在申请过程中;②是中国唯一一家专业生产核苷、核苷酸产品的企业,拥有多项制备核苷的专利技术,如独有的$2'$-卤代-$2'$-脱氧尿苷类制备新技术,成本比国内同行低,产品质量稳定;③正在积极申报国内首家省级嘧啶和嘌呤类核苷合成工程技术研究中心。第二,渠道优势:①公司采用直销为主的模式进行产品销售;②经过多年的潜心经营,公司在业内形成了良好的声誉,具有了较高的知名度,与国内外核苷核酸类主要原料药厂及主要医药化工企业上虞新和成、上海现代制药、浙江新华制药、江苏诚意药业、全球齐多夫定主要制造商印度CIPLA LTD、印度HETERO、欧洲胞二磷胆碱第一大制造商FERRER GROUP建立了稳定的合作关系,是西班牙INTERQUIM,S.A.的主供应商。

森萱股份(830946)

公司全称 江苏森萱医药化工股份有限公司。

简介 江苏森萱医药化工股份有限公司主营业务一直为医药中间体和化工中间体的研发、生产和销售。产品可分为含氧杂环类、醇钠类化工中间体和抗艾滋病类、巴比妥类医药中间体。含氧杂环类化工中间体包括二氧六环、二氧五环等产品;醇钠类化工中间体包括乙醇钠、甲醇钠等产品;抗艾滋病类医药中间体包括5-羟甲基噻唑、NCT、MTV系列、BDHpure、氮杂环BDS等产品;巴比妥类医药中间体包括苯基乙基丙二酸二乙酯、2-苯基-2-氰基丁酸乙酯、苯基丙二酸二乙酯、苯甲酰苯巴比妥等产品。公司产品主要应用于药物合成、化学反应催化剂、化学溶剂等方面。

竞争优势 第一,产品优势:公司首先在国内实现了氮杂环BDS、MTV-II、BDIIpure、THP的规模化生产。苯基乙基丙二酸二乙酯、2-苯基-2-氰基丁酸乙酯、苯甲酰苯巴比妥、苯基丙二酸二乙酯、优品级壬二酸、1-苄基-5-苯基巴比妥酸为国内独家产品。第二,研发优势:①拥有"一种硫代异丁酰胺的制备方法""一种高纯度苯基丙二酸二乙酯的纯化方法"2项专利;②在抗艾滋病类药物中间体、巴比妥类药物中间体领域的技术领先;③与上海交通大学等科研院所保持了良好合作关系,建立了包括2名博士的合作研发团队。第三,渠道优势:①通过直销的销售模式开拓业务,成为药明康德、Gilead公司等医药行业知名企业的供应商。②在南京、上海设有办事处,拥有20多人的销售队伍,常年参加德国、印度、西班牙等国举办的国际制药原料CPHI展会,公司产品销往十几个国家和地区。

车头制药(831920)

公司全称 浙江车头制药股份有限公司。

简介 浙江车头制药股份有限公司主要从事化学原料药及医药中间体的研发、生产与销售,所生产的原料药和中间体主要用于消炎镇痛、抗病毒、抗肿瘤、心血管等各类制剂的生产。公司通过了ISO9001/ISO14001/OHS18001一体化认证,多个产品通过国家GMP、欧洲GMP、美国FDA及欧盟COS认证。

竞争优势 第一,研发优势:已累计获授权专利32项,其中发明专利24项,实用新型专利8项。同时,公司参与承担国家火炬计划9项、国家重点新产品3项、国家科技支撑计划1项、省重点高新技术产品3项、获得省部级科学技术奖6项、省科技计划重大专项7项、省优秀新产品新技术2项等。第二,产品优势:①公司是全世界最主要的萘普生及萘普生钠研发生产企业之一,全球市场占有率在30%左右;②公司是全球最大的阿昔洛韦研发生产企业,全球市场占有率超过50%;③公司9种原料药产品已取得中国GMP认证,5种产品已取得欧盟CEP证书,10种产品已取得美国FDA注册,也已取得全球其他市场出口产品所必需的资质和认证,产品已销往全球超过50个国家和地区,基本覆盖了全球主要的医药市场;④客户主要是跨国医药巨头以及国内知名企业。

康乐药业(832126)

公司全称 浙江康乐药业股份有限公司。

简介 浙江康乐药业股份有限公司是一家医药制造企业,主营业务为化学药品原料药及化学药品制剂的研发、生产与销售,并专注于解热镇痛类原料药、其他原料药、大输液制剂和口服固体制剂,主要产品有对乙酰氨基酚可直压颗粒和原料药、大输液、厄多司坦及其胶囊、头孢泊肟酯片、小儿氨酚黄那敏颗粒等。

公司前身——温州制药厂成立于1965年,公司一直致力于解热镇痛类原料药和大输液制剂类新产品、新技术的开发研究,经过50多年的技术积累、创新和设备改进,目前在原料药及制剂制造领域已形成了成套的技术和设备,拥有2项发明专利技术、11项实用新型专利技术,另有4项专利技术处于公示阶段。

竞争优势 第一,产品优势:①自主研发的"一种对乙酰氨基酚精制母液处理的方法"获得发明专利证书。对乙酰氨基酚产品系列、生产能力、成本等方面具有一定的优势地位,市场占有率处于行业内第一位。2014年1~7月份公司对乙酰氨基酚可直压颗粒的出口量占全国出口总量的55.92%,与国外的客户维持着良好的沟通与合作关系;②对乙酰氨基酚可直压颗粒和原料药通过了多国的药品产品认证,包括美国FDA、韩国KFDA、欧盟EDWM、印度INDIA、日本PMAD、俄罗斯联邦卫生和社会发展部认证,并通过上述机构的多次复审,同时,公司还通过了62家国外制药企业的质量审计;此外,公司120个化学药物制剂和10个原料药产品获得药品生产批准文。第二,研发优势:①在原料药及制剂制造领域已形成了成套的技术和设备,拥有2项发明专利技术、11项实用新型专利技术,另有4项专利技术处于公示阶段;②首家引进并研发成功原国家二类新药厄多司坦、四类新药头孢泊肟酯以及厄多司坦医药中间体L-高半胱氨酸衍生物等,填补了国内空白;③公司先后与北京大学、浙江大学、温州医科大学、温州大学等多家科研医疗机构单位密切合作,进行了多项新药的研究和开发。

带你了解新三板优质其他分类医药公司

徐 舜 钟慧慧[①]

截至 2015 年 9 月 3 日,根据 Wind 数据库行业分类标准,归属于医药生物行业的新三板挂牌公司共有 195 家。其中,医疗器械类公司有 65 家,是新三板医药公司分类中挂牌家数最多的医药公司类别;其次,中药(29 家)、医疗服务(23 家)、西药(22 家)、化学原料药(21 家)等 4 个类别也有 20 家以上的公司进入新三板,如图 1 所示。

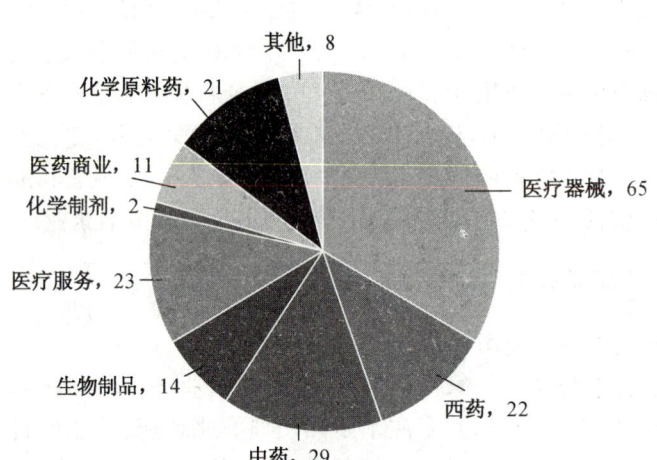

图 1 新三板医药公司分类

数据来源:Wind 资讯,新三板智库整理。

除医疗器械、中药、西药、化学原料药、医疗服务等 5 个细分行业外,医药行业还有医药商业、化学制剂、生物制品等细分行业。在新三板挂牌的医药公司中,医药商业类公司有 11 家,化学制剂类公司有 2 家,生物制品类公司有 14 家,此外还有其他难以分类的公司共 8 家。这些细分行业在新三板医药行业中的总占比仅有 18%,因此我们就不再一一讨论了。

在这些细分行业中,生物制品行业的公司在各方面都更具有竞争优势,针对这些医药公司,我们又从中筛选了以下 4 家优质公司——诺思兰德(430047)、金鸿药业(831186)、创尔生物(831187)和仁会生物(830931)。我们的筛选标准主要包括三方面内容:产品优势、研发优势、渠道优势。其中,诺思兰德拥有多个生物制品1+类新药,并有多项新药项目正在研发阶段;金鸿药业拥有 3 种独家产品,并有丰富的产品储备;而创尔生物则在活性胶原蛋白行业有领先优势,各项技术指标已达到国际领先水平。此外,仁会生物虽然先阶段在产产品中不存在Ⅰ类新药,但其已披露已经研发成功针对 2 型糖尿病的Ⅰ类新药。

诺思兰德(430047)

公司全称 北京诺思兰德生物技术股份有限公司。

[①] 徐舜,CFA、CPA,资深新三板分析师,新三板智库 CEO;钟慧慧,中山大学,新三板智库研究员。

简介 北京诺思兰德生物技术股份有限公司是一家生物医药制造高新技术企业。公司主要业务：新药研发、专利技术引进和输出、CRO 服务、生物制品的生产。2010 年，公司项目"重组人胸腺素 β4"的发明专利通过 PCT 途径申请了美国、韩国、日本和欧洲专利，于 2010 年 9 月、10 月分别获得了韩国、美国发明专利证书。

竞争优势 第一，产品优势：①重组人肝细胞生长因子裸质粒注射液（NL003）属于生物制品 1+3 类新药。有望成为世界（或中国）第一个裸质粒基因治疗药物。公司拥有其在中国的自主知识产权在较长时间内不易出现其替代产品，并可不断进行二次开发，延长产品链，实现效益最大化；②重组人胸腺素 α1（NL004）属于生物制品 11 类新药，质量高、产量大、成本低等优点，其市场竞争优势明显；③重组人胸腺素 β4（NL005）属于生物制品 1 类新药，产品对原料和设备无特殊要求，具有生产简便、成本低、无污染等显著的优点，公司拥有自主知识产权，其整体研发水平处于世界胸腺素 β4 产品的领先地位；④重组人改构白介素-11（NL201）属于生物制品 1+9 类新药，重组人改构白介素-11（NL201）属于生物制品 1+9 类新药、重组人改构白介素-11（NL201）属于生物制品 1+9 类新药，具有生物活性高、使用剂量少、毒性低等明显的优势，具有明显的独占性和竞争力，在较长时间内很难出现其替代产品；⑤重组靶向融合蛋白（NL001）属于生物制品 1 类新药，有可能成为治疗银屑病的高效而低毒的创新药物，已获得我国发明专利，技术成果处于世界牛皮癣治疗药物研究与开发领域的先进水平。第二，技术研发优势：建立了基因治疗载体技术、生物大分子纯化技术、哺乳动物细胞培养技术以及原核培养技术四大核心技术平台，并以平台为基础同时开发多个具有自主知识产权的新药项目，新药项目技术处于国内领先水平，正在开发 7 个新药项目，有 2 个新药品种已经进入临床研究阶段，尚有 3 个新药项目处于临床待批阶段；有 5 个新药的结构获得了国家物质专利授权，有 1 个项目的发明专利获得了美国、韩国、日本和欧洲的授权。

金鸿药业（831186）

公司全称 珠海金鸿药业股份有限公司。

简介 珠海金鸿药业股份有限公司主要从事头孢类抗生素药剂的研发，生产和销售。头孢类抗生素即头孢菌素类抗生素。公司以年均 40% 的速度增长并不断刷新在医药行业的排名，2010 年获广东省科技创业投资公司参股，2012 年改制为股份制公司。

竞争优势 ①产品系列完备，已覆盖第一代至第三代抗生素并取得了 36 个药品注册批件，并且有 29 项产品目前处于研发或技术引进阶段；②拥有独家品种，目前拥有头孢羟氨苄咀嚼片、头孢克肟分散片和头孢克洛分散片三项特色产品，拥有上述产品相关药品批件及 GMP 证书，并拥有"一种头孢羟氨苄咀嚼片及其制备方法""一种头孢克肟口腔崩解片及其制备方法"和"一种头孢克洛口腔崩解片及其制备方法"的专利，其中头孢羟氨苄咀嚼片为全国头孢羟氨类产品独家咀嚼片剂型，并提出上述三项产品标准，由广东省药品检验所审核，国家食品药品监督管理局发布，目前均属于国家标准;③后备产品足,处于研发或技术引进阶段的产品共29项,其中12项已进入药审中心审评序列,并且有10项产品已与技术转让方签订协议,正在办理技术转让相关手续。

创尔生物（831187）

公司全称 广州创尔生物技术股份有限公司。

简介 广州创尔生物技术股份有限公司成立于2002年8月20日,是一家专业从事活性胶原蛋白生物医用材料科研开发及生产经营的高新技术企业,所生产的胶原蛋白产品具有活性高、纯度高、生物相容性佳的特性,质量稳定,各项技术指标已达到国际领先水平。

公司目前已上市产品包括胶原贴敷料、胶原蛋白海绵、护创贴等,在研产品有10多个。

竞争优势 第一,产品优势:①质量高:从源头把控核心材料品质,已拥有严格、完善的原材料质量管控体系和产品生产监控体系;②活性医用胶原蛋白是公司所有产品的核心材料,掌握了全套成熟的胶原蛋白提取工艺,保证所提取胶原蛋白的安全性、生物相容性和高纯度;③效果好:胶原贴敷料、胶原蛋白海绵等产品的临床试验和临床功效较好,在修复创面、高效止血等方面的临床功效突出。第二,渠道优势:公司是国内胶原贴敷料的首创者。产品胶原贴敷料是行业内首个应用活性胶原蛋白用于组织修复的医疗器械产品,2011年前该类产品由公司独家经营,公司在该细分领域积累了丰富的客户资源和人脉资源,与70多家经销商建立了长期稳定的合作关系,产品基本实现了全国市场布局。

仁会生物（830931）

公司全称 上海仁会生物制药股份有限公司。

简介 上海仁会生物制药股份有限公司主营业务为创新生物医药研发、生产和销售。主要产品系重组人胰高血糖素类多肽-1(7-36),该药物系仁会生物自主开发的拟用于2型糖尿病的国家一类治疗用生物制品。

竞争优势 公司主要产品系重组人胰高血糖素类多肽-1(7-36)（英文简称rhGLP-1,商品名谊生泰）,该药物系仁会生物自主开发的拟用于2型糖尿病的国家一类治疗用生物制品。谊生泰为中国首个进入生产注册阶段的GLP-1类药物,且为全球首个全人源结构的GLP-1类药物。rhGLP-1(7-36)的制备方法已获中国专利授权(专利授权号:ZL02814355.8)和PCT专利授权(美国、欧洲、日本、韩国、加拿大、印度和澳大利亚)。

新三板信托是个啥

郭晓渝　吴文轩[①]

一、新三板信托是个啥

新三板市场的火爆,让投资者小 A 眼馋不已,可是面对 500 万元的高门槛和新三板市场的高风险,小 A 只能抹抹口水。一天,小 A 看到 B 信托公司发行了一款新三板 C 信托产品,投资门槛只要几十万元,于是觊觎新三板已久的小 A 马上来到 B 信托公司咨询,投资经理小 D 接待了小 A。

鉴于小 A 对信托产品知之甚少,小 D 对小 A 耐心地解释道,面对新三板市场,信托产品主要有两大优势,对于新三板市场的高门槛,信托公司能够通过发行信托产品,从普通投资者手中募集资金,间接地降低投资门槛;而对于新三板市场的高风险性,信托公司一般通过与投资顾问合作的方式,与资产管理公司、证券公司联手,保证投资的专业性,取得不错的投资回报。

拿这款 C 信托产品具体来讲,首先,为了控制风险,B 信托公司将建立单独的信托产品,也就是说,在运作期间,C 产品既不属于投资者,也不属于信托公司,而是由单独的产品项目所有,能起到风险隔离作用;其次,在项目运作期间,B 信托公司将与 E 资产管理公司和 F 证券公司进行合作,由 E 资产管理公司和 F 证券公司对投资标的的选择和投资策略进行指导;同时,C 信托产品会将份额分为优先级和劣后级,分别对应不同级别的投资者,投资收益将优先偿还优先级投资者,比如 C 产品的投资回报,将先分配完成优先级和劣后级本金及预期基础收益(分别为 9% 和 10%)之后,剩余部分以 10%、65%、20% 和 5% 的比例分别向优先级、劣后级、投资顾问和管理人分配超额收益。C 信托产品的运作主体如图 1 所示。

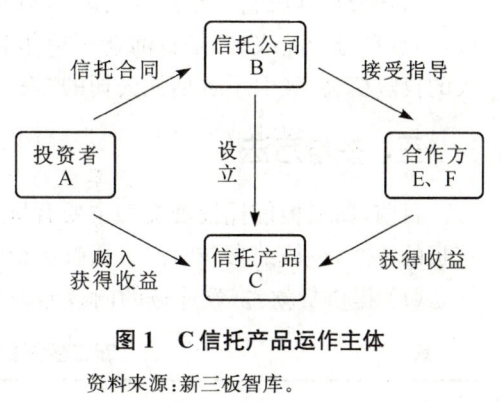

图 1　C 信托产品运作主体

资料来源:新三板智库。

[①] 郭晓渝,中山大学,新三板智库研究员;吴文轩,武汉大学,新三板智库研究员。

二、信托公司纷纷"下海畅游"

自从 2015 年 2 月中信信托成立行业内第一只新三板信托产品以来,包括中建投信托、中融信托、大业信托在内的信托公司开始相继发行相关产品。Wind 数据统计显示,2015 年以来,已成立的新三板信托产品已超过 20 只,部分信托产品如表 1 所示。

表 1　　　　　　　　　部分新三板信托产品信息

受托人	产品名称	成立时间
中信信托	道域 1 号新三板金融投资信托	2015-02-05
	奉金 1 号新三板金融投资信托	2015-04-30
中建投信托	新三板投资基金 1 号信托	2015-02-15
	新三板投资基金 2 号信托	2015-03-12
	新三板投资基金 3 号信托	2015-03-18
	新三板投资基金 4 号信托	2015-04-03
	新三板投资基金 5 号信托	2015-04-24
中融鼎新	白羊新三板投资基金 1 号	2015-04-03
	融稳达 1 号新三板基金	2015-04-07
大业信托	新三板 1 号投资信托	2015-04-03
	新三板 2 号投资信托	2015-04-17

资料来源:互联网,新三板智库整理。

信托公司开展新三板业务的原因不外乎以下两个方面:一是更好地开拓业务领域,丰富自身产品线;二是目前新三板作为目前中国资本市场中的重头戏,潜藏着较大的投资机会,吸引了各信托公司的"杀入"。

三、参与方法

目前,新三板信托投资类型主要有贷款业务和股权投资业务,而信托公司参与新三板的方式,可按照参与时间分成挂牌前和挂牌后两类。

(1) 提供贷款:贷款业务的内容如表 2 所示。

表 2　　　　　　　　　新三板贷款业务信托投资

挂牌前	以信托计划募集资金向拟挂牌公司提供 PRE-IPO 融资,还款来源主要为公司挂牌后的资本增值、定增融资
挂牌后	通过信托集合计划向公司提供贷款以支持其经营性活动 联飞翔在挂牌后,通过集合信托融资 1 000 万元

(2) 参与股权：股权投资业务的内容如表3所示。

表3　　　　　　　　　新三板股权投资业务信托投资

挂牌前	设立有限合伙基金，以合伙形式直接投资于未挂牌企业，成为公司的股东
挂牌后	做市前通过定向增发或协议转让入股 中建投推出的《新三板投资基金3号（东海天堂一期）集合资金计划》，参与公司主要为券商拟做市公司，退出方式以做市交易为主，竞价交易、并购、转板为辅
	做市后从做市商手中购买股票 中建投联合上海鼎锋资产管理有限公司发行集合信托计划，主要投资于TMT、大消费、大健康、高端装备为主要领域的新三板已挂牌已做市或有明确做市意向的公司
	与券商合作入股新三板公司 中建投信托成立的《新三板投资基金集合信托2号》，则是与中信建投证券合作，将集合资金信托计划投向中信建投的定向资产管理计划，再由资产管理计划投资于与挂牌新三板的股权、定增等

四、优势与风险并存

信托公司进入新三板，一方面可以通过依靠投资顾问的力量寻找优质的新三板公司，另一方面信托除了在证券市场上交易外，也可以通过投资未挂牌企业的股权来参与新三板，这是信托公司与其他券商资管及基金相比的优势所在。但是也应该看到，由于上市要求和门槛较低，且新三板扩容迅速，容易导致市场中出现一批良莠不齐的新三板公司，这就要求信托公司筛选时要更为谨慎，把握好投资风险。除此之外，尽管目前新三板的市场流动性明显提升，但在目前挂牌的企业中，存在实际交易的股票较少，流动性的不足将会成为制约信托公司获利退出的一大障碍。

互联网金融指导意见来袭,不知道这7家新三板企业你就out了

苏林若[①]

2015年7月18日,中国人民银行、工业和信息化部、公安部、银监会、国家互联网信息办公室等十部委正式发布《关于促进互联网金融健康发展的指导意见》(以下简称《指导意见》),这是我国首次发布文件规范、促进互联网金融的发展。按照惯例,《指导意见》除了肯定鼓励支持互联网金融发展外,也明确划分了互联网金融形态及各形态对应的监管部门。

意见中明确"鼓励符合条件的优质从业机构在主板、创业板等境内资本市场上市融资",这意味着过去横亘在互联网金融企业与资本市场之间政策关卡悄然打开了。但是就目前情况来看,主板、创业板等高门槛的资本市场对互联网金融企业而言依然遥不可及,即使有部分企业能够满足上市条件,漫长的IPO排队队伍,说停就停的IPO政策等都会带来大量的潜在风险,相对而言,实施"类注册制"的新三板市场更适合互联网金融企业。

目前,已经有7家互联网金融企业打着擦边球登陆资本市场了,而且就在新三板。

一、新三板目前仅有7家互联网金融"纯血统"公司

然而,互联网金融虽火,但是在新三板中,与互联网金融相关的企业确实不多。

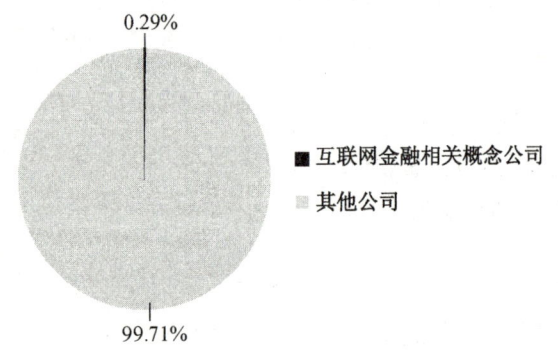

图1 新三板挂牌企业中互联网金融相关企业的比重
资料来源:东方财富Choice,新三板智库。

截至2015年7月15日,在新三板挂牌的2 700多家企业中涉及互联网金融相关概念的公司不多,从目前业务来看,汇元科技、联讯证券、现在支付、中搜网络、艾融软件、九恒星、凌志软件这7家公司是新三板中为数不多的业务中真正具备互联网金融概念的企业,而这一比例仅占新三板挂牌企业的0.29%,如图1所示。

在这7家企业中,主要集中在支付、以游戏币为主的虚拟货币和互联网金融支持技术领域,其中有3家涉

---

① 苏林若,中山大学,新三板智库研究员。

及支付、两家涉及虚拟货币、3家涉及互联网金融信息技术服务、1家涉及互联网理财产品销售。然而,时下最火的P2P和众筹却在新三板中不见踪影。表1列示了新三板挂牌互联网金融公司及其主业。

表1　　　　　　　　　　新三板挂牌互联网金融公司

公司简称	公司主业
汇元科技	网上第三支付、虚拟货币交易
联讯证券	互联网券商、互联网理财产品销售
现在支付	手机第三方支付
中搜网络	虚拟货币、虚拟货币金融理财
艾融软件	互联网金融软件产品技术开发服务
九恒星	资金管理增值服务、第三方支付
凌志软件	互联网金融平台方案提供商

资料来源:新三板智库。

从企业涉入互联网金融的时间来看,这7家公司中又可以分为挂牌前便是互联网金融企业,和挂牌之后在原有业务上向互联网金融领域业务拓展的企业。

二、新三板互联网金融企业具体情况介绍

(一)汇元科技:游戏支付龙头发力布局互联网金融市场

北京汇元网科技有限责任公司是中国最具规模的互联网金融网站之一,旗下王牌支付产品"骏卡"独占90%以上互联网游戏支付市场及全部话费支付服务。公司一直致力于成为行业领先的支付服务提供商,专注于预付卡发行与受理、互联网支付、移动电话支付、银行卡收单等互联网金融服务。目前,公司拥有5大平台:汇付宝平台(www.heepay.com)、junka平台(www.junka.com)、800jun供货系统平台(sup.800jun.com)、800jun交易平台(www.800jun.com)、365jw平台(www.365jw.com)。通过上述平台,公司打造了一套完整、有效的业务体系结构,分为供货层、交易层和推广层三层,并通过汇付宝平台的支付贯通,提供产业链一条龙的交易支撑及用户支付服务。汇元科技在全国拥有24家全资控股子公司。

1. 深耕互联网游戏垂直领域的行业龙头

公司资金实力雄厚,旗下第三方支付公司于2012年6月取得中国人民银行颁发的第三方支付业务许可证,是国内互联网游戏渠道唯一获得预付费卡支付牌照的公司。依托对游戏市场近九成的覆盖率,汇元科技盈利能力始终保持在同行领先水平。据其披露的2年一期报表数据显示,报告期内汇元科技营收累计过2.5亿元,净利润累计过1亿元。其合作的游戏企业更是包括腾讯、网易、搜狐畅游、完美世界、巨人网络、蜗牛、360、小米等几百家国内知名游戏及移动运营商,是迄今行业内合作对象最多、最广的支付公司。

2. 加速行业布局，布局整体互联网金融领域

汇元科技秉承"汇支付、慧金融、惠生活"的战略定位和"开放、平等、协作、分享"的互联网经营理念，在公司已有的业务内，继续布局整体互联网金融，致力于为企业定制营销支付服务，搭建轻应用轻结算支付系统平台、互联网金融产品分销平台，提供互联网金融支付账户绑定服务、互联网金融普惠消费服务等，进一步扩大服务对象范围，完善自身立体化综合营销服务。

3. 涉猎 P2P，开展多元服务

汇元科技以旗下品牌汇付宝为依托，为 P2P 参与方提供支付账户绑定，为一对多支付及多对一支付等定制化支付服务方案。汇付宝除在为用户提供多元的支付服务以外，还为用户提供账户资金余额增值类产品及服务。"汇元宝"是汇付宝为个人用户打造的一款余额增值产品，通过标准金融产品与互联网技术的紧密结合，实现在不影响用户账户资金流动性的前提下，为其提供具有市场竞争力的资金收益。

(二) 艾融软件：立足金融 IT，构建互联网金融平台

上海艾融软件股份有限公司成立于 2009 年 3 月，主要从事金融 IT 领域细分的互联网金融软件产品开发。艾融软件作为行业领先的互联网金融软件产品开发商，专注于服务信用度高、投资额度大的金融企业，为用户提供互联网金融服务、系统设计，搭建用户与金融机构的互动平台。艾融软件主要为中国的银行等大型金融机构提供互联网金融的软件技术。其产品包括：互联网金融电子商务平台(i2Shopping)、企业互联网资金管理软件(i2Cash)、第三方支付平台(i2Pay)、企业级即时通讯平台(i2Message)等。艾融软件于 2014 年 6 月 9 日起在新三板挂牌交易，将于 2015 年 3 月 19 日起采取做市交易方式交易，做市商为光大证券和国信证券。

1. 以客户体验为中心，构建网上银行六边形理论模型

国有四大银行为艾融软件的重要客户。拥有独特的产品才能够吸引用户群，注重互联网用户体验，不断加强银行与用户的互动，是强化客户粘性、提升银行品牌、最终获得忠诚客户的最重要手段之一。艾融软件创造了互联网银行的客户体验六边形模型，逐步形成了以"平台级互联网金融系列软件产品＋专业咨询设计＋100%贴身定制专业技术服务"为核心竞争力的业务模式。

2. 构建平台型产品，实现金融业务与互联网的整合

艾融软件在互联网金融业务领域处于国内领先地位，其产品紧紧围绕互联网金融应用领域，以金融为核心。通过平台型产品将传统金融机构已有的品牌资源、客户资源、信用资源、金融服务产品资源、存量数据资源进行整合利用，借助互联网思维进行业务流程、业务产品的创新和重新设计，并通过互联网渠道提供给传统金融机构的客户，从而帮助传统金融机构实现互联网金融的战略转型。公司的 i2Shopping 电子商务平台产品是基于 J2EE 技术的平台级产品，面向金融电子商务领域。

3. 立足稳定客户群，促进开发新产品及扩大业务范围

公司与服务的银行客户建立了长期稳固的合作关系。自 2010 年起，公司以"平台级互联网金融系列软件＋专业设计＋100%贴身定制服务"为核心竞争力，携手中

国工商银行、中国建设银行、交通银行、民生银行、中信银行、上海农商银行、上海银行、广州农商银行、韩国友利银行等银行完成互联网金融应用领域的多个创新项目,并得到业内外人士的一致好评。在与大型商业银行合作过程中,公司取得了成熟的互联网金融系统开发经验。公司通过各个项目的研发与实施过程,将项目经验积累逐步转化为核心竞争力。

(三)九恒星:内外兼修,助力企业完善资金运作

北京九恒星科技股份有限公司(NSTC)是一家软件产品及互联网信息技术服务的提供商,致力于通过互联网信息技术的应用,帮助企业改善现金流;在金融机构与企业之间架起桥梁,让企业的资金流更加顺畅。

九恒星成立于2000年,于2009年在新三板挂牌,九恒星作为中国目前最大的资金管理系统供应商,拥有400多家大型集团企业客户,占有资金管理领域五成以上的市场份额。从2014年起,九恒星涉入互联网金融服务领域。

1. 内联手天弘,开启管理增值新模式

2014年,九恒星和天弘基金联手推出"星计划"资金管理增值服务,2014年7月28日,九恒星资金管理系统平台上线全新的资金管理新模块——"金在投资理财"模块,该模块嵌入了天弘基金直销系统,首期对接的是天弘基金旗下的货币基金——天弘现金管家。跨行业联手,开启"管理和增值"新模式,"星计划"资金管理增值服务实现无缝接入九恒星现有产品平台上的400多家大型集团企业客户,归集资金的同时可以帮助企业"闲钱理财"。

2. 外交SWIFT,开拓跨境资金管理

九恒星与金融同业合作组织SWIFT(环球银行金融电信协会)于2015年4月正式签约,启动对中国大型企业集团跨境资金管理解决方案项目的正式合作。九恒星自主研发的"全球资金集中管理+跨境融通"产品解决方案适时成形。该方案依托境内和境外资金池的建设来实现集团总部全球账户及资金的掌控,通过外债和对外放款实现境内外资金的跨境融通,最终为集团建立全球统一结算、统一融资、统一运作的资金运作体系。

3. 收购中网支付,布局产业转型

九恒星通过直销及渠道的模式开拓业务,盈利模式已从单一的"产品+服务"模式逐渐步向"产品销售+产品开发+产品服务+云增值服务"转型。2015年3月,九恒星宣布正式进入互联网金融领域,以1.26亿元的对价收购中网支付100%股权,为公司互联网金融业务取得第三方支付入口。九恒星利用其系统供应商中的资源,把握庞大的供应链中蕴藏着资金管理、融资、理财等多元化需求。九恒星在金在投资理财平台上全面接入供应链金融系统,为集团客户提供多元化的供应链金融整合服务。

(四)凌志软件:把握国内金融创新契机,打造领先互联网金融IT服务商

凌志软件股份有限公司于2003年1月在苏州成立,是国家规划布局内的重点软件企业,专注于向国际、国内客户提供高端金融IT服务。凌志软件为亚太最大的证

券公司持续稳定地提供了10年以上的软件服务,已成为金融领域IT企业的行业翘楚。近年来,凌志软件国内市场业务不断开拓,实施上线的项目包括在线小额贷融资平台、券商移动3G微信业务平台、数据挖掘解决方案、实时大数据解决方案、股权众筹平台和综合金融服务平台解决方案。业务领域涉及互联网金融、移动数据端、大数据分析、页面交易等,其中在互联网金融领域能够提供包括数字营销、网上访客用户行为分析、实时动态信息推送等"一揽子"解决方案。产品得到国内外金融行业知名券商的认可,国内排名前10的证券公司中有8家已采用了凌志软件的产品,在金融软件市场处于领军地位。

1. 拥有强大金融软件研发和外包能力,金融领域IT企业翘楚

凌志软件主要面向国际、国内高端金融、电商客户,提供基于互联网、移动等分布式技术的软件产品及高端外包服务。公司业务涵盖证券、银行、保险、房地产、电信和电子商务等重要行业,涉及咨询、设计、开发、测试、验收上线、运维等软件全生命周期作业。凭借强大的金融行业软件产品研发能力及外包服务能力,已成为金融领域IT企业的行业翘楚。

2. 证券服务拥抱互联网,证券业创新催生软件解决方案需求

随着互联网与证券行业的加速融合,证券业互联网化程度不断加深,虽然2013年我国证券行业IT费用总体投入微幅下降1%,但是其内部结构发生了巨大变化。证券公司在硬件、软件和外包人员费用方面的投入均有所提高,其中软件投入和人员外包费用增幅更是达到19.1%和23.1%,表明了传统证券行业正在针对互联网金融积极进行自我改造和创新。

3. 立足外包服务优势,布局国内市场,实现全面转型

凌志软件作为金融IT服务提供商,将利用多年服务经验,立足外包服务市场优势,在继续巩固对日外包服务的同时,全面布局国内行业应用解决方案市场,并借力资本市场,转型互联网金融IT服务。面对未来,凌志软件制定了"内生增长和外延扩张并举"的战略。

(五)中搜网络:借力第三代搜索引擎,突入虚拟货币市场

北京中搜网络技术股份有限公司的前身为北京慧聪网网络技术有限公司,于2004年6月21日成立,并于2011年8月17日转为股份制公司,2013年11月8日,中搜网络正式在新三板挂牌。公司是国内领先的第三代搜索引擎服务及技术应用提供商。公司对外提供的服务主要包括:通用搜索服务、行业搜索服务及企业互联网解决方案服务。

1. 模式创新,优化搜索结果

中搜网第三代搜索引擎平台将搜索结果以知识图谱化的方式呈现给用户,能够充分满足用户对搜索结果全面、准确、智能、互动、美观的深度需求,使搜索结果同时具有了媒体价值。现阶段的知识图谱化的搜索结果需要人工手动构建,中搜网络将搜索结果的图谱化工作外包给社区,与社区分享红利。截至2013年6月30日,中搜网络能够提供34万余个关键词的知识图谱化搜索结果展示。

2. 依靠移动云平台，打造闭合生态圈

中搜搜悦是中搜网络精心打造的聚搜索、社区、商业为一体的云应用平台的手机APP。"中搜搜悦"作为用户的移动入口，成为拥有第三代搜索、个性化阅读、社交、网站导航、APP应用下载等多个互联网元素应用的综合性平台，向移动用户提供个性化的移动互联网入口服务，并打造闭合的商业生态圈，现阶段已经和3 000多家企业进行了深度个性定制服务合作，其中"母婴圈""昆仑决"知名度比较高。

3. 开拓互联网领域，进军虚拟货币市场

中搜网络于2014年年初推出虚拟币系统，仅仅半年后，在2014年9月，正式推出"聚宝盆"互联网金融产品，它是国内首款对虚拟币进行金融理财的产品，自此宣布进军互联网金融。

（六）现在支付："小而美"的聚合支付

现在（北京）支付股份有限公司成立于2005年，是一家致力于支付创新的高科技公司。公司致力于为移动电子商务提供"安全、快捷、方便"的移动支付解决方案。自2011年开展业务以来，先后与京东商城、携程网、小米手机、美团、糯米网、乐淘网、乐蜂、库巴、PPTV、尚品网、百合网、乐视网等几百家全国优质企业及互联网公司签订了移动支付合作协议，为合作伙伴提供移动支付解决方案，推动公司业务快速发展，是全国移动支付领域的领军企业。

1. 致力聚合支付服务

不同于支付宝、微信支付等第三方支付工具，现在支付的支付服务是在这些支付工具之上，提供聚合支付服务——将多种支付方式聚合，为商户提供统一支付入口和统一对账平台的解决方案。"聚合支付"将银联卡、外卡、扫码支付、分期付款、验券核销，以及类似Pay的智能硬件支付，通过现在支付的核心支付系统，提供给有收款需求的客户。商户不必再逐一对接银行、银联或第三方支付公司。在前端，通过智能POS可以实现统一接入，全面打通。在后台管理上，来自不同的支付终端和渠道都汇总在一个管理后台，用户交易数据既可以并表呈现，也可以分户管理。同时，现在支付还支持包括移动支付、线下收单、互联网支付和跨境支付等多种支付场景。

2. 覆盖多种支付业务

同时，公司亦拓展经营线下支付业务。自2012年起，公司线下合作商户数量已突破10 000家，并持续以每月超过1 000家的数量增长。现在支付与各行业合作伙伴加深合作，共同致力于新一代移动支付的技术发展和市场推动，加速新一代移动商务产业的进程。现在支付推出了自己的线下聚合支付产品，如M-Pos、手持验证、智能收银台等，成功实现了线上线下的双线运营。

3. 立足支付，拓展相关金融服务

除了建立多个分公司，公司还在深圳设有保理业务公司，主要从事相关金融服务。现在支付以支付为入口，帮助商户去接触和管理会员，包括商户自身的运营。例如电子菜单、后厨响应、库存管理等，为商户提供整套的解决方案。同时，由于在支付服务过程中会产生交易信息的流转，以此可以判断客户的经营风险和资金状况，为商户提供合适的金融产品。

(七)联讯证券:顺势而为,证券业拥抱互联网

联讯证券有限责任公司成立于1988年6月,公司经营范围为:证券经纪、证券投资咨询、证券投资基金代销、财务顾问。以规范经营为前提,致力于在传统业务中创新,推行"营销、咨询、客服、IT"四位一体的服务模式,组建专业化的投资顾问团队和营销团队,为客户提供差异化、个性化的专业服务,实现财富增值。

1. 重点布局新三板,加速互联网金融建设

联讯证券在投行业务方面全面拓展新三板市场,提供挂牌、定增、做市等全业链的综合金融服务,有效开拓中小企业、机构客户;在互联网金融业务方面,将组建互联网业务队伍,引进外部优秀人才。在经营模式上嫁接互联网金融,建立有互联网特性的服务体系和资讯体系,建成互联网金融的后台支撑系统,开通银联支付、移动商城的建设,开发互联网明星产品。

2. 构建一站式理财服务

联讯证券在在线开户、网上营业厅、在线商城、移动终端应用软件、微信几大互联网平台均作出了部署。通过联讯证券推出的联讯金融APP,客户既可以很方便地进行证券交易、理财产品购买,也可以享受资讯订阅、交易提醒、精准消息推送等服务。从客户体验入手,以互联网的思维方式,以客户需求为导向,应用虚拟化、云计算、大数据等技术打造移动互联网服务平台。联讯证券在近2年陆续取得了多项业务资格。

三、互联网金融企业如何借力新三板

我们在A股市场共找到22家互联网金融相关的企业,涉及基础设施层面、业务入口层面以及产品应用层面。

通过对比主板与新三板互联网金融公司的情况,针对新三板上市企业,我们在主板公司中分别相应的标的公司,基本情况如表2所示。

表2　　　　　　　　相关互联网金融企业业务布局

公司	所涉及产业链	主板类似概念公司
汇元科技	网上第三支付、虚拟货币交易	金证股份
联讯证券	互联网券商、互联网理财产品销售	国金证券
现在支付	手机第三方支付	卫士通
中搜网络	虚拟货币、虚拟货币金融理财	暂无
艾融软件	互联网金融软件产品技术开发服务	安硕信息
九恒星	资金管理增值服务、第三方支付	赢时胜
凌志软件	互联网金融平台方案提供商	用友网络

资料来源:新三板智库。

通过对比新三板和主板的互联网金融相关概念公司我们发现,所有主板中目前

具备互联网金融概念的公司其原有的主营业务并非互联网金融,而是在互联网金融兴起之后,做了业务转型;而新三板中大多数互联网金融公司在上市之始,其业务就是互联网金融及其相关产业链。可见由于新三板市场的定位及服务特点,新兴的互联网金融公司还是更加青睐于在挂牌新三板,而待时机成熟后,向主板市场进军。

和主板相比,新三板上互联网金融企业如此少,但是新三板对于企业而言绝对是一个待采的金矿。

对于互联网金融企业,以艾融软件为例,作为国内专注金融 IT 领域互联网金融软件产品与技术开发服务的公司。2015 年 3 月 19 日,艾融软件正式转为做市交易,当日便以暴涨 433% 的涨幅开盘,盘中最高成交价达 81 元,当日收报 60.03 元,全日涨幅高达 1 901%,创下新三板单日涨幅之最。之后 3 个工作日,艾融软件股价以 12.44%、18.52%、7.5% 的涨幅持续攀升,截至 2015 年 3 月 24 日报收 86 元,成为当日新三板做市第一高价股,并且创造了 5 个交易日股价上涨 2 766.67% 的奇迹,可见市场对互联网金融行业以及艾融软件未来成长性的高度认可。

与此同时,各大互联网金融企业也纷纷谋求登陆新三板,而地方政府也是大力推动企业的挂牌之路。武汉市金融办出台互联网金融产业发展意见鼓励有条件的互联网金融企业登陆新三版进行股权交易。2014 年,东莞市副市长贺宇表示东莞市政府及相关职能部门将支持本地 P2P 平台——团贷网在新三板挂牌,力争让东莞本土互联网金融企业团贷网成为中国 P2P 行业首家新三板上市平台。可见助力互联网金融企业登上新三板是目前地方政府的一项重点工作。

在互联网金融和新三板两个相汇的时候,互联网金融企业借助新三板这个资本的翘板,不仅可以获得满足发展的资金需求;更能通过登陆新三板这个过程,规范企业运作,同时扩大企业的知名度,以更好地实现公司价值。

第五部分
新三板公司研究篇

新三板扩容以来市场规模越来越大,挂牌公司数量与日俱增,政策制度也日臻完善。在这个过程中,出现了一大批优秀的企业,也暴露了一些劣质企业。

本部分通过16篇深度研究报告,研究了数十家新三板挂牌企业,既展示了一些优质企业的成功之处,也通过对一些暴露问题的企业的分析总结了一些企业应关注的风险点。

详解硅谷天堂战略

罗党论[①]

一、股市需要有血有肉的故事

2015年一批PE机构陆续挂牌新三板,引来了无数机构和投资人的围观,各研究机构也极尽搜罗之能事,推出了一系列内容丰富的研究报告,甚至一度还诞生了"红/黑"九鼎投资之争的盛况,这也算中国资本市场有史以来难得的奇观。Dr. L读了那么多关于这些挂牌PE机构的报告,尽管这些报告运用了大量的数据,把这些PE大佬们横过来竖过去反复丈量对比,希望能够把这些大佬们比出个高低来,但是最终都没有得出一个有说服力的结论,于是Dr. L卷起袖子拿起放大镜准备亲自透析一下。基于Dr. L本人稳重的研究风格,相对于九鼎投资的高举高打,中科招商的大起大落和天星资本的戏剧化,一直低调的硅谷天堂让Dr. L觉得更有味道,于是先拿来开透,找来了若干分析素材,力图从毛孔的角度给市场分析一个不一样的硅谷天堂。不管各位看官是投资人还是被投资人抑或是准备去投资的人,希望能对大家有所启示。

二、未来中国资本市场的五大动力

要看清楚硅谷天堂这样一个有一定历史而又比较低调的投资机构,Dr. L认为很有必要对中国未来市场发展趋势做一个大致的预判。这个预判不是去预测大盘会走到多少点,而是基于国家大战略背景下,对一级市场和二级市场发展趋势的一个清醒认识。相信各位看官都不会反对,未来中国资本市场可能存在以下五个方面的推动力:国企混合所有制改革,上市公司产业整合并购(包括全球并购),新三板,战略性新兴产业和"互联网+"。这五大推动力之间没有严格的界限和贡献率大小之分,不同的市场主体在不同的阶段所选择的路径不同(形成的推动力也会不同)。这些推动力彼此之间可以有机组合与相互补充,形成某种合力。扯了这么多,这跟硅谷天堂有什么关系呢?Dr. L通过分析资料发现,硅谷天堂居然在这五个方面都做了布局,而且布局的时间不短于3年,下面一一分享给各位看官。

三、国企混合所有制改革:硅谷天堂基因里流淌的优势

Dr. L通过整理资料发现,截至2015年6月为止硅谷天堂通过两种形式进入了3家国资控股上市公司:一是通过直接从二级市场买入并举牌进入了天津国资背景

[①] 罗党论,中山大学岭南(大学)学院副教授,新三板智库联合创始人。

的浩物股份(000757),二是通过参与定向增发进入了杭州市国资背景的杭钢股份(600126)和深圳市国资背景的天健集团(000090)。进入浩物股份是硅谷天堂在其市场价格极低的情况下直接通过二级市场买入并达到5％比例后举牌实现的。关于这一举动,Dr. L认为是其对国资控股背景的企业有较强判断力的表现;杭钢股份和天健集团是在跟两个地级市的国资委良好沟通的基础上共同参与定增完成的。关于这一举动,Dr. L认为是其对国资系统的运作模式有深刻理解的表现。基于上述事实,Dr. L认为硅谷天堂在私募PE中具有参与国企混合所有制改革的天然优势。这个结论看起来有点牵强,那么让我们看看表1,表1展示了硅谷天堂现任董事、监事和其他高管人员曾经的国企任职经历(根据股转系统公告文件整理)。

表1　　　　硅谷天堂董事、监事和其他高管人员的国企任职经历

姓 名	硅谷天堂职务	国企任职经历
王临江	董事长	钱江水利常务副总经理/董事会秘书
李国祥	副董事长	钱江水利董事长
王连洲	董事	全国人大财经委办公室(正局级)
余葆红	总裁	钱江硅谷控股常务副总经理
鲍 钺	董事总经理/董秘	人民银行湖南分行
冯 新	董事总经理	中化工轻工总公司/中国军工物质总公司
高 杰	董事总经理	中国银行陕西分行/陕西国投
韩惠源	董事总经理	原电子部计算机公司/中信泰富
何向东	董事总经理	建设银行浙江省分行行长助理
徐 刚	董事总经理	浙江省财厅党组成员/省地税总会计师
袁维钢	董事总经理	中国建行
应子宁	董事总经理	中国人保

表1告诉我们3个不容争议的事实:一是硅谷天堂的核心团队对国企的运作模式和体制有切身经验和体会;二是经过10多年(从2001年杭州开始)资本市场磨砺后,这批具有国企从业经历的董事、监事和其他高管已经进化出更适应中国国情的市场能力;三是在即将开启的新一轮国企混改大潮中,这批猎手比其他后起之秀更具竞争力。因此,Dr. L有理由认为,在硅谷天堂的基因里流淌着参与混合所有制改革的先天优势,不要忘了,从其历史沿革来说,硅谷天堂本身就是国企改革乃至是混合所有制改革成功的一个产物。

四、上市公司产业整合并购:硅谷天堂灵魂深处的冲动

说起上市公司产业整合并购,就不得不提硅谷天堂首创的"PE＋上市公司"模式,这个在2015年春节之前还饱受"操纵市场"和"新庄家"等质疑的模式,随着2015年4月24日上交所《上市公司与私募基金合作投资事项信息披露业务指引(征求意见稿)》出台而得到了正名,硅谷天堂通过这一模式跟20多家上市公司展开了合作,

随着硅谷天堂自身在新三板的挂牌解决了债务端的问题后,这一模式会在其强大资金支持下得到更广泛的应用。可能很多看官认为这一模式已经被市场广泛复制,很难再成为硅谷天堂的核心竞争力,对此 Dr. L 有不同的看法:"PE+上市公司"并不容易被复制。通过对硅谷天堂已经合作的案例分析可以看出,要实现有效共赢的"PE+上市公司"合作关系,合作双方要有三个充要条件:深度的互信、长远的共识和均衡的利益分配机制。Dr. L 从目前能够收集的案例中发现,包括硅谷天堂自身在内,并不是所有合作都能够达到上述三个条件,而整个市场目前通过这种模式实现合作的规模并不大,也刚好反映了这种创新模式存在技术难度。因此 Dr. L 认为,在今后一段时间内,硅谷天堂在保持运用这种模式获得竞争优势的机会还比较多。

同时 Dr. L 注意到,硅谷天堂整合并购的目标并没有简单地放在国内市场,2015年4月7日,硅谷天堂收购南非金矿上市公司 Village Main Reef,通过上市公司股东大会表决,意味着此次收购已基本完成(因为未完成交割,所以未体现在股转说明中)。Village Main Reef 的主营业务为矿产的开发与投资,旗下资产包括一个正在运营的金矿,一个处于维护阶段的金矿,两处金矿的总资源量约1 124吨;铂金矿总资源量约为1 213吨,为世界最大的单体铂金矿之一,另外还有一处锑矿资产,也是中国境外最大的锑矿之一,锑资源量达20.8万吨。Dr. L 请从事资产评估的朋友估算了一下,这批矿产的评估价值超过3 000亿元人民币(Duang!请各位看官想象一下这样一个标的如果在中国上市市值会是多少?这也是硅谷天堂尚未表现出来的隐形价值)。联想到前2年硅谷天堂收购斯太尔然后整体卖给博盈投资再参与定增的经典案例,不难想象硅谷天堂会对 Village Main Reef 实施类似的国内上市方案,只不过这次的标的要大上百倍!硅谷天堂在其股转说明中强调,会对境外的技术、资源、品牌三类优质资产进行控股式并购,其最终目的都是为了整合并进入国内上市公司平台然后实现顺利退出!

因此,Dr. L 认为在今后一段时间内硅谷天堂会稳步加大践行其"PE+上市公司"模式的力度,通过全球的社会资源网络展开对优质标的的并购,通过其合作的上市公司或新的合作伙伴实现并购标的的证券化,满足其灵魂深处最核心的诉求,展示其强大的套利退出能力。

五、新三板,战略性新兴产业和"互联网+":硅谷天堂在审慎中创新

Dr. L 注意到,即使目前硅谷天堂自身都在挂牌新三板,但是硅谷天堂似乎并不急于表现其在新三板的投资雄心和意愿,其披露在管项目中挂牌新三板的只有7家(2015年6月),和其他几家 PE 机构相比似乎少得可怜,比较成功的案例包括协议受让亿童文教和参与易维科技的定增。在硅谷自身的股转说明里面,也只是在其发展规划里轻描淡写地描述了加大关注新三板的意愿,似乎对传说中的中国纳斯达克表现得不紧不慢。这也是稳重的 Dr. L 钟情于稳重的硅谷天堂的原因。

Dr. L 的逻辑是这样的:尽管目前新三板被整个市场大风吹得好像明天就能变

成纳斯达克一样,但是在一系列预期政策明朗之前,一个铁的事实摆在大家的面前,那就是新三板的流动性。一方面硅谷天堂通过自身挂牌新三板解决负债端问题和提高自身管理规范性,另一方面硅谷天堂在巩固其他领域优势的同时审慎参与新三板投资,并且快速实现了新三板第一个"PE+上市公司"模式的合作,目的就是等新三板这个目前最活跃的估值系统实现足够流动性时全面发力。因此Dr. L完全有理由认为低调的硅谷天堂正在悄然布局新三板,其路径不是批量扫货而是精益求精,只是没有做太多的宣传。

同时,在硅谷天堂的股转说明和公开信息中,Dr. L发现其在管项目中尚未上市、挂牌的包括25个TMT类,28个先进制造类,11个现代农业和7个大健康项目,这些都属于战略性新兴产业范畴;而在2015年5月月底硅谷天堂又推出了其在线金融服务平台:金福猫系统。尽管这些在管项目和线上平台目前并没有给其带来实际收益,但是Dr. L认为这是其战略布局的重要组成部分,一方面反映了其人才储备有足够的专业宽度,另一方面反映了其对新的市场工具尤其是"互联网+"适应能力较快。这符合硅谷天堂一贯稳健但是不乏创新的风格。

六、战略执行力:人才体系与企业文化

投中研究院在一份报告中指出,硅谷天堂在挂牌的4家PE机构里面是退出项目数量最多以及实缴资金比例最高的,这一点让Dr. L很吃惊,因为在Dr. L的理念里,一个优秀的投资团队并不在于投了多少项目,而在于安全有效地投了多少项目,换句话说就是投资成功率越高越好。退出项目比例和有效募资比例正是Dr. L关心的两个关键指标,于是Dr. L开始研究为什么硅谷天堂能够做到这一点:这一切得以实现的关键原因,正是投资界经常挂在嘴边的一句话:团队!我们再看看其整个公司人才结构:公司共220人,其中40岁以上的占30%,40岁以下的占70%,结合前面提到过的硅谷天堂核心管理层的从业经历,这支团队不论是年龄梯度还是知识结构,都显得比较合理。硅谷天堂经过20多个"PE+上市公司"案例,两个中型国企的定增和两个经典的海外并购案例的磨炼日益成熟。Dr. L认为这才是硅谷天堂最大的核心竞争力,要知道在这个市场能批量投资项目不是真本事,因为这个市场到处都是缺钱的项目,但是能够批量把项目投好这就是真本事,而这种know how的积累往往比资金、技术更重要。

综上所述,Dr. L认为,硅谷天堂通过前几年的积累,基本具备了在混合所有制改革、上市公司产业整合并购、新三板、战略性新兴产业和"互联网+"等五大方向的战略布局和人才储备,并且以一种非常务实的风格在迎接未来7~10年的市场机会。当多数人完全把目光聚集在新三板期盼其成为中国纳斯达克主力时,硅谷天堂以一种更加开阔的视野在布局国企混合所有制改革和地方产业基金,以一种更加精准专业的眼光在全球寻求有价值的标的作为储备,以一种更有创意的手法在验证新市场的投资路径,这就是Dr. L钟情硅谷天堂的根本原因:这不是一只靠风吹起来的猪,这是一只羽翼丰满的雄鹰!

四大PE 2015年中报过招:硅谷天堂低调称王

吴文轩[①]

一、商业模式对比:看似"同根",却各有千秋

2015年,新三板市场各家挂牌企业披露的中报中,备受关注的新三板明星板块——PE机构也纷纷披露了期中成绩单。四大PE机构——硅谷天堂、九鼎投资、中科招商、同创伟业作为PE代表,都有何表现呢?

4家公司作为专业股权投资基金管理公司,其基本业务大体相似,不外乎融、管、投、退四个环节。融,即私募募资,通过非公开方式向出资人募集资金,同时公司自身投入部分资金,共同发起设立基金;投,即项目投资,通过资源对接、尽职调查、参股投资于企业股权;管,即投后管理,在投入资金后,有针对性地对被投资企业管理,达到投资升值的目的;退,即投资退出,在适当时机,通过IPO、新三板、并购、回购或者其他方式实现投资退出。

但每家企业的商业模式又有自身的特殊性。比如硅谷天堂以并购整合专业服务见长,以其自身独创的"PE+上市公司"模式,为合作上市公司提供战略梳理、管理咨询及并购整合顾问服务;中科招商则在管理环节,着力把上市公司变成终端上的产业经营平台和产业整合平台,提升上市公司的价值,帮助其重构产业格局;同创伟业由于起步晚,更加注重自身的基金管理,力图实现较高的IRR,在圈内占据立足之地,提出"三大三新"(大健康、大信息、大消费、新能源、新材料、新工业)的主要投资方向;九鼎投资则坚持其一贯的"另类"之路,在投资方面选择了"快速寻找行业龙头并通过上市退出"的策略,而4家公司半年报显示,九鼎投资也是4家基金管理公司中唯一一家开展公募证券投资基金管理业务的机构,具体如表1所示。

表1 四家PE模式侧重点

公司	模式侧重
硅谷天堂	以并购整合专业服务见长,为合作上市公司提供战略梳理、管理咨询及并购整合顾问服务
中科招商	把上市公司变成终端上的产业经营平台和产业整合平台,提升上市公司的价值,从根本上提高上市公司的经营能力,帮助其重构产业格局
同创伟业	以"三大三新"(大健康、大信息、大消费、新能源、新材料、新工业)为主要投资方向,采取全产业链投资策略(投资阶段覆盖了天使投资、VC投资、PE投资、新三板基金、并购投资及二级市场投资等)
九鼎投资	快速寻找行业龙头并通过上市退出

资料来源:网络资料,新三板智库整理

[①] 吴文轩,武汉大学,新三板智库研究员。

二、公司业绩对比：硅谷天堂笑傲江湖

在财务报表中，基金公司的业务收入主要可以分为三部分：一块是投资管理业务收入，主要包括基金管理费收入（通常为管理资金金额的2%）、项目管理报酬（超额业绩报酬）、投资顾问费用等，是公司基金管理能力的体现；另一块是投资收益，主要是公司在退出阶段、持有阶段分配的红利等；最后一块是公允价值变动损益，即公司手中持有的股票账面盈亏。

由于在财务报表编制中，中科招商和同创伟业均将投资管理业务收入作为公司的主营业务收入，而硅谷天堂和九鼎投资则将三块业务收入均列入主营业务收入。这就使得4家机构主营业务核算不一致。我们将4家公司的三大块业务收入加总，暂称作业务收入，来进行各公司的业绩对比。

根据各公司半年报，硅谷天堂收入增速惊人，同比增长6.94倍，以三大业务收入8.19亿元的业绩位居榜首。体量最大的中科招商虽然业绩增速不俗，但奈何半路杀出程咬金，只能以7.56亿元的三大业务收入位居第二位。

表2　　　　　　　　　　　　四家PE业务收入比较

	2015年1～6月三大业务收入（亿元）	去年同期（亿元）	同比增长率
硅谷天堂	8.19	1.03	6.94
中科招商	7.57	4.57	0.66
同创伟业	1.24	0.46	1.69
九鼎投资	4.75	1.70	1.79

资料来源：网络资料，新三板智库整理。

在收入构成方面，硅谷天堂与中科招商的投资收益占比最高，分别达到了三大业务的57.93%和59.05%，在投资退出中获得了比较不错的收益；同创伟业的投资管理业务收入占比达83.30%，九鼎投资紧随其后，该业务收入占比达71.13%。可以看出，对待不同的业务，各基金管理公司有不同的侧重，硅谷天堂和中科招商注重投资资金的退出，在运作资本方面有着较强竞争力。同创伟业由于刚刚起步，更加注重稳固根基，九鼎投资的投资管理业务运作能力比较强。在绝对量中，九鼎投资管理业务收入达到3.37亿元，位居该业务收入榜首。硅谷天堂投资收益达到4.74亿元，公允价值变动收入达到1.79亿元，均居于该业务榜首位置，如图1所示。

值得注意的是，除中科招商外，公布了投资管理业务收入构成的3家机构中，硅谷天堂的项目管理报酬收入（或超额业绩报酬收入）占比最高，达到56.89%，项目管理费收入与顾问费收入总计占比近70%。在基金管理费用为"死工资"（一般均为管理资金金额的2%～3%）的情况下，管理项目报酬和顾问费收入占比在一定程度上体现出资金管理机构的基金管理能力强弱。

在所有者权益保障方面，硅谷天堂由于业绩优质的保障，使其所有者权益指标均

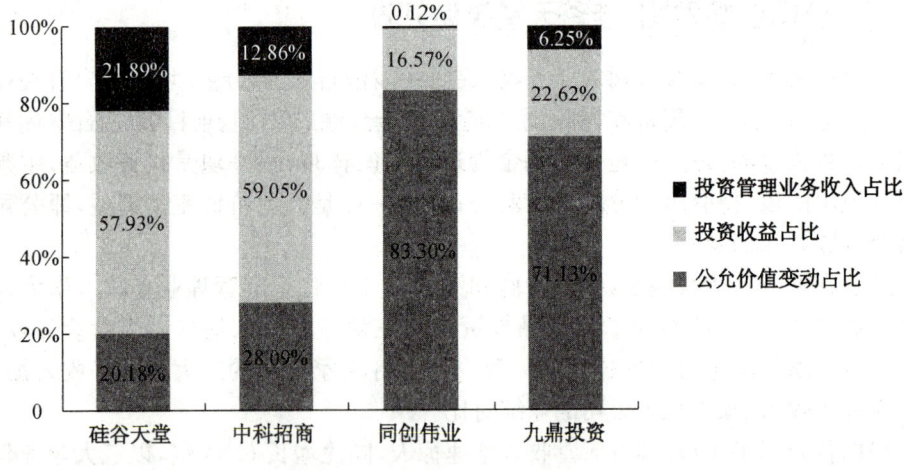

图1 硅谷天堂收入构成对比

资料来源:网络资料,新三板智库整理。

处于比较抢眼的位置。同时,黑马同创伟业以加权平均净资产收益率 30.19%、基本每股收益 1.77 元的优质指标位居榜首。

表3　　　　　　　　　硅谷天堂盈利能力比较

	硅谷天堂	中科招商	同创伟业	九鼎投资
归属于挂牌公司股东的净利润(亿元)	6.81	3.52	0.59	1.87
加权平均净资产收益率(%)	25.75%	16.76%	30.19%	1.59%
基本每股收益(元/每股)	0.5	0.19	1.77	0.04

资料来源:网络资料,新三板智库整理。

三、未来展望:前景光明,引人遐想

九鼎投资:主板情节,大资管梦。九鼎投资 2015 年 8 月与中江地产签订《重大资产重组之框架协议》,开始将全资子公司昆吾九鼎注入中江地产,开始圆自己的主板梦。

而早在 2014 年 7 月,九鼎投资便开始了其大资管平台的计划,先后成立了九泰基金、收购九州证券、金佰仕,投资九信投资、黑马投资,进入互联网金融贷款服务、个人风险投资以及第三方支付业务领域,并且继续向民营银行、人寿保险公司进军,而在 2015 年 5 月,九鼎投资鲸吞中江集团,成为首家控股 A 股上市公司的新三板企业,也为其投资金融帝国梦再下一城。

中科招商:从霸道总裁到五好青年。中科招商成立于 2000 年,是圈内成立较早的私募机构,也是新三板市场中体量最大的 PE 机构。在此次中报中,中科招商称下一步将实现"资本的中科招商、产业的中科招商、网络的中科招商、平台的中科招商和

国际的中科招商的战略目标",以实现"从PE的中科招商跨越到平台的中科招商,再跨越到要素集成、系统支持的生态型公司"。

同创伟业:年轻的金控梦。虽然起步较晚,但同创伟业一样有着一个金控梦,在公开转让说明书中,同创伟业写道,"公司未来定位于涵盖私募股权投资(人民币、外币)、二级市场投资(人民币、外币)、投资银行、证券经营等全业务链的大资管金融控股平台……把公司打造成专业化、精品化、网络化、国际化的创新型金融服务集团。"

硅谷天堂:最具想象空间的天堂。之前智库曾分析过硅谷天堂的战略,我们认为,硅谷天堂通过前几年的积累,基本具备了在混合所有制改革、上市公司产业整合并购、新三板、战略性新兴产业和"互联网+"等五大方向的战略布局和人才储备,并且以一种非常务实低调的风格在迎接未来7~10年的市场机会。

东海证券终上花轿　陪你掀起它的盖头来

万家欢[①]

东海证券(832970)从7月27日起在全国股转系统挂牌公开转让。继湘财证券、联讯证券、开源证券之后,东海证券成为第四家在新三板挂牌的券商。通过翻查记录可以发现,东海证券其实早早就已经启动上市融资计划,却因为种种原因,一直延续至7月份才成功在新三板挂牌。而新闻媒体对于该事件的报道往往喜大普奔地宣传,为东海证券冠以4家券商的"带头大哥"等称号,就像久久待字闺中的黄花大闺女,今天终于坐上花轿了,必须大事宣扬一番。如果你也很好奇这新娘到底长得什么样,那么就跟着我们一起,掀起它的盖头来!

一、东海证券是何许人也!

东海证券成立于1993年,前身为常州证券公司,是国内最早成立的证券公司之一,2003年通过增资改制成为高度市场化的券商。目前公司注册资本为16.7亿元,拥有48个股东,第一大股东为常州投资集团有限公司,持股2.5亿份,占公司总股本的14.97%,分支机构分布在全国各大、中城市。

2005年,东海证券成为全国第十家创新试点类券商。拥有注册保荐机构、客户资产管理、短期融资券承销、经纪业务、网上交易、投资咨询、同业拆借、股票质押贷款、银行间市场交易、证券自营、基金管理公司设立、权证创设、权证一级交易商、资产证券化和代办转让市场、首批甲类结算人资格等证券公司业务经营的全部牌照和资格。

上面说得太高大上,用一句话总结就是:东海证券把能开展的业务基本都做了!

二、东海证券的优劣势分析

东海证券发表的公开转让说明书上对公司的优劣势进行了比较客观的分析。
公司的主要优势在于:
(1) 良好的区位发展优势,主要的经营场所在江苏地区。
(2) 较好的成长性,主要体现在稳健发展的证券经纪业务、迅速成长的投资银行业务、出色的证券投资管理能力、优势发展的资产管理业务和定位清晰的研究业务。
(3) 稳健的经营模式和较强的创新意识,坚持发展传统中介类业务,同时不断地探索和推动管理制度、业务产品等方面的创新。

[①] 万家欢,中山大学,新三板智库研究员。

(4) 多层次风险管理机制和有效的内部控制，实行"统一领导、分级负责、专业监督、全员合作"的管理机制，统筹风险管理、合规管理和内部控制。

(5) 成熟的管理和业务团队及和谐进取的企业文化，激发员工的凝聚力，实现了企业与员工的共同发展。

公司的劣势在于：

(1) 净资本规模有待提高。净资本规模偏小，不利于公司在以净资本为核心的监管体系下取得发展的先机。

(2) 收入结构尚待进一步优化。公司证券经纪、证券自营、投资银行三项传统业务的收入占总收入比例很高，2015年第一季度达到96.10%。（前文提到的一大堆业务，其实没几个赚钱的）

(3) 经纪业务网点数量较少。截至公开转让说明书签署前，共有63家证券营业部，网点数目偏少，布局也有待进一步优化。

三、放弃IPO，选择新三板

据悉，东海证券在2015年年初完成了股权变更，原股东涪陵电力的股份转让给江苏高力集团有限公司，可以说为上市扫清了障碍，可这个时候，公司却放弃了筹备多年的IPO计划而转战新三板。那么，这又是为什么呢？

这事得从2014年9月说起，证监会向各地证监局下发了《关于鼓励证券公司进一步补充资本的通知》，通知上要求各券商未来3年至少应通过首次公开发行、增资扩股等方式补充资本金。证监会还鼓励券商在境外IPO上市或在新三板挂牌。

另外，中国资本市场的风险管理体系是以净资本为核心，即：券商许多资本消耗型业务的规模上限与净资本挂钩，同时需要按照各项业务规模的一定比例相应扣减净资本。因此净资本的限制在客观上会影响东海证券业务规模增长。以两融为例，截至2015年4月，东海证券融资融券余额40.6亿元，较去年年底增长12%，而同期全市场两融余额年内增长了近1倍。据悉，其两融增速缓慢主要是受制于净资本短缺。

这么一说，大家应该都懂了吧！东海证券需要快速融资以补足资本，不然就会拖累公司业务发展。IPO要求高，程序慢，而且最近还被暂停了。而相反，新三板能够实现快速融资，无须向证监会申请出具监管意见书，只要在5日内向地方证监局备案。果然，东海证券就和新三板一拍即合，毅然放弃IPO，选择新三板也就不难理解了！从5月22日提交申请，到7月27日正式挂牌，仅仅两个月的时间，东海证券就完成了新三板上市流程，不可不谓之快啊！东海证券再一次用实例验证了新三板的优势。

四、是巨头，不是老大

有很多新闻媒体报道说，"新三板券商迎新带头大哥"。其实，小编经过一番对比后觉得不太准确，东海证券在四个新三板上市的券商中算是个巨头，但不能说是带头大哥。

引用某报道中的一段话——"新三板论坛注意到,截至2014年年底,东海证券总资产277亿元,净资产达60.86亿元,这两项数据均超越了同期新三板中规模最大的券商湘财证券。这意味着东海证券将成为新三板4家券商中新的'带头大哥'"。我们核实了数据,也没有错,但这只是合并报表的数据,并非是母公司的资产状况。而母公司的情况刚好相反。为此,我们找了一份更权威的数据——中国证券业协会公布的《2014年证券公司经营业绩排名情况》。

表1是一些关键数据的排名情况。

表1　　　　　　　东海证券与湘财证券关键数据排名情况

指标名称	东海证券	湘财证券
总资产	47	36
净资产	41	54
净资本	52	54
净资本收益率	11	5
营业收入	27	36
营业收入增长率	11	9
净利润	28	31
净利润增长率	21	14

看了这样的排名对比,相信看官们都已知道,其实两家证券公司实力相当,论增长势头的话,可能湘财证券还稍胜一筹。当然,对比另外两家开源证券和联讯证券来说,东海证券和湘财证券的实力要排在前头。

至于媒体报道说的东海证券一季度净利润已超去年全年,也是真的。但是利润的增长主要是因为公允价值的变动,是市场走势所引起的变化,其中有多少利润是因为公司业绩改善而提高的,我们就不敢妄言了。

所以,我们认为,东海证券和湘财证券谁是大哥,谁是二哥目前还说不清楚,就暂时给他个"巨头"的称号吧!

[智库点评]　没有一家公司是百分之百完美的,由于公司所处的行业特殊性可能使公司得到更多媒体的关注。不能说这些新闻报道不真实,它们只是为了迎合大众的口味而放大了其中某个点,但是作为一名合格的投资者,我们应该具备理性的眼光和挖掘分析的能力,真实而又不失全面地去了解一家公司,这样我们看到的才会更多。

迟迟不见天涯"拿号",真相原来在这

吴文轩[①]

导读:2015年5月,一则有关"天涯社区新三板挂牌"的新闻再次引爆新三板市场,引起各方关注。其实准确地说,天涯社区的申请挂牌报告是在4月30日提交的,这个时间节点把握得很好,因为过了4月30日递交材料,有可能要多加审一期报表,但天涯社区的如意算盘失算了,7月3日股转系统披露了《关于天涯社区网络科技股份有限公司挂牌申请文件的反馈意见》(以下简称"反馈意见"),针对天涯社区挂牌的申请文件提出若干反馈意见,若主办券商没法及时给出合理回复,在7月31日之前拿到挂牌同意函,则加审一期财务报表就是板上钉钉的事了。接下来,让我们带大家看看那些阻碍天涯社区登陆新三板的"拦路虎"到底长啥样?

拦路虎之一:历史沿革要清晰

根据天涯社区提交的公开转让说明书,关于境外筹划上市及终止过程的部分仅仅描述了股权变更情况及回购谷歌股权事项,显然其信息披露程度无法让股转公司满意。因此在反馈意见中,股转系统明确要求天涯将从海外红筹架构搭建到相关公司注销的全程进行披露。包括:①补充披露海外红筹架构搭建及解除的具体过程,该过程中涉及的税收事项的办理情况,海外投资者情况及其入股、股权转让及股权回购过程、交易价格及其确定依据,是否存在股份代持或其他利益安排;②补充披露协议控制具体安排以及涉及的相关利益主体,协议约定内容执行情况;③补充披露VIE架构下相关公司的注销情况,境外主体是否持续拥有公司的相关资产,相关资产是否已完成转回至公司;④补充披露Tianya Communitiy Holdings Limited(即天涯社区海外注册开曼群岛公司)历次境外融资的外汇办理情况、海外投资者提供资金支持的形式及途径、是否按照规定已缴纳税款。

[智库点评] 对于挂牌企业来说,尤其是拆VIE结构的企业,在描述企业历史沿革时尽量做到越详细越好,宁可多写也不要"偷工减料"。

拦路虎之二:股东背景要"清白"

对于法人股东情况,股转系统要求主办券商及律师核查公司股权架构中直接和间接股东是否属于私募投资基金管理人或私募投资基金,是否按照相关法律规定履行登记备案程序;同时,对于增资协议,应补充核查公司是否与机构投资者之间签署

---

① 吴文轩,武汉大学,新三板智库研究员。

"对赌"等有关投资价格调整、优先权、反稀释、拖带权、认沽权等特殊条款或利益安排,分析公司及该等条款对公司控制权、权益、公司治理的影响,股东之间是否存在(或潜在)纠纷及其对公司治理及正常运营的影响,并对条款的合法性进行审核。

[智库点评] 这里"清白"有两层意思:一是要合法,股东中的私募投资基金要按照相关法律规定履行登记备案程序;二是核查有无对赌协议,并分析对赌协议对公司的影响。

拦路虎之三:展示持续经营能力

大家都知道上新三板门槛低,但是低不代表没有,其中重要的门槛之一就是持续经营能力。反馈意见中明确要求天涯对自身的持续经营能力作出以下说明:①结合公司发展阶段、技术研发阶段、主要成本费用支出的具体内容等补充披露报告期内持续亏损的原因。②结合同行业可比较的公司补充分析并披露流量来源、获取新用户的方式及后续推广宣传的计划。③补充分析并披露用户需求与客户粘性相关情况。④补充披露并对可持续经营能力进行全方位、多维度补充分析。

[智库点评] 互联网公司由于自身特点,往往在创业初期会有一个持续亏损阶段,因而针对自身的持续经营能力,需要作出一个补充说明。互联网企业申请挂牌时,如果存在亏损情况,最好结合自身行业情况,对用户增长、用户粘性、公司可持续发展能力、公司核心优势、行业前景等方面作出补充分析。

拦路虎之四:业务转型,战略布局可行性分析

对于公司业务转型,股转系统要求,公司补充披露业务及业务模式转型所依赖的关键资源要素及公司是否具备,转型的风险,新盈利模式的可行性、可持续性,持续经营能力。同时,主办券商补充核查并发表意见。

对于公开转让说明书中披露的一系列新型业务布局、新型商业模式搭建、新型盈利模式的形成,股转系统要求针对公司具体的特点进行具体分析。例如,天涯社区的公开转让说明书中提到"进一步扩展移动端产品用户数和影响力,形成移动端盈利模式",股转系统便要求天涯社区需要补充披露目前移动端用户的数据,包括不限于用户数量、用户活跃数、三端用户。补充披露移动端用户的应用及推广模式、未来在移动端设计的功能及收入模式、亮点,如何提高用户粘性与用户活跃度。

[智库点评] 互联网时代瞬息万变,公司往往要结合新兴技术和用户需求改变业务方向,对于业务转型和战略布局,建议企业结合自身优势,提供多角度的可行性分析报告。

拦路虎之五:业务经营资质及监管单位

在此次反馈意见中,股转系统明确指出"请公司结合业务内容梳理并以列表方式补充披露各项业务涉及的监管体系及监管内容,包括但不限于公司各项经营业务对应的具体监管部门、监管法规、主要监管内容及事项、涉及资质(如许可、批准或备案

等)",并要求主办券商及律师补充核查公司业务资质并发表明确意见。

[**智库点评**]　资质问题是企业经营的根本,没有资质谈何盈利。对于互联网公司,很多业务具有创新性,资质问题和监管单位是股转系统关注的重点,在披露方面要求就更为严格。

由股转系统公布的2015年新三板上半年的快报中显示,信息传输及软件和信息技术服务业的挂牌企业达到521家,位列行业分布第2位。新三板逐渐成为中小互联网企业融资主力平台。同时,随着新三板挂牌制度的完善,挂牌申请程序将越来越规范,一套完美的申请材料将大大缩短公司审核时间,这对于"时间就是金钱"的互联网行业将显得极为重要。今天我们整理的一系列互联网企业挂牌申报材料注意事项,希望能助各位明日"BAT"的高管们一臂之力!

扑朔迷离的又一家"中枪"企业——东方科技

谭舒丹　罗晓雪[①]

东方科技 2015 年 5 月 19 日公告称,5 月 18 日收到证监会的《调查通知书》,因相关行为涉嫌违法违规,证监会决定对公司立案调查。

东方科技表示,在调查期间,公司将积极配合中国证监会的调查工作,并就相关事项严格履行信息披露义务。请广大投资者理性投资,注意投资风险。

这家"中枪"企业为何遭到调查,背后又隐藏着哪些值得挂牌企业借鉴的经验?本文带大家了解这家企业到底是何方神圣吧。

一、身世大起底

贵州东方世纪科技股份有限公司,简称东方科技,证券代码 430465,于 2014 年 1 月 24 日在新三板挂牌。东方科技属于软件和信息技术服务业,主要从事水利信息化行业中与水利防汛抗旱相关的系统集成、运行维护、软件开发服务,以及与其配套的工程施工服务。

在国家以水利信息化促进水利现代化方针的指导下,贵州东方世纪科技有限责任公司成立于 2000 年 3 月 16 日,注册资本 880 万元,股东为贵州省水利水电勘测设计研究院和李胜,持股比例分别为 80% 和 20%。

2013 年,东方科技可是发生了大事件。2013 年 9 月 2 日,公司召开 2013 年临时股东会,决议以 2013 年 6 月 30 日为改制基准日,以经审计净资产为基础,整体变更为股份有限公司。2013 年 9 月 27 日,贵阳市工商行政管理局向公司核发了股份有限公司营业执照。图 1 展示了东方科技的发展历程。

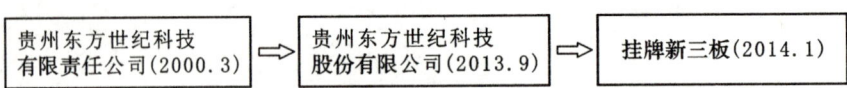

图 1　东方科技发展时间序列图

资料来源:网络资料,新三板智库整理。

2014 年年报显示,公司经理李胜为控股第一大股东,持股比例为 43.70%;鼎信博成创业投资有限公司持股比例为 16.78%,为公司第二大股东;贵州东方世纪投资管理企业(有限合伙)持股比例为 16.16%,为公司第三大股东。

---

① 谭舒丹,四川大学,新三板智库研究员;罗晓雪,四川大学,新三板智库研究员。

二、公司亮点

1. 专业化

自2000年成立以来，多年来专注于水利行业信息化的服务。在国家以水利信息化促进水利现代化方针的指导下，东方科技经多年历练后日趋成熟，从产品购置发展到实体开发，从方案模式扩展到了产品模式，从项目建设到长期服务，在为客户创造价值的同时，迅速发展壮大，已成为水利信息化领域的重要力量。成立至今，东方世纪始终坚持专业化发展的道路，提供高质量的产品让顾客得到保障。

2. 注重创新

公司设有两个研发中心，软件研发中心和硬件研发中心，负责新产品、新技术的研发、产品的改进以及重点项目的攻关。东方科技在水利水电行业具有软、硬件开发、实施及技术服务能力，能提供行业信息化整体解决方案，开发出洪水预报调度软件、水库自动监测软件、EC200-Y水情数据遥测终端机、EC200-D岩土数据遥测终端机等产品，坚持自主创新。

三、成长足迹中的"引人注目之处"——财务透析

东方科技2012年的资产总额为10 500.71万元；2013年资产总额为7 301.37万元，同比下降；2014年资产总额迅速反弹回升到10 717.15万元，同比上涨。

2014年，东方科技的营业收入同比下降，而净利润同比却大幅增加。这一点看起来很让人诧异。2012年的营业总收入10 185.55万元，同比增长21.41%；2013年为8 412.64万元，同比下降17.41%；2014年为6 790.41万元，同比下降19.28%；可见收入是在逐年下降的。

可仔细观察净利润，2012年为739.67万元，同比上升36.05%；2013年净利润为504.54万元，同比下降31.79%；但在2014年净利润为1 025.73万元，同比却还上升了103.30%，如图2、图3所示。公司年报对此的解释是，2013年7月29日股改造成股权支付696.817万元计入管理费用，故净利润有所下降，但总的来看，除了在2013年有特殊情况外，虽然公司的净利润是在上升的，但是可以看到收入却是在逐年下降的，这一点也是需要投资者注意的。

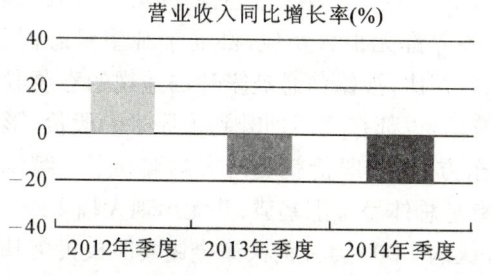

图2 东方科技营业收入增长率
资料来源：Choice，新三板智库整理。

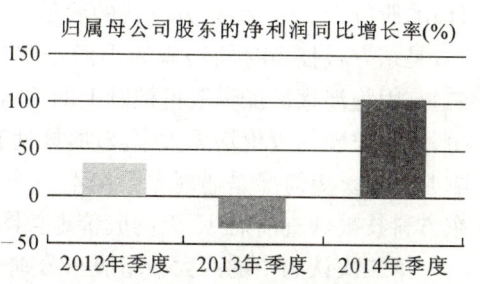

图3 东方科技净利润增长率
资料来源：Choice，新三板智库整理。

四、倒霉孩子——刚实施新一轮的新股认购便被调查

表1列示了东方科技定向增发的信息,图4展示了2015年前几个月东方科技的股价走势。

表1　　　　　　　　东方科技定向增发回顾

次序	增发公告日	方案进度	增发数量(万股)	预计募资(亿元)	增发价格(元/股)
第一次	2014-08-27	已实施	150	0.054 0	3.6
第二次	2015-05-11	已实施	400	0.500 0	12.5

资料来源:网络资料,新三板智库整理。

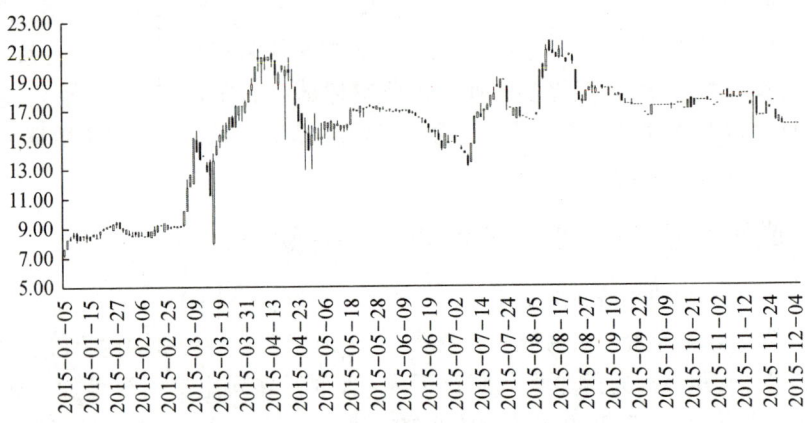

图4　2015年来东方科技的股价走势图

资料来源:网络资料,新三板智库整理。

从2014年首次定向增发以来,东方科技股价已由3.6元稳步上涨到17.02元(2015.6.3),其中2015年唯一一次一日最大涨幅也不超过20%,可谓稳中求胜,加之2014年年报的业绩前景可观,可谓是一只成长潜力股。但就在看似很顺利的第二轮增发7天后,东方科技就收到来自证监会的调查书。图5展示了东方科技2015年被调查前后15天的股价走势。

但在收到证监会的调查书之后,相比于公布被调查公告前一日(2015年5月18日)的股价16.98元,东方科技的股价并无大幅波动。小编认为主要有两大原因:其一,是东方科技当时的违规原因尚不明确,各界都无很大反应,都处于观望状态;其二,与因为涉嫌被操纵股价被盯上的中科招商相比,涉嫌信息披露违法违规的春茂股份、现代农装的股价均无大幅波动,即使有波动,也都在之后回升到了原来的股价,影响并不大。更何况是违规原因尚不明确的东方科技,股价就更无大幅波动了。综观东方科技被调查前后15天的股价走势图,更是总体呈上涨趋势,并无出现大幅下跌。

第二次认购中的两大新增股东分别是,认购1 000万元的天津金镒泰股权投资基金合伙企业(有限合伙),认购800万元的北京创信创业投资合伙企业(有限合伙)。这处于风口浪尖认购的两大熊孩子,卡在刚定增认购完就被查的时间点上,的确有亏

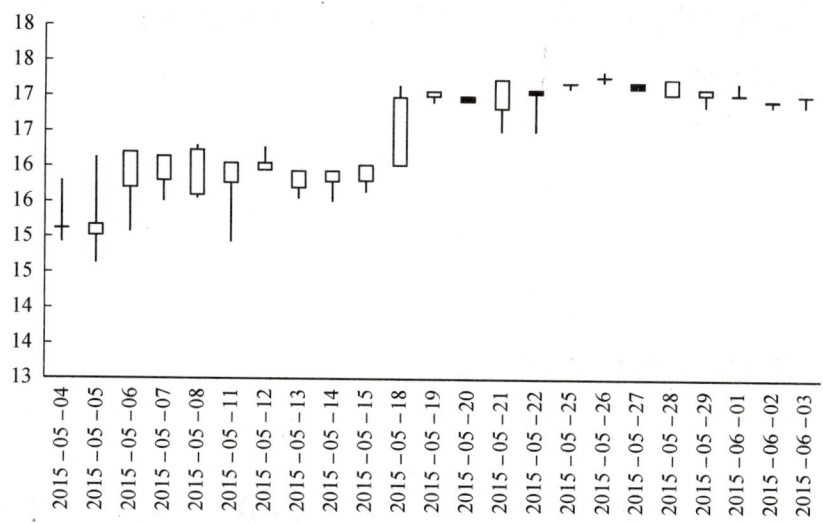

图5　东方科技2015年5月4日至2015年6月3日的股价走势图
（即被调查前后15天时间）

资料来源：网络资料，新三板智库整理。

损的可能，但基于以上两点分析，小编认为东方科技的股价并不会受到很大的影响，但增长潜力确实可能有所削弱。

但这只是小编的预测。关于股价日后的何去何从，以及相关具体情况，我们还要静候证监会的调查结果。

华图教育"借壳"失利，教育市场新三板之旅才悄悄拉开帷幕

李木秀[①]

一、华图教育创新三板"借壳"先河

2015年4月9日，新三板公司华图教育（830858）用26.5亿元借壳*ST新都，成为首家由新三板成功借壳跻身主板的公司。受此利好提振，停牌8个月的*ST新都复牌后涨停，上涨5.01%报5.24元（ST上市公司在交易时涨跌停幅度为5%）。

然而在短短两个月后，华图教育单方面终止资产重组协议。这场史无前例的借壳尝试，最终不得不遗憾地以失败告终。虽然华图登陆A股折戟，在这场资本市场波澜后，其他10家新三板教育公司会不会闻风而动？他们又将何去何从？先让我们来看看教育市场，尤其是在线教育市场情况。

在线教育市场或突破4 000亿元。

自2003年起，在线教育不仅涵盖了早教、K12教育（国际上对基础教育阶段的通称）、大学教育、职业培训等，而且涉及了口语培训、创业、汽车修理等细分行业，发展迅猛。

《中国在线教育新趋势调查报告》指出，目前在线教育年增长率超过线下教育14倍，中国在线教育市场规模正以每年30%以上的速度增长，预计2015年在线教育产业规模将达到1 600亿元，占整体市场的四成。

此前，申银万国发布的《互联网教育行业深度报告》则显示，未来5年内，中国教育培训市场规模将达7 000亿元，而互联网化的教育市场将达到4 000亿元。而腾讯发布的一份报告显示，虽然中国的K12人群总数大约为2.83亿，但目前只有18%的人接触过在线教育，这也意味着巨大的市场潜力。

在线教育市场的蛋糕越来越大，各路教育公司如何能分一杯羹？毫无疑义，做大做强咯！其中不可或缺的一环就是进入资本市场。不过教育类企业不是那么好上市的。

二、教育类企业上市限制政策在松绑

目前，教育类公司A股上市主要在以下三个方面受限制。

[①] 李木秀：中山大学岭南学院，新三板智库研究员。

1. 公益属性

《民办教育促进法》规定,"民办教育事业属于公益性事业",《教育法》也规定,任何组织和个人不得以营利为目的举办学校及其他教育机构。这些都从法律上排除了民办教育培训机构的营利性基础,与作为上市公司的盈利性相悖。

2. 外资禁入

早期投资教育行业的多是外资风投,而《外商投资产业指导目录》中对教育、医疗、出版等行业设立了禁入规定,已经投入的资本在上市过程中将要面临如何自处问题。

3. 谁来管理

作为上市主体需要一个监管机构,而民办教育处在教育部、工商局的多头管理下,有些细分领域还涉及民政、劳动保障与人力资源等部门,关系错综复杂。

在这三个限制下,教育企业若想上市,往往要舍近求远,通过 VIE 结构远赴美国。目前,在美上市的新东方、好未来、学大教育等近 10 家教育机构均是采取这种形式。

不过近年来,随着政策的逐渐松绑,那些觊觎 A 股的教育企业,看到了新的希望,昂立教育获批上市,便释放出这样的信号。2014 年 1 月,政策更是出现历史性突破,国务院通过了教育法律修正案草案,明确对民办学校实行分类管理,允许兴办营利性学校,这被业内人士解读为教育企业上市的最大法律障碍被扫清。

随着政策松绑,教育类企业上市在一定程度上放开,让我们来看看成功进入资本市场的教育类企业。

三、条条大路通资本市场

现在教育企业进入资本市场的方式就有以下几类。

1. "打擦边球"上市——全通教育定位"信息科技"

2014 年 1 月 24 日,全通教育在创业板上市。全通教育将自己定义为"中国首家家校互动信息服务上市公司",核心产品有"系统开发运维、业务推广运营、阅读信息服务、家庭教育网站服务"四大类,主要是利用移动通信技术为中小学校(或幼儿园)与学生家长提供沟通互动的服务。

2. 直接"借壳"上市——昂立教育"借壳"新南洋

2013 年 6 月 20 日,上海颁布《经营性民办培训机构管理暂行办法》,该办法对经营性民办培训机构予以正名,规定其由工商行政管理部门登记从事经营性培训活动。为了满足上海各级工商管理部门的要求,昂立教育作出了符合要求的调整,使其在上海的教学点全部通过审核转制为符合政府要求的经营性公司。

新南洋反向并购昂立教育的重组方案,在历时 10 个月、一度遭遇否决之后,获得了证监会无条件通过过会方案,在 2014 年 8 月 21 日成为 A 股市场上首只教育培训产业股。

3. 登陆新三板再"借壳"——华图教育"借壳"*ST 新都

早在 2012 年 10 月,华图就向证监会提交了 IPO 辅导备案,但在 2013 年 12 月并未获得通过。2014年7月，华图登陆新三板，之后一直在谋划借壳上市。

2015年4月8日晚间，*ST新都发布公告称，已与华图教育达成收购协议，拟以4.09元/股向易定宏等华图教育股东发行股份收购华图教育100%的股权，交易标的预估值为26.5亿元。华图创新三板"借壳"挂牌先河！

4. 登陆新三板，参与做市、定增、并购

在新三板挂牌的教育类企业一共有11家，分别为：嘉达早教、亿童文教、分豆教育、华图教育、华博教育、北教传媒、行动教育、圣才教育、书网教育、建策科技、朗顿教育。

除华图教育外还有嘉达早教、亿童文教、分豆教育这3家公司有资本运作，具体如下。

四、教育企业资本运作概况

1. 亿童文教做市、并购

亿童文教主要从事学前教育装备产品的研发和推广，集教育技术创新、产品设计创新、网络培训创新、教育服务创新于一体，专业服务于我国广大幼儿园。公司业务同时覆盖图书出版、玩教具和网络培训服务三大领域。

亿童文教在2014年8月21日便采取做市转让方式交易，更在2015年3月10日晚间公告，公司与硅谷天堂近日签署了《财务顾问协议》，公司聘请硅谷天堂担任收购与兼并等资本领域业务的财务顾问，由硅谷天堂向公司提供并购方案设计、财务与法律尽职调查、引荐投资人等服务。此次合作将有助于公司进一步梳理战略规划和并购思路，充分利用资本市场，通过收购与兼并等资本运作方式将企业做大做强做优。

2. 嘉达早教做市、定增

嘉达早教是一家专业研究、开发、生产早教产品的龙头企业，主营业务为0~6岁幼儿早教产品的研发、制造与销售，产品主要涵盖学习机、宝贝电脑、点读笔等学习类早教产品，以及趣味书屋、嬉水企鹅、音乐小飞鱼等益智类婴童早教产品。

嘉达早教在2014年11月29日便采取做市转让方式交易，在2015年4月9日晚间发布股票发行方案，公司拟向为符合适当性管理要求的35名的新增投资者以及4名现有做市商发行不超过2500万股股份，发行价格13元/股，拟募集资金总额不超过3.25亿元（含3.25亿元）。此次募集资金主要用于与公司主营业务相关的项目，扩大公司业务规模，进而更好地支持公司产品研发，市场拓展，从而提高公司整体经营能力，增强公司的综合竞争力。

3. 分豆教育定增融资

分豆教育在中国率先提出云智能教育理念，是云智能教育平台开发与运营商、优质教育内容提供商及学生个性化学习方案解决商。历时3年研发并推出慧学云智能提分王、一站式学情诊断系统两款云智能中学教育产品，获得财政部、教育专项资金的支持。

分豆教育于2015年1月26日在新三板挂牌，于2月10日进行定增，定增600万股,每股定增价为 7.8 元,融资约 4 680 万元用于新产品研发以及补充流动资金。其中,目前已确定的发行对象为齐鲁证券、鲁证新天使和光大证券,3 家机构拟认购 270 万股。公司称,公司此次定增也是为做市商取得储备库存股。

表 1 列示了新三板和 A 股在线教育企业 PE 对比。

表 1　　　　　　　　　新三板和 A 股在线教育企业 PE 对比

新三板企业	PE(参考做市价和定增价)	A 股在线教育股	PE(二级市场价)
嘉达早教	23.6(做市股价)	全通教育(创业板)	570
亿童文教	58.7(做市股价)	新南洋(主板)	196
分豆教育	7.8(定增价)	—	—
华图教育	26.5 亿元借壳 A 股	—	—
华博教育	暂无成交和定增	—	—
北教传媒	暂无成交和定增	—	—
行动教育	暂无成交和定增	—	—
圣才教育	暂无成交和定增	—	—
书网教育	暂无成交和定增	—	—
建策科技	暂无成交和定增	—	—
朗顿教育	暂无成交和定增	—	—

[小编点评]　从本文可以看出以上参与资本运作的教育类公司的靓丽表现,无论是通过"打擦边球"、借壳上市还是通过定增发行和并购重组,尤其是华图教育的借壳上市,"蛇吞象"更是开辟了上市新途径。它们都在市场上占据了一席之地,分享了教育市场的大蛋糕。

教育类企业进入资本市场的路已多开辟了一条,剩下 8 家新三板教育类企业将何去何从?

我们认为,不必盲从,可以借鉴,根据自身实力与发展规划选择最合适自己的路。

尽快跟从,越早调整自己,越快参与到市场中去,分得大蛋糕的可能性也就越大。

新三板的"黑天鹅"

李木秀[①]

一、股转系统说市场有风险,投资需理性

新三板交易屡创新高,做市指数在4月1日以2121.71点收盘,3个月翻了1倍!在市场一片欢欣起舞,多路资金不断杀进新三板的形势下,股转系统于4月2日发布温馨提示:"全国中小企业股份转让系统是服务于创业、创新、成长型中小微企业的全国性证券交易场所,请投资人在关注投资价值的同时勿忘投资风险,保持理性投资心态。"为什么一盆冷水当头泼下?因为新三板也是存在"黑天鹅"的。

二、晴天霹雳——15年首家新三板ST公司

3月27日,股转系统发布公告,要把上海激动网络股份有限公司简称由"激动网"更改为"ST激动"。激动网成为2015年首家被实行风险警示的挂牌公司。

该公司为什么会被警示?主要是因为**巨额亏损,持续经营能力遭怀疑**。

在该公司的2014年度审计报告中指出,截至2014年12月31日,该公司累计亏损人民币2.58亿元,净资产为人民币-2741万元,流动性负债超过流动资产的金额为人民币4024万元。之后董事会发布针对审计意见的专项说明公告,指出公司持续亏损,净资产为负的主要原因是:①公司在视频网站为主营业务时期,硬件设备方面巨额投入,但未产生预期收益,后期虽战略转型、压缩成本开支,但前期购入的服务器设备仍需提高折旧额和摊销成本。②资金链断裂,导致SP等业务停滞,后虽获得股东资金接续,但无法弥补前期流失的客户和渠道资源,导致营收较去年大幅下降55%。

三、三种情况易被风险警示(ST)

还有什么原因会被风险警示,"戴帽"ST?

按照交易规则,新三板公司触发风险警示监管红线主要有三个方面原因,分别是:

(1)最近一个会计年度财务报告被出具否定意见或无法表达意见的审计报告。

(2)最近一个会计年度财务报告净资产为负。

(3)或者出现其他情形。

---

① 李木秀:中山大学岭南(大学)学院,新三板智库研究员。

那么现在有多少个新三板公司是被风险警示的呢？

四、历数新三板风险股

1. 首只ST股和首家终止挂牌公司——7年"僵尸股"ST羊业

北京中农立民羊业科技股份有限公司（以下简称"ST羊业"）于2007年3月21日在原证券公司代办股份转让系统挂牌。

2007年9月，公司原董事长王立民因涉嫌黑社会性质犯罪及经济犯罪被公安机关立案调查。

2008年12月，王立民被锦州市中级法院以虚报注册资本罪进行了刑事判决。随后，公司生产经营活动全面停止，主要资产损失严重，资金链断裂，公司员工全部解散。

2009年7月8日，ST羊业因为连续未能如期披露2007—2008年年报而被实施风险警示，彼时新三板的挂牌公司仅18家。其间，ST羊业曾因股东出资不实而遭受工商行政处罚。

截至目前，ST羊业仍然无法恢复正常运营，连续7年不能披露年报。

2014年5月19日，全国股转系统新交易系统切换上线，ST羊业因不具备挂牌资格而被移除。

摘牌依据 根据《非上市公众公司监督管理办法》《全国中小企业股份转让系统有限责任公司管理暂行办法》等有关规定，股转系统挂牌公司需取得中国证监会的核准、纳入非上市公众公司监管。根据经中国证监会批准的通知，原代办股份转让系统挂牌公司应履行其公司股票在股转系统公开转让、纳入非上市公众公司监管的申请程序。由于ST羊业没有按照通知要求提交申请材料，未能完成相关程序，因此，根据有关规定以及主办券商安排，股转系统决定将ST羊业从股转系统中移除。

ST羊业成为第一个被风险警示和终止挂牌的公司，从此新三板开启了有进有退优胜劣汰的序幕。

2. 新三板第二只ST公司——ST津伦

股转系统于2014年4月30日公告，将从5月5日起对津伦（天津）精密机械股份有限公司股票转让实行风险警示，其简称由"津伦股份"更改为"ST津伦"。

"戴帽"原因 ST津伦股份2012年年末挂牌交易，2012年亏损835.35万元，2012年年末净资产也仅为682.28万元，资产负债率高达92%。2013年继续亏损1651.72万元。不过真正令ST津伦股份触发新三板风险警示规则的是，公司2013年年底净资产为－969.43万元，已是资不抵债。公司2013年经审计的期末净资产为负。

3. 新三板第三只ST公司——ST桦清

2014年6月24日，股转系统公告表示将从6月24日起对桦清股份股票转让实行风险警示，其简称由"桦清股份"更改为"ST桦清"。

ST桦清是一家提供税务信息化终端硬件服务、财税产品及其相关服务的公司。

2013年7月4日在新三板挂牌交易,2013年8月6日和26日发生过两次成交,价格分别为10.8元/股和14.22元/股。从其挂牌至戴帽,时间过去还不足1年。

2013年12月31日,ST桦清发布公告称,控股股东潘子系、陈长江因经济合同纠纷,其各自持有的公司股份被司法冻结。

2014年1月,公司又先后多次发布公告,披露了前任董事长潘子系、财务总监刘学升因贷款诈骗罪被上海市公安局刑事拘留。此外,公司和全资子公司上海博天的房产也被司法查封。

2014年1月13日起,ST桦清股票转让被暂停;而其2013年年报也未按期在4月30日之前完成。

"戴帽原因" 桦清股份2014年6月23日披露2013年年度报告,被众华会计师事务所出具无法表示意见的审计意见。

未经决策的巨额担保及违规挪用 众华会计师事务所2013年经审计认为,ST桦清及子公司涉及3 000万元未经决策程序的抵押担保金额,同时ST桦清共有6 174万元的资金被前董事长潘子系、前财务总监刘学升违规挪用,遂出具了非标准审计报告。众华会计师事务所指出,导致注册会计师出具无法表示意见的原因有二:

一是截至2013年12月31日,公司及其子公司涉及3 000万元未经决策程序的抵押担保金额,公司不能对是否还存在其他担保事项作出判断,也无法判断是否存在上述3 000万元的抵押担保责任,也就无法对这些可能产生的损失进行预计和确认。

二是截至2013年12月31日,公司共有6 174万元的资金被前任董事长潘子系、财务总监刘学升挪用,转入全资子公司上海博天信息科技有限公司。审计报告写道,"因涉及潘子系、刘学升涉嫌贷款诈骗案,桦清股份对于这些资金往来形成的其他应收款计提了100%的坏账准备。同时,桦清股份对这些资金往来性质以及相关主体是否为实质上的关联方,难以作出判断。由于未能取得债务人经审计的会计报表和应收款项函证资料,所以我们无法判断上述有关单位和个人的偿债能力,无法判断这些债权的可回收金额"。

但从年报来看,上海博天恰恰是ST桦清最重要的子公司之一。2013年上海博天实现营业收入3 100.88万元,净利润403.74万元。而在借助上海博天的通道被挪用6 174万元后,ST桦清的财务状况已捉襟见肘——2013年年底,公司账面货币资金只有454.89万元。

在经过追溯调整后,公司2012年年底的货币资金也有4 000万元不翼而飞。2013年中报披露,2012年年底合并会计报表中的货币资金为5 362.55万元,而在2013年年报中,这一数据被更改为1 362.55万元。

[智库点评] 这几家公司被"ST"的原因主要有两类:一个是公司高管管理存在问题,或陷入刑事纠纷或存在非法挪用、非法担保等违规操作;另一类是公司的运营不佳,资不抵债。这种明显"黑天鹅"类的公司为什么会存在于新三板市场?我们认为有两点值得注意:

(1)新三板的保荐券商制度有待完善。按现行规定,主办券商推荐股份公司股票进入新三板挂牌,应与申请挂牌公司签订推荐挂牌并持续督导协议;并且现行规定还明确了持续督导的内容,包括信息披露、规范运作、信守承诺与公司治理机制等。这一制度设计将券商与新三板公司捆绑在一起,试图充分发挥中介机构的作用,保证券商诚实守信、勤勉尽责。但持续督导制度在现实中执行得并不理想,多流于形式。

当前,对持续督导实行的是由全国股转系统对主办券商的自律管理,措施包括约见谈话、责令接受培训、出具警示函、责令改正、暂不受理文件、通报批评、公开谴责等,最严厉的措施是限制、暂停直至终止主办券商从事推荐业务,并没有罚款等金钱上的处罚措施。

如果这种局面不尽早扭转,隐藏在其内部的风险就会暴露出来。例如,信息披露是券商对挂牌公司持续督导的内容之一,券商应持续督导挂牌公司建立、健全信息披露事务管理制度,事前审查与事后核对信息披露文件,对发现有虚假记载、误导性陈述或重大遗漏的,要求挂牌公司更正、补充或向全国股转系统公司报告。一旦券商疏于督导,未能及时发现挂牌公司的财务舞弊,未能及时督促挂牌公司披露重大信息,未能及时向全国股转系统报告并发布风险揭示公告,既会给投资者造成损失,也会令券商声誉受损。

(2) 新三板公司鱼龙混杂。在公司层面,在新三板的转板机制孕育巨大机会、新三板市场吸引力越来越大的诱人前景下,由于新三板挂牌企业在运营方面只要求"业务明确,具有持续经营能力",对公司的持续盈利能力并无强制性要求,所以良莠不齐的公司蜂拥挂牌新三板。这个时候投资者在没有掌握公司信息的情况下就极易"踩中地雷"。

要避免变成新三板"黑天鹅",一方面保荐商制度有待完善,另一方面是要做好研究。研究力是关键!掘金新三板需要立足于对新三板公司的足够了解,深入研究公司的价值所在,也就需要越来越多的机构和人士去发现其中的明日之星!

互动派:下一站独角兽

徐 舜 赵慧婷 陈江月[①]

一、大数据生态是孕育百亿乃至千亿级大市值企业的沃土

1. 全球大数据产业蓬勃发展

2011年5月,EMC首次提出了"大数据(BIGDATA)"的概念,很快IBM、麦肯锡等诸多有影响力的机构发布了一系列关于大数据的前瞻性研究报告,大数据概念瞬间席卷全球。随着数据源的爆发式增长、技术的成熟、应用的多元化以及政府层面的大力推动,大量的企业投入大数据领域。大数据产业已成为本轮信息技术引领下新经济的重要组成部分。Wikibon调查数据显示,2014年全球大数据市场规模达到285亿美元,同比增长53.20%,其预计2015—2017年全球大数据的市场规模分别可达到383亿美元、452亿美元和500亿美元,如图1所示。

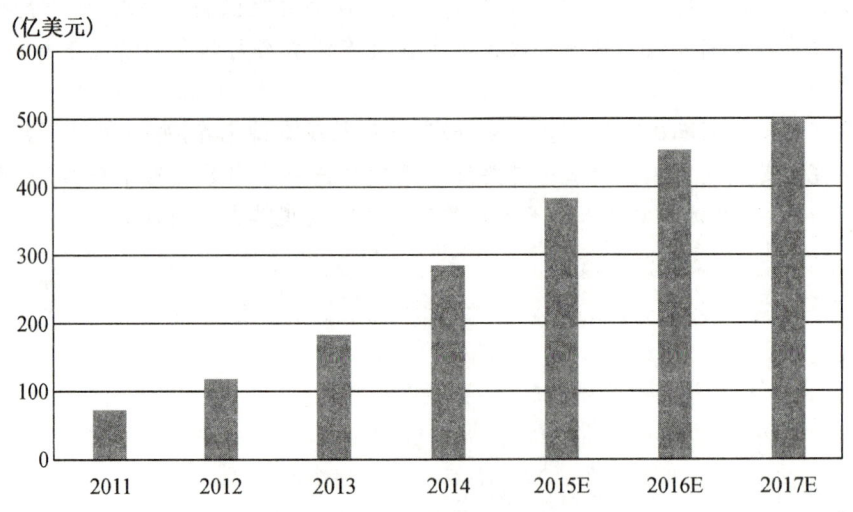

图1 全球大数据市场增长情况

资料来源:Wikibon、新三板智库。

数据源、数据管理及数据应用三大环节初具规模。目前,大数据产业链上已发展形成三大产业链条:①数据源:主要是获得并提供数据,基于数据本身;②数据管理:

---

① 徐舜,CFA、CPA,新三板智库CEO;赵慧婷,中山大学,新三板智库研究员;陈江月,中山大学,新三板智库研究员。

对数据进行存储、计算、分析等,基于技术;③数据应用:挖掘数据价值,应用于各个行业、各个场景,基于服务。不同的产业链角色有不同的盈利模式,如图2所示。

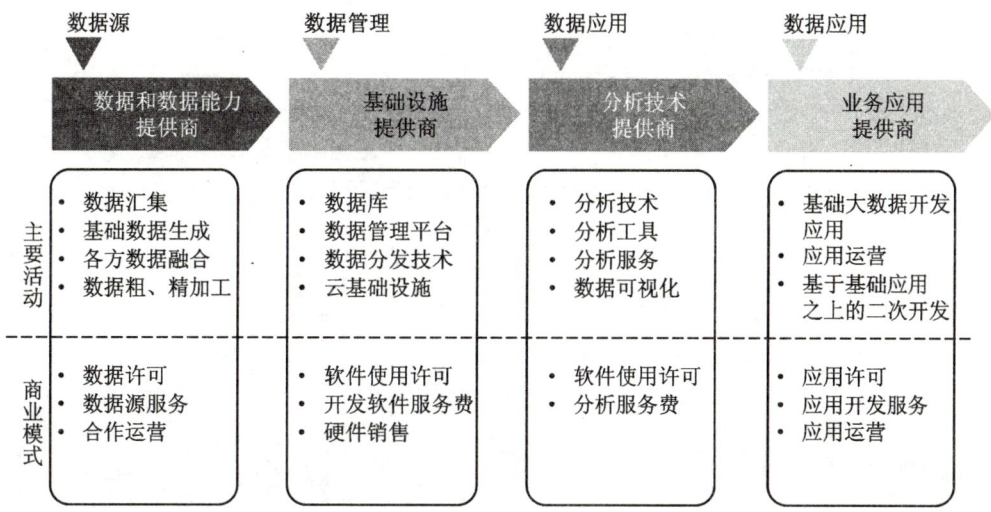

图2 大数据产业链的数据源、数据管理和数据应用三大环节

资料来源:新三板智库。

2. 未来大数据将形成一个产业生态

大数据是基础性的技术,不仅能在技术环节形成商业机会,更重要的是能对几乎所有的行业产生影响。纵观世界产业经济发展史,能影响各个行业的基础性的技术变革一定能形成丰富的产业生态。大数据技术的创新与应用,不仅能够应对数据爆炸带来的挑战,也够创造出巨大的价值和提升社会生产率,因而其未来必将发展成为一个产业生态,将催生更多的商业模式,所形成的产业生态将全面覆盖整个社会,全方位改变人们的生活。

2013年,FirstMark资本的MattTurck绘制了大数据生态地图3.0版本,涵盖了大数据的38种商业模式,被业界奉为大数据创业投资的"清明上河图",如图3所示。根据这个生态图,大数据产业分为6个部分。数据源(Data Sources)是整个生态系统的基石,开源技术(Open Sources)位于数据源的上层,为数据的处理和使用奠定了基础。在这两者的基础上,形成了大数据基础设施(Infrastructure)、大数据分析(Analytics)、贯穿于大数据基础设施和大数据分析两部分形成的交叉基础设施(Cross Infrastructure)和大数据应用(Applications)4个部分。

3. 全球大数据产业已涌现出的多家大市值公司

大数据产业未来前景不可限量,即使是产业生态中某一环节,也可能是巨量的市场。大数据产业已涌现为数不少的大市值公司。表1列示的几家公司均是纯粹的大数据公司,其绝大部分收入都是来自大数据业务。

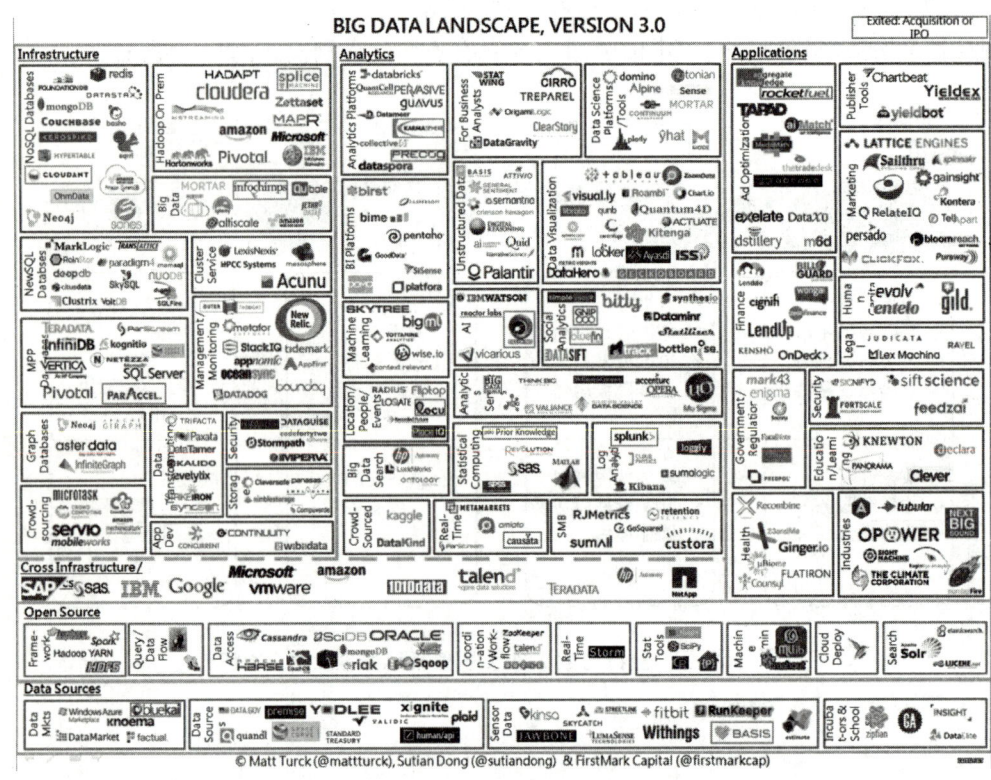

图 3 大数据生态地图 3.0

资料来源：FirstMark。

表 1   国外大数据产业已涌现的数家大市值公司情况

公司名称	成立时间	2014年营业收入（亿美元）	市值（亿美元）	主营业务
Informatioa	1993年	10.48	41.45	Informatioca公司提供数据集成软件及服务。公司的基础架构软件类别包括数据集成、云计算、复杂事件处理、应用程序信息生命周期管理、数据质量、B2B数据交换等
Hortonworks	2011年	0.46	11.07	Hortonworks是一家致力于提供企业级数据管理解决方案，推广Hadoop市场采用率的公司。该公司产品使其用户得以利用有效的大数据管理改善自身业务
Splunk	2003年	4.51	71.48	Splunk有限公司是领先的实时运营信息软件供应商，作为大数据安全信息平台，被全球超过2 000家企业机构所采用。Splunk提供了数百个应用程序，帮助客户解决安全、业务和IT挑战。
Tableau	2004	4.13	59.22	Tableau Software公司是一家商业数据智能软件提供商，Tableau的业务主要分为两部分：一是数据可视化软件授权，二是软件维护和服务

(续表)

公司名称	成立时间	2014年营业收入(亿美元)	市值(亿美元)	主营业务
Teradata	1979年	27.32	64.60	Teradata公司(Teradata数据)是从事企业级数据仓库(EDW中),包括企业分析技术和服务,其数据仓库解决方案包括软件、硬件及相关业务的咨询和支持服务
Marketo	2006年	1.50	13.57	Marketo是一家提供云计算平台的公司,使企业能够从事现代营销活动
Palantir	2004年	10.00	200.00	Palantir公司提供大数据解决方案,主要有两种产品 Palantir Gotham 和 Palantir Metropolis。前者主要应用于国防,后者目前主要用于金融服务反恐和危机应对等

资料来源:Wind,表1各公司官网、新三板智库。

即使是亚马逊、FACEBOOK、谷歌等互联网巨头,其千亿美金级别的市值也有相当大部分是基于市场对于其数据源以及数据应用的预期。

二、国内大数据正处于产业化开启阶段

虽然在过去的几年,大数据在二级市场是一个经久不衰的热门话题。客观地说,国内的大数据现在才真正开启了产业化的进程。

1. 供给端:技术可行和大数据成形

1) 技术可行

大数据技术已经进入成熟期。从20世纪90年代,大数据发展开始萌芽期,直至2000年,大数据技术开始真正出现,2010年大数据技术进入围绕Hadoop的发展期(见图4)。现在,从数据源、数据管理到数据应用各个阶段涉及的关键技术都已基本解决大数据所带来的问题和挑战。

互联网和物联网技术解决了大数据采集的问题。目前常用的数据采集手段有物联网中的电子标识技术,如传感器、RFID和条形码等,主要用来获取物理数据、物品基本信息等,通过互联网技术如百度、谷歌等搜索引擎来获取网络互动数据,通过移动智能终端获取物理数据、社交数据、地理位置信息等综合性数据。

GFS/HDFS和NoSQL实现了大数据的高效管理。海量化和快增长特征是大数据对存储技术提出的首要挑战。与传统系统相比,谷歌文件系统(GFS)和Hadoop的HDFS分布式文件系统解决了大数据的海量化和增长迅速所导致的问题。NoSQL和Spanner数据库能够应对各种大数据中多种格式数据进行高效管理。

MapReduce和云计算实现了大数据应用的计算与分析。MapReduce分布式并行计算技术满足了大数据对于计算能力的需求。云计算是大数据分析技术的理想载体,满足大数据时代对于多种结构数据深入分析的要求。

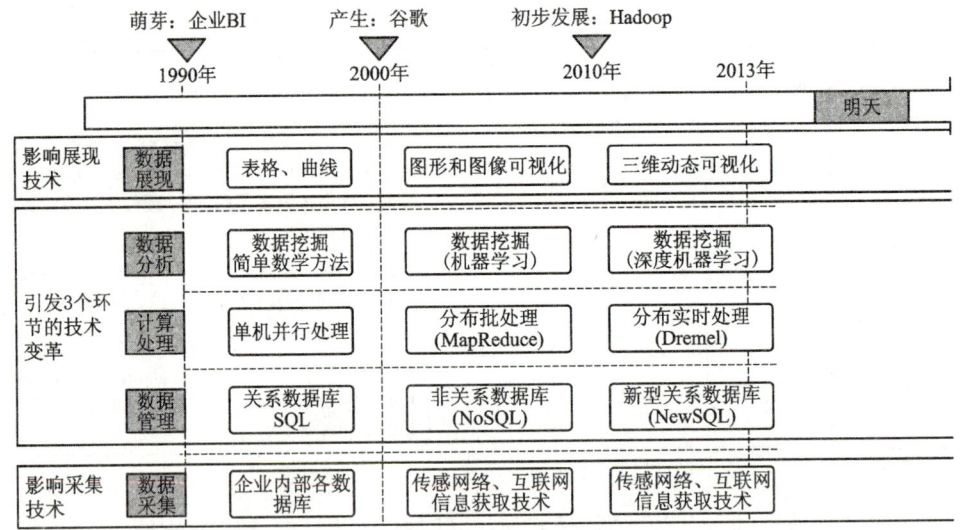

图 4　大数据技术体系及发展历程

资料来源：浙江大学学报、新三板智库。

2）大数据成形

强大的数据生产能力促进数据量爆发增长。随着信息技术的发展,我们经历了传统互联网→移动互联网→物联网传感器的技术变革,技术革新使数据生产能力呈指数级提升。据IDC预测,目前每年数据的生产量是8ZB（1ZB＝1012GB）,2020年将达到40ZB。需要约429亿个1TB的硬盘进行存储,届时中国产生的数据量将占到全球总量的21%。属于大数据的时代已经到来。

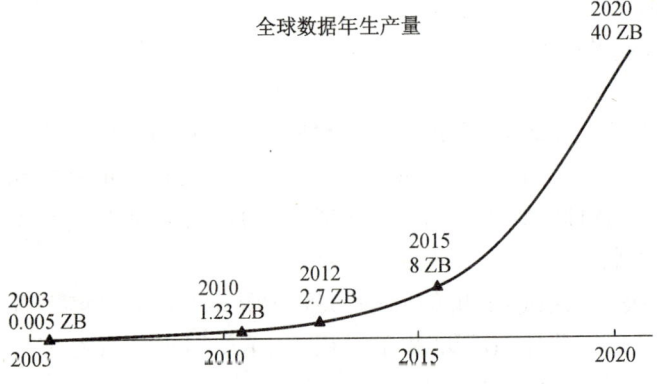

图 5　全球数据年生产量增长情况

资料来源：IDC、新三板智库。

大数据要经历由量变到质变的过程,才能真正实现数据化。海量的数据并不是真正的大数据,大数据按照"线上数据化→线下数据化→数据流通"的流程来实现真正的数据化。线上数据化是大数据产业发展的第一阶段,互联网企业是大数据的领跑者,目前线上数据化程度已经非常高。第二阶段是线下数据化,包括互联网企业对线下的渗透、线上线下企业的合作以及传统企业开始转型。目前大数据产业处于第二阶段,即将进入第三阶段——数据流通,实现价值的变现。

2. 需求端:各行业标杆企业以实际行动拥抱大数据

数据将成为企业争夺的战略高地。大数据的核心价值在于能够解决信息时代存在着的不可预测的数据黑洞,因此对于身处变化莫测的环境中的企业来说有着巨大的商业价值。大数据主要在营销创新、管理决策和商业模式等三个方面来驱动企业变革:基于大数据的营销创新效果直接且性价比更高,这一领域已成为大中小企业的共识和投入的重点;大体量的企业已经开始基于大数据做管理决策的变革;而具有战略前瞻意识的领袖型企业更是在大数据基础上构建新的商业模式。

1) 各行业标杆企业的大数据应用需求全面爆发

大企业在大数据领域已开始投入重金。数据已经成为这些企业重点关注的一种新的资产类别。

互联网企业走在最前沿,BAT、京东、360 等互联网巨头们正在构建基于大数据的新商业模式,以期获得商业上更大的成功。

消费品巨头从营销到管理决策等方面加大对大数据应用的投入。美的在大数据领域年投入已超千万元级别。在大数据的基础上,对用户画像、动态管理、持续互动,以数据带动营销,以营销累积数据,形成大数据基础上的业务闭环。

金融和电信运营商,由于其天然具有稳定的大数据源,也在运用大数据来提升自己的竞争力。表 2 展示了各大型企业在大数据应用方面的投入。

表 2　　　　　　　　　大型企业在大数据应用方面的投入

企业名称	运用大数据案例
百度	百度拥有两种类型的大数据:用户搜索表征的需求数据;爬虫和阿拉丁获取的公共 web 数据。百度公司结合大数据整合和大数据分析等技术推出了在线的"疾病预测"功能,这项技术通过对用户的搜索和位置数据进行统计和分析,从而得出人们关于搜索"流感""肝炎"等疾病关键词信息的时间和地点分布
腾讯	腾讯拥有社交大数据,在企鹅帝国完成数据的制造、流通、消费和挖掘。如腾讯微博利用"大数据技术"实现好友关系自动分组、低质量信息自动过滤、优质信息分类阅读等智能化功能
阿里	阿里巴巴拥有交易数据和信用数据,阿里提出"数据、金融和平台"战略。阿里小贷依托阿里巴巴(B2B)、淘宝、支付宝等平台多年积累的海量数据,有效地控制了小微企业的风险问题,同时借助互联网的批量化、流水化作业又大大减少了业务成本
京东	京东供应链金融,利用用户数据和现有金融体系,让供应商可凭采购、销售等数据快速获得融资,3 分钟内即可完成从申请到放款的全过程;且无需任何担保和抵押,能有效地提高企业营运资金周转
360	360 依托 12 亿终端设备作为背景,利用海量的数据分析能力,退出了基于互联网安全的"骗子地图"产品
美的	美的运用大数据进行用户画像分析,通过 SCRM 管理系统对美的粉丝进行分组用户管理,通过进行持续的社区运营,来增加粉丝互动,提高社区黏性
海尔	通过与一线异业资源共享数据的挖掘结果,以及上游链寻找新用户资源,海尔通过用户需求模型分析,推出 12.5"海尔大事件",借助大数据来激活用户的潜在需求
苏宁	苏宁在 2015 年二季度上线零售公有云平台,为供应商和商户提供大数据分析、供应链管理、精准营销等服务。苏宁还将投入 1 000 万美金扶持第三方开发者,合作开发零售云平台应用
中信银行	中信银行信用卡中心选择实施 EMC Green plum 数据仓库解决方案,为中信银行信用卡中心提供了统一的客户视图,使中信银行信用卡中心可以更清楚地了解其客户价值体系,从而能够为客户提供更有针对性和相关性的营销活动

(续表)

企业名称	运用大数据案例
中国联通	中国联通子公司新时讯已发布了大数据分析的系列报告，包括十一黄金周热门景区盘点报告、【Wo+大数据】双十一电商无线访问量及趋势分析、黑龙江旅游焦点目的地大数据洞察报告
中国移动	国内云计算的先行者和倡导者。2007年启动"大云"研发项目，2010加入云计算国际测试床Open Cirrus，2013年大云项目被列为集团战略性项目

资料来源：《互联网周刊》、新三板智库。

2）中小型企业加速将营销预算从传统方式向基于大数据的方式转移

基于大数据的营销创新催生了精准营销。凭借高性价比和更好的效果，越来越多的企业将营销预算转移至精准营销。中国互联网信息中心发布的《中国互联网络发展状况统计报告（2015年1月）》报告显示，全国有24%的企业利用互联网开展营销活动。对中小企业而言，精准营销比传统营销门槛低、成本低，一些新的营销需求被创造出来。比如大量的长尾流量以效果付费的方式售卖，过去不会为效果不明的广告而付费的中小企业可以通过一个个的实际点击（或者购买）而支付营销费用。

除了营销之外，基于大数据的管理决策也在贴近中小企业。一些大数据公司提供了产品化的大数据管理决策支持系统，以低价的方式为中小企业提供标准化的入门级的大数据产品。这些产品受到中小企业的欢迎。

3. 外部因素：政府推动

大数据时代，对大数据的开发、利用与保护的争夺日趋激烈，制信权成为继制陆权、制海权、制空权之后的新制权，大数据处理能力成为强国弱国区分的又一重要指标。国际上以美国为代表的发达国家纷纷布局大数据产业，相继推出大数据相关政策，大力支持大数据产业在本国的发展。表3展示了部分国际组织及发达国家的大数据政策、行动。

表3 国际组织及发达国家的大数据政策行动

国际组织及国家	政策、行动名称	政策、行动详情
联合国	启动实施"全球脉动"项目	利用"大数据"准确预测某些地区的失业率、支出削减和疾病爆发，促进全球经济发展和公共服务
八国集团	发布了《GB开放数据宪章》	提出要加快推动数据开放和利用
欧盟	力推《数据价值链战略计划》	用大数据改造传统治理模式，试图大幅降低公共部门成本，并促进经济增长和就业增长
英国	发布《英国数据能力发展战略规划》	旨在利用数据产生商业价值、提振经济增长，承诺2015年之前开放交通、天气、医疗方面的核心数据库，并建立世界上首个"开放数据研究所"
法国	发布《数字化路线图》	将大力支持"大数据"在内的战略性高新技术
日本	公布新IT战略《创建最尖端IT国家宣言》	以开放大数据为核心的IT国家战略，要把日本建设成为一个具有"世界高水准的广泛运用信息产业技术的社会"

资料来源：互联网、新三板智库。

我国政府对于大数据的重视不断升级,出台了一系列的政策文件大力推动大数据的产业化。2015年9月5日,国务院发布了《国务院关于印发促进大数据发展行动纲要》。这一纲要的出台,意味着大数据发展正式成为国家战略。该纲要主要从数据源分享、平台建设以及大数据工具研发等方面,提出了未来发展目标、完成时间和具体路线:

第一,数据资源整合、平台建设:

2017年年底形成跨部门数据资源共享共用格局(解决数据孤岛问题);2018年年底前建成国家政府数据统一开发平台。

到2018年,跨部门共享校核的国家人口基础信息库、法人单位信息系资源库、自然资源和空间地理基础信息库等国家基础信息资源体系基本建成,实现与各领域信息资源的汇聚整合和关联应用。

2020年年底前,逐步实现信用、交通、医疗、卫生、就业、社保、地理、文化、教育、科技、资源、农业、环境、安监、金融、质量、统计、气象、海洋、企业登记监管等民生保障服务相关领域的政府数据向社会开放。

第二,大数据关键技术研发:

(1) 大数据基础研究。

(2) 大数据技术产品研发。到2020年形成一批具有国际竞争力的数据处理、分析可视化软件和硬件支撑平台等产品。

(3) 到2020年,培育10家国际领先的大数据核心龙头企业,500家大数据应用、服务和产品制造企业。

表4展示了我国政府出台的部分大数据扶持政策。

表4 我国政府出台的部分大数据扶持政策

时间	部门	政策或行动名称	政策或行动详情
2012-07	国务院	《"十二五"国家战略性新兴产业发展规划》	明确提出支持海量数据存储,处理技术的研发和产业化
2013-07	重庆	《重庆市大数据行动计划》	2017年将大数据产业培育成全市经济发展的重要增长极
2013-07	上海	《上海推进大数据研究与发展三年行动计划(2013—2015)》	数据硬件及大数据软件产品具备产业核心竞争力
2013-08	国务院	《关于促进信息消费扩大内需的若干意见》	推动商业企业加快信息基础设备演进升级,增强信息产品供给能力,形成行业联盟,制定行业标准,构建大数据产业链,促进创新链与产业链有效嫁接
2014-02	贵州	《关于加快大数据产业发展应用若干政策的意见》	打造大数据产业发展应用新高地,建成全国领先的大数据资源中心和大数据应用服务示范基地
2015-03	国务院	制定"互联网+"行动计划	推动移动互联网、云计算、大数据、物联网等与现代制造业结合,促进电子商务、工业互联网和互联网金融健康发展,引导互联网企业拓展国际市场
2015-04	国家发改委	《创新投资管理方式建立协同监管机制的若干意见》	提出运用互联网和大数据的技术来创新监管的方式

(续表)

时间	部门	政策行动名称	政策或行动详情
2015-05	工信部	将编制实施软件和大数据产业"十三五"规划	大数据产业第一次明确出现在规划中
2015-06	国家信息中心	联合深圳大学成立深圳大数据研究院	致力于充分融合双方优势,打造大数据领域新型创新载体,推动我国大数据技术、人才与产业化发展
2015-06	工信部	加快推进云计算与大数据标准体系建设	将加快云计算与互联网、移动互联网、现代制造业的融合发展与创新应用,积极培育新业态、新产业,加快推进云计算与大数据标准体系建设
2015-07	国务院	《关于运用大数据加强对市场主体服务和监管的若干意见》	运用大数据加强对市场主题服务和监管,明确时间表
2015-08	国务院	《促进大数据发展行动纲要》	加快政府数据开放共享,推动资源整合,提升治理能力;推动产业创新发展,培育新兴业态,动力经济转型;强化安全保障,提高管理水平,促进健康发展

资料来源:政府网站、新三板智库。

三、核心竞争要素:数据获取、数据变现和资源的获取速度

1. 数据的获取和积累是产业价值的源头

数据源是大数据产业链的价值源头,没有数据来源,就没有对大数据实现应用的可能。因此,数据源就是资源,掌握了数据源就是掌握了产业的入口。

1)互联网巨头和电信运营商是现有最主要的数据源拥有者

互联网巨头是最强势的数据源拥有者。BAT 等互联网巨头,已经积累且仍在高速地、源源不断地积累海量数据,掌控大数据入口已成为其重要的核心竞争力之一。他们基于大数据优化管理决策、创新商业模式,未来很有可能构建自身的大数据生态。

电信运营商几乎覆盖了全国所有的人口,不仅拥有个人身份信息,而且用户所有跟通讯、网络使用相关的信息,可以说电信运营商是手握大数据的金矿。但是由于体制的限制,电信运营商对大数据的应用远远落后于互联网巨头。

2)大数据公司必须有自身可控可积累的数据源

目前大部分大数据企业本身并没有掌控庞大的数据源入口,因此如何布局数据源的获取是他们参与大数据竞争的核心竞争要素之一。

大数据企业布局数据源获取目前主要有以下几种方式:第一,寻求与数据源企业合作,获取公有数据源。目前 BAT 已经开始尝试与第三合作开放部分数据。坐拥大数据金矿的运营商也在积极寻求数据和流量变现,中国电信和中国移动都有跟市场积极探索。第三方大数据的(合作)开发甚至逐步开放已是趋势。第二,大数据企业及客户衍生私有数据源。大数据企业通过自身的客户资源积累,可以获取并且累积相关私有数据。第三,并购具有大量数据积累以及优秀数据获取能力的公司。大数据企业可以通过外延式并购,从而获取数据资源。

随着大数据产业的发展,未来还将出现丰富的数据交易生态市场,具备数据积累

以及数据获取能力的企业未来将有望参与进去。

综上所述,大数据企业是否积极进行数据获取的布局,是否具备数据资源获取的能力,将成为其发展前景及投资价值的重要考量因素。

2. 数据的变现——确保自我造血并形成正向反馈

1) 营销应用是目前国内大数据产业最成熟的变现模式

基于大数据的营销创新已经形成了规模庞大的市场且依然保持高速增长的态势。2014年国内互联网广告市场规模达1 540亿元,同比增长40%;2015上半年国内互联网广告市场规模达883亿元,同比增长超过35%。互联网营销行业在未来2～3年仍将保持快速增长态势。根据艾瑞咨询的预测,2015年国内互联网营销市场规模将超过2 000亿元,2018年有望达到4 198亿元,4年CAGR(复合率增长率)为28%。大数据催生了新的营销方式,比如程序化购买、社交营销等。据艾瑞咨询分析,2014年程序化购买市场规模为48.4亿元,预计2017年将达到282.7亿元,3年CAGR为80%。微信成为移动互联网超级入口,基于微信的移动社交营销更精准,增长潜力巨大。图6、图7展示了中国互联网广告市场和中国程序化购买市场的高速增长情况。

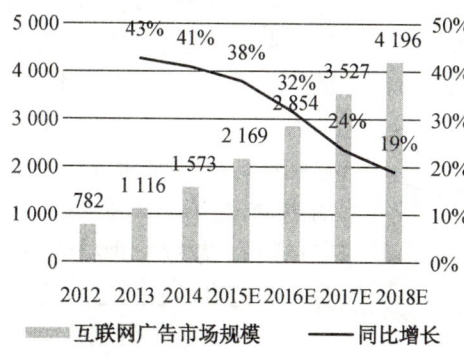

图6 中国互联网广告市场增长情况(亿元)

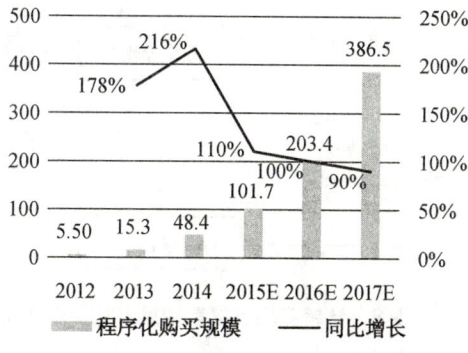

图7 中国程序化购买市场高速增长(亿元)

资料来源:艾瑞咨询、新三板智库。

基于大数据的营销创新之所以发展如此之迅速,主要是因为需求的爆发。首先,用户以及用户的时间已大规模地从线下的传统媒体迁移至线上的互联网、移动互联网,广告主自然也随之转移。其次,精准营销效果更好,性价比更高、门槛更低,从而吸引了品牌企业的存量需求,也吸引了中小微企业的增量需求。

2) 中间环节和其他应用尚未形成规模化的市场

在国内大数据产业链中,中间环节当前没有形成规模化市场,单纯依赖技术的公司无法实现稳定的变现。这首先是因为数据源入口主要被互联网巨头和电信运营商等少数几家掌握,上游的话语权更强。其次,底层的核心技术平台是开源的,因而很形成独占性的技术。最后,下游对纯技术的需求还未起来。IT的投入在企业的预算中是属于较后的投入项目,目前大数据的应用主要是集中于营销。

另外,大数据产业的其他应用方式仍有待挖掘,如征信、保险欺诈监测等,国内仍然处在探索阶段。

3）营销变现能力主要依赖于客户的获取能力

对于大数据营销来说，客户资源特别是品牌客户资源的获取是变现能力的关键，也是关乎大数据企业是否产生稳定现金流的核心竞争要素。对于大数据企业而言，如果有丰富的客户资源的积累，形成一定的品牌效应，并且有持续发展的技术实力，能够保持客户粘性并且有不断获取新客户的能力，那么它在客户资源这一核心竞争要素上是具备很强的竞争优势的。所以，在对大数据企业进行价值判断时，其历史客户资源的积累、新客户资源的获取能力、客户粘性维持能力等，都将是重要的考量标准。

4）数据变现获得现金流从而反哺数据获取和数据管理的投入

如果说客户资源及数据变现能力代表大数据企业的软实力的话，那么数据资源的获取、数据管理技术的提升就代表大数据企业的硬实力，只有具备强大的数据资源获取能力以及数据管理技术，企业才能够维持和拓展客户资源，才有实力在未来不断拓展数据应用、探索数据变现新方式，才能够在大数据产业的不断发展中立于不败之地。因此，大数据企业不断提升自身数据资源获取能力、数据管理技术是十分必要的。

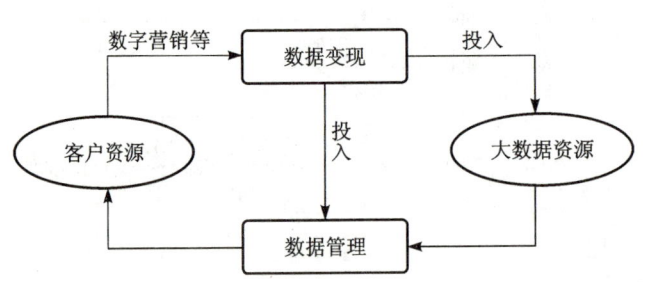

图8　营销变现支撑前端投入从而形成正反馈的过程

资料来源：新三板智库。

能够顺利实现数据变现的企业就可以获得较为充足的现金流，投入数据资源、数据管理的研发和并购，进一步拓展数据获取和数据管理的布局，提升自身数据资源获取能力、数据管理技术，确保自我造血形成正向反馈。

图8展示了营销变现支撑前端投入从而形成正反馈的过程。

3. 产业发展初期的快速跑马圈地

根据以上的分析我们知道，对于大数据企业我们需要关注两个关键能力：数据获取能力和数据变现能力。而数据的获取能力是积累数据这一资源的能力，数据变现能力是基于客户资源的获取能力。本质上，国内的大数据产业是具有一个资源型行业的特征，其资源是数据资源和客户资源。

中国大数据产业目前仍处在发展初期，参与者愈来愈多，能脱颖而出者必然是能卡位战略高点，迅速获得数据资源和客户资源的企业。只有具备快速地获取资源、积累资源的能力的企业才能形成自己的护城河。

四、互动派——潜在的大数据产业大市值企业

1. 公司简介

互动派于2013年开始进入高速发展期。在短短3年时间内，从一家从事微营销

的公司发展成为大数据领域的领先者,实现了商业模式和业绩的三级跳,如图9所示。

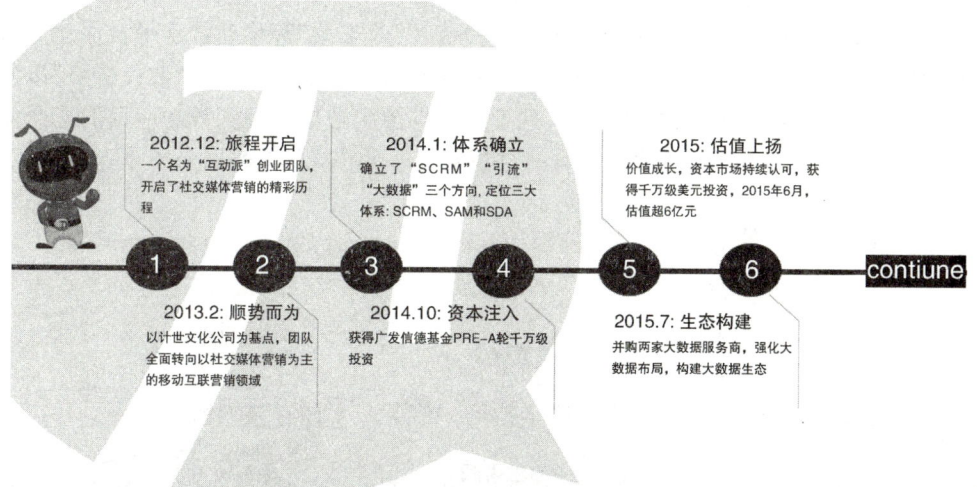

图9 互动派3年实现三级跳的历程

资料来源:互动派、新三板智库。

目前互动派已成为一家以大数据营销为切入点为企业提供大数据整体服务的专业机构。

互动派以用户为核心,以营销为切入点,通过数据整合和挖掘实现数据增值,为企业提供大数据整体解决方案,是"数据领域中更懂营销,营销领域中更懂数据"的互联网行业成长型公司。目前公司在北京、上海、广东三地拥有250多名员工,既有经验丰富的大数据营销运营团队,又拥有业界领先的大数据技术人才;其中硕士和博士等高学历人才达60多个。互动派秉承专业的服务和过硬的技术,赢得了逾百家知名品牌的选择和信任,主要服务于一线品牌企业,包括宝洁、可口可乐、肯德基、中国移动、农业银行、比亚迪、联想、伊利、拉芳、美的、京东、唯品会、腾讯等公司。图10展示了互动派提供服务的多个行业的标杆客户。

图10 互动派提供服务的多个行业的标杆客户

资料来源:互动派、新三板智库。

2. 内在＋外在双轮驱动——互动派完善的大数据全产业布局

互动派在短短3年的时间里，通过内外双轮驱动，实现了大数据全产业链的布局。2013年，互动派主要以微营销业务为主，2014年通过内生技术升级以及体系完善打造大数移动数字营销"派加"品牌，并发展了"爱玩派""效果派"等移动数字平台深化大数据营销应用布局。2015年，互动派通过外延式并购以数据应用见长的"数说故事"以及以数据平台建设见长的"塔布数据"，实现了从数据源到数据管理到数据应用的全产业链布局。图11展示了互动派通过内生＋外延双轮驱动布局的大数据全产业链。

图11　互动派通过内生＋外延双轮驱动布局的大数据全产业链

资料来源：互动派、新三板智库。

1) 数据源：数据积累丰富＋稳定的、可把控的数据源入口

互动派从一开始就把数据源摆在十分核心的战略位置，通过多种方式不断拓展积累数据，并形成稳定的数据源入口。

第一，公有数据的获取。互动派积极寻求与现有掌握数据源入口企业的合作，合作资源丰富，公有数据获取能力较强。作为数据金矿的通信运营商中国移动和中国电信都是互动派的品牌客户。另外，互动派也与多个电商、互联网公司等合作，积累了丰富的互联网数据。

第二，私有数据源的积累。互动派不断扩充发展的大客户是公司私有数据源的重要来源之一。可以看到互动派的客户大多是快消、家电、母婴、金融、汽车等本身具备海量用户和海量用户数据基础的大行业，这些行业天生是获取数据源，发展大数据的沃土。互动派在给大企业客户做服务的过程中积累了丰富的私有用户数据和行业数据。此外，针对更庞大的中小微企业，凭借数说故事这一款互联网化的大数据应用产品，互动派也在不断获取积累私有数据。

第三，互动派凭借现有积累的数据源特别是在一些重点大行业积累的数据源建立行业数据联盟，让数据通过这个联盟流动起来，建立一个稳定的数据交换的渠道。图12展示了互动派稳步推进的数据战略。

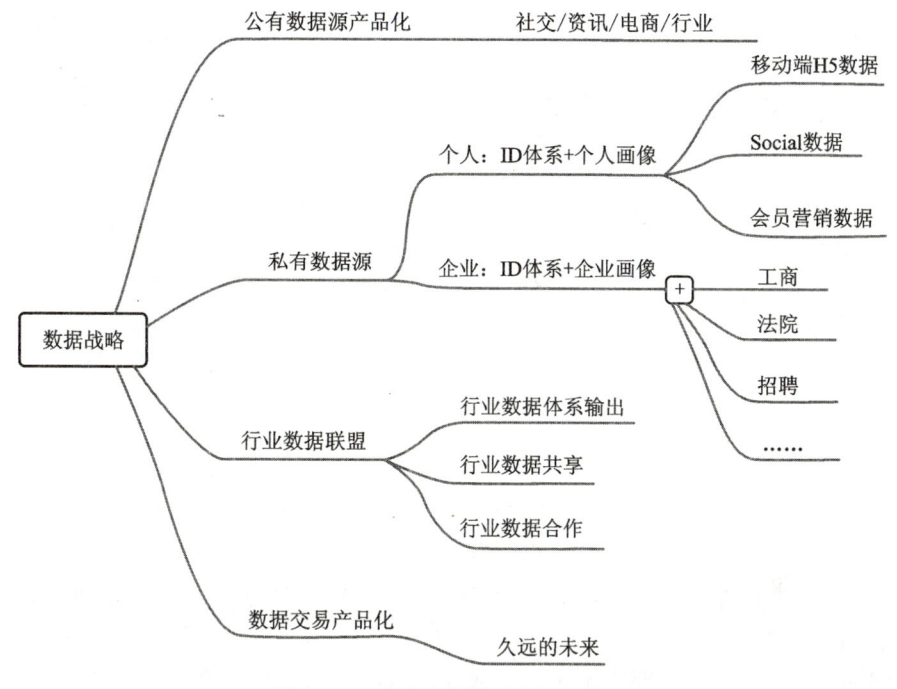

图 12 互动派稳步推进的数据战略

资料来源:互动派、新三板智库。

2) 数据管理:技术优势显著

互动派并购的"数说故事"和"塔布数据"均是以大数据管理技术见长的公司,在大数据管理和应用方面均有相当明显的竞争优势。

"数说应用"主要数据管理应用服务包括品牌舆情监控、品牌口碑分析、消费者洞察、社会化媒体监控,并提供数说风云(微信、微博运营监控,包括运营指数、质量指数、内容分析、粉丝分析、关键词等)、数说传播(微信文章监控与分析系统、微信H5监控与分析系统、微博文章监控与分析系统)、数说舆情(微信关键词监控系统、全网舆情监控系统、微博关键词监控系统)、数说口碑(品牌口碑监控与分析系统)、数说热点(热点捕捉系统)、数说画像(消费者洞察系统)等六大数据管理应用系统。

"塔布数据"主要提供一些基础数据管理服务机关键技术,如海量计算、语义分析、用户画像等。塔布数据曾为美的、华为、伊利、联想、拉芳、宝洁、长城汽车等多个行业的知名企业提供深度的大数据管理服务。图 13 展示了互动派在数据管理方式具备明显的技术优势。

3) 数据应用:突出的大数据全链条营销服务能力+不断开拓新应用领域的能力

互动派是业内少有的能真正提供从数据源到营销执行的大数据全案营销服务商。营销是目前大数据应用最成熟也是最能提供稳定变现的领域,互动派也是从数字营销开始切入大数据产业的。互动派全产业链的布局使其大数据营销服务不仅仅停留在策略和执行层面,而能拓展至最上游。互动派目前以通过大数据技术升级后

图 13　互动派在数据管理方面具备的明显技术优势

资料来源：互动派、新三板智库。

的"派加"品牌作为数字营销业务的主战场，主要以互联网大数据采集、分析为基础，以 SCRM、SDA、SAM 三大系统平台为支撑，为企业品牌与产品实现智能化、互动化、精准化营销管理，帮助品牌主建立顾客关系，构建粉丝互动平台的实效的移动数字营销解决方案。

此外，互动派还积极探索布局大数据的新应用领域。比如在管理决策支持领域，互动派为金融行业的客户提供征信风控的大数据解决方案，为线下零售客户提供智能化导购等等。图 14 展示了互动派提供的丰富的大数据应用服务。

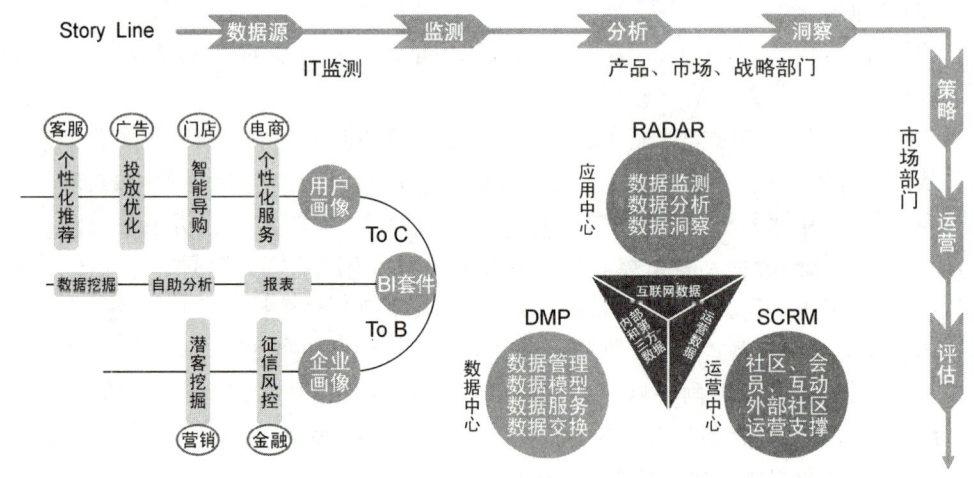

图 14　互动派提供的丰富的大数据应用服务

资料来源：互动派、新三板智库。

3. 核心竞争力出色的商业模式＋快速的跑马圈能力

1）从应用端往上游走的商业模式兼顾持续增长和资源积累

互动派从应用端往数据管理、数据源拓展的商业模式是公司亮点与核心竞争力之一。公司从数字营销做起，累积了丰富的客户资源及数据、并且累积了数据变现的能力。同时,互动派通过自身技术提升以及外延式并购,向数据管理以及数据源延伸,构造大数据全产业链布局,提升综合竞争实力。在这个过程中,数据资源不断累积、数据获取能力不断加强、大数据管理技术不断提升,从而也更好地助力数字营销能力的提高,提高客户粘性以及获取客户资源的能力。图15展示了互动派从应用端往上游延伸的商业模式。

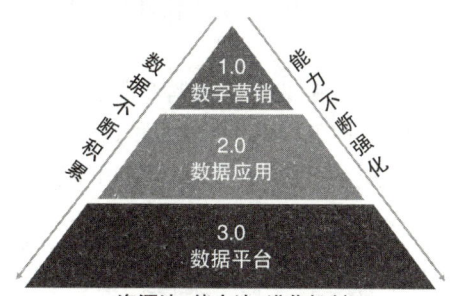

图15 互动派从应用端往上游延伸的商业模式

资料来源:互动派、新三板智库。

在这个商业模式下,互动派在数据变现和盈利能力不断提升的同时,还快速积累了丰富的数据资源、客户资源以及合作资源等,通过快速跑马圈形成了自己的"护城河",如图16所示。

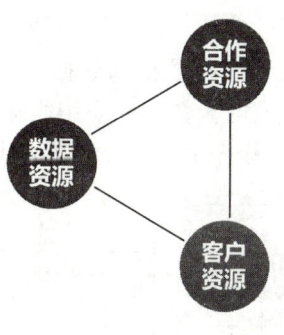

图16 互动派快速积累的数据资源、客户资源形成的"护城河"

资料来源:互动派、新三板智库。

2) 出色的团队+高效的执行力推动公司爆发式增长

第一,强大且优势互补的核心高管团队:多次成功创业者+大数据专家+数字营销专家。

公司核心、创始人王耀明是一个成功的"连环创业者",他既具有前瞻性的战略眼光,又有非常丰富的运营公司的经验。王耀明于2007年创办128旅行网,2012年创办互动派,有逾 11 年的创业经验、超 8 年的互联网项目投资运营经验,极为擅长捕捉互联网新技术与传统商业模式结合。

CEO 徐亚波博士和 COO 黄晋博士是大数据技术专家。两位博士紧跟大数据技术发展的前沿,对大数据技术和商业实践有着相当的洞察力、前瞻性和实战经验。徐亚波博士研究数据挖掘和搜索多年,获得国际国家发明专利 5 项,成功地创立了数说和塔布,将技术市场化。黄晋博士曾创办数基软件、一比二手车等企业,具有丰富的技术企业管理经验。

CMO 唐科是既懂技术又懂营销的数字营销专家。唐科曾主持中国电信爱优惠、保利地产、奥飞动漫、澳粮集团、搜狐广东、立白集团、比亚迪多个客户数字营销工作,有着逾 11 年网络营销策划经验、超 5 年社交媒体营销经验,能够轻松驾驭市场,让公司产品脱颖而出。

第二,高效的执行力推动商业模式不断创新、快速迭代。

在短短的 3 年时间内,公司商业模式不断升级、业务边界快速扩张。2013 年公司成立初期业务模式主要是微营销,2014 年敏锐地抓住大数据营销爆发的风口,推出爱玩派和效果派,2015 年完善大数据全产业链布局。公司如此高速的发展离不开团队的高效执行力。

4. 未来:剑指大数据生态,空间无限

目前互动派已经完善了大数据全产业链的战略布局,实现了战略 1.0 到 2.0 的升级。未来,互动派将紧紧围绕数据源和技术两大核心要素,全力构建以大数据为核心的生态,如图 17 所示。在这个生态里,一方面,互动派将构建行业数据中心并在此基础上建立行业数据应用标准,引入第三方开发者针对各个行业数据应用进行深度垂直的开发;另一方面,互动派将数据和数据应用开放给企业(甲方)、服务机构(乙方)等,企业既可以利用开放的大数据和应用内化大数据使用,也可以使用乙方的服务,互动派本身只会和行业标杆企业进行深度的战略合作。

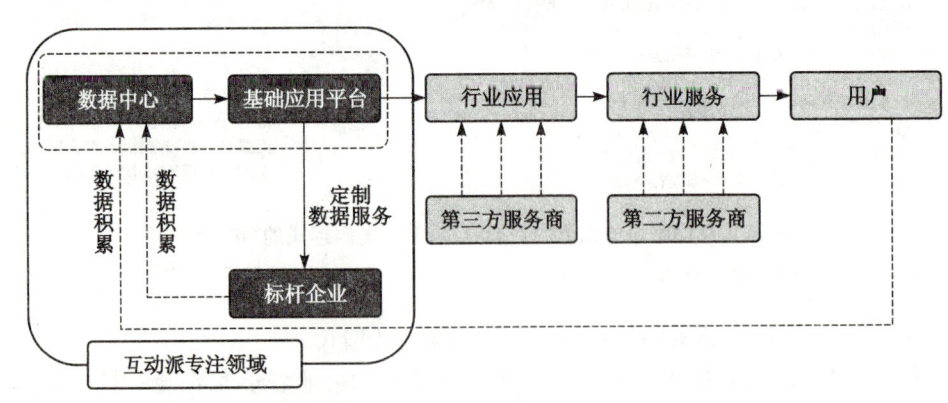

图 17　互动派未来将打造的大数据生态

资料来源:互动派、新三板智库。

华立科技：游戏游艺行业龙头，分享体验式娱乐盛宴

邱 翼　王本浩[①]

一、游戏游艺机行业焕发新颜

1. 长期制约行业发展的政策已有松绑之势

（1）政策是过去制约游戏游艺行业发展的重要因素。游戏游艺机（又称商用游戏机、街机）从属于游戏游艺设备行业，是游戏产业最早的游戏种类。20世纪80年代从美国传入中国市场至今，游戏游艺行业正好经历两个周期。第一个行业周期始于20世纪80年代，终于2005年，第二个行业周期始于2006年终于2013年，在这两个行业周期中，政策成为左右行业发展的重要因素。2000年文化部等七部委联合下发《关于开展电子游戏经营场所专项治理意见的通知》（44号文），实际上禁止了面向国内的包括游戏游艺机在内的所有游戏游艺设备的生产和销售，该行业跌入谷底；2006年国务院颁布《娱乐场所管理条例》，为经营娱乐场所及相关活动提供了法律保障，游戏游艺行业焕发第二春，不过游戏游艺行业的繁荣只维持了5年，因为出现部分违法经营行为，2012年又掀起全行业的整顿浪潮，这次行业调整持续了2年。

（2）政策限制渐有松绑之势。2014年以来政策渐有松绑之势，2014年1月6日，国务院办公厅宣布在上海自贸区内"允许外资企业从事游戏游艺设备的生产和销售，通过文化主管部门内容审查的游戏游艺设备可面向国内市场销售"，政策偏暖，行业重新走出低谷，2014年游戏游艺全国收入达到76亿元，比2013年增长33.33%。2015年发布了两份对游戏游艺行业影响深远的文件，一份是文体部的《文化部关于允许内外资企业从事游戏游艺设备生产和销售的通知》（576号文），时隔15年后再度正式允许游戏游艺设备面向国内生产和销售，另一份是文化部、公安部联合印发的《关于进一步加强游戏游艺场所监管促进行业健康发展的通知》（16号文），取消对游戏游艺场所总量和布局规划的行政性限定，降低了游戏游艺场所运营门槛，同时文件要求杜绝"一刀切"式整治，不开展运动式、无针对性的全行业停业整顿的整治行动，行业将告别过去"过山车式"的发展。表1列示了游戏游艺机行业相关政策文件。图1列示了游戏机行业全国收入情况。

[①] 邱翼，新三板智库研究总监；王本浩，中山大学，新三板智库研究员。

表1 游戏游艺机行业相关政策文件

时间	发布单位	政策	主要内容
2000-06-15	文化部、国家经贸委、公安部、信息产业部、外经贸部、海关总署、工商局	《关于开展电子游戏经营场所专项治理意见的通知》	禁止了面向国内的包括游戏游艺机在内的所有游戏游艺设备的生产和销售
2006-01-18	国务院	《娱乐场所管理条例》	为经营娱乐场所及相关活动提供了法律保障
2014-01-16	国务院	《国务院关于在中国(上海)自由贸易试验区暂时调整有关行政法规和国务院文件规定的行政审批活着准入特别管理措施的决定》	允许外资企业从事游戏游艺设备的生产和销售,通过文化主管部门内容审核的游戏游艺设备可以面向国内市场销售
2015-06-24	文化部	《文化部关于允许内外资企业从事游戏游艺设备生产和销售的通知》	已获得《游戏游艺设备内容审核批准单》的游戏游艺设备可以面向全国销售
2015-09-16	文化部公安部	《关于进一步加强游戏游艺场所监管促进行业健康发展的通知》	取消对游戏游艺场所总量和布局规划的行政性限制,同时,要求杜色"一刀切"式整治。不开展运动式、无针对性的全行业停业整顿的整治行动

资料来源:互联网、新三板智库。

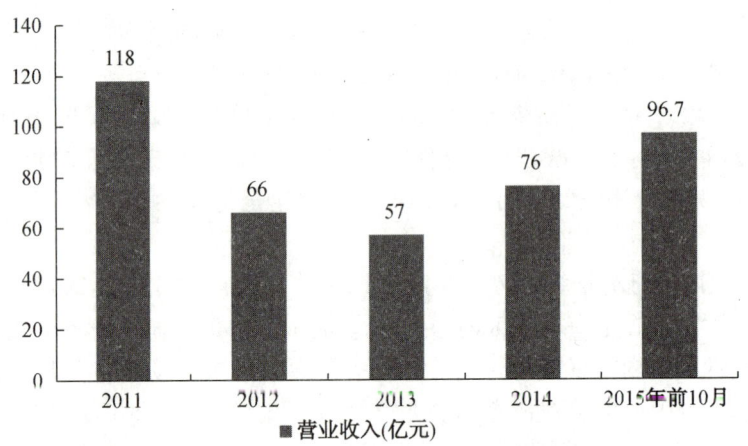

图1 游戏游艺机行业全国收入情况

资料来源:广东省游戏产业协会、新三板智库。

2. 体验式娱乐兴起——游戏游艺场所成商业综合体标配

(1)线下体验式娱乐兴起。互联网的发展使得部分线下需求被线上活动所取代。然而相比于纯线上娱乐,体验式娱乐因其具有切身处地的感受、可体验的甄选、个性化店内服务、与社交活动相结合等特征而拥有不可比拟的优势。2003年以来,诸多体验式娱乐项目发展迅速,年复合增长率远超名义GDP增速,游艺器材及娱乐产品年复合增长率为43.18%,2014年产值达到393亿元,限额以上餐饮业年复合增长率为17.46%,训练健身器材年复合增长率为16.75%,而同期名义GDP复合增速为 15.04%。图 2 展示了线下体验式娱乐的发展概览。

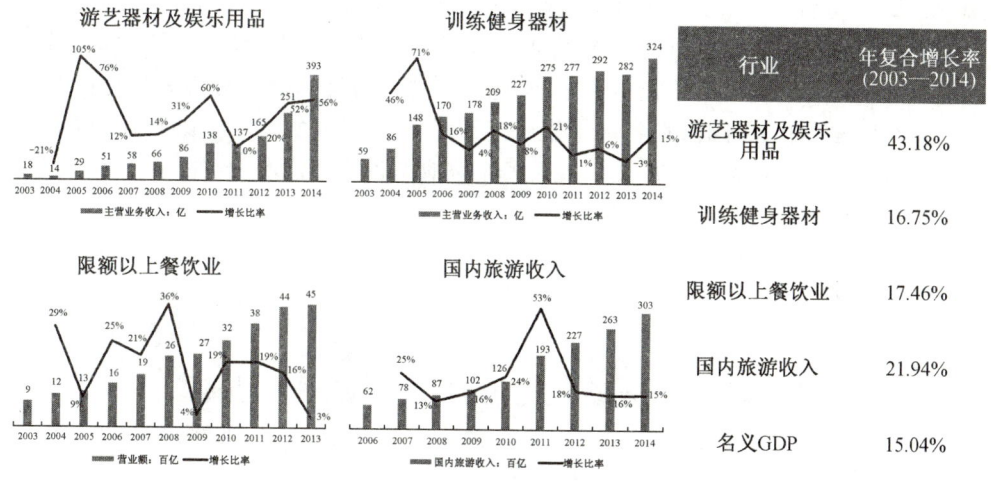

图 2 线下体验娱乐发展概览

资料来源：Wind 资讯，新三板智库。

（2）游戏游艺场所将成为商业地产标配。在互联网冲击下，商业地产在线下的价格竞争方面已经不再具备优势，与线上娱乐的差异化竞争成为商业地产的发展方向之一。在从传统的百货商场到购物中心，再到商业综合体的业态升级过程中，线上无法提供的休闲娱乐体验逐渐成为线下商业地产发展的重点，并且伴随着业态升级，体验式娱乐所占的比重也越来越大。这里典型的案例就是"商业电影＋影院"的模式。受益于观影习惯的改变和影院数量的增加，2004—2014 年电影行业年复合增速达到 35%，2014 年电影票房收入达到 296 亿元，而影院强大的吸金能力和引流效应也使其成为商业地产的标配，如图 3 所示。

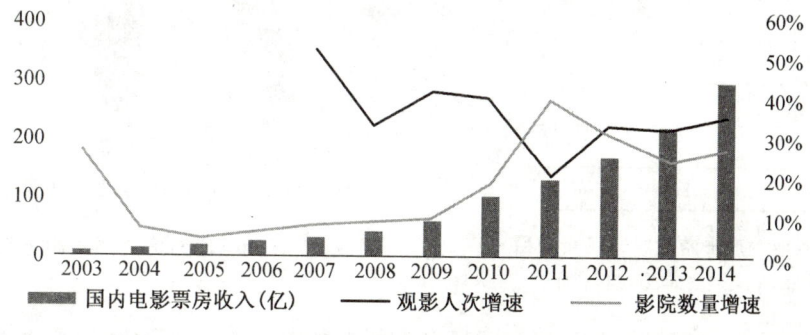

图 3 国内影业相关状况

资料来源：Wind 资讯，新三板智库。

作为另一体验式娱乐代表的游戏游艺场所有望重走影院之路，成为商业地产的标配。根据万达的统计数据,电玩和儿童游乐已经成为购物中心吸引客流的重要武器。2015年电玩、儿童游乐成为娱乐业态中经营增长最好的两个品类,同比增长分别为32%和52%。目前"万达＋大玩家超乐场"的模式已经在全国铺开,大玩家超乐场在全国的开店数量已经达到134家,永旺旗下莫莉幻想乐园也纷纷进驻商业地产,目前共有店面100家,国内知名亲子娱乐连锁品牌悠游堂全国252家店则分布在全国多个城市的商业购物中心。图4展示了娱乐业态各类经营增长情况。

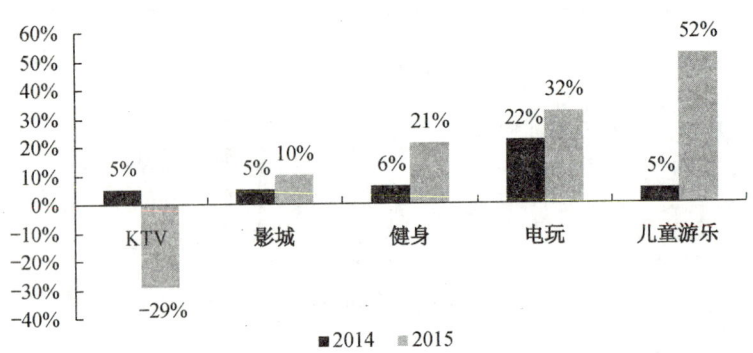

图4 娱乐业态各品类经营增长情况

资料来源:万达,新三板智库。

另外,游戏游艺场所相对于影院来说,具有投资少、回本快的优势,更便于大面积推广。根据我们的调研结果,广州某2 000平方米的游戏游艺厅总投入为500万～600万元,年收益为200万～250万元,2～3年即可回本,而同等占地面积的影院其总投入为3 000万元,年收益为600万左右,回本年限为5年,如图5、图6所示。

名称	目前店数	2016展店
大玩家	134	56
莫莉幻想乐园	100	18
悠游堂	252	60
反斗乐园	50	10
木马王国	20	10
大白鲸	26	60

图5 商业地产＋游戏游艺场所数目

资料来源:艾瑞咨询、新三板智库。

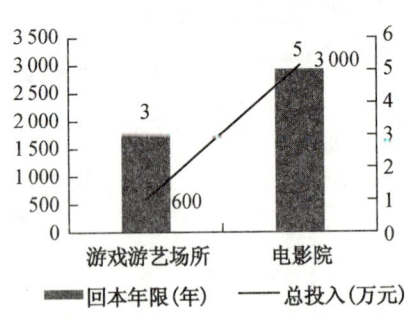

图6 游戏游艺场所与电影院,投资与回报比较

根据万达的统计数据,2001—2015年我国购物中心增长近9倍,近5年年均超过300家,预计到2017年我国购物中心数量将增加至5 000座左右,新增购物中心842座,包括万达集团、华润置地、绿地集团、凯德集团等商业地产企业在未来几年内均会新增商业综合体项目。各种大型中型、小型商业综合体数量的增长将给包括游戏游

艺机行业在内的体验式娱乐项目带来巨大的发展机会。

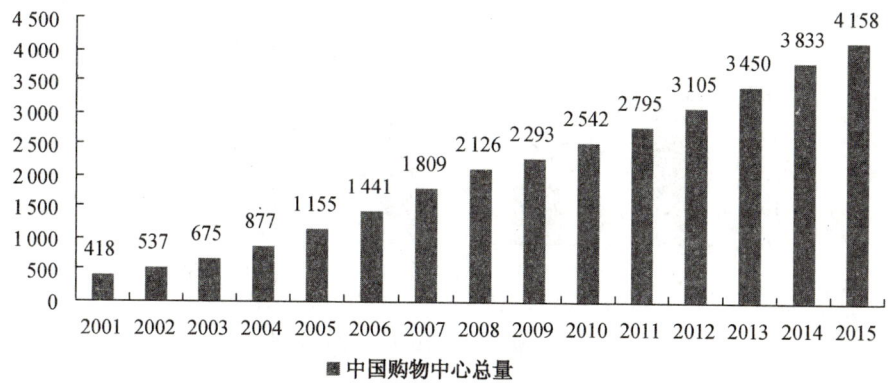

图7　中国购物中心总量

资料来源：万达、新三板智库。

3. 游戏游艺行业将享受国家"一带一路"战略红利

"一带一路"是中国首倡、高层推动的国家级战略。2013年9月和10月，国家主席习近平在出访中亚和东南亚国家期间，先后提出共建"丝绸之路经济带"和"21世纪海上丝绸之路"的重大倡议（合称"一带一路"战略）；2014年5月21日习近平主席在亚信峰会上做主旨发言时表示加快推进"一带一路"，尽早启动亚洲基础设施投资银行，更加深入参与区域合作进程，推动亚洲发展和安全相互促进、相得益彰；2014年11月8日，在加强互联互通伙伴关系对话会上，习近平指出共同建设丝绸之路经济带和21世纪海上丝绸之路与互联互通相融相近、相辅相成。近1年来，习近平主席、李克强总理等国家领导人先后出访20多个国家，多次与有关国家元首和政府首脑会晤，深入阐释"一带一路"的深刻内涵和积极意义，就共建"一带一路"达成广泛共识。"一带一路"沿线总人口约44亿，经济总量约21万亿美元，分别约占全球的63%和29%，对我国现代化建设和屹立于世界的领导地位具有深远的战略意义。

"一带一路"战略实施与游戏游艺企业的发展不谋而合，依托"一带一路"战略建立的和各国互联互通的合作伙伴关系，游戏游艺企也将充分享受"一带一路"战略带来的政策红利。近年来，随着游戏游艺行业回暖，我国游戏游艺设备企业逐步走出国门，把目光瞄准海外市场。数据显示，2011年以来游戏游艺行业外销收入不断上升，由2011年的41.4亿元增长至2014年的73.4亿元，同时外销收入占比也呈上升态势，由2011年占比仅25.97%上升至2014年占比达到49.13%。"一带一路"战略致力于中国和亚欧非大陆及附近海洋的互联、互通，建立和加强沿线各国互联、互通伙伴关系，而中东地区和东南亚各国因为与我国文化相近，一直也是我国游戏游艺设备的主要外销国家和地区。从2015年8月13日在南非举办的"2015首届南非国际休闲娱乐与现代商业博览会"来看，海外新兴国家对游戏游艺设备的需求缺口较大，游戏游艺企未来将充分享受"一带一路"战略带来的政策红利。图8列示了游戏游艺行业外销收入情况。

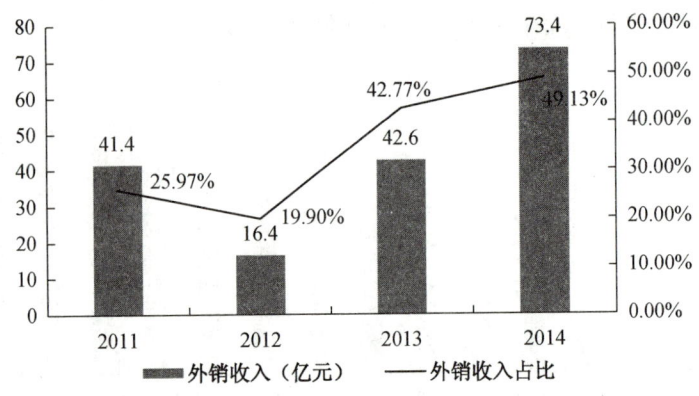

图 8　游戏游艺行业外销收入情况

资料来源：Wind 资讯，新三板智库。

图 9 展示了中国游戏游艺设备在南非参展的情况。

博览会名称	博览会简介	参展企业	收获
2015年首届南非国际休闲娱乐与现代商业博览会	本次博览会由广东鸿威国际会展集团与广东省服务贸易协会联合举办，是中国企业首次在非洲以游戏游艺设备为主题进行大规模展销活动，而这也是非洲大陆为数不多的专注于电玩和游戏游艺行业的展览会之一	中国：金马、金龙、华立、世宇、卧龙、福龙等32家优秀企业。南非本土：Amusement Warehouse、Eurasian Amusements、Kiddie Rides 等12家。国际：ICE、SEGA、Zamperla、L.E Park 等13家	(1) 相比欧美品牌，国内游戏游艺设备性价比较高，福龙、卧龙等展品被现场采购商订购并展会后直接运送给客户；(2) 海外市场需求缺口较大，本次展会得到了来自东非西非等地区的关注，尼日利亚的基础设施特许经营管理委员会的执行总鉴 Chidi Lzuwnh 特地向组委会发出邀请，希望主办单位可以在尼日利亚主办这类休闲娱乐题材的展会；(3) 南非博彩市场巨大，了解南非顾客需求

图 9　中国游戏游艺设备在南非

资料来源：互联网、新三板智库。

二、核心竞争要素：研发实力、游戏获取能力和渠道能力

游戏游艺产业链涉及游戏研发、机台制造及组装、机台销售和游戏游艺场所运营等环节，其中游戏研发和机台设备制造及组装属于产业链上游，机台销售属于产业链中游，游戏游艺场所运营属于产业链下游。上游的游戏研发公司通过中游渠道商将产品销往游戏游艺场所，再由游戏游艺场所对接终端消费者，在整个产业链中游戏研发是核心，游戏内容的优劣直接影响中游和下游。图10展示了游戏游艺机产业链。

1. 游戏游艺行业内容为王，研发实力是核心

游戏游艺行业内容为王，一款优质的游戏能够为中游渠道商和下游游戏游艺场商带来良好的回报，而一款劣质的游戏则会遭遇消费者用脚投票，给中游渠道商和下游游戏游艺场

图 10　游戏游乐机产业链

资料来源：互联网、新三板智库。

商带来亏损，因此研发实力是上游游戏研发公司的核心竞争力所在。

游戏游艺机可分为音乐类、射击类、赛车类、机械类、体感类、卡牌类、礼品类、彩票类儿童类等数十种，虽然我国游戏游艺行业发展已经30余年，但受政策影响，国内游戏研发公司的研发实力与国外仍有较大差距，尤其是经历两次行业调整后，大部分公司转向以低龄儿童为目标群体的低端市场，专注于礼品类，彩票类，儿童类游戏产品的研发，同质化竞争激烈，而高端游戏研发市场基本处于空白状态，赛车类、体感类、音乐类、卡牌类等主流游戏基本以代理国外产品为主，对于国内公司而言，获取国外优质游戏代理权的能力是其构建壁垒的核心要素之一。目前在游戏游艺行业比较知名的游戏研发公司有日本Bandai Namco（万代南梦宫）、SEGA（世嘉）、Konami（科乐美），台湾的IGS（鈊象电子），韩国的Andarmiro，美国的Raw Thrills、Benchmark等。不过由于文化上的差异，美国游戏游艺机容易在我国"水土不服"，故国内公司主要代理日本、韩国、中国台湾等地的游戏产品，并以日本游戏为主。表2列示了比较知名的游戏研发公司。

表2　比较知名的游戏研发公司

公司名称	所属国家	代表作
Bandai Namco	日本	《铁拳》《大鼓达人》《湾岸》
SEGA	日本	《幽游白书》《霸三国志大战》
Konami	日本	《合金装备》《实况足球》《魂斗罗》
Benchmark	美国	《Monster Drop》

资料来源：互联网、新三板智库。

2. 行业回暖迹象明显，掌握品牌客户渠道资源的企业将率先受益

无论是从政策上还是从行业发展趋势来看，游戏游艺机行业回暖的迹象已经出现，而行业回暖的直接动因来自下游游戏游艺场所的两个变化：①由过去街边独门独户逐步向商场/购物中心迁移，游戏游艺场所成为商业综合体标配；②品牌化运营初见成效，未来几年将进入扩张期，这也比较符合美国、日本游戏游艺行业的发展经验。美国走的是"餐饮＋游戏游艺"的模式，美国本土比较知名的品牌有DAVE & BUSTER'S和CHUCKS E. CHEESE'S，前者目前有75家门店，后者有560家；日本是独立运作的连锁店模式，知名品牌ROUND ONE目前在日本和美国共有118家店，并保持每年7～8家店的开店计划。下游游戏游艺场所增加将直接拉动对上游游戏游艺设备的需求，在这个过程中掌握品牌客户渠道资源的中游渠道商将率先受益。表3外方游戏游艺场所知名连锁品牌如表3所示。

表3　国外游戏游艺场所知名连锁品牌

公司名称	所在国家	发展模式	门店数
ROUND ONE	日本，美国	娱乐连锁店，提供保龄球，游戏游艺机，台球，飞镖等	118
TIMEZONE	东南亚7国	娱乐连锁店，主打家庭娱乐中心	250+
CHUCKS E. CHEESE's	美国	餐饮＋游戏游艺设备，提供比萨饼和其他菜单项，辅之以街机游戏和游乐设施	560+
DAVE & BUSTER'S	美国	餐饮＋游戏游艺设备，提供全套餐厅服务和一个电子游戏室	75

资料来源：互联网、新三板智库。

三、华立科技：兼具研发实力与渠道优势的游戏游艺行业龙头企业

1. 公司简介

广州华立科技股份有限公司成立于2010年8月20日，2015年8月公司正式改组为股份制公司，其前身华立科技（中国）早在1985年就已经成立。华立科技主要从事游戏游艺机的研发、制造、生产、销售和租赁业务，公司深耕行业25年，在游戏研发、获取海外优质游戏及独家代理权、渠道资源方面具有强大的竞争力。目前公司已有游戏软件著作权71项，日本的Bandai Namco、SEGA、Konami，台湾的IGS，韩国的Andarmiro，美国的Raw Thrills、Benchmark等均为公司战略合作伙伴，具有《湾岸4》《星球大战》《头文字D》《机甲英雄》等优质游戏的中国独家代理权，先后推出赛车类、礼品类、彩票类、卡牌类等各类游戏游艺机产品104种，是名副其实的游戏游艺行业龙头。

（1）股权结构：台湾IGS持股5%。据公司公开转让说明书，华立科技目前总股本为5060万股。公司实际控制人为苏本立（加拿大国籍），其通过持股苏氏创游、苏氏创游再持股华立国际的方式间接持有公司约42%的股份。其他股东包括广州致远一号科技投资合伙企业（有限合伙）、广州阳优动漫科技有限公司、鈊象电子股份有限公司（台湾知名的游戏游艺机生产商）。公司控股股东为香港华立国际控股有限公司，直接股东中无个人投资者。华立科技股权结构如图11所示。

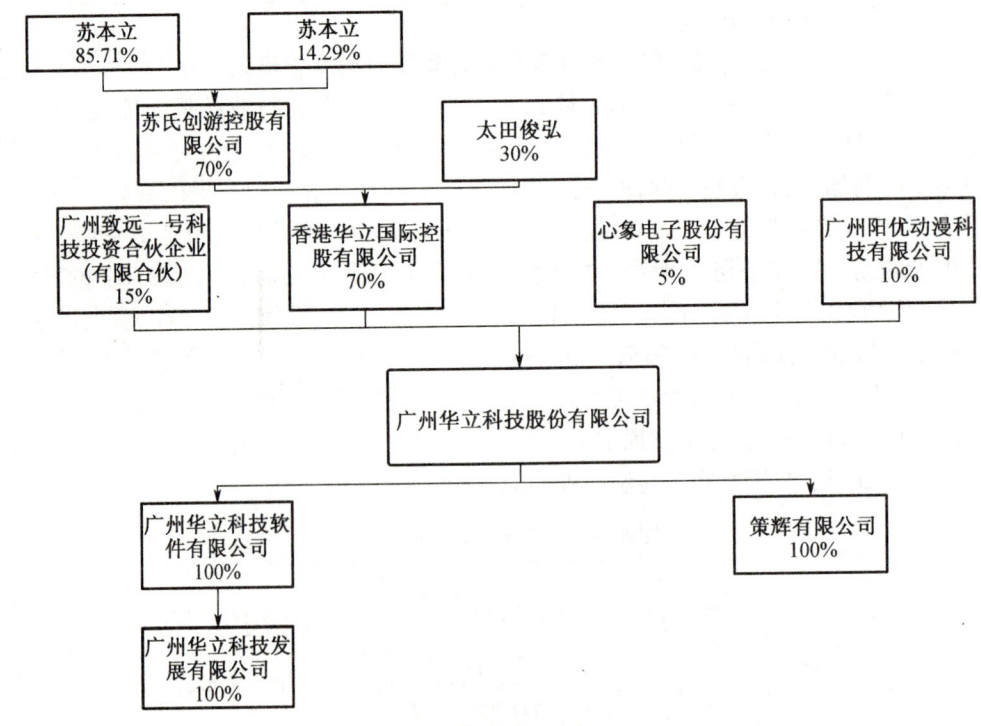

图11　华立科技股权结构

资料来源：华立科技公开转让说明书、新三板智库。

（2）营业收入保持增长，净利润扭亏为盈。2013年公司营收1.66亿元，2014年营收为1.76亿元，同比增长6.0%。受2012年行业整顿影响，公司大量机台滞销，2013年、2014年两年为公司去库存阶段，因此净利润处于亏损状态。2013年公司净利润为-560.45万元，2014年为-273.44万元，亏损同比收窄51.21%。2015年，随着公司去库存进入尾声及行业回暖，公司业绩逐步上升，2015年1~5月公司总营收6 740.10万元，同时扭亏为盈，净利润达481.53万元，如图12所示。

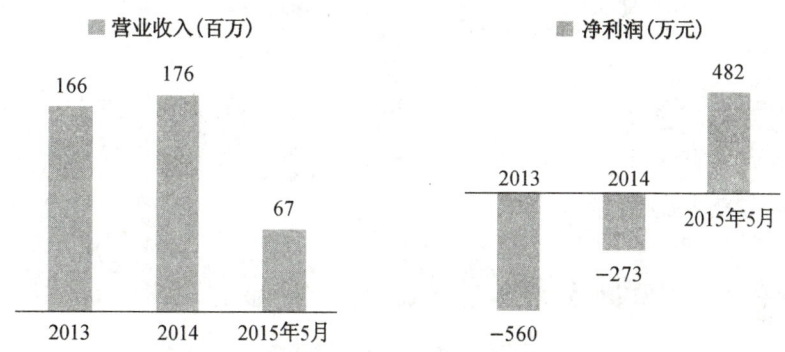

图12 华立科技营业收入增长情况和净利润情况

资料来源：公开转让说明书、新三板智库。

2. 竞争优势：兼具研发实力与渠道优势的游戏游艺龙头

（1）研发实力：自主研发的雷动G赛车远销海内外。华立科技研发中心目前拥有35人的软硬件开发团队，形成了由项目管理、项目策划设计、游戏资源制作、游戏软件开发和软件测试等多个环节构成的完整软件开发链，并成功研发跨平台次世代游戏引擎。目前，公司已经拥有71项游戏产品著作权，同时在硬件开发、框体设计、工业设计方面都有非常强的实力和实践能力。2013年公司自主研发完成雷动G赛车（如图13所示），该产品是国内唯一一款完全依靠自主研发的"3D游戏引擎"赛车游戏，代表了国内游戏引擎开发的最高水准，各项指标均达到了国际先进水平。目前国内市场共销售800余台，是各大游戏游艺场所的标配，同时雷动G赛车获得SEGA认可，由SEGA代理销往国外。

图13 华立科技自研赛车游戏雷动G

资料来源：华立科技官网、新三板智库。

（2）渠道资源：坚持品牌客户战略，率先享受行业红利。公司客户包括大型商场、游乐场、电玩城、主题公园等游戏游乐场所。相较其他同行，公司始终坚持品牌客户战略，积累了丰厚的渠道资源。目前与公司合作的品牌客户包括大玩家超乐场、永旺旗下莫莉幻想乐园、恒大1+乐园、反斗乐园，万达宝贝王，木马王国，悠游堂儿童体验馆,大白鲸世界等国内知名连锁品牌,大玩家和永旺均为公司前五大销售客户,同时公司也积极拓展海外业务,并与 ROUND1、MAIN ENENT、TIMEZONE、HAPPYLAND、GAMEWORKS、CHUCKS E. CHEESE'S、The playmania、DAVE & BUSTER'S 等海外知名连锁品牌保持合作,如图14所示。表4列示了华立科技的渠道资源。

图14 华立科技品牌客户

资料来源:华立科技官网、新三板智库。

表4　华立科技拥有丰富的渠道资源

国内重点客户	目前店面	2016展店	国外重点客户	所在国	门店数
大玩家	134	56	ROUND ONE	日本,美国	118
莫莉幻想乐园	100	48	MAIN EVENT	美国	23
恒大1+乐园	4	20	TIMEZONE	7个国家	250+
万达宝贝王	50	56	HAPPYLAND	智利	35
反斗乐园	50	10	GAMEWORKS	美国	8
木马王国	20	10	CHUCKS E. CHEESE'S	美国	560+
悠游堂	252	60	The Playminia	中东	15+
大白鲸世界	26	60	DAVE & BUSTER'S	美国	75+

资料来源:互联网、新三板智库。

(3)强大的IP获取能力:独家代理多款优质海外游戏。华立科技与Bandai Namco(万代南梦宫)、SEGA(世嘉)、Konami(科乐美)、IGS(鈊象电子)、Andarmiro(安德米罗)、Raw Thrills、Benchmark等中国台湾、日本、美国、韩国等地知名游戏企业均为战略合作伙伴,长期作为代理商引进海外优质游戏,凭借长期的合作关系和良好的品牌声誉,华立科技在获取海外优质游戏代理权上具有强大的竞争力。目前公司已获得了Bandai Namco、Konami、Benchmark三家游戏公司多款游戏的独家代理权,包括:《湾岸4》《头文字D》《机甲英雄》《偶像活动》《星球大战》等。图15展示了华立科技部分IP资源。

(4)分账运营模式初现成效,切入下游广阔市场。

自2013年以来,华立科技逐步尝试分账运营模式,即将机台免费租赁给游戏游艺场馆,由华立和游戏游艺场馆按一定比例分配机台产生的现金流。分账模式对产

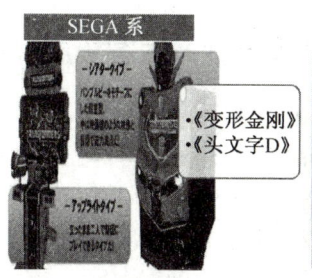

图 15　华立科技部分 IP 资源

资料来源:华立科技公开转让说明书、新三板智库。

品提供方来说能够发挥游戏游艺机的价值最大化(直销毛利率为 25%,分账毛利率为 50%);而对场地提供方来说,分账模式不仅没有额外成本,而且还能节省前期投入,可谓"双赢"。同时分账模式有助于延伸公司的产业链,从单一的生产销售到涉足下游的经营,一方面能够让公司收集更多的经营数据,对消费者的喜好获得更深的了解,为企业自身的游戏研发提供方向,另一方面下游市场直接对接终端消费者,市场空间数倍于上游市场。表 5 列示了分账模式与直销模式的比较。

表 5　　　　　　　　　　　分账模式与直销模式比较

销售方式	毛利率	现金流	收入(万元)
直销	25%	一次性	1~5
分账	50%	3~6 年	4~20

资料来源:公开转让说明书、新三板智库。

华立科技共有 27 家客户,105 家店,1 200 台终端设备在进行运营与分账模式,平均回本时间为 18 个月。从财务数据来看,在整体营收增长的情况下,直销收入占比由 2013 年 97% 以上降至 89.65%,游戏游艺机分成则有 1.24% 增长至 4.93%,2013 年、2014 年、2015 年前 5 个月的分账收入分别为 205.32 万元、696.56 万元和 163.11 万元,华立科技的转型效果初现,未来随着公司分账机台数量增加,公司收入结构将更趋合理,整体毛利率将呈上升态势,如图 16 所示。

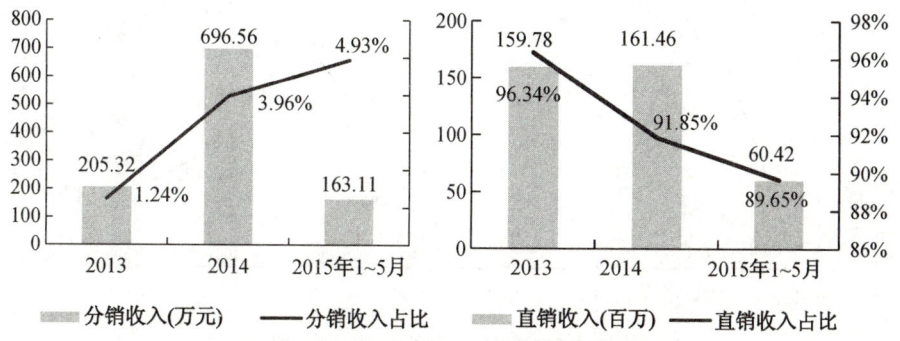

图 16　直销模式收入和分账模式收入情况

资料来源:华立科技公开转让说明书、新三板智库。

四、未来规划:产品升级+业务版图拓展,内外兼修潜龙出海

1. 积极拥抱互联网,提高用户粘性

现在市面上绝大部分的产品都是离网运营,与互联网时代的模式不相符合。随着移动互联网的时代到来,消费者在社交娱乐等方面的消费习惯发生了很大改变。华立科技在业内率先提出游戏游艺机网络化的战略思想,通过将游戏游艺机接入网络,实现线上线下对战,道具共享,社交平台分享战绩等功能,对商用游戏机进行重新定位,使其更为网络化、社交化,拥抱现在的移动互联网商业模式。通过产品网络化,华立科技可以掌握用户数据,直接和用户沟通,并通过举办相应活动比赛的形式,提高用户黏性,并吸引更多玩家。华立科技已有部分产品具备联网功能,以雷动G赛车为例,雷动G在离网模式下的单个机台月收入大概为3 500元,产品网络化后,增加排名,分享战绩等功能,单个机台月收入提高至8 000元,收入提高了228.57%,如图17所示。

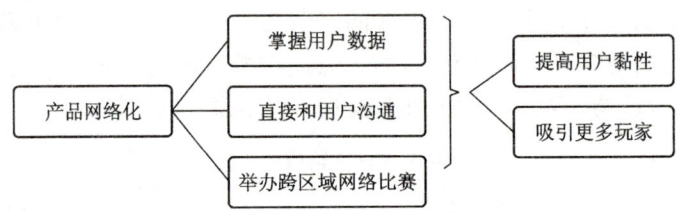

图 17 产品网络化的途径和效果

资料来源:华立科技、新三板智库。

2. 业务版图拓展:跨平台开发游戏

鉴于公司在获取海外优质IP上的强大优势,公司的研发团队计划未来进行跨平台开发,即将商用游戏机的游戏开发成手游、电视游戏。据伽马数据《中国游戏产业报告》(2015年1~6月)数据,2015年上半年国内移动终端游戏用户达3.66亿人,同比增长了12.5%,市场实际销售收入209.3亿,同比增长了67.2%,近年来手游行业增速虽有所下降,但无论是市场空间还是用户数量均远超游戏游艺行业,如图18所示。

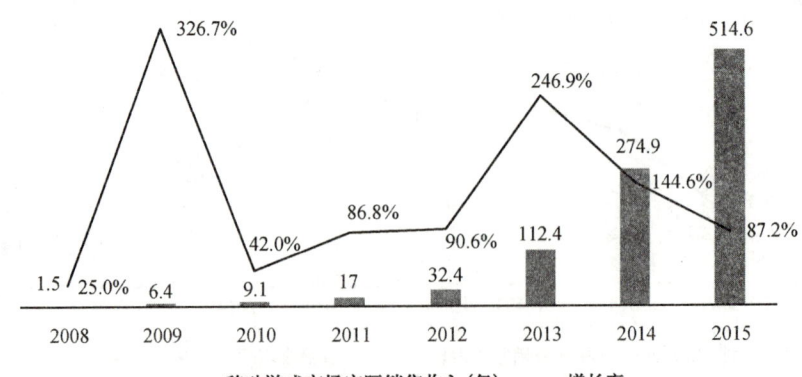

图 18 移动终端游戏市场规模增长情况

资料来源:GPC、IDC、CNG、新三板智库。

一方面街机中同样有《拳皇》《街头霸王》《侍魂》《铁拳》《月华剑士》、《傲剑狂刀》等优秀的 IP,这些游戏在线上线下依然拥有一批忠实的粉丝,是游戏成功的保障,另一方面这些优质街机游戏在操作上和玩法上与手游有相似,相通之处,由街机改编为手游也不为不可。目前已经有部分手游厂商把目光瞄准了街机 IP,如骏梦游戏获得《三国战纪》的手游改编权、中手游获得《拳皇 97》的手游改编权、乐道互动获取《侍魂》得手游改编权,另外韩国 interactive 公司获得 SNK 旗下《合金弹头》的手游改编权。目前华立科技也已获得《Q 版沙罗曼蛇》的游改编权,尝试向手游业务拓宽,如表 6 所示。

表 6　　　　　　　　　　部分手游改编状况街机 IP

街机 IP	是否被改编为手游	获得手游改编权公司	街机 IP	是否被改编为手游	获得手游改编权公司
三国战纪	是	骏梦游红	街头霸王	否	无
拳皇 97	是	中手游	铁拳	否	无
侍魂	是	乐道互动	月华剑士	否	无
合金弹头	是	韩国 Interactive	傲剑狂刀	否	无
Q 版沙罗曼蛇	是	华立科技			

资料来源:互联网、新三板智库。

五、风险提示

(1) 知识产权潜在的侵权纠纷风险。公司主营业务为商用游戏游艺机的研发、制造、销售与租赁。经过多年的技术沉淀,逐渐形成了自己的核心技术,公司目前拥有 27 件商标权、35 件专利权、71 件软件著作权,随着公司知名度及生产规模进一步扩大,公司面临着知识产权被侵犯的风险。

(2) 渠道资源风险。公司部分产品为国外游戏机公司在中国的代理销售。公司所拥有的国际品牌和垂直式产业链条为许多国际公司提供了一个能进入中国市场的很好的平台,是许多国外厂商进入中国的优先合作伙伴。随着国内游戏机行业政策进一步放宽,国外游戏机公司逐步会考虑独立在国内发行销售游戏机,因此公司产品存在渠道资源优势丧失风险。

(3) 产品同质化竞争风险。公司所处行业大多企业没有自己的核心技术,通过模仿国内外先进技术,略微改进后进行销售,当一款产品在市场上热销以后,众多模仿的产品便蜂拥而至,造成整个行业竞争加剧,这种模式阻碍了行业的发展。很多企业不注重产品的研发而以低价占据市场份额,因此公司产品存在同质化竞争加剧的风险。

(4) 汇兑损益风险。公司境外销售与采购以港元结算,而港元汇率依然采取盯住美元的联系汇率制度,因此美元兑人民币汇率的大幅波动将直接影响公司的经营业绩。2013 年、2014 年、2015 年 1～5 月公司发生的汇兑损益分别为 447 051.38 元、2 405 541.19 元、553 864.02 元,占当期净利润比重分别为－7.98％、－87.97％、11.50％。由于汇率的波动存在较大的不确定性,公司的出口收入仍存在受汇率影响而发生变动的风险。

第六部分
新三板公司价值研究篇

茫茫新三板,如何找到财富的蓝海?

多空博弈时,如何挖掘企业的价值?

新三板市场,中国未来的"纳斯达克",几千家企业,如何区分优劣,并从中寻找合适的投资标的呢?

新三板的新三板价值榜,帮助企业寻找优质企业的排行榜!

本部分主要展示了新三板智库通过科学设计的指标排名体系筛选出的部分新三板优质企业。

价值投资,就看新三板价值榜

谢　昊　殷鹏煜[①]

茫茫新三板,如何找到财富的蓝海?

多空博弈时,如何挖掘企业的价值?

新三板市场,中国未来的"纳斯达克",几千家企业,如何区分优劣,并从中寻找合适的投资标的呢?新三板智库发布的新三板价值榜可供借鉴!

一、新三板价值榜概述

新三板价值榜是新三板智库从2015年开始将定期推出的、根据新三板公司特点专门设计的、以价值为导向的综合排行榜,覆盖新三板所有行业和挂牌企业。

1. 市场需要新三板价值榜

截至2015年11月22日,新三板公司数量已达到4 263家,其中,仅2015年4月至11月间就有2 000余家企业挂牌。新三板市场迅猛发展,各路资本抢先登陆。但目前市场上主要有针对中介机构的排行(如十大做市商、十大律师事务所等),直接针对新三板公司的排行却少之又少;即使有针对新三板公司的排行,也是单一地选取主要财务指标进行简单排名,缺乏必要的科学性与针对性。新三板价值排行榜的诞生将填补市场当前的空白,并在最大限度上消除投资者与新三板公司之间的信息不对称。

2. 新三板价值榜与主板排名区别

排名要做到客观、准确,就必须针对被排行的个体设计指标。与主板公司相比,新三板公司普遍存在企业规模较小、主营业务单一、资金需求较为明显等特征。同样,与传统主板排名不同,新三板价值榜不是以财务收益与市场表现作为价值评估和排名的核心,而是根据新三板公司与主板企业的差异,更关注挂牌企业的行业特性、商业模式、核心产品、技术与团队、成长性以及企业的未来价值。

3. 新三板价值榜不仅仅是排行,更是价值投资指引

新三板价值榜不仅仅是一个排行榜,更是一个专业的价值投资指引。新三板智库团队以现有全部新三板公司作为排行个体,以公司价值作为排行核心导向,从投资者的角度出发,精心选取了投资者最关心、最能体现新三板公司特点的指标构建评估模型,并运用科学、客观、综合的方法进行打分,真正做到全方位、全覆盖。

---

① 谢昊,中山大学,新三板智库研究员;殷鹏煜,中山大学,新三板智库研究员。

新三板价值榜的推出,将为新三板企业、投资人和其他市场参与者提供一个科学、客观的价值评估与投资指引!

除全行业综合排行榜外,新三板价值榜还将产生分行业 10 强榜、最具投资价值 50 强等具有重要参考意义的排行榜。

二、新三板价值榜——价值体系总述

新三板价值榜是新三板智库推出的、根据新三板公司特点专门设计、以价值为导向、服务于投资者的新三板公司价值排行榜,该榜覆盖了截至 2015 年 5 月 9 日新三板所有行业和挂牌企业[①]。2015 年新三板价值榜已于 2015 年 6 月 24 日由新三板智库在北京与新华网联合发布。

相比主板公司,新三板公司普遍规模较小、财务表现不确定性高,这使得对新三板公司进行价值评估必须与主板采取不同的评估模型。新三板智库团队将新三板价值评估体系分为价值创造、价值体现与价值趋势三个主维度,在审慎的指标选取和权重赋予基础上,构建一套科学的适用于新三板公司的价值评估体系,如图 1 所示。

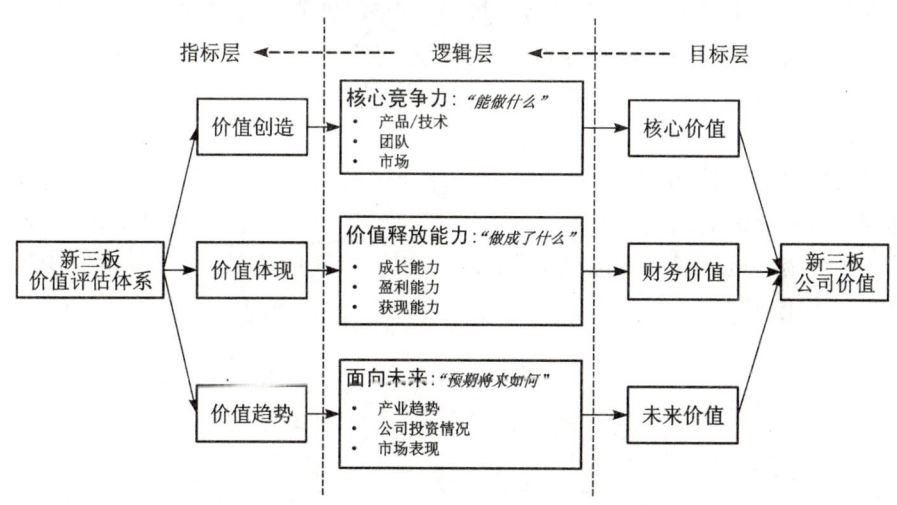

图 1　新三板公司的价值评估体系

1. 区别于主板:建立适合新三板的价值评估体系

排名要做到客观、准确,就必须针对被排行的个体设计指标。当前主板公司排行榜主要从财务表现和市场表现出发,这与新三板公司规模小、财务表现不确定性高并不匹配。此外,这些排行榜往往结构相对简单,评估公司价值并不全面,并不能有效满足投资者需求。在我们看来,这些问题在一个严肃的新三板价值排行榜中都是需要得到解决的。

---

① 综合证监会行业分类标准、Wind 行业分类标准,结合新三板公司特性,我们将截至 2015 年 5 月 9 日新三板挂牌的 2 319 家公司划分至 26 个行业。

2. 价值创造:新三板公司价值评估的核心

新三板公司的财务表现并不稳定,从这一角度评估其价值无疑是困难的,我们将回归公司优劣的本原:公司能力甚至是核心竞争力。而对新三板公司而言,这些价值创造的基础能力无疑将体现在产品、技术、团队、市场等方面,也就是说,我们在评估新三板公司价值时首要关注的是"谁在哪里做了什么",而不是简单的投资回报率。

3. 价值体现:基于财务视角对新三板公司价值释放能力的评估

对投资者而言,财务表现是公司价值的最终体现形式。一家值得投资的公司不仅要有强大的核心竞争力,而且要能体现、释放公司价值,即为投资者提供投资回报。我们对新三板公司财务指标的评估,目的在于评估其价值释放的能力,而非就财务指标的分析获取一些数列上的简单趋势。就新三板公司而言,成长能力、盈利能力和获现能力是迅速成长中最为重要的,这也将是我们最为关注的。由此来看,价值体现维度将是对价值创造维度的印证和有力补充。

4. 价值趋势:新三板公司未来价值的评估

价值评估是基于历史、面向未来的,这一点对高成长性的新三板公司尤为适用。价值创造和价值体现是历史,而价值趋势则是未来;价值创造维度和价值体现维度是就公司在各自行业中的表现而言的。在价值趋势维度中我们加入了对行业前景的判断,行业趋势、市场情绪与公司投资趋势将在这一维度中得到充分考虑。

综合来看,在针对新三板公司的价值评估体系中,价值创造是整个体系的核心,也是最为重要的部分;价值体现与价值创造同样是基于历史的,是对公司价值释放能力的评估以及对价值创造维度的补充;价值趋势则着眼于未来、着眼于行业,评估公司的未来价值。这三者共同构成了新三板公司价值评估体系,新三板价值榜也将基于这一体系生成的。

潜力股是如何创造价值的

许双丽[①]

新三板价值榜旨在为广大投资者提供客观、科学的价值指引。那么,新三板价值榜评估公司价值的标准是什么?新三板智库认为,首先是要拥有一系列创造价值的基础性能力和资源!

与传统主板公司相比,新三板公司普遍规模比较小、主营业务较单一、资金需求也较大,因此传统的财务绩效评估体系并不能完全展现新三板公司的价值。而新三板公司创新动力强、成长性良好的特点使得我们需要对其核心竞争力投以必要的重视。而对于投资者来说,这也是寻找那些被价值低估但又潜力无限的企业的重要路径。

因此,以价值为导向对新三板公司的价值进行评估,我们更关注新三板公司的价值创造等一系列基础性能力。那么,怎样才能衡量企业创造价值的能力,发现潜力股?我们将从产品与技术、团队、市场与市场开拓、内部运营等方面综合评估新三板公司的价值创造能力。

一、产品与技术:公司经营之本

在这一维度上,我们将从新三板公司的产品、服务以及公司在其中的技术进行评估,这一切组成新三板公司的重要核心竞争力。而就产品和技术本身来说,产品是公司经营的基础,拥有为市场认可的产品是公司在市场上生存和发展的前提和基本条件;产品背后是技术的支持,强大的研发能力是公司进行革新并在市场上取得竞争优势地位的基础。新三板很多企业是初创企业,往往是靠单一独特的产品、服务或者技术取得竞争优势,这些产品、服务或者技术往往就是企业创造价值的源泉。

二、团队:公司发展的中坚力量

在我们对公司基础能力的评估上,一个不能忽视的因素便是团队。我们认为,一个好的高管团队对伟大的公司而言是不可或缺的。而对规模小的新三板初创企业而言,迅速变动的外部环境、企业高速成长对内部管理造成的压力都将是高管团队所直接面对的问题,这使得高管团队在新三板公司成长中的作用显得更为重要。因此,高管团队的特质、股权治理结构、激励机制等都将是新三板价值体系考察的重点。

---

① 许双丽,中山大学,机关报三板智库研究员。

三、市场与市场开拓：公司价值创造的直接源泉

市场是公司直接面对的重要外部环境，而销售与市场开拓能力则是企业价值创造的直接源泉。因此，企业在市场中的美誉度、对市场进行自我营销的能力，都是在市场中取得先发优势的关键。而对公司销售与市场开拓能力的考量，我们将不仅仅局限于产品结构、业务集中度、营销等方面，而是深入销售团队层面，从多个维度对高速成长的新三板初创企业的市场与销售情况进行考察评估。

四、内部运营：价值创造的保障

内部运营的规范程度是提升公司运营效率的重要因素，也有助于弥补公司在其他方面可能存在的不足。相比于产品与技术、团队以及市场与市场开拓的考量，内部运营的规范程度更多地着眼于公司内部管理成本的节约，这对公司提高股东回报、迅速应对不断变化的外部市场环境、提高自身竞争力都是十分有益的。

总体来看，我们认为，产品与技术以及团队就像是企业的护城河，是抵御市场冲击的坚实防线；市场地位与市场开拓能力是企业的发展力，是进击市场腹地的枪械弹药；而内部营运则是企业运营的重要保障，是企业迅速突进的后勤补给力量。这些共同组成新三板价值评估体系对新三板公司价值创造能力的评估框架。

如何理解新三板公司的未来价值

吴玉琳[①]

正如我们在前面几篇文章中所反复提到的,新三板公司与主板公司的最大差异在于其高成长性以及由此带来的高不确定性。而从价值评估的角度来看,我们的着眼点在公司的未来。对公司历史状况的考察可以给我们提供一些有益的信息,然而这还不够完整。对公司价值评估最大的困难在于如何通过已有的信息对公司的未来作出有效的预测,因此新三板公司的高成长性和高不确定性将成为对其进行价值评估的重要难点。

然而,困难不应成为我们放弃对新三板公司未来价值进行评估的理由,因为对未来的有效预测是投资者取得超额回报的重要原因,而在新三板这一不确定性极高的市场中,投资格局与眼光将显得更为关键。我们认为,对未来的预计首先要考虑行业的作用,在一个创业的大环境下,一个具有前景的、迅速发展的行业将更有助于培育高成长性的公司;其次是市场往往具有自发的预测功能,其对资产的定价往往反映出资产的未来价值,因此我们也强调对公司市场表现的考察,以此分析其个股未来的价值;最后从公司的战略和行为出发,公司的投资行为往往代表了公司未来的规划,这也是我们对公司的未来进行预计的基础。

一、行业前景:公司发展的助力

尽管传统的企业战略研究发现,在影响企业业绩的因素中,行业因素相对企业的能力因素影响力是微小的。然而我们指出,在创业型及高成长性企业中,特定的行业往往更具有培育伟大的公司的可能。在这些行业中,企业将在融资、市场环境中取得特定的相对优势而获得更大的发展空间。因此我们需要对行业的未来发展前景作相应的预判。而从我们的整个价值评估体系来看,价值创造、价值体现均是从公司的个体特征出发,在排除行业特性对公司价值进行考察,因此在这里加入对行业因素的分析是对以上两部分价值分析的有效补充,且不会带来逻辑上的错误。在对行业前景的评估中,专家对未来的评级将成为一个重要的方法;行业自身的成长性也是值得关注的;此外,行业的市场表现也是我们展开分析的一个出发点。

二、个股估值:基于市场表现对公司价值趋势的判断

如果说公司基本面分析与财务分析更多的是基于历史在对未来进行预测的话,

---

① 吴玉琳,中山大学,新三板智库。

那么企业股票的市场表现则更多的是对未来价值的直接体现。尽管市场并非完全有效,也曾经出现过泡沫,但我们认为,这种泡沫本身也是公司价值的一部分,因为这种泡沫是未来发展趋势的重要体现。正如比尔·盖茨在1999年被问及互联网泡沫时指出的,"它们当然是泡沫,但泡沫给网络行业带来了很多新资本,这必将更快地推进创新"。因此我们不能忽略市场表现对我们的指引作用。考虑到新三板一些公司还未能实现盈利,因此我们不仅仅将使用市盈率作为估值指标,还将市净率、市销率作为重要的考察标准。

三、公司投资情况:未来发展方向与未来价值风向标

在评估公司未来价值的过程中,我们强调行业的作用以及个股估值对公司价值的指示作用,然而这两项指标可能存在较多的噪音。以个股估值为例,新三板当前流动性有限,因此个股估值可能并未能很好地体现市场对其未来价值的观点。我们认为,通过对公司投资情况的考察可以有效地对其他指标评估进行有效的补充。公司的投资情况可以大致反映了公司未来的发展战略,也可以体现出公司对未来发展前景的综合观点,因此,投资活动现金流、公司非流动资产增长情况以及公司投资行为支出的增长都将作为考察的指标。

因此,综合来看,对新三板企业价值的评估不仅仅也着眼于历史,更是面向未来,而对未来行业前景、公司前景及公司投资情况的考察可以为我们提供相对充足的信息。新三板公司的高成长性和高不确定性将成为对其未来价值评估的难点,而对此的有效分析则是投资者获得超额回报的重要原因。

新三板公司全扫描之一：盈利性与成长性孰更重要

祝 强[①]

新三板公司2014年年报作为对过去1年企业经营业绩的总结，公司年报通过财务数据，向投资者展现了各家公司的价值创造成果。下面让我们通过盈利性和成长性两个方面，看看2014年都有哪些公司名列前茅。

首先，我们从每股收益、净利率和毛利率来评价公司的盈利性，表1、表2、表3为这3个指标排名前10的公司。

表1　　　　　　　　　新三板每股收益排名前10的公司

排名	证券简称	所在行业	每股收益（元）
1	华恒生物	制药、生物科技与生命科学	3.7700
2	明德生物	制药、生物科技与生命科学	3.4200
3	开勒环境	机械	3.1200
4	吉人高新	化工	2.9400
5	金润科技	互联网软件与服务	2.4700
6	新农股份	化工	2.4500
7	凯路仕	耐用消费品与服装	2.4300
8	新产业	医疗保健设备与服务	2.3900
9	安泰得	信息技术服务	2.3600
10	合信达	电子设备、仪器和元件	2.3465

表2　　　　　　　　　新三板销售净利率排名前10名的公司

排名	证券简称	所在行业	销售净利率
1	香塘担保	多元金融与银行保险类	282.1315%
2	青浦资产	商业和专业服务	129.0937%
3	山东再担	商业和专业服务	105.5987%
4	海德尔	信息技术服务	88.9559%
5	九鼎投资	多元金融与银行保险类	86.9547%

---

① 祝强，中山大学，新三板智库研究员。

（续表）

排名	证券简称	所在行业	销售净利率
6	中科招商	多元金融与银行保险类	82.269 9%
7	通利农贷	多元金融与银行保险类	78.300 5%
8	晶都农贷	多元金融与银行保险类	72.939 1%
9	鑫鑫农贷	多元金融与银行保险类	70.072 1%
10	天秦小贷	多元金融与银行保险类	63.454 1%

表3　　　　　　　新三板销售毛利率排名前10的公司

排名	证券简称	所在行业	销售毛利率
1	明波通信	通信设备、电脑外围设备与半导体设备	97.690 1%
2	星月股份	零售业与消费者服务	96.885 7%
3	金润科技	互联网软件与服务	96.047 9%
4	汉镒资产	商业和专业服务	95.887 1%
5	绿网天下	互联网软件与服务	95.780 9%
6	鸿业科技	软件	95.767 0%
7	浩辰软件	互联网软件与服务	95.076 2%
8	指南针	软件	94.868 9%
9	万泉河	互联网软件与服务	94.250 9%
10	盈建科	互联网软件与服务	93.955 1%

可以看出，销售净利率较高的主要是金融公司，而销售毛利率较高的主要是互联网公司，这些公司都属于轻资产公司，盈利性较高也符合这些公司轻资产的特点。

接着，我们从营业收入和净利润的3年复合增长率来评价公司的成长性，表4、表5为这2个指标排名前10的公司。

表4　　　　新三板营业总收入3年复合年增长率排名前10的公司

排名	证券简称	所在行业	营业总收入3年复合年增长率
1	华之邦	电气设备	1 854.981 6%
2	众合医药	制药、生物科技与生命科学	430.865 1%
3	希芳阁	建筑产品与建筑工程	420.532 3%
4	可恩口腔	医疗保健设备与服务	345.054 0%
5	枫盛阳	医疗保健设备与服务	278.495 3%
6	数聚股份	互联网软件与服务	263.979 2%
7	明德生物	制药、生物科技与生命科学	262.043 1%
8	信诺达	电子设备、仪器和元件	256.050 6%
9	璟泓科技	制药、生物科技与生命科学	236.671 5%
10	雅威特	日常消费(食品、饮料、烟草与其他)	226.453 1%

表5　　　　　　新三板净利润3年复合年增长率排名前10的公司

排名	证券简称	所在行业	净利润三年复合年增长率
1	枫盛阳	医疗保健设备与服务	2 025.678 2%
2	金航股份	运输	1 703.293 1%
3	锐源仪器	电子设备、仪器和元件	848.355 9%
4	新吉纳	电子设备、仪器和元件	778.982 2%
5	颂大教育	软件	707.784 4%
6	科能腾达	电子设备、仪器和元件	616.082 1%
7	安华智能	互联网软件与服务	605.149 3%
8	大汉三通	电信服务	541.730 5%
9	可恩口腔	医疗保健设备与服务	424.843 5%
10	同智伟业	互联网软件与服务	378.275 4%

可以看出，增长率较高的主要是电子制造业公司和医药公司，这些公司属于重资产公司，在生产设备达到可运转或研发成功时，销售额的增长自然可以带动利润的快速提升。

那么，究竟是盈利性高的企业好呢还是成长性高的企业好呢，应该说，两者都非常重要，但从新三板公司特征来说，我们认为成长性更值得关注，因为新三板中的公司主要是初创型企业，根据企业生命周期理论，成长速度是初创型企业持续发展的关键，只有保持了较快的增长速度，才能具有持续的发展空间和价值创造力。当然，这还需要考虑细分行业和企业的具体情况，新三板也有些公司已经发展到一定规模，或者其整体行业处于成熟期，在这种情况下，盈利性则应成为衡量该企业的首要指标。

通过对新三板公司及相关年报历时半年全面深入的研发，新三板智库团队倾心打造的新三板价值榜将为新三板公司、投资人和其他市场参与者提供科学、客观的价值评估与投资指引！

新三板公司全扫描之二:成长性与安全性孰重要

祝 强[①]

诚然,经过《新三板公司全扫描之一:盈利性与成长性孰重要》的分析,我们了解到成长性应该是投资者投资新三板企业时需要重点关注的指标,因为新三板上企业大多处于初创阶段,具有较高的成长空间是他们相对于主板企业的优势,但是,初创企业往往会面临一个问题,即财务状况相对成熟期的企业比较不稳定。事实上,很多初创企业并不缺乏良好的商业模式与较强的产品竞争力,但往往会由于现金流的问题陷入困境,给投资者带来损失。因此,对于新三板投资者来说,财务安全性无疑也是一个衡量新三板公司的重要指标,可以说其重要程度并不亚于成长性。

新三板智库结合资产负债率、流动负债占总负债的比率、流动比率与现金比率4个维度,对新三板公司的财务安全性进行排名,其中资产负债率与流动负债占总负债比率来衡量企业长期财务安全性,流动比率与现金比率用来衡量企业短期财务安全性,表1、表2、表3和表4是按照上述各项指标排名前10的公司名单。

表1 新三板资产负债率最低的前10家公司

排名	证券简称	所在行业	资产负债率
1	皆悦传媒	媒体	0.863 3%
2	冰洋科技	日常消费(食品、饮料、烟草与其他)	1.077 7%
3	百川建科	商业和专业服务	1.079 7%
4	国学时代	互联网软件与服务	1.133 2%
5	亿创科技	软件	1.421 6%
6	圣才教育	信息技术服务	1.879 4%
7	名洋会展	商业和专业服务	2.126 7%
8	大方软件	互联网软件与服务	2.418 5%
9	索享股份	软件	2.458 5%
10	纳晶科技	化工	2.673 0%

表2 新三板流动比率占总负债比率最低的前10家公司

排名	证券简称	所在行业	流动负债占总负债比率
1	东宝亿通	电子设备、仪器和元件	0.152 6%
2	金银花	日常消费(食品、饮料、烟草与其他)	0.313 3%
3	盛天彩	媒体	1.196 0%
4	华岭股份	通信设备、电脑外围设备与半导体设备	4.492 3%

[①] 祝强,中山大学,新三板智库研究员。

（续表）

排名	证券简称	所在行业	流动负债占总负债比率
5	东南药业	制药、生物科技与生命科学	6.059 9%
6	三炬生物	化工	6.813 0%
7	国汇小贷	多元金融与银行保险类	8.111 2%
8	赛文节能	建筑产品与建筑工程	9.102 3%
9	丰源股份	公用事业	12.576 2%
10	城市管家	商业和专业服务	13.940 9%

表3　　　　　　　新三板流动比率最高的前10家公司

排名	证券简称	所在行业	流动比率
1	东宝亿通	电子设备、仪器和元件	5 557.161 4%
2	金银花	日常消费（食品、饮料、烟草与其他）	2 479.393 4%
3	盛天彩	媒体	97.493 8%
4	阿尼股份	互联网软件与服务	95.206 0%
5	三炬生物	化工	95.121 2%
6	国学时代	互联网软件与服务	81.594 9%
7	皆悦传媒	媒体	71.325 4%
8	百川建科	商业和专业服务	55.086 3%
9	林克曼	机械	46.667 0%
10	东南药业	制药、生物科技与生命科学	46.047 5%

表4　　　　　　　新三板现金比率最高的前10家公司

排名	证券简称	所在行业	现金比率
1	东宝亿通	电子设备、仪器和元件	3 819.672 4%
2	金银花	日常消费（食品、饮料、烟草与其他）	1 281.574 8%
3	盛天彩	媒体	74.808 2%
4	林克曼	机械	42.639 8%
5	华岭股份	通信设备、电脑外围设备与半导体设备	40.177 6%
6	三炬生物	化工	36.099 9%
7	索享股份	软件	27.728 5%
8	东南药业	制药、生物科技与生命科学	27.490 3%
9	瓷爵士	金属、非金属与采矿	24.017 7%
10	百文宝	软件	22.056 2%

通过将以上排名与《新三板公司全扫描之一：盈利性与成长性孰重要》中有关成长性与盈利性的公司排名相比较，我们发现鲜有公司能在两项以上排名中均名列前茅，即一家成长性好的公司往往并非一家安全性较高的公司，而一家对于投资者来说相对安全的公司未必能够有较强的成长能力，风险与回报呈正比的关系在新三板同样得到验证，如何平衡风险与回报之间的微妙关系，在减少不必要的风险同时实现最大化收益，需要投资者对各项指标进行综合评价，而新三板智库6月份出具的新三板价值排行榜针对新三板公司诸如成长性、盈利性、安全性各项指标等赋予不同权重进行打分加总，从而得出新三板上市公司综合排名，给新三板投资者以价值指引。

新三板公司全扫描之三:谁是行业弄潮儿

吴玉琳[①]

在本部分前面几篇文章中介绍了投资者们最关心的指标下新三板挂牌公司的排名,有盈利性最好的,也有创新能力最强的,但是综合考虑这些指标,全面发展的企业是哪些?新三板智库挑选了几个目前投资者最关心的行业,并从产品研发、核心团队、销售运营、财务指标、行业前景多方面、多维度综合为企业打分,评选出各个行业中的翘楚。新三板价值排行榜覆盖新三板挂牌的所有企业,其依据的数据为挂牌企业最新年报数据。

表1至表5展示了各个行业中的弄潮儿。

一、金融行业

新三板金融行业综合排名前10的公司名单如表1所示。在A股的热潮下,金融行业的弄潮儿显然出现在多元金融与银行保险业中。中科招商不负众望排名第4位,而九鼎投资则位于第11位。

表1　　新三板金融行业综合排名前10的公司

排名	证券简称	所 在 行 业
1	创元期货	多元金融与银行保险类
2	广顺小贷	多元金融与银行保险类
3	文广农贷	多元金融与银行保险类
4	中科招商	多元金融与银行保险类
5	融信租赁	多元金融与银行保险类
6	天元小贷	多元金融与银行保险类
7	琼中农信	多元金融与银行保险类
8	天信投资	多元金融与银行保险类
9	达仁资管	多元金融与银行保险类
10	国汇小贷	多元金融与银行保险类

二、互联网+

在目前"互联网+"的概念推动下,互联网企业成为最受关注的群体,下面来看看新三板中拔得"互联网+"板块头筹的企业有哪些,如表2所示。

---

① 吴玉琳,中山大学,新三板智库研究员。

表2　　　　　　　　新三板互联网十板块综合排名前10的公司

排名	证券简称	所在行业
1	盈建科	互联网软件与服务
2	分豆教育	互联网软件与服务
3	成电光信	互联网软件与服务
4	华邦股份	互联网软件与服务
5	绿网天下	互联网软件与服务
6	国科海博	互联网软件与服务
7	世窗信息	互联网软件与服务
8	瑞聚股份	互联网软件与服务
9	云媒股份	互联网软件与服务
10	智华信	互联网软件与服务

三、媒体

微信、微博等社交媒体的出现，再一次打击了传统媒体，在当前的新媒体时代，媒体行业中谁能更胜一筹，成为新三板中的"华谊兄弟"？如表3所示。

表3　　　　　　　　新三板媒体行业综合排名前10的公司

排名	证券简称	所在行业
1	中视文化	媒体
2	地平线	媒体
3	盛天彩	媒体
4	聚宝网络	媒体
5	精鹰传媒	媒体
6	阿法贝	媒体
7	华人天地	媒体
8	金天地	媒体
9	天涌影视	媒体
10	绿岸网络	媒体

四、医疗

随着国家政策对医疗服务市场准入放宽的限制，加大支持力度，鼓励社会资本进入，健康服务业迎来了重大的发展机遇，在新三板中哪些企业把握时机，占领了高地？如表4所示。

表 4　　　　　　　　新三板医疗行业综合排名前 10 的公司

排名	证券简称	所在行业
1	世纪合辉	医疗保健设备与服务
2	新眼光	医疗保健设备与服务
3	益善生物	医疗保健设备与服务
4	天助畅运	医疗保健设备与服务
5	智立医学	医疗保健设备与服务
6	枫盛阳	医疗保健设备与服务
7	爱威科技	医疗保健设备与服务
8	天松医疗	医疗保健设备与服务
9	可恩口腔	医疗保健设备与服务
10	蓝钻生物	医疗保健设备与服务

五、制药、生物科技与生命科学

与医疗保健设备与服务相近的制药、生物科技和生命科学是中国当前最具有前景的行业之一。在政策的推动下，制药生命科学行业正在高速发展。表 5 列示了新三板制药、生物科技与生命科学行业排名前 10 的公司名单。

表 5　　　　　　新三板制药、生物科技与生命科学行业排名前 10 的公司

排名	证券简称	所在行业
1	科新生物	制药、生物科技与生命科学
2	新天药业	制药、生物科技与生命科学
3	百傲科技	制药、生物科技与生命科学
4	康复得	制药、生物科技与生命科学
5	同济医药	制药、生物科技与生命科学
6	绿蔓生物	制药、生物科技与生命科学
7	明德生物	制药、生物科技与生命科学
8	星昊医药	制药、生物科技与生命科学
9	老来寿	制药、生物科技与生命科学
10	金鸿药业	制药、生物科技与生命科学

以上是目前投资者比较关注的具有前景发展的行业。

新三板公司全扫描之四：你何时才能成为董事长

许双丽[①]

在本部分前面几篇文章中，大家已经对新三板公司的盈利、成长性等情况有初步的了解，今天我们来谈谈比较轻松的话题。

作为一名职场人士，"升职加薪，当上总经理，出任 CEO，赢娶白富美，最终走上人生巅峰"是人人向往的梦想大道。然而，想要早日成为 CEO，并非易事。

我们通过对新三板公司董事长的年龄进行数据分析，发现年龄并不是成为 CEO 的阻力。不管是年少有为还是大器晚成，只要努力，晋升董事长就不仅仅是梦想！表 1 展示了新三板公司董事长年龄层的分布情况。

表 1　　　　　　新三板公司董事长年龄层的分布情况

年龄层（岁）	董事长人数（人）
20～29	17
30～39	279
40～49	1 018
50～59	793
60～69	165
70～79	24
80～89	3

从各大年龄层发现，40 多岁至 50 岁左右是大多数 CEO 的人生巅峰期。43～49 岁的董事长人数均超过 100 人，占比超过 50%！如表 2 所示。

表 2　　　　　　43～49 岁的董事长人数人数分布

出生年份	年龄	董事长人数
1971	43	103
1970	44	109
1969	45	136
1968	46	118
1967	47	104
1966	48	102
1965	49	106

---

① 许双丽，中山大学，新三板智库研究员。

表3列示了新三板公司董事长的出生年代分布。

表3　　　　　　　新三板公司董事长的出生年代分布

年代	董事长人数
20后	2
30后	7
40后	57
50后	354
60后	1 131
70后	670
80后	78

从年代来看,60后和70后还是新三板的主力军,50后的董事长人数也不少。

不过不属于以上范围的人也不要沮丧,我们发现新三板的董事长年龄上至88岁,下至25岁,真所谓老当益壮、后生可畏啊!

我们相信,只要努力,一切记录皆有可能被打破!

新三板公司全扫描之五:谁是最牛团队

许双丽[1][2]

在《新三板公司全扫描之四:你何时才能成为董事长》中,我们分析了新三板公司董事长的年龄分布。看完之后也许你也会自信心爆棚,原来我也可以做那个成功者!可是无奈"理想很美满,现实太骨感",手中的股票总是那么不争气。

不过,日子还得继续过,理想也要继续追求。我们分析发现,那些管理团队强大的公司,总能在股市的大起大伏中,成为行业的弄潮儿。所以说,想做人赢,还得先赢人、赢心。苹果公司创始人乔布斯回归带领团队打造出风靡世界的产品,阿里巴巴靠着当初的18"罗汉"建立起千亿市值的商业平台。我们相信,新三板市场上也会出现这样牛的团队!

新三板智库通过股东、管理层和核心团队3个维度,应用相关公司治理知识,开始对新三板公司的团队进行了研究和对比。表1列示了新三板公司团队排名前9名的公司

表1　　　　　　　　新三板公司团队综合排名前9名的公司

排名	证券简称	所 在 行 业
1	盛帮股份	化工
2	海格物流	运输
3	仁会生物	制药、生物科技与生命科学
3	玻尔科技	化工
5	德毅科技	互联网软件与服务
5	利昂设计	建筑产品与建筑工程
7	中交远洲	软件
7	倍格曼	化工
9	易丰股份	商业和专业服务
9	金童股份	机械
9	邦鑫勘测	商业和专业服务
9	施可瑞	机械

为了去除行业差异化带来的影响,同时也满足一下大家对各个行业具体情况的

---

[1] 许双丽,中山大学,新三板智库研究员。
[2] 本文资料数据均来自公司2014年年报,年报收集时间截至2015年5月9日

好奇心,所以精心选择了新三板中与互联网软件与服务,信息技术服务,金融,媒体,医疗保健设备与服务、制药、生物科技与生命科学这些热门行业,让大家一饱眼福!具体如表2至表7所示。

表2 　　　　新三板互联网软件与服务行业团队综合排名前4的公司

排名	证券简称	所在行业
1	德毅科技	互联网软件与服务
2	赞普科技	互联网软件与服务
3	众志和达	互联网软件与服务
4	云智科技	互联网软件与服务
5	志晟信息	互联网软件与服务

表3 　　　　新三板信息技术服务排名前4的公司

排名	证券简称	所在行业
1	国基科技	信息技术服务
2	优网科技	信息技术服务
3	汇龙科技	信息技术服务
4	科致电气	信息技术服务
5	中扬科技	信息技术服务

表4 　　　　新三板金融行业团队综合排名前5的公司

排名	证券简称	所在行业
1	思考投资	多元金融与银行保险类
2	达仁资管	多元金融与银行保险类
2	中衡股份	多元金融与银行保险类
4	恒晟农贷	多元金融与银行保险类
5	融信租赁	多元金融与银行保险类
5	开元物业	多元金融与银行保险类
5	中科招商	多元金融与银行保险类

表5 　　　　新三板媒体行业团队综合排名前5的公司

排名	证券简称	所在行业
1	天涌影视	媒体
2	盛天彩	媒体
3	盈富通	媒体
3	海洋风	媒体
5	欧迅体育	媒体
5	安之文化	媒体

表 6　　　　　新三板医疗保健设备与服务行业排名前 2 的公司

排名	证券简称	所在行业
1	辰光医疗	医疗保健设备与服务
1	宇寿医疗	医疗保健设备与服务
1	爱威科技	医疗保健设备与服务
1	天松医疗	医疗保健设备与服务
2	贝欧特	医疗保健设备与服务

表 7　　　新三板制药、生物科技与生命科学行业团队综合排名前 5 的公司

排名	证券简称	所在行业
1	仁会生物	制药、生物科技与生命科学
2	利洋水产	制药、生物科技与生命科学
3	新天药业	制药、生物科技与生命科学
4	车头制药	制药、生物科技与生命科学
5	绿蔓生物	制药、生物科技与生命科学
5	康复得	制药、生物科技与生命科学

以上就是小编整理出来的团队比拼情况,我们主要是基于公司年报各项治理信息,精心制定几项重要指标,综合打分得到。当然,管理团队也并非一成不变,每个人对于团队能力的侧重点不同,评价方法也不同。小编希望上述比拼情况也能够作为大家的参考,也希望每个公司的管理团队不断努力,有朝一日成为新三板最牛的管理团队!

新三板公司全扫描之六：热门行业最具创新能力的10大公司

谢 昊[①]

茫茫新三板，公司数千家。快来比一比，谁的创新佳？

在本书中其他几篇有关行业排名的文章中，我们已经从盈利性、成长性等角度为大家解析了新三板各个行业的"十刃"。本期，我们将带大家从创新角度去剖析新三板中哪家公司最会"倒腾"新玩意？

新三板智库团队从产品、企业获奖、研发强度、核心技术等角度入手，设计出一套客观的评分体系，对新三板所有公司的创新能力进行评估打分。目前，市场上投资者普遍对TMT、生物科技等行业热情高涨。而本期小编也将带领大家去看看这些行业中，哪些公司最会给投资者们带来惊喜？

几大热门行业最具创新能力的10大公司如表1至表4所示。

表1　　　新三板互联网软件与服务行业创新能力排名前10的公司

排名	证券简称	所在行业
1	轩辕网络	互联网软件与服务
2	成电光信	互联网软件与服务
3	云宏信息	互联网软件与服务
4	国创富盛	互联网软件与服务
5	建通测绘	互联网软件与服务
6	奇维科技	互联网软件与服务
7	中联信通	互联网软件与服务
8	盈建科	互联网软件与服务
9	三网科技	互联网软件与服务
10	中创股份	互联网软件与服务

互联网软件与服务行业中，拔得头筹的是轩辕网络。轩辕网络是成立于广州本土的一家公司，致力于为企业、校园、政府提供IT服务与解决方案，在大数据、云计算方面有较深的造诣。

[①] 谢昊，中山大学，新三板智库研究员。

表 2　　　　新三板信息技术服务行业创新能力排名前 10 的公司

排名	证券简称	所 在 行 业
1	风格信息	信息技术服务
2	凯英信业	信息技术服务
3	腾龙电子	信息技术服务
4	东润环能	信息技术服务
5	科瑞讯	信息技术服务
6	华夏未来	信息技术服务
7	中海纪元	信息技术服务
8	瑞珑科技	信息技术服务
9	光辉互动	信息技术服务
10	捷尚股份	信息技术服务

表 3　　　　新三板通信设备行业创新能力排名前 10 的公司

排名	证券简称	所 在 行 业
1	达通通信	通信设备、电脑外围设备与半导体设备
2	成都广达	通信设备、电脑外围设备与半导体设备
3	华环电子	通信设备、电脑外围设备与半导体设备
4	华岭股份	通信设备、电脑外围设备与半导体设备
5	亚成微	通信设备、电脑外围设备与半导体设备
6	蓝山科技	通信设备、电脑外围设备与半导体设备
7	英伦信息	通信设备、电脑外围设备与半导体设备
8	中科联众	通信设备、电脑外围设备与半导体设备
9	东研科技	通信设备、电脑外围设备与半导体设备
10	新松佳和	通信设备、电脑外围设备与半导体设备

信息技术服务行业本是创新频繁的行业，因此该行业内企业的创新"竞争"也是相当激烈。在我们的评分体系中，风格信息和凯英信业还是并列行业第 1 名。

表 4　　　　新三板生物科技行业创新能力排名前 10 的公司

排名	证券简称	所 在 行 业
1	科新生物	制药、生物科技与生命科学
2	创尔生物	制药、生物科技与生命科学
3	同济医药	制药、生物科技与生命科学
4	百傲科技	制药、生物科技与生命科学
5	新天药业	制药、生物科技与生命科学
6	星昊医药	制药、生物科技与生命科学

(续表)

排名	证券简称	所在行业
7	金鸿药业	制药、生物科技与生命科学
8	赛卓药业	制药、生物科技与生命科学
9	力思特	制药、生物科技与生命科学
10	仁会生物	制药、生物科技与生命科学

在我们的排行体系中，达通通信以较明显的优势牢牢占据行业榜首。达通通信由电信行业的资深技术、管理和市场专业人士创立，致力于为客户提供优秀的产品和增值业务解决方案，是电信行业领先的融合应用技术和服务提供商。达通通信于今年1月14日转为做市方式交易，当天就收获121%的日涨幅。

科新生物也是以明显优势占据行业榜首。科新生物主要从事生物药物、新型诊断试剂的研发、生产、销售和技术服务，并拥有从基因克隆、蛋白表达与制备、抗体制备到细胞培养等一系列专业化实验平台。资料显示，该公司自主研发的系统性红斑狼疮、类风湿关节炎、自身免疫性肝炎等疾病的新型诊断试剂效果显著，让不少患者们重新找回健康的乐趣。

创新是一家企业成长的原动力，也是企业立足市场的根本。挖掘出新三板的创新达人，将有利于投资者对公司的内在价值和发展潜力作出更确切的评估。

第七部分
新三板的并购时代

  2015年10月15日,由新三板智库与凤凰网广州站联合主办的"首届新三板企业并购高峰论坛"在广州隆重举行。新三板并购专家、企业高管、投资机构、中介机构等专业人士汇聚一堂,共同探讨新三板并购趋势、机遇以及挑战。

  本部分主要展示了各位实务界的专家和新三板智库的创始人在本次论坛上与在场嘉宾分享的有关新三板的真知灼见。

新三板——并购的下一个主战场

徐 舜[①]

一、新三板并购的星星之火,必将燎原

2014年新三板并购好像是星星之火,当时整个市场也就10多个并购案例,绝大多数都是挂牌企业被上市公司看上了,成为上市公司的猎物。到今天整个情况有了很大的变化,星星之火已经开始燎原,新三板并购的案例数量井喷式增长,挂牌企业从猎物变成了猎人,并购方案也多元化。未来新三板并购会走向哪里?会成为什么样的市场?

新三板智库认为,新三板并购将会是一个非常有机会的市场,新三板是一个大浪淘沙的市场,被并购也是非常好的一种退出方式,所以我们认为新三板会成为并购的下一个主战场。

新三板的并购跟中国的经济发展也是息息相关的,我们知道现在中国企业处于新一轮的并购浪潮中。这一轮的并购浪潮起源于2013年,2014年呈井喷式增长,这样的并购浪潮持续到了2015年,2015年上半年并购的案例数同比增长接近20%。为什么会兴起新一轮的并购浪潮?有两个主要的驱动因素:经济转型和财富效应。大家知道现在传统的制造业非常困难,新兴产业逐步发展,通过并购企业可以实现战略转型。在这个过程中,新型产业的并购机会大量涌现,我们可以看到,跟新兴产业相关的并购数量占比急剧地提升,2007—2009年与技术相关并购的比例不到10%;二级市场的财富效应。我们可以看到,并购的公告一发,股价可以出现十几、二十几个涨停,我们统计了2013年以来已经完成并购的上市公司的案例,40%的企业实现了增长。这一轮的并购,跟以前相比,应该说是第一次真正由市场主导的并购,体现更多的是市场的因素,有几个显著的特征:第一,民营企业成为并购的主角。第二,新兴产业成为并购的热点;第三,并购新的玩法越来越多。

关于上市公司的并购,2013年是并购的元年,2015年是新三板的并购元年。2015年前三个季度,新三板并购数接近300起,2014年同期数据还不到30起。到了2015年的第三个季度,相对于第二个季度案例数翻了两倍,整个新三板的并购在今年开始了一波浪潮。

举两个典型的案例。伯朗特(广东伯朗特智能装备股份有限公司),最近做了两个并购,通过这两个并购完成了产业链一体化布局,他是做智能装备的,买了两个公

---

① 徐舜,CFA、CPA,新三板智库CEO。本文是作者在"首届新三板企业并购高峰论坛"的发言内容。

司,一个是上游公司,一个是下游公司。买了两个公司之后,新的伯朗特极大地提升了智能装备、自动化、一体化方面的核心竞争力。被并购公司的股东对于并购的公司充满了信心。

点点客并购微巴,并购之前他们两个公司都是做微信商业营销,并购之前点点客是行业第一,微巴是第八,并购之后整个点点客的体量翻了一番,这样的横向并购在移动互联网行业非常普遍,优酷和土豆、58同城和赶集,包括美团和大众,横向并购可以强强联合,点点客的并购方案是现金加股份同时配套融资,可以满足被并购企业一部分套现的需求,也可以锁定被并购公司的股东继续为新的公司作贡献。

二、新三板并购市场存在巨大想象空间

关于未来新三板并购我们持什么看法?新三板的并购市场相对于主板的并购市场还是初期阶段,对于未来我们坚定地看好新三板并购市场,因为有很大的想象空间,我们有三个理由:

第一,新三板并购监管非常市场化,它是市场化导向的市场,这对于市场的发展非常重要,整个新三板并购监管原则就是放松管制,让市场发挥更大的作用,鼓励并购、降低成本、提升效率。如果做单纯的资产重组,不需要去证监会审批,发行股份的价格也是由市场来决定,这些条件相对于上市公司而言是非常宽松、非常简便。作为这样市场化导向的市场,实际上就是在鼓励创新,鼓励企业在市场上发挥更大的作用。

第二,新三板现在也能够持续地吸引发起并购方来新三板寻找被并购的标的,现在新三板上的企业数量非常多,这么多的企业,真正能够成为佼佼者的只有10%~20%。对于80%的企业,被并购也是非常好的出路,新三板企业作为公众公司信息是比较透明的,治理比较规范,这样也能够减少并购方在市场并购中的风险。

第三,如果一个企业是新三板市场中优秀的10%~20%,公司要实现并购战略,新三板可以给它助力。

三、对未来新三板并购市场的三点预判

关于未来新三板并购市场,我们有几个预判:被并购和发起并购会平分秋色,不能并购别人的时候就被别人并购,这也是非常好的出路。横行并购依然是主流,多元化也是趋势。"现金+股份"的支付会成为支付的主流方式。同时,杠杆收购也在兴起。新三板给创新预留了很大的空间,前段时间刚刚公布优先股的指引,对比这个指引我们可以看到新三板的挂牌企业,要发行优先股比发行普通股门槛低,未来优先股很有可能成为收购的很重要的融资工具。

四、并购如婚姻,做价值创造的并购

我们看好新三板的并购。

作为企业,到底应该做什么样的并购?并购跟婚姻很像,是走向幸福还是坟墓关

键是看并购参与方,不要为了并购而并购,应该做价值创造的并购,这点对于挂牌企业尤为重要。

新三板的市场是以机构投资者为主体的投资市场,机构投资者看得更长远,它们的关注点会是企业真实的价值,如果想象主板的二级市场那样,靠并购快速地拉升市值,在新三板市场可能很难奏效,所以还是应该基于自身业务的发展去考虑并购。

相爱简单,但是相处没那么容易,很多做并购的企业也会有切身的感受,就是并购之前大家都说得非常好,并购之后双方的磨合实际上没那么容易,就需要双方有充分的磨合和理解,这样才能真正实现并购的目的。

我们是非常看好新三板并购市场的,无论是对企业,对投资者,还是对中介机构,新三板并购市场有非常多的机会,希望大家不要辜负这个充满机遇的时代。

新三板思维与新三板企业并购

韩惠源[①]

一、重新认识新三板

看好新三板的人也许会认为新三板一定会成长出像英特尔、微软这样的大公司。新三板的挂牌企业已经有4 000[②]家了,门槛太低。以2015年9月30日的数据为例,新三板共有挂牌企业3 602家。那么,新三板企业到底有价值还是没有价值?所以我今天想跟大家分享的就是,我们需要重新认识新三板。不光是已经挂牌的新三板公司需要重新认识新三板,未来想上新三板的公司和暂时没有计划挂版新三牌的公司,更加需要重新认识新三板。今天,我的重点不是去谈学术性的东西。

重新认识新三板:第一,开天辟地。新三板是中国第一个完全市场化的资本市场。不知道大家有没有这方面的切身体会——新三板的推出是中国资本市场一个开天辟地的事情,这点希望引起大家足够和高度的认识。也许现在很多政策红利、未来盈利空间大家还没有看到,但是我们可以期待。在一个开天辟地的新的市场里面,一定会有很大空间。第二,明确的法律地位。很多挂牌企业自己也很困惑,我们到底怎么样才算是新三板企业——这叫做非上市公众共识。我们把新三板叫做全国性的交易场所。大家一定要明白,新三板相对于主板,是中国多层次资本市场一个非常重要的组成部分。我们就是一个堂堂正正的资本市场。可以说,目前的新三板企业,就是未来的上市公司。第三,希望大家重新认识新三板存在巨大的创新空间。大家知道,改革开放30年以来,我们的国家之所以有这么巨大的经济发展,就是因为我们的目标是——走向一个完全市场化的市场,现在我国经济发展依然能够保持超过6%的增速,这样的成绩在全球的各国中是屈指可数的。

我国的资本市场从1990年上交所、1991年深交所的推出,一直到现在还是比较行政化的市场,所以新三板的监管制度的创新,是企业创新的试验田和监管制度创新的试验田。制度创新会给我们参与新三板的创业者带来政策红利。

新三板的监管制度有很强的市场化手段,主板有的工具,我们都有;主板没有的工具,其实我们也有。9月份我在吉林跟一个同行交流,他认为新三板非常好。中小

---

① 韩惠源,硅谷天堂总经理,具有深厚的实业背景和金融投资经验,尤其对产业、行业的整合与兼并收购具有丰富的经验,并进行了深入的研究。曾任原电子工业部下属研究所室主任、科技公司总经理、香港跨国公司资深高级经理、香港投资公司合伙人、美国NASDAQ上市公司总裁。本文是作者在"首届新三板企业并购论坛"的发言内容。

② 这是2015年10月份的数据。

企业即使没有到主板没有到创业板，但是只要到了新三板，能够使用的资本手段都跟主板一样了。我们新三板不仅仅是已经具备了主板有的工具和主板有的手段，而且主板没有的我们也有。新三板有优先股，而且优先股条件、优先股产品都比主板存在更大的上升空间。

二、新三板思维

我们要树立一个新三板思维，新三板思维是什么样的思维？要针对已经挂牌的企业，培养新三板思维。还没有挂牌新三板的企业，也要了解新三板思维。加快把自己的企业转到新三板，这就是新三板思维。

讲到新三板我想起来一些很有趣的现象。一个现象是，全国人民都知道，这是一个广东人的固定思维：广东人只要看到一个新鲜的动物，首先想到的就是这个动物到底好不好吃，要吃掉。另一个现象是，20世纪80年代、90年代的广东商人，看好一个产品一定会想这个产品我能不能仿造。广东商人的这种思维帮助了广东的企业走向全国的前列，为奠定广东在全国范围内的商业地位起到非常重要的作用。这个思维在当时的环境下非常好。

什么是新三板思维？以上两个案例讲明白了为何思维对我们的行为如此重要，所以我们必须要讲到底什么是新三板思维。对于已经在新三板挂牌的企业来说，到底要树立什么样的新三板思维？

第一，我们的企业需要成熟的资本市场思维。我们很多已经挂牌的企业，在喧嚣的资本市场环境下不是特别确定也不是特别自信。其实我们已经站在中国资本市场的舞台，主板有的所有工具，我们全部有，主板有的手段我们也全部有。只是流动性比主板差，而这方面假以时日也可能得以完善。

第二，完全市场化的思维。这点非常重要。我接触了大量的新三板企业，专业性很强，年纪很轻，我所在的专业服务新三板的企业中看到，有很多企业就是因为新三板没有主板市场那种非常严厉、严格监管下的条条框框，从而释放了大量的活力。新三板的挂牌思维是完全市场化的思维。

第三，创新的资本市场思维。新三板的建立和发展是我们一个开天辟地的大事。新三板是中国有史以来第一个完全市场化的市场，我们一定要用创新的思维去做所有资本市场内的并购。其实任何资本市场行为都应该用完全市场化的思维去对待。大家知道，我们资本市场的监管制度也在不断地完善，而监管完善所带来的政策红利还没到。因此，越早运用市场化的思维，有可能会越早享受政策带来的红利。对于企业而言，如何用好创新的工具和手段，从而打破以前的条条框框，这值得大家一起来探索。

在过去，大量新三板的并购是用现金交付的。如果只是用现金，那资本市场存在的价值就大打折扣。我们可以用股票支付，可以用优先股、债券支付，这种成熟的手段已经很多，它的进一步发展也有赖于我们共同的探讨、探索。大家知道，新三板除了在信息披露方面要求严格规范以外，在其他方面的要求是完全市场化的。我们新股的发行和支付跟主板完全不一样,这是新三板最大的机会。

三、上市公司常见并购办法

下面我来简单地讲一讲上市公司常见的并购办法。为什么我要讲上市公司常见的并购办法?因为今天我只希望跟大家交流,而不想用任何一个成熟、专业的思维定式让大家的思维受到束缚。刚才徐(舜)总讲了很多,我们为什么把中国的2013年叫作中国的并购元年,最重要的原因在于两个方面:

第一,从2013年起,主要是民营经济在主导并购。2013年的并购是完全市场化的并购,不像以前——政府国有企业主导的并购居多。因为这1年中的并购不是政府主导的国企之间的重组,所以2013年称为并购元年,2014年达到了井喷。可以预期,从2015年开始,我们的并购市场因为有新三板的企业参加,一定会有更辉煌的明天。

第二,并购市场有非常明显的特征,就是以上市公司作为并购的主体,我也相信未来我们并购的主体一定是在新三板挂牌的企业。

关于并购动因。我们之所以要并购就是寻求企业的发展。企业的发展离不开两个手段:内部的积累发展、并购。从国内到国外,从过去到现在,没有一个大企业的快速发展不是通过并购发展起来的。正因为新三板具备了这些方面的要素,因而成为并购主战场指日可待。并购思维是我们企业非常重要的一个思维方式。

企业并购的目的,简单讲起来是3个:通过并购来扩大规模,做大做强;通过并购获得市场的资源,获得人才、技术,快速地进入一个新的领域;我们有可能是消除竞争对手。中国的市场跟成熟的发达市场一定有相似之处,在中国如果想要成为行业的领头的话,什么手段最快?兼并收购。

关于并购的程序。新三板企业在并购方面,由不成熟到成熟,由小到大,我想对大家说的是并购最重要的问题——并购不是目的,整合才是目的。所以在并购中最关键的是资源的整合利用,在其中企业一定要确定自己的战略。我们的兼并收购、支付手段一定是为企业发展战略服务的。

确定战略以后如何评价并购?分两个方面,当期的和长远的。当期非常体现技术含量。做成一个最好的收购,一定要多方共同的合作。尤其是新三板企业,虽然现在流动性不大,一个好的并购在中长期一定会反映到证券价值上来。

通过并购,我们的企业可以实现股东利益的最大化和战略转移,这个跟主板有所区别。主板的企业更多的是愿意做龙头,但是我们很多新三板企业,其实更应该审时度势,当自己的企业或者这个行业上升到一定的空间后,其实被并购是一个非常好的出路,是对股东负责的最好的手段。

四、"硅谷天堂+"新三板企业并购

简单分享一下"硅谷天堂+",这个"+"用得比较烂,硅谷天堂在市场上有很强的号召力,所以很多人也比较关心我们到底怎么做。我们到底是什么定位:我们奉行的是积极股东主义,我们要做负责任的股东。这看上去简单,实际上把商业模式讲得非常清楚。我们做投资的人,合作伙伴到企业都想问你的商业模式是什么?你怎么盈利,我们是要跟企业共同成长,我们做负责任的战略股东,通过和合作伙伴共同分享资本的真实收益,我们不是做企业咨询,我们的商业模式是要和合作伙伴共同分享我们的资本。

在并购方面,我们对合作伙伴有自己总结的一个标准,就是对我们的实际控制人和大股东也定了3个标准。对实际控制人有3个标准:有野心(有激情)、有社会责任感、要包容。新三板的结构的确是跟主板完全不一样,我们把包容心看得很重要。企业老板对同行、股东、其他的经营者有没有包容心,决定了企业到底能走多远。

经常有人问我为什么硅谷天堂在市场上有这么强的号召力。尤其是2014年5月份股市没有完全的上升以前,在硅谷天堂合作的公司在资本市场都有非常好的表现。硅谷天堂有什么特性?

核心能力:第一,战略整合能力,这跟我们公司的知识结构有很强的正相关。我们大部分的高管,都自己经营过企业,不是坐而论道,我们都是自己做出来的,我们希望跟企业共同梳理公司的战略。

第二,我们是专业的交易架构设计方,这是我们的能力。我们有一个标签就是"上市公司+"。"大康物业"的成功大家看到了,也有很多人问我们是怎么做到的,这个项目做成了一个双赢的结局。我们有大量成功的案例也有很多失败的教训,所以我们有非常强的交易架构和设计能力。

第三,资源整合能力和融资安排能力。我们是非常友善的投资人,不仅是友善的投资人,而且与企业有很强的配合融资能力。这几大能力中,我自己认为我们最强的能力还是风控和合规能力。

第四,风控和合规能力。所有的投资都是基于风控和合规,这是我们公司最强的能力,我们在这方面的能力支撑了我们公司在市场中持续地取得好的业绩。

硅谷天堂重点的工作,大家也看看(见当时的材料)。这些会后跟大家交流,这些东西要想系统地讲清楚恐怕一两个小时也讲不完,我的重点还是关于重新认识新三板和新三板思维。

我们有非常多成功的案例,我希望有更好的机会和场合能够跟大家一起共同分享。

谢谢大家!

国内资本市场并购重组趋势分析

陈长洁[1]

一、并购重组趋势分析

不管是境内、香港资本市场还是新三板的并购,我们都做了一些,也跟大家分享一些我个人对于中国并购市场的趋势。

趋势分析比较简单,我总结了十一点。

1. 并购大时代

这是个并购大时代。我自己是专门做并购的。中国的经济目前有3个关键词:第一,转型。第二,升级,比如说线下的贸易升级为电商。第三,整合。整合对并购来说非常重要,在一个传统的产业目前处于低迷的时期,企业就要寻求重组。对传统产业来讲,整合机会未来也是非常大的蛋糕。第四,资产证券化,信用卡就是资产证券化,在我们眼中,一切东西都要证券化,导致了我们并购行业会有很多机会,而且会持续很长的时间。

2. 资产管理大时代

在资产管理大时代,国家对资产管理放开,民营资本进入金融领域、传统金融机构竞争加剧,所以要转型,做增值服务,要做资产管理的业务,同时互联网和创新金融对传统金融机构的影响,也会导致金融领域里的繁荣。中国还没有特别好的财富管理的团队。随着宏观经济形势发展和国家的政策红利的释放,相信资产管理的大时代已经到来。

3. 并购重组的市场化前途一片光明

想结合发行的市场化对比并购市场化和发行的市场化。中国的发行市场化还有很长的路要走,在 IPO 这个领域,媒体的关注度非常高,中国证监会、交易所很多时候走非常弯曲的道路,但是并购这个道路一直在顺利地走,国家也很支持。现金收购现在无需审批,配套融资比例扩大到 100%,换股价格灵活,审批速度加快。新三板并购政策也会更灵活,包括发行定价、锁定期,要约收购豁免,说明 A 股并购和新三板公司的并购都走在市场化的道路。注册制即将来临吗?我认为快来临了,但是真正注册制的精神还有很长的路要走。中国的金融目前还是一个不成熟的孩子,我个人认为,正是因为这样,A 股公司的估值是畸形的,泡沫比较大。对

---

[1] 陈长洁,安赐资本合伙人,国内顶尖的上市公司并购重组和市值管理专家,长期从事境内外上市、并购、重组事务达 14 年。本文是作者在"首届新三板企业并购高峰论坛"的发言内容。

于发行市场的市场化,我个人认为路途会遥远一点,并购的市场化走得会快一些。壳价值会大幅度下降吗?未来一段时间内,与国际资本市场、香港资本市场相比,A股壳仍有稀缺性,A股只有3 000家左右的上市公司,跟我们20年前的大学一样,是有门槛的,进了大学工作有保障,目前中国的A股市场跟那个时候的大学一样。

4. 杠杆并购兴起

对于我们做并购的来说,我们特别喜欢杠杆。杠杆是指广义的杠杆,包括各种结构化的产品,各路资金追求固定收益的回报,相对高收益的回报,每种资金对于风险、回报率、流动性的要求不一样。我们认为金融产品应参与到各种并购交易当中,尤其是以参与上市公司的定向增发和收购以及参与跨境并购居多。利率市场化和资金跨境流动严格管制逐步松动的趋势,以及各类互联网金融和创新金融机构的蓬勃发展,将推动杠杆并购的繁荣。对于我们做并购基金的来讲,以美国为目标,所有的大型交易中没有杠杆是无法做的,这个对我们来讲是未来的趋势。

5. 新兴产业并购活跃

并购的行业目前主要是活跃在新兴产业非常活跃,A股跟美国资本、中国香港资本市场比较,传统产业比例偏高,还是供求关系决定价格,正是因为A股里面好的新兴产业的公司不多,导致市盈率很高,为什么我们做的跨境通也有那么高的市盈率,就是因为他是新兴产业。我们安赐资本主要的投资方向是这三类:消费升级、产业互联网和创新金融。关于产业互联网我们不太喜欢讲"互联网+",我们喜欢讲产业互联网,通过互联网将传统产业的企业进行改造,获得比较好的数据,同时我希望这个公司是健康的。创新金融,我们对中国的金融行业充满期待,我们做了很多创新,应该讲,把风控做好,蛋糕会非常大。

6. 跨境并购的机会

国外的并购机会主要在于估值比国内低。我觉得从估值角度来讲,境外的资产对并购资金相当有吸引力。

7. 新三板并购活跃

新三板是非常好的市场化的创新场所,新三板最大的缺陷就是流动性,好比一个市场,这个市场有4 000个商家,但是来买东西的人不是那么活跃,另外一个市场可能只有2 000家商家,但是有很多人买东西。这跟国家对新三板的交易规则设计有关系,我认为新三板的制度红利迟早会推出来,比较有希望先推出我认为的是分层交易。A股里面沉淀了太多老百姓的资金,如果新三板放得太开会导致很多影响社会稳定的问题。

8. 国企私有化、MBO大趋势

国家出台了关于国有企业的制度,从市场来看,说明安赐资本做MBO做市场化很多的窗口,一个关键点在于地方怎么执行。同时我们认为,国有企业私有化程度越大,就越有活力,适用于大多数企业。我认为国有企业私有化未来有很大的蛋糕,这种并购机会有大的产业集团会做的。

9. 多元化后遗症

A股现在很多公司在盲目地多元化,A股是一个融资的平台,我们做并购,起初是做汽车零部件,后来我们并购了一个游戏公司,希望这一个融资的平台供两个产业共同使用,所以说多元化适用于当下的A股市场,很多新兴产业可以变相地实现自身的产业融资,这个是值得鼓励的。但是如果一个操盘人仅仅是为了实现1年、2年套现的收益,这个是非常不好的。

10. 并购玩家的恶果

我还是希望能够长期地发展,但是提前退出是我的权力并不是我的追求。多元化出现一些问题,A股去年有一家公司做了太多并购,这家公司并了太多公司,而且这家公司的协同性不太高。A股公司并购一半是用收益法对A股公司进行估值,如果第三年的利润你估计是1亿元,但是你只做到了5 000万元。如果亏损变得严重了,公司估值被会计师连续4年做减值,那这个公司可能会退市。如果交易双方做一些虚假的交易,这种属于明显的犯罪行为,得负刑事责任,中国的资本市场处罚只会越来越严厉。所以对于我们做并购的人来说,我特别不喜欢并购玩家,我们作为并购专家人士,我们希望扶持有梦想、有能力的人。这是我的追求,A股有很多公司会出现,2013年、2014年是并购热潮,一些造假的事情,我估计在2015—2017年会陆续地暴露出来。

11. 中国并购基金的成长

目前并购基金还没有形成非常有标签的群体,国家要鼓励并购重组,但是还要有一些既拥有一定资本,又拥有专业判断力,同时能够做好资源整合,甚至将来有非常职业化的CEO站在一起做并购,这是国际化的趋势。国外很多基金扶持一些小集团,从小变大,国家鼓励并购,就要鼓励并购产业,可以给税收优惠,让并购的手段更丰富,我们自己在一线很能感受到大家对这个领域的关注,对于我们这个群体的认可在逐渐地提升。

二、并购案例

简单说一下我们做的一个并购案例——百圆裤业,在完成第一次的并购之后的8个月内,实现了产业链的融资,并在国庆节期间做了一个27亿元的动作。这个是我们的盈利模式,也是成熟资本市场的并购基金做的事情。中国的资本市场比较畸形,跟国外的不太一样,在这里我们安赐资本可能会先投一家A公司,它是新兴产业的新秀。太早期企业的我们不太会做,我们的投资人会选择成长期或者成熟期的企业,我们会投这样的企业,并与上市公司做并购,如果A公司够大我可以帮它建壳,买壳目前在A股的要求是很高的。

安赐资本并购业务模式介绍

我们会参与上市公司的竞争,我们也提供一些并购服务,帮助上市公司也完成了转型升级。

从各个机构拿了融资,不管是几千万美金还是1亿美金,但是在量的方面我们有很大优势。我是持续融资的平台，可以向社会公开发行股票。当然，这跟市场上融资的大环境有关系，如果有金融危机，如果你不是上市公司，可能你是再好的企业也会被市场纷纷抛弃。

我们做的一些大数据的公司，有专业的工具和团队能够做好数据分析和数据经营。股权激励是非常重要的课题，对于股权激励在我们投资的上市公司还是运用得非常娴熟，这个可以解决在并购过程中双方对估值的差异。中国人对于机制这东西还是缺乏应有的尊重，机制长期执行下去就是一种文化，一种传统，文化和传统继承下来之后会成为企业的核心竞争力。

持续并购我们非常擅长，我们可以把企业跟电商有关的东西做一些并购，这是国际化的市场操作趋势，现在A股上市公司拆分到新三板已经有很多案例，所以分开上市是可以做的。ABS和MBS，比如说我是做物流地产的公司，我投了10亿元1年赚了1.5元亿元，我可以今年把这些全部卖掉，我就又可以得到10亿元。产业并购基金，就是跟上市公司联合发产业并购资金，金融板块的很多公司就是A股的很多公司做大之后形成的，A股将来很多上市公司会出现成为金融公司，成为投资公司。资产出售是产业的周期，我自己个人喜欢这样看问题，一个企业的核心竞争力是什么，一个企业的销售、技术、人才很重要，一个企业的核心竞争力就在于它有没有一个机制保证它的企业有应对变化的能力，中国的改革开放包括一些政策会把这个行业改变，所以我认为企业的团队有没有开放的文化、创新的机制应对市场的变化，包括资本市场的变化很重要。有可能原来的产业到了一定的周期，你把它卖掉，去投资有更大利益的事情。

分享了一下关于我们并购业务的模式，我们平时在广州，同时在北京有办公室，主要是做并购基金，但是我们一手是新兴产业，一手是做并购。

谢谢大家！

附录
首届新三板企业并购高峰论坛实录

  2015年10月15日，由新三板智库与凤凰网广州站联合主办的"首届新三板企业并购高峰论坛"在广州隆重举行。新三板智库CEO徐舜女士、联合创始人郑国坚副教授和罗党论副教授、凤凰网广州站总编罗祥、硅谷天堂董事总经理韩惠源先生、安赐资本合伙人陈长洁先生等出席本次论坛。

  有着"中国的纳斯达克"之称的新三板持续受到市场的关注，这从参与论坛人员的热情便可窥知一二。众多机构、企业、各路投资者济济一堂，氛围异常热烈。参会人员更是达到300余人，远超过原计划的150人。

一、新三板，并购的下一个主战场

论坛伊始，新三板智库联合创始人郑国坚副教授作为主办方代表致辞，他表示，一方面，新三板的战略地位和市场化导向使其成为创新、创业型中小企业对接资本市场的首选，越来越多的公司选择了新三板作为企业腾飞的资本市场舞台；另一方面，大量的主板、中小板和创业板上市公司，也对新三板企业虎视眈眈，更是试图通过大鱼吃小鱼的并购重组快速实现企业转型升级，提升市值！

"在当前IPO暂停的大环境下，并购更是具有迫切性。在这个背景下，新三板智库联合凤凰广州一起举办这样一次新三板并购的高峰论坛，具有非常重大的现实意义。"郑国坚副教授如是指出。

凤凰网是国内三大核心门户网站之一，是人均单日浏览量最高的门户，在国内外精英阶层中拥有独特的影响力，是全球华人最喜爱的网站，在全世界范围内拥有近5亿高端用户。凤凰网总部一直以来都相当重视城市站的战略升级，凤凰网广州站是凤凰网在岭南地区创建的城市独立门户网站。

凤凰网广州站总编罗祥介绍，凭借多元化的新闻视角和凤凰独有的人文情怀，凤凰网广州站立足岭南、传播中国、放眼世界，为珠三角地区党政机关、企事业单位、广大网民提供稀缺、有公信力的高品质内容资源。

"凤凰广州扎根岭南已有4年多的时间，培育了占凤凰19%的用户。4年多以来，我们一直立足于本土，关注包括财经等领域，我们一起看过股市的成长，也看过互联网金融的兴起。未来凤凰广州将携手主办方一起关注新三板领域，借助互联网的力量，一起乘风破浪，一起成为风口上的猪。"罗祥总编向在场嘉宾介绍道。

二、明年新三板挂牌企业或过万，未来企业价值在哪里

截至2015年10月13日，新三板市场挂牌公司达到3 640家，仅近2年的时间，新三板市场以其强大的包容性和市场化，迅速发展起来，成为中国资本市场的一个里程碑。但随着股灾降临，新三板市场的萎靡交易渐渐为人诟病，陷入"冰火两重天"的新三板是否真的是下一个财富洼地？

新三板智库认为，一方面，想挂牌的公司争先恐后，预计今年可能会达到4 000~5 000家，2016年或许过万。另一方面，优秀的公司总是很少，能有20%的优秀公司已经是很不错了，新三板市场终将成为一个大浪淘沙的舞台。除了自然淘汰外，并购也就成为一个重要工具，或并购别人，或被人并购，这两者，都是企业价值的体现！

新三板智库CEO徐舜女士在论坛上就提到，自2013年以来，中国企业掀起一股并购浪潮，其驱动因素有二——经济转型与二级市场的财富效应。

徐舜女士讲道，新三板市场的适时崛起，契合了当前资本市场的需求，新三板并购自身市场化的导向提供了灵活的并购机会，低门槛高效率的并购规范吸引了大量创新企业，较全面的信息披露要求提高了标的透明度，而企业挂牌新三板更是可以借助资本杠杆优势和便捷的融资途径为并购做好准备。徐舜认为，机构投资者为主的新三板市场更看重企业的内在价值，新三板市场的并购将更大地发挥并购的协同效应，达到"1+1>2"的效果。

在本次论坛上，硅谷天堂董事总经理韩惠源先生从PE角度与大家分享了并购的相关经验。硅谷天堂并购定位于"积极股东主义，做负责人的小股东，并实现和合作伙伴共同分享资本增值收益"，而并购的目标，则是协助合作伙伴"创造价值、改变价值、提升价值"；整合销售市场，扩张或强化客户渠道；以更快、更低的成本地获取新技术、新产品；获取资本收益四大目标。

安赐资本合伙人陈长洁认为当前国内资本市场将迎来发展新机遇。中国等亚洲股市已步入一个结构性改革的时代,虽然短线股市波动性将会增加,但改革可以提高经济增长的质量,这会吸引更多优秀企业登陆资本市场,并吸纳更多机构资金进入股市。随着中国推进市场化改革,民企及民营资金的重要性将会提高,新一轮国企改革和混合所有制大幕拉起。

陈长洁表示,多层次资本市场的建立已成趋势;同时,随着中国政府放开资产管理牌照、推动民营资本进入金融领域,大资管时代已经到来,中国的机构投资人和职业化财富管理团队将逐渐成长。一批优秀的专业化的 GP 团队将在未来 5 年获得高速发展的机会;上市公司的并购、重组、整合、分拆、出售将给并购基金带来前所未有的发展机会。新兴行业快速证券化的强烈需求为国内多层次资本市场注入了更多活力,也为产业并购提供更多的优质标的。

三、借力新三板,5 家优质企业定向路演

此次论坛还为 5 家优质企业提供了定向路演机会,包括 2 家已挂牌企业——建通测绘(832255)、约克动漫(830936)以及 3 家拟挂牌企业——快塑网、互动派以及信实通,涵盖了制造业、TMT 和金融行业。通过路演,5 家公司与投资者做了充分的沟通。互动派 CEO 王耀明表示,公司希望通过路演,借力新三板,以现有业务为平台,通过引入 LP 或在资本运作过程中结成战略伙伴不断整合及深化已有的内外部资源。

四、绣球平台重磅启动,打造新三板领域的 BAT

论坛过程中,新三板智库联合创始人、中山大学岭南学院副教授罗党论为大家详细讲解了新三板智库的战略构图。他指出,新三板智库致力于"改变中小企业的资本困境",将重点打造"新三板领域的 BAT",从而"让企业更出众,让投资更省事"。

所谓 B,即智能搜索发现价值,通过智库自身强大研究力搭建的智库价值模型与动态大数据结合,实现智能搜索,让投资更省事;所谓 A,即立体展示促成交易,通过将海量投资机构、个人投资者导入绣球平台,为企业提供个性化的立体展示"股权平台",让企业更出众;所谓 T,即畅达社交共享资源,通过前述立体展示与智能搜索,将线上平台和线下平台联结,构建出新三板人脉圈。

罗党论表示,新三板智库通过其平台化(绣球与线下平台)、专业化(规模化研究力量、海量原创报告、多领域专业顾问)和全国化(广州、北京、上海、武汉、成都、重庆、厦门)的三大优势,终将成就新三板领域 BAT。

在未来,新三板智库将脚踏实地,集中精力为中小企业提供一系列服务,包括基础的互联网平台服务以及定制化的增值服务,改变中小企业的资本困境。

同时,新三板智库正式宣布启动其重磅打造的绣球平台。罗党论介绍,新三板市场资源分配极不平均,20%的企业往往占据 80%的成交量,从而形成了挂牌企业的排名赛,排名靠前的企业享受了资源汇聚和估值溢价,而绣球通过联通企业与投资者,让企业能够在平台中"秀"出自己的优势,能够解决资本市场中信息不对称与投资低效的两大痛点问题,通过发挥其智能搜索发现价值、立体展示促成交易及畅达社交共享资源的功能,形成新三板市场的互联网金融平台,助力新三板智库实现打造新三板领域 BAT 的战略宏图。

现阶段新三板企业并购论坛之举办意义深远

郑国坚[①]

今天对于新三板智库来说是非常重要的日子,我们联合凤凰网广州站举办首届新三板企业并购高峰论坛暨企业定向路演推介会。截至昨天,报名的人数超过 250 人,今天到场的各位嘉宾,包括企业家以及中介机构,因为场地有限,对没有报名成功的人我表示遗憾。今天也是我们新三板智库跟凤凰网广州站开启战略合作的第一站,在此我代表新三板智库对各位领导表示感谢。

一、新三板企业将带来巨大并购机会

并购一直是资本市场的一个热门话题,企业通过并购能实现快速的增长,对于新三板来说,并购的潜力更大,为什么? 截至昨天,新三板共有挂牌企业 3 657 家,增长速度非常惊人。但是,新三板的挂牌企业质量参差不齐,规模差异巨大,优胜劣汰必将带来巨大的并购重组机会。而大量的主板、中小板和创业板上市公司,也对新三板企业虎视眈眈,试图通过大鱼吃小鱼的并购重组快速实现企业转型升级,提升市值! 在当前 IPO 暂停的大环境下,并购更是具有迫切性。在这个背景下,新三板智库联合凤凰网广州站一起举办这样一次新三板并购的高峰论坛,意义重大!

二、新三板智库成立 1 年来,成绩喜人

下面,请允许我简要介绍一下新三板智库的发展历程。智库成立于 2014 年 10 月,在短短的 1 年时间内,智库发展迅速,成绩喜人:我们联合新华网发布了全国首个新三板价值榜,这个排行榜影响巨大;我们成功举办了首届全国新三板企业价值分析大赛,从 2015 年 10 月份开始我们会开始第二届的价值分析大赛;我们搭建了中国最专业的新三板微信公众平台,坚持原创研究的风格获得了企业和机构的青睐,目前粉丝数量稳居同类平台前 3 名,感谢各位的支持;我们是中国唯一全国布局的新三板研究机构,广州作为总部,分支机构遍及北京、上海、深圳、武汉、成都、厦门和重庆,智库能够在这么短的时间内取得如此引人注目的成绩,除了智库这个优秀团队坚持不懈的努力之外,也离不开各位企业家、专业投资人和中介人士一直以来的鼓励和帮助。

三、让企业更出色,让投资更省事

希望在未来的日子里,在与各位的一起努力下,在社会各界的支持下新三板智库能够发展壮大,完成它的使命和愿景。新三板智库的使命是什么? 是改变中小企业的资本困境。我们的愿景是什么? 是打造新三板领域的 BAT,我们的口号是:让企业更出色,让投资更省事!

最后,再次感谢各位嘉宾的到来,感谢路演企业的积极参与,特别感谢凤凰网广州站对新三板智库的大力支持,期待双方更多、更大范围的全面合作! 预祝论坛圆满成功! 祝各位身体健康、阖家幸福、万事如意! 谢谢!

---

① 郑国坚,中山大学副教授,新三板智库联合创始人,本文是作者在"首届新三板企业并购高峰论坛"的发言内容。

新三板智库——打造新三板领域 BAT

罗党论[①]

感谢大家今天的参与！刚才我在台下思考的时候发现，如今我们新三板智库创业团队所做的事情相当于做一个很好玩的过渡，我们发挥着桥梁的作用。

有人也许会问，为什么主办方会在一个并购论坛上放上 5 个企业的路演？对这个问题的回答解读了我们新三板智库的创业愿景——我们的团队在设计并运营智库的时候接触了大量的企业（包括已经在新三板挂牌的或者渴望挂牌的企业），我们认为，新三板上优秀的企业一定是小部分，而我们做的就是把优秀的有价值的企业挖掘出来了，并且非常希望与大家分享。

在本次论坛的演讲嘉宾中，刚刚开讲的韩（惠源）总已经是投资企业的大佬级人物了，手下人才资源丰富。而相比之下，我们新三板智库的创业团队刚开始只有 4 个人。甚至我们这 4 个人一开始都不是专注于做新三板方面的工作的。但正因为新三板这个市场的丰富潜力和巨大魅力，我们这个团队在 1 年内迅速发展成为 20 人的团队。今天，我非常荣幸地能给大家介绍一下新三板智库这份让我们 20 个人感到骄傲的事业。

一、我们是新三板领域的引领者

我们新三板智库究竟是什么样的企业？半个月前我跟我的一个师兄聊天，他说，你们（智库创业团队的）几个人的原先的工作，涉及各个行业，并且好像都做得不错，而现在华丽转身来做一个新三板的公司，应该注意到很重要的一点——你们所做的这件事情有没有让别人感动的价值？

曾经有一段时间，我们所做的工作基本上全是在讨论我们应该做什么事情。

经过了一段时间的摸索和思考，现在的我可以自豪地告诉你——我们想改变中小企业的资本困境！我们不仅仅希望为这个愿景只贡献小小一份力量，我们希望某天我们真的完完全全地达到这个理想的境界。就像刚才陈总所说的：在这个耕耘了 10 多年的领域里，现在我们想认真地成就一件事情！

那么，如何运用新三板来改变中小企业的资本困境？作为唯一布局全国的新三板机构，我们所做的第一件事情是——联合新华网打造中国首个新三板价值排行榜。这是我们 20 人的专业团队历时 6 个月精心打造的排行榜。排行榜的排行标准运用了 200 多项评判指标，考察并评估了 2 300 家挂牌企业——此榜可谓是我们团队的呕心沥血之作。

另外，我们联合 32 家证券机构、投资机构、上市公司、挂牌企业和中介机构、一流高校，共襄盛举，成功地举办了中国首个新三板价值分析大赛，打造了 800 多份高质量的新三板研究报告。

而我们的新三板智库，作为走进新三板资本市场中的企业、券商、研究机构之外的一个独特的角色决定让我们的影响力不断扩大。因此，我们建设了最专业的新三板微信公众平台"新三板智库"。我们的 200 多位研究员以原创为态度、以实用为风格、以专业为品质，迄今为止已经打造了

---

① 罗党论，中山大学岭南（大学）学院副教授，新三板智库联合创始人。本文是作者在"首届新三板企业并购高峰论坛"的发言内容。

1000多篇观点独到、传播广泛的研究报告。目前已经成为新三板领域粉丝数排名前3的微信公众号,成绩喜人!

在朝着"改变中小企业资本困境"的方向不断地耕耘的过程中,我们愈发地感觉到新三板智库所带给我们的使命——打造新三板领域的BAT!让企业更出众,让投资更省事!

二、我们立志做新三板的BAT

的确,具体来说,我们一直想做的是——构造一个平台。但是如果我们说,我们要打造新三板第一平台,这个说法太虚了!我必须告诉大家,我们要做的不仅仅是一个平台,我们要打造新三板领域的BAT!那我们所说的打造BAT该怎么做?——让企业有价值,尤其是基本价值,这是第一个。第二个对于企业价值的持续打造,比如说强化应用资本、人才的力量,从而让企业变得越来越强。如果未来新三板市场有上万家挂牌企业,企业怎么知道自己很优秀?在这种情况下,企业需要一个第三方的机构发现企业本身的价值——而新三板智库正是这样的第三方机构。所以,我们新三板智库会跟新三板的优秀企业建立和保持紧密的联系。

1. B:智能搜索发现价值——让投资更省事

今天我们的论坛高朋满座,其中很多来宾都来自投资机构。也许来自投资机构的人士跟我的观点一样,目前80%的新三板挂牌企业都是投资价值偏弱的。而作为投资机构,我们拿客户的钱投资,必须负责任、必须保持专业性。那么我们该怎样发现这其中20%、有价值的新三板企业?——投资机构要去挖掘、发现有价值的标的。

可是,我们发现了一个难题——新三板市场中的信息是庞杂的、凌乱的。比方说,我们新三板从业者的微信里至少加了10个微信群——微信有一个不好的地方——一不小心上百条信息积累下来,你也懒得去看。所以,我们新三板的从业人员需要一个平台沉淀信息。

而在我们这个团队中,每个人都是新三板这个领域里面的专家——所以刚才我说我们不是"屌丝创业"。我们的这个团队想做的事情是,构建独有的价值模型,并通过互联网技术将这个价值模型智能化——让新三板从业者、企业和投资者都能在这个智能平台里通过智能搜索查询多个企业的市场结构与地位、市场价值与替代性、内部运营、规模与资产、高管与治理等新三板公开信息,同时通过我们独创的价值模型计算出这个新三板企业的价值。更进一步地,我们的这个价值计算模型甚至将囊括即时广告数量、最新事件、关注热度和互动数量等动态大数据,最终省时高效、有序地为投资机构推荐优秀的标的。

2. A:立体展示促成交易——让企业更出众

"A"所展示的是新三板智库促成投资者和企业之间建立资本联系的中介作用。企业的商业模式、竞争优势、战略规划、产品服务、管理团队和财务信息等数据都将会全面地、立体地展示在投资者眼前;而反过来,海量的投资机构、个人投资者也会成为企业"任性"的路演观众。这一切都在新三板智库搭建的——"绣球"平台——也就是刚刚所说的"B"上神奇地得到即时的实现。

3. T:畅达社交共享资源——搭建新三板人脉圈

那么,为什么我们可以在智能平台上帮助企业和投资者实现对接?那是因为我们有"T"——海量的社交共享资源。这些社交资源不仅仅通过线上平台(微信圈、"绣球"平台、线上路演)所获得,还通过线下平台——比如企业调研、大型论坛、午餐会、企业培训等获得。一步一步地,我们将搭建起新三板人脉圈。

比方说,目前我们的新三板智库团队人员已经遍布全国,我们的分支遍布北京、武汉、上海、成都、深圳和总部广州。我们成员的背景包括高校教授、业界资深人士等。这样强大的团队力量,已经为我们搭建新三板社交圈奠定了良好的基础。

三、三大优势成就新三板 BAT

1. 全国化

可以说,我们可以成就新三板领域的 BAT,是因为我们自己有很多合作伙伴,包括凤凰网、硅谷天堂、新华网、万联证券、中山大学等,也包括我们今天来宾中的许多优秀的机构和企业,而未来我们还会有更多的合作伙伴!这是全国性的、辐射性的!我们帮企业做的事情和帮机构做的事情就帮他们凝聚在 BAT!当然这是我们的构思。我们做了各式各样的活动,未来我们还会继续做更多的活动。

2. 专业化

具体来说,面对新三板已挂牌和有意愿挂牌的企业,我们的服务主要包括两个方面:增值服务和基础服务。增值服务是指为企业定制挂牌前、挂牌后和做市后的服务。挂牌前,我们将提供战略梳理、人才引进、股权激励和挂牌方案等服务;挂牌后,我们将提供业务转型、路演推荐、股权激励和做事方案等服务;做市后,我们将提供融资、并购、路演和投资者关系维护等持续辅导服务。同时,我们的"绣球"平台和微信公众平台都将持续为企业进行相关服务。

3. 平台化

针对目前新三板的两个痛点——信息不对称和投资低效,目前我们想做的是一个平台——绣球。绣球将全覆盖新三板 3 553 个挂牌企业,以 300~500 份深度报告之助力,通过公司调研和公开资料分析对企业一一进行亮点提炼和高效筛选。同时,我们为企业建立了 16 个分类标签,让投资者轻松"选赛道"。这个平台最重要的目标是"让企业更加出众,让投资更省事"。"绣球"1 个月后会隆重上线。目前我们已经投入了 5 个月的时间,我非常有信心我们的心血会为投资者和企业带来成效。

这个论坛选主题选得特别好,并购是一个万众瞩目的题目。除了并购以外,新三板还有做资金管理方面的需求,也需要专业的机构去打造平台。

我们不是一个投资机构。那有人问,你们究竟是什么机构?我们是以研究力为切入点,帮助企业做价值提升的新三板机构。我们服务企业,我们希望成就一批优秀的企业。有人问,难道智库想打造新三板的神话?不是,我们希望,新三板的优秀企业是从我们的平台通过价值发现"挖掘"出来的,而不是"打造"出来的。

最后,感谢大家的参与,接下来让大家见证后面 5 个优秀企业的路演,这次论坛我们收到了 50 多个企业路演的请求,我们选了 5 家优秀的企业,也是我们一直合作的企业。我非常期待!

谢谢大家!

专访新三板智库 CEO 徐舜——坚持到无能为力，拼搏到感动自己[①]

凤凰网广州站：徐总，您为什么放弃券商分析师职位到新三板智库？

徐舜：其实当时放弃做分析师确实是蛮痛苦的一个决定，毕竟看得到职业生涯即将迈入一个非常高的阶段，所以那段时间是失眠了好几个晚上。后来我想，分析师这条路走下去看得到未来会去到哪里，而到新三板智库未来会进入更多更大的世界，本质上我是一个不循规蹈矩的人，更大更多的世界让我兴奋，让我觉得内心在燃烧。

客观来讲，我觉得加入新三板智库是在对的时间与对的人一起做对的事情。对的时间，是指新三板出来后给了中小企业前所未有的对接资本市场的机会，中小企业爆发了对接资本市场的巨大需求，这是我们的机会。对的人，是指我们的团队成员都非常的优秀和专业，无论是创始人、不断加入的员工还是我们的实习生，大家有激情、有经验，我们经常挂在嘴边的话是"坚持到无能为力，拼搏到感动自己"，我们是这样说也是这样做的。对的事情，是指接触中小企业越多，我越能感受到我们所做的事情确实非常有意义，我们所做的事情在确确实实地帮助到我们的客户，帮助到中小企业。

凤凰网广州站：新三板智库想做什么样的事？

徐舜：我们的愿景是"改变中国中小企业的资本困境"。之所以做这件事情，与我们团队成员的经历有很大的关系。我们的联合创始人罗党论博士在做研究的过程中，与很多中小企业的老板成了朋友，帮助了一些有潜力的中小企业成长，在这个过程中他深切地感受到中小企业要发展所面临的资本困境。我本人作为国内最早的新三板分析师，接触了大量的中小企业和大量的机构投资者，一方面能感受到中小企业希望借助资本发展的渴望以及不知如何与资本对接的困惑，另一方面也看到了大量的资本渴望投向有潜力、高成长性的优秀中小企业。

新三板给了我们这样一个实现愿景的机会，我们希望通过做新三板的 BAT 来实现我们的愿景。

凤凰网广州站：新三板智库有远大的目标，靠什么去实现？

徐舜：我们想改变中国中小企业的资本困境，我们想做新三板的 BAT，这个目标很宏大。放在以前，这可能真的只会是个目标。现在，我们有底气说，这个目标会变成现实。这是因为天时地利人和都是具备了的。天时主要有：创新、创业成为国家战略，金融管制放松，金融支持中小微企业，特别是新三板的推出，让大量的创新型、创业型、成长型的企业能在最需要资本的时候对接到资本市场。地利是指互联网与金融的结合，提升了效率、降低信息不对称，让过往更多像手艺活、高大上的投行服务投研服务规模化、低门槛化成为可能。人和是指我们遍布全国的专业团队秉承着"坚持到无能为力，拼搏到感动自己"的理念，是这样想也是这样做的。

凤凰网广州站：目前新三板智库在新三板领域有相当的品牌知名度和美誉度，你们是怎么做到的？

徐舜：品牌的建立有赖于我们平台化、专业化和全国化的发展思路。我们做了几件很有意义的

[①] 本文是凤凰网广州站采访新三板智库 CEO 徐舜女士的专访记录。

事情:第一,发布了中国首个新三板价值排行榜,2015年度榜单是与新华网联合发布的。这个排行榜是我们20多人的专业团队花了半年的时间对2 300多家挂牌企业的200多个指标进行专业研究而成的,权威性和专业性得到挂牌企业和投资者的极大认可。第二,我们举办了国内首个新三板价值分析大赛,2 000多人参赛提交了800多份研究报告,吸引了券商、投资机构、上市公司、挂牌公司、研究机构等多个领域的专业人士。价值排行榜和价值分析大赛我们将会每年发布、举办一次。另外,我们还建立了最专业的新三板微信公众平台,每天发布3篇以上的专业原创报告,现在粉丝数量位居同类平台前3位,参与研究人员超过200人,发布报告超过1 000篇。

专访新三板智库研究总监邱翼——打造新型互联网金融平台,改变三板市场业态①

凤凰网广州站: 邱总监,您为什么放弃原有的券商分析师工作加入新三板智库?

邱翼: 截至2015年10月9日,新三板共有3 625家挂牌企业,而真正从事挂牌的券商只有90家,各个券商的新三板挂牌这条业务线基本上属于满负荷状态,即使这样还是忙不过来,在这种状况下挂牌券商其实并没有很好地履行持续督导的职责,很多券商的辅导都停留在辅导企业上市,至于上市后的资本运作,如融资、并购、做市等都少有涉猎。今年年底的挂牌企业可能会到5 000家,明年可能会去到7 000~8 000家。在我们与企业的接触过程中也深深地感受到企业对持续辅导机构的迫切需求。当然券商分析师也可以担当这个持续辅导的角色,在价值挖掘、价值传播、价值整合方面都能为企业提供有价值的服务,但是纯粹的第三方中介结构会成为主流,有两个原因:第一是因为第三方中介跟企业没有利益冲突,能够真正做到一切以企业利益为重;第二是因为新三板企业需要新的工具来完成价值挖掘、价值传播、价值整合这个闭环。以价值传播为例,过去我们做主板分析基本是纯线下上门路演的模式,有深度但是缺乏广度,面对新三板的海量企业,这一模式的价值传播效率会很低,需要借助互联网工具来解决这个问题。

凤凰网广州站: 您刚才提到的新工具,具体是指什么?

邱翼: 这个工具就是即将上线的互联网金融平台——绣球APP。绣球APP其实是我们做价值挖掘、价值传播、价值整合的一个载体。我们希望通过绣球让企业更加出众,让投资更加省事。取名绣球也是因为新三板是一个酒香也怕巷子深的市场,它的游戏规则就是优胜劣汰,企业需要不断地秀自己。有一种说法是未来20%的企业会支撑起新三板80%的交易量,我是比较认同的,未来这20%的企业也将获得市场大部分的资源,比如更好的政策红利、更多的市场关注、更高的估值溢价等,所以企业上了新三板之后面临着很激烈的"排名赛",需要有一个平台来秀自己,而投资者在这里可以了解企业最真实的一面,投资企业会更省事。

凤凰网广州站: 能不能详细介绍一下绣球究竟是如何做到让企业更出众,让投资更省事的?

邱翼: 绣球首先要解决的就是信息不对称问题。我们做研究的时候就发现公开转让说明书中介绍的企业情况与实地调研情况相差很大,而且这是一个很普遍的现象,这给企业融资、证券研究和投资都带来了很大的困扰,很多时候提前准备的调研问题都用不上,导致沟通效率很低。

研究报告首先是解决信息不对称最好的工具,绣球内部会有海量的深度报告;其次是面对海量企业,如何高效筛选项目也是一个经常困扰投资者的问题,这里我们采用了两个手段:一个是智能搜索,我们将3 000多家挂牌企业分为3D打印、互联网金融、云计算、车联网等17个标签方便投资者选择自己感兴趣的投资方向;另一个是为每家企业保留了3个特征标签,这个特征标签可以理解为公司的亮点,每个特征标签不超过15个字,用最简短的话展示公司的核心竞争力,投资者通过特征标签可以快速作出判断。另外,投资者的行为(点赞、评论)等也将成为排序的重要依据。

---

① 本文是凤凰网广州站采访新三板智库执行总监邱翼的谈话记录。

凤凰网广州站:实地调研、企业分类、特征标签,这个工作量听起来应该不小,我们怎么去实现呢?

邱翼:其实我们还是希望向企业传递"秀自己"的理念,最终希望企业成为绣球平台的内容制造者。当然初期很多工作还是我们自己做的,比如给3 000多家企业做分类,写特征标签,另外还有一个很重要的内容是深度报告,这个我们将通过举办全国性的价值分析大赛,调动市场的研究力量来完成。简单地说,就是企业报名参赛,由我们组织分析师上门调研,最终由分析师提交企业的深度报告来参与竞赛。

首届新三板企业并购高峰论坛引起市场热议

由致力于"让企业更出众,让投资更省事"的新三板智库联合凤凰广州所举办的首届新三板并购高峰论坛已于10月15日下午成功举办。论坛虽已落幕,市场上的新三板投资者和企业对如火如荼的新三板并购热情却刚被点燃起来!

图1展示了财经网对"首届新三板企业并购高峰论坛"的报道,图2展示了和讯网对"首届新三板企业并购高峰论坛"的报道。

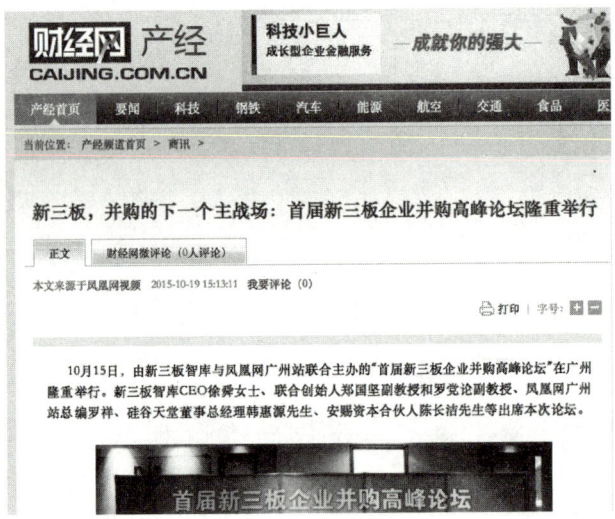

图1 财经网报道首届新三板并购高峰论坛的举行

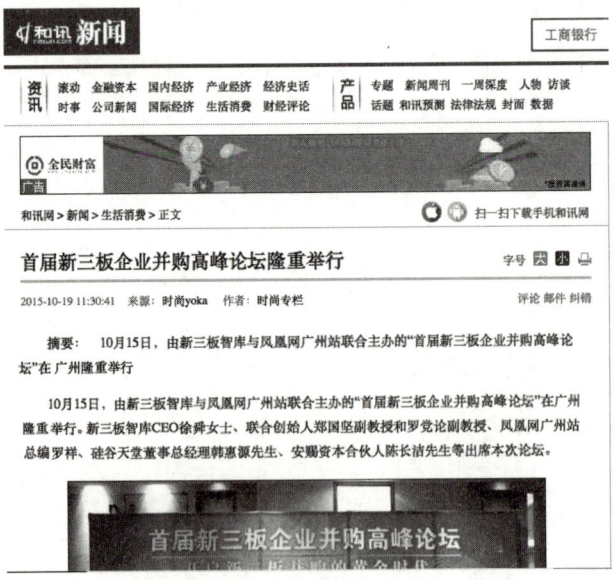

图2 和讯新闻报道首届新三板企业并购高峰论坛的举行

论坛刚一结束，随着新三板智库微信公众号以及凤凰网对论坛中投资界精英、专家学者、资深行业分析师、优秀企业高管们的演讲内容的详尽报道陆续面世，新三板业内人士对论坛的关注，从好奇、赞叹、热议到挖掘，一波又一波地引爆。

主流媒体抓住这一由首届新三板并购论坛激发的市场新动向，纷纷发布、转载相关报道。除了凤凰网，财经网、和讯网、网易、搜狐、腾讯等等一线财经媒体均用大篇幅记录论坛盛况，引起了财经界的强烈反响，大大提高了媒体和业内人士对新三板的关注度和研究热情。中山大学管理学院郑国坚副教授对首届新三板并购论坛的赞叹之辞是“志高意远”“开天辟地”，从市场影响力上看来，的确毫不夸张。

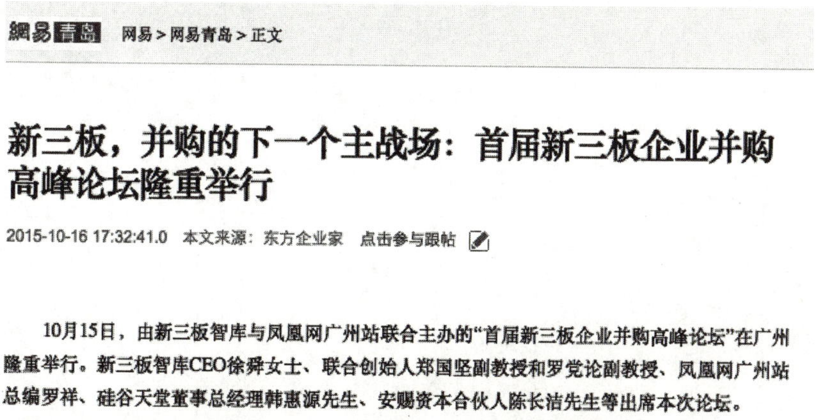

图 3 展示了凤凰网对“首届新三板企业并购高峰论坛”的报道，图 4 展示了网易对“首届新三板企业并购高峰论坛”的报道。

鳳凰 广州 凤凰网广州 > 环穗经济圈 > 金融证券 > 正文

新三板，并购的下一个主战场：首届新三板企业并购高峰论坛隆重举行

2015年10月16日 00:32
来源：凤凰广州商业

10月15日，由新三板智库与凤凰网广州站联合主办的“首届新三板企业并购高峰论坛”在广州隆重举行。新三板智库CEO徐舜女士、联合创始人郑国坚副教授和罗党论副教授、凤凰网广州站总编罗祥、硅谷天堂董事总经理韩惠源先生、安赐资本合伙人陈长洁先生等出席本次论坛。

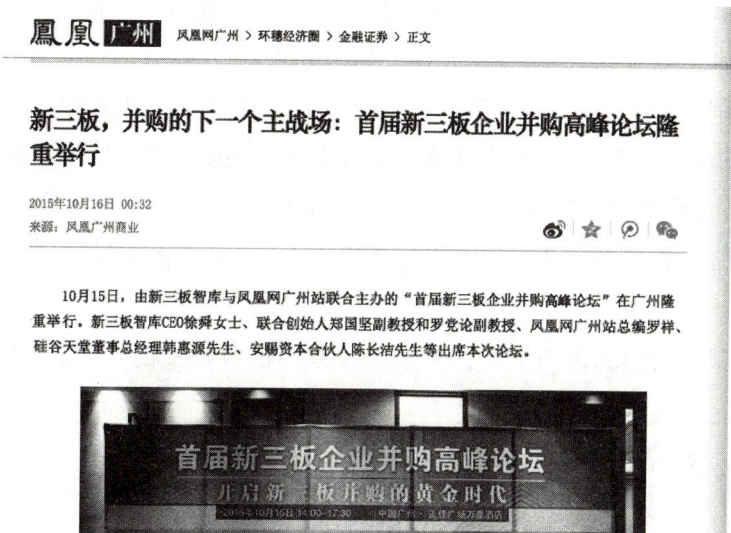

图 3　凤凰网站报道首届新三板企业并购高峰论坛的举行

網易 青岛 网易 > 网易青岛 > 正文

新三板，并购的下一个主战场：首届新三板企业并购高峰论坛隆重举行

2015-10-16 17:32:41.0 本文来源：东方企业家 点击参与跟帖

10月15日，由新三板智库与凤凰网广州站联合主办的“首届新三板企业并购高峰论坛”在广州隆重举行。新三板智库CEO徐舜女士、联合创始人郑国坚副教授和罗党论副教授、凤凰网广州站总编罗祥、硅谷天堂董事总经理韩惠源先生、安赐资本合伙人陈长洁先生等出席本次论坛。

图 4　网易报道首届新三板企业并购高峰论坛的举行

新三板智库简介

新三板智库的价值观:让企业更出色,让投资更省事。

新三板智库致力于改变中国中小企业的资本困境。依据完善的标的研究体系、人才培养体系、数据库体系,为中小企业提供战略与商业模式、股权激励、挂牌方案设计、融资与做市、并购与整合等一体化服务。

新三板智库致力于成为新三板领域的BAT。B即智能搜索,新三板智库基于专业价值模型与动态大数据,为投资者高效输出优质的信息;A即立体展示,新三板智库为企业搭建"自营"与路演平台,为企业稳健发展对接资本的力量;T即畅达社交,新三板智库倾力构建了线上线下平台,打造新三板人脉圈,切实促进资源共享。

扫描下方二维码,参与到新三板智库倾力打造的新三板资本盛宴!

微信公众号　　　　APP(IOS)　　　　APP(Android)

新三板智库高管团队

首届新三板价值分析大赛参赛队伍与嘉宾和评委

首届新三板价值分析大赛参赛队伍作现场报告

新三板智库举办的首届中国新三板并购高峰论坛现场

新三板智库CEO在首届新三板并购高峰论坛发表"做新三板的BAT"主题演讲

新三板智库联合新华网发布新三板价值排行榜

新三板智库联合创始人郑国坚博士在新三板价值排行榜发布会上作主题演讲

新三板智库联合创始人罗党论博士与全国七大城市连线作专题演讲

新三板智库王牌董秘培训班结业的学员与老师合影

参加新三板首个并购午餐会的嘉宾

新三板智库团队走进新三板企业——互动派

全国股转系统副总经理隋强先生在首届中国生物产业新三板高峰论坛作主题演讲

新三板智库联合创始人罗党论博士在首届中国生物产业新三板高峰论坛作"分层之下,新三板生态巨变"主题演讲

首届中国生物产业新三板生物高峰论坛现场嘉宾云集